马克思主义理论研究
和建设工程重点教材

中国革命史

《中国革命史》编写组

主　编　王顺生
副主编　王炳林　陈　述

高等教育出版社·北京

图书在版编目（CIP）数据

中国革命史 /《中国革命史》编写组编. -- 北京：高等教育出版社, 2016.9（2023.8 重印）
ISBN 978-7-04-045582-3

Ⅰ. ①中… Ⅱ. ①中… Ⅲ. ①革命史-中国-高等学校-教材 Ⅳ. ①K201

中国版本图书馆 CIP 数据核字（2016）第 119571 号

责任编辑	周亚权 张 林	封面设计 王 鹏	版式设计	于 婕
责任校对	王 雨	责任印制 刘思涵		

出版发行	高等教育出版社		网　　址	http://www.hep.edu.cn
社　　址	北京市西城区德外大街4号			http://www.hep.com.cn
邮政编码	100120		网上订购	http://www.hepmall.com.cn
印　　刷	高教社（天津）印务有限公司			http://www.hepmall.com
开　　本	787mm×960mm　1/16			http://www.hepmall.cn
印　　张	24.75			
字　　数	350 千字		版　次	2016 年 9 月第 1 版
购书热线	010-58581118		印　次	2023 年 8 月第 8 次印刷
咨询电话	400-810-0598		定　价	40.50 元

本书如有缺页、倒页、脱页等质量问题，请到所购图书销售部门联系调换
版权所有　侵权必究
物料号　45582-00

马克思主义理论研究和建设工程重点教材

教育部马克思主义理论研究和建设工程重点教材审议委员会委员、审议专家

（以姓氏笔画为序）

马 敏	王一川	王浦劬	韦建桦	杜玉波
李 龙	李 捷	李卫红	杨 河	杨圣敏
杨春贵	杨慧林	张 力	陈 炎	陈宝生
林尚立	郑杭生	胡树祥	胡培兆	胡德坤
逄锦聚	娄成武	洪银兴	袁贵仁	顾海良
徐显明	黄 进	韩 震	韩大元	童庆炳
谢维和	雷跃捷			

《中国革命史》教材编写课题组

首席专家　　王顺生　　王炳林　　陈　述

主要成员（以姓氏笔画为序）

丁俊萍　　朱汉国　　孙堂厚　　宋　进　　杨凤城
欧阳军喜　赵铁锁　　郭文亮　　鲜于浩

目 录

绪 论 ·· 1
   一、"中国革命史"的研究对象 ··· 1
   二、中国革命史的主题主线和核心问题 ···································· 2
   三、学习中国革命史的意义和方法 ··· 5

上编 旧民主主义革命

第一章 近代中国社会和民族民主革命的准备 ······························· 11
  第一节 半殖民地半封建社会和中国革命的根源 ························· 11
     一、西方列强的侵略和半殖民地半封建社会的形成 ·············· 11
     二、半殖民地半封建社会的基本特点和主要矛盾 ·················· 16
     三、近代以来中华民族面对的两大历史任务 ······················· 22
  第二节 反对外国侵略的斗争和对民族出路的早期探索 ················ 23
     一、中国人民的反侵略斗争 ··· 23
     二、太平天国农民起义 ··· 27
     三、洋务派官僚的洋务运动 ··· 31
     四、资产阶级改良派的戊戌维新运动 ································· 33

第二章 资产阶级革命派领导的辛亥革命 ···································· 40
  第一节 辛亥革命发生的社会历史条件 ···································· 40
     一、19世纪末20世纪初民族危机和社会危机的加深 ············· 40
     二、中国民族资本主义的初步发展 ···································· 41
     三、以孙中山为代表的资产阶级革命派的形成 ···················· 42
     四、清末"新政"和立宪运动 ·· 44
  第二节 资产阶级革命派反对清王朝的斗争 ······························ 47

         一、中国同盟会的成立和三民主义的提出 ················· 47
         二、革命与改良的论战 ····························· 49
         三、革命党人发动的武装起义 ······················· 52
    第三节 武昌起义和中华民国的成立 ························· 56
         一、武昌起义的爆发及各地的响应 ··················· 56
         二、中华民国南京临时政府的成立 ··················· 60
         三、辛亥革命的历史意义 ··························· 63

第三章 资产阶级革命派维护民主共和的斗争 ······················· 67
    第一节 北洋军阀的独裁统治和革命派的抗争 ················· 67
         一、北洋军阀统治的建立 ··························· 67
         二、"二次革命" ································· 70
         三、护国运动 ····································· 72
    第二节 军阀割据和护法运动 ······························· 75
         一、军阀割据和民族危机与社会危机的加剧 ··········· 75
         二、两次护法运动的发动与失败 ····················· 78
         三、旧民主主义革命的终结及其历史启示 ············· 81

中编　新民主主义革命

第四章 新民主主义革命的开端 ································· 87
    第一节 新民主主义革命条件的生成 ························· 87
         一、民族资本主义的进一步发展和工人阶级的壮大 ······ 87
         二、新文化运动的兴起 ····························· 90
         三、俄国十月革命的影响与马克思主义的初步传播 ····· 93
    第二节 五四运动 ······································· 95
         一、巴黎和会中国外交的失败和五四运动的爆发 ······· 95
         二、五四运动的两个发展阶段 ······················· 96
         三、五四运动的历史意义 ··························· 99

第三节　中国共产党的创建
一、马克思主义的广泛传播及其同工人运动的结合 …………… 101
二、共产党早期组织的建立和活动 ………………………………… 105
三、中国共产党的成立及其伟大意义 ……………………………… 107
四、民主革命纲领的制定和第一次工人运动高潮 ………………… 110

第五章　国共合作与反对北洋军阀的国民革命 …………………… 115
第一节　国共合作的形成 ……………………………………………… 115
一、军阀混战下的纷乱政局 ………………………………………… 115
二、中国共产党关于国共合作方针的制定 ………………………… 117
三、孙中山晚年的转变和中国国民党的改组 ……………………… 118
四、国共合作的形成 ………………………………………………… 120
第二节　国民革命的兴起 ……………………………………………… 121
一、广东革命大本营的建立 ………………………………………… 121
二、北京政变和国民会议运动 ……………………………………… 123
三、五卅运动和省港大罢工 ………………………………………… 127
四、革命统一战线内部的分化和斗争 ……………………………… 130
五、中国共产党对中国革命基本问题的探索 ……………………… 133
第三节　国民革命的高潮 ……………………………………………… 134
一、北伐前夕的国内局势和北伐的准备 …………………………… 134
二、北伐战争的胜利推进 …………………………………………… 137
三、反帝斗争和工农运动的迅猛发展 ……………………………… 139
四、国民革命造成的新气象 ………………………………………… 143
第四节　国民革命的失败 ……………………………………………… 144
一、帝国主义加紧对中国革命的干涉 ……………………………… 144
二、四一二政变与国民革命的局部失败 …………………………… 147
三、中共中央在应对革命危机中的失误 …………………………… 148
四、七一五政变与国共合作的全面破裂 …………………………… 150
五、国民革命失败的原因及经验教训 ……………………………… 153

第六章　土地革命战争和抗日救亡运动 … 156
第一节　中国共产党领导的土地革命战争的兴起 … 156
一、国民党统治下的中国社会和反抗国民党统治的必要性 … 156
二、共产党领导的武装起义及在国民党统治区的地下斗争 … 159
三、以毛泽东为代表的共产党人对中国革命新道路的艰辛探索 … 162
四、土地革命、反"围剿"战争和根据地建设 … 164

第二节　九一八事变与抗日救亡运动的兴起 … 169
一、日本灭亡中国的图谋和九一八事变 … 169
二、九一八事变后的时局和中国共产党的抗日主张 … 171
三、中国共产党人和其他爱国力量进行的局部抗日战争 … 173

第三节　中国革命的严重挫折和新局面的开创 … 176
一、土地革命战争的严重挫折 … 176
二、遵义会议与中国革命的历史性转折 … 178
三、红军长征的胜利和革命新局面的开创 … 179
四、国民党统治区的左翼文化运动 … 180

第四节　华北事变与抗日救亡运动的发展 … 182
一、华北事变与民族危机的加深 … 182
二、一二·九运动与全国抗日救国运动的新高涨 … 183
三、国共两党政策的调整与合作抗日的酝酿 … 185
四、西安事变的和平解决和国内和平的基本实现 … 188

第七章　中华民族的抗日战争 … 192
第一节　全民族抗战的兴起 … 192
一、卢沟桥事变及日本的侵华罪行 … 192
二、国共第二次合作和抗日民族统一战线的特点 … 195
三、全民族抗战局面的形成和两条不同的抗战路线 … 200

第二节 国民党领导的正面战场和国统区的抗日民主运动 ………… 203
　一、战略防御阶段的正面战场 ……………………………… 203
　二、战略相持阶段的正面战场 ……………………………… 205
　三、国民参政会与中国民主政团同盟的成立 ……………… 207
　四、国民党统治的腐败和国统区抗日民主运动的高涨 …… 209
第三节 共产党领导的敌后战场和解放区的发展壮大 ……………… 211
　一、持久战战略方针和统一战线中独立自主原则的制定 …… 211
　二、敌后战场的开辟和抗日游击战争的战略地位 ………… 217
　三、坚持抗战、民主、团结的斗争 ………………………… 220
　四、敌后军民的艰苦抗战和抗日根据地的各项建设 ……… 225
　五、整风运动与马克思主义中国化的推进 ………………… 229
第四节 沦陷区人民、台港澳同胞和海外华人华侨的抗日斗争 …… 234
　一、沦陷区人民的抗日斗争 ………………………………… 234
　二、台湾同胞和香港、澳门同胞的抗日斗争 ……………… 236
　三、海外华人华侨对祖国抗战的支援 ……………………… 239
第五节 抗日战争的胜利 ……………………………………………… 241
　一、全民族抗日战争的伟大胜利 …………………………… 241
　二、中国抗日战争在世界反法西斯战争中的地位 ………… 243
　三、抗日战争胜利的原因及伟大意义 ……………………… 245

第八章 中国两种命运的决战 …………………………………………… 248
第一节 抗战胜利后围绕建国问题的斗争 …………………………… 248
　一、抗战胜利后的局势和各党派的主张 …………………… 248
　二、共产党争取和平民主、准备自卫战争的方针 ………… 251
　三、重庆谈判和政治协商会议 ……………………………… 252
第二节 解放战争的胜利发展 ………………………………………… 257
　一、国民党挑起全面内战和共产党打退国民党进攻的方针 … 257
　二、人民解放军由战略防御转入战略进攻 ………………… 260
　三、解放区的土地改革运动与农民的广泛发动 …………… 264

四、夺取全国胜利纲领的制定和新民主主义政策的
　　　　全面实施…………………………………………………… 267
　第三节　解放战争的第二条战线 ……………………………………… 270
　　　一、国民党统治区爱国民主运动的高涨和第二条战线的形成 … 270
　　　二、各民主党派的历史性转变 …………………………………… 274
　　　三、共产党领导的多党合作格局的形成 ………………………… 276
　第四节　新民主主义革命的胜利 ……………………………………… 278
　　　一、人民解放军展开战略决战和南京国民政府的垮台 ………… 278
　　　二、共产党建立新中国的政治主张和基本方针 ………………… 282
　　　三、中国人民政治协商会议第一届全体会议和
　　　　《共同纲领》……………………………………………………… 284
　　　四、新民主主义革命胜利的意义和基本经验 …………………… 287

下编　社会主义革命

第九章　新民主主义向社会主义的转变 ……………………………… 293
　第一节　中华人民共和国的成立和革命转变的开始 ………………… 293
　　　一、新中国的成立开启了中国历史新纪元 ……………………… 293
　　　二、新中国成立初期的国际环境和国内状况 …………………… 295
　　　三、共产党全国执政地位的确立及其主要任务 ………………… 296
　第二节　完成民主革命的遗留任务　巩固新生政权 ………………… 298
　　　一、祖国大陆的统一和各级人民政权的建立 …………………… 298
　　　二、抗美援朝战争的胜利 ………………………………………… 300
　　　三、土地制度的改革和镇压反革命 ……………………………… 303
　　　四、其他各项民主改革的开展 …………………………………… 306
　　　五、独立自主的和平外交方针的确立 …………………………… 309
　第三节　国民经济的恢复和社会主义改造的初步展开 ……………… 311
　　　一、没收官僚资本，建立社会主义国营经济 …………………… 311
　　　二、工商业的合理调整和国家资本主义的初步实施 …………… 314

三、"三反""五反"运动 ·················· 316
　　　四、农业生产互助合作运动的开展 ············ 319
　　　五、国民经济的全面恢复和国民经济结构的深刻变化 ···· 321

第十章　社会主义革命的胜利和社会主义建设的开启 324
　第一节　过渡时期总路线的提出和社会主义工业化的起步 ···· 324
　　　一、中国社会由新民主主义向社会主义转变的历史必然性 ··· 324
　　　二、社会主义改造和建设同时并举的过渡时期总路线 ···· 328
　　　三、第一个五年计划的制定和有计划经济建设的开始 ···· 330
　第二节　过渡时期政治、文化等领域的建设 ·········· 333
　　　一、《中华人民共和国宪法》的制定和人民民主政治建设 ·· 333
　　　二、发展科学教育和文化卫生事业 ············ 343
　　　三、建设现代化人民军队 ················· 349
　　　四、开展执政条件下党的建设 ·············· 352
　　　五、和平共处五项原则的提出和实施 ··········· 353
　第三节　社会主义改造的基本完成和社会主义基本制度的确立 · 357
　　　一、对个体农业、手工业的社会主义改造 ········ 357
　　　二、对资本主义工商业的社会主义改造 ········· 361
　　　三、第一个五年计划的完成 ··············· 366
　　　四、社会主义基本制度的确立及其意义 ········· 368

结束语 ······························ 372
　　　一、革命为实现现代化创造了必要前提 ········· 372
　　　二、铭记革命历史，总结革命经验，继承革命传统 ···· 374
　　　三、在中国共产党的领导下，沿着中国特色社会主义道路，实现
　　　　　中华民族的伟大复兴 ················ 375

阅读文献 ···························· 378

后　记 ····························· 380

绪　论

一、"中国革命史"的研究对象

顾名思义，"中国革命史"这门课程，研究和讲授的是近代以来中国革命的历史进程和基本经验。

那么，何谓"中国革命"？1939年12月，毛泽东在《中国革命和中国共产党》一文中指出："中国共产党领导的整个中国革命运动，是包括民主主义革命和社会主义革命两个阶段在内的全部革命运动"①。毛泽东这里所说的"民主主义革命"，就是资产阶级民主主义的革命。从世界范围看，这个革命通常是由资产阶级及其政党领导，以推翻封建专制统治、建立资产阶级共和国为目标。在中国，正如毛泽东在《新民主主义论》一文中指出的："辛亥革命，则是在比较更完全的意义上开始了这个革命"②。但是，以孙中山为代表的资产阶级革命派领导的辛亥革命，只是"开始了"中国的民主主义革命，却没有能够完成这个革命，中国仍然处在帝国主义和封建主义双重统治之下的半殖民地半封建社会。中国共产党成立后，继承并发展了孙中山的革命事业，肩负起领导中国人民完成民主主义革命的任务，建立了新民主主义的人民共和国，避免了资本主义前途，作出了只有社会主义能够救中国的历史选择。由此可见，中国的资产阶级民主主义革命，是由孙中山为代表的资产阶级革命派开始的，又是由中国共产党领导人民完成的。这是近代中国资产阶级民主主义革命的一个特殊现象。这个革命经历了前后两个不同的阶段，并以1919年五四运动作为分水岭。通常把五四运动之前的民主主义革命称为旧民主主义革命；把五四运动之后的民主主义革命称为新民主主义革命。新旧民主主义革命在领导阶级、指导思想、依靠力量、发展道路、实现目标等方面都有显著

---

① 《毛泽东选集》第2卷，人民出版社1991年版，第651页。
② 《毛泽东选集》第2卷，人民出版社1991年版，第667页。

的区别。中国共产党在完成民主主义革命任务之后，又不失时机地领导全国各族人民实现由民主主义革命向社会主义革命的转变，通过对生产资料私有制的社会主义改造，在中国建立了社会主义基本经济制度。中国由新民主主义社会进入了社会主义社会。

综上所述，近代以来的中国革命，包括了资产阶级领导的旧民主主义革命、中国共产党领导的新民主主义革命和社会主义革命这样三个阶段。从1840年鸦片战争到1919年五四运动前，是资产阶级领导的旧民主主义革命时期；从1919年五四运动到1949年新中国成立，是中国共产党领导的新民主主义革命时期；从1949年新中国成立到1956年社会主义改造基本完成，是中国共产党领导实现的从新民主主义向社会主义转变时期，亦即社会主义革命时期。这本教材依照这三个时期分为上编、中编和下编。

"中国革命史"这门课程，就是要从历史与逻辑的结合上，考察近代中国革命发生发展的社会历史背景，说明中国革命是符合社会发展规律、代表社会发展进步趋势的历史运动，绝不是少数人随心所欲可以制造出来的，中国革命是在近代中国半殖民地半封建社会基本矛盾的基础上发生和发展起来的；分析中国革命由旧民主主义革命向新民主主义革命再向社会主义革命转变的社会历史条件和这种转变的历史必然性，论证不同类型、不同性质革命之间的历史逻辑关系以及在革命目标、任务、领导阶级、指导思想、依靠力量等方面的异同；阐释领导革命的阶级及其政党是如何准备、酝酿和发动、领导革命的，革命人民又是如何投身于革命运动的；展示革命所带来的社会各个领域的历史性深刻变化，充分说明革命在近现代中国历史发展中的地位、作用和意义。归根结底，"中国革命史"是要讲清楚历史和人民是如何选择了中国共产党、选择了马克思主义、选择社会主义道路。

二、中国革命史的主题主线和核心问题

实现中华民族伟大复兴始终是近代以来中国人民最伟大的梦想。

1840年鸦片战争以来的整个中国近现代历史，是一部中国人民为实现中华民族独立、解放和伟大复兴而不懈奋斗的历史。近代以后，中华民

族遭受的苦难之重、付出的牺牲之大，在世界历史上都是罕见的。救亡图存成为中华民族和中国人民迫在眉睫的历史使命。争取民族独立、人民解放，实现国家富强、人民富裕，成为中国人民必须完成的两大历史任务。这两个历史任务相互衔接，前一任务是为后一任务扫清障碍，创造必要的前提。

中国革命史，则是一部各派政治力量为救亡图存，争取中华民族独立、解放而前后接续、不断奋斗的历史，特别是中国共产党领导全国各族人民为争取民族独立、人民解放长期英勇奋斗的历史。革命的目标，主要是完成上述第一个任务，即争取民族独立、人民解放，为实现国家富强、人民富裕，为实现中华民族伟大复兴创造前提、奠定基础。

鸦片战争特别是中日甲午战争之后，中国遭遇数千年未有之大变局，中华民族和中国人民处在丧权辱国、亡国灭种的危局之中。为了改变中华民族屈辱的命运，中国人民以及他们的先进分子和仁人志士进行了千辛万苦的探索和不屈不挠的斗争。在孙中山之前，太平天国运动、洋务运动、戊戌维新运动都没有能够改变这种屈辱的命运。孙中山痛切感到，要实现民族独立、人民解放和国家富强、人民富裕，就必须推翻封建专制统治，对中国社会进行根本变革。在他的领导和影响下，大批革命党人和无数爱国志士集聚在振兴中华旗帜之下，有力推动了革命大势的形成。1911年的辛亥革命推翻了清王朝统治，结束了统治中国几千年的君主专制制度，开创了完全意义上的近代民族民主革命，成为中华民族伟大复兴征程上的一座里程碑。但是，由于历史进程和社会条件的制约，辛亥革命没有改变旧中国半殖民地半封建的社会性质，没有改变中国人民的悲惨境遇，没有完成实现民族独立、人民解放的历史任务。

辛亥革命后，接受这场革命洗礼的先进分子和中国人民继续顽强探寻救国救民道路。1921年，在马克思列宁主义同中国工人运动的结合中，中国共产党应运而生。从此，中国人民有了用先进理论指导的马克思主义政党的领导，中国革命有了正确的前进方向，出现焕然一新的面貌。

中国共产党自诞生之日起就勇敢地担当起团结带领人民实现中华民族伟大复兴的历史使命。经过北伐战争、土地革命战争、抗日战争、解放战争，中国共产党领导人民进行了28年新民主主义革命的浴血奋战，打败日本帝国主义，推翻国民党反动统治，建立了中华人民共和国。这是中国共产党为中华民族作出的第一个伟大历史贡献。这一伟大历史贡献的意义在于，彻底结束了旧中国半殖民地半封建社会的历史，彻底结束了旧中国一盘散沙的局面，彻底废除了列强强加给中国的不平等条约和帝国主义在中国的一切特权，实现了中国从几千年封建专制政治向人民民主的伟大飞跃。

新中国成立后，中国共产党继续团结带领全国各族人民自力更生、艰苦奋斗，完成民主革命遗留任务，迅速医治战争创伤、恢复濒临崩溃的国民经济，开展土地制度改革和其他各个领域的社会改革；进行抗美援朝、保家卫国，巩固民族独立、维护国家主权和安全；不失时机制定过渡时期总路线，社会主义工业化和社会主义改造同时并举。1956年底，第一个五年计划规定的各项指标提前完成，对农业、手工业和资本主义工商业的社会主义改造也基本完成。中国共产党领导人民完成社会主义革命，确立社会主义基本制度，消灭一切剥削制度，推进了社会主义建设。这是中国共产党为中华民族作出的第二个伟大历史贡献。这一伟大历史贡献的意义在于，完成了中华民族有史以来最为广泛而深刻的社会变革，为当代中国一切发展进步奠定了根本政治前提和制度基础，为中国发展富强、中国人民生活富裕奠定了坚实基础，实现了中华民族由不断衰落到根本扭转命运、持续走向繁荣富强的伟大飞跃。

这就是中国革命史的主题、主线。

道路决定命运。在整个中国革命历史进程中，走什么样的道路、以什么样的思想理论为指导、由哪个阶级哪个政党来领导人民进行斗争才能争取民族独立、人民解放，始终是一个"核心问题"。"近代以来中国社会各种政治力量和政治主张争论和较量的实质，是不同的历史道路、社会发展方向之争。"① 实践证明，旧式的农民反抗斗争，封建官僚们进行的所谓洋务自强运动，资产阶级改良派进行的维新运动，资产阶级革命派通过

---

① 习近平：《领导干部要读点历史》，《学习时报》2011年9月5日。

革命在中国建立资产阶级共和国的方案，都先后在近代中国一一试过了，结果都行不通，都没有也不可能实现中华民族救亡图存的民族使命和反帝反封建的历史任务。从近代中国革命历史进程中可以清楚地看到：因为不触动帝国主义、封建主义统治根基的改良主义失败了，中国人民才选择了革命的道路；因为资产阶级民主主义思想不能抗御帝国主义和封建主义，中国人民才选择了马克思主义；因为走资本主义道路的各种方案尝试全部失败了，中国人民才选择了经过新民主主义走向社会主义的道路；因为其他各种政治力量都无力领导中国人民实现救亡图存和民族独立、解放与复兴，中国人民才选择了中国共产党。在近代中国，唯有既是中国工人阶级的先锋队，同时是中国人民和中华民族的先锋队的中国共产党肩负起了这一历史使命，才使受尽屈辱、濒临危亡边缘的中国进入了历史的新纪元。中国革命的全部实践向世人彰显和证明了"没有共产党就没有新中国""只有社会主义才能救中国和发展中国"的历史真理。

三、学习中国革命史的意义和方法

历史忠实记录了每一个民族和国家走过的足迹，也给每一个民族和国家未来的发展提供启示。历史是最好的教科书、最好的老师。只有铭记历史，铭记近代以来中国革命的历史，特别是铭记中国共产党领导全国各族人民为争取民族独立、人民解放长期英勇奋斗的历史，才能深刻了解过去、全面把握现在、正确创造未来。

第一，学习中国革命史，就要了解近代中国所经历的屈辱历史，深刻汲取落后就要挨打、就要受欺负的教训，增强励精图治、奋发图强的历史使命感和责任感。

第二，学习中国革命史，就要注重学习以毛泽东为代表的中国共产党人善于运用马克思主义的立场、观点、方法剖析中国社会的特点，研究中国革命实际问题、揭示中国革命发展规律的科学态度和创新精神。

第三，学习中国革命史，就要深刻认识历史和人民选择中国共产党、选择马克思主义、选择社会主义道路的历史必然性，增强建设中国特色社会主义事业的信心。懂得历史在人民的探索和奋斗中造就了中国共产党，中国共产党领导人民又造就了新的历史辉煌。

第四,学习中国革命史,就要继承和发扬近代以来中国人民的爱国主义精神,学习和弘扬共产党人和革命先辈对崇高理想矢志不渝、对国家和人民无比忠诚、对革命事业锲而不舍的坚定信念,使之成为滋养、培育社会主义核心价值观的宝贵精神财富和红色文化基因。

第五,学习中国革命史,要落实在提高历史文化素养上,善于运用历史唯物主义分析社会历史现象,明辨是非、识别善恶美丑,自觉抵制历史虚无主义侵蚀,培育历史意识和文化自信,学会从以往的历史中汲取经验和智慧,自觉按照历史规律和历史发展的辩证法办事,善于运用历史思维分析现状、认清趋势、把握未来;坚定理想、信念,树立和坚持正确的历史观、民族观、国家观、文化观,增强做中国人的骨气和底气。

总之,学习中国革命史,对当代大学生来说,是一门必修课。这门课不仅必修,而且应该修好。

修好中国革命史这门课,首先要坚持正确历史观,即马克思主义的唯物史观,准确把握中国革命的历史进程、主流、本质;还要掌握全面的历史的研究方法。

首先,掌握好"古今中外法"。

这是毛泽东提倡的研究中国共产党历史的方法,也是学习中国革命史应该掌握的方法。所谓"古今中外法","就是弄清楚所研究的问题发生的一定的时间和一定的空间,把问题当作一定历史条件下的历史过程去研究。"[①] 就是用发展的、全面的观点和联系、比较、对照的方法研究历史,反对静止地、孤立地研究历史。

"古今"是个时间概念,是指中国革命史研究的纵向维度。历史既是一个不可分割的完整的、连续的、不断发展的过程;又呈现出发展的阶段性,后面阶段是在前面阶段的基础上发展起来的,要研究清楚后面阶段的历史,不了解前面阶段的历史是不行的。

"中外"是个空间概念,是指中国革命史研究的横向维度。任何一个

---

① 《毛泽东文集》第2卷,人民出版社1993年版,第400页。

民族、一个国家、一个政党的历史发展，都不是孤立的，都同它所处的国际国内环境紧密地联系在一起。顾名思义，"中外"的"中"是中国，"外"是外国。"中外"除了指中国和外国，还包括己方与彼方的意义，任何事物都是对立的统一，历史在发展过程中始终存在着这方面和那方面。不研究清楚那个方面，这方面的也就不容易弄清楚。

其次，坚持实事求是的原则，具体问题具体分析。

要在详尽地占有材料的基础上，对历史上的事件、人物进行科学的分析和综合的研究，从而找出历史事件的实质或历史人物的本质；并从历史发展的内部联系中，分析这个历史事件或人物在历史发展中的方位和作用。不能不作反复深入的分析研究，就得出绝对肯定或绝对否定的简单结论。

关于对历史人物的评价，习近平在纪念毛泽东诞辰120周年座谈会上的讲话中有精辟的论述，他说："对历史人物的评价，应该放在其所处时代和社会的历史条件下去分析，不能离开对历史条件、历史过程的全面认识和对历史规律的科学把握，不能忽略历史必然性和历史偶然性的关系。不能把历史顺境中的成功简单归功于个人，也不能把历史逆境中的挫折简单归咎于个人。不能用今天的时代条件、发展水平、认识水平去衡量和要求前人，不能苛求前人干出只有后人才能干出的业绩来。"

"革命领袖是人不是神。尽管他们拥有很高的理论水平、丰富的斗争经验、卓越的领导才能，但这并不意味着他们的认识和行动可以不受时代条件限制。不能因为他们伟大就把他们像神那样顶礼膜拜，不容许提出并纠正他们的失误和错误；也不能因为他们有失误和错误就全盘否定，抹杀他们的历史功绩，陷入虚无主义的泥潭。"[①]

这两段充满哲理的话语，是我们在学习中国革命史、评价历史人物时，应该遵循的重要原则和方法。

再次，"应该以中国做中心"[②]。

[①] 习近平：《在纪念毛泽东同志诞辰120周年座谈会上的讲话》，《人民日报》2013年12月27日。
[②] 《毛泽东文集》第2卷，人民出版社1993年版，第407页。

学习中国革命史，要了解世界资本主义、社会主义的历史实际，了解世界近现代历史，这是为了更好地了解中国革命的历史发展进程。但是，更重要的是，要把学习的出发点、立足点放在中国方面，着重了解中国革命是怎样发生发展的，弄清楚中国共产党人如何把马克思主义的基本原理同中国革命具体实际相结合，创造了中国革命的新鲜经验，创造性地发展了马克思主义，促进了中国革命的胜利发展。

最后，既要掌握成功的经验，也要了解失败的教训；"不仅要研究胜利的历史，也还要研究失败的历史"①。

人世间没有一帆风顺的事业。中国革命的历史发展充满曲折。"艰难困苦，玉汝于成。""失败为成功之母。"成功和胜利的经验固然是宝贵的、是值得认真总结的；但失败和受挫的教训也是至关紧要的，在某种意义上甚至比成功的经验更珍贵。从人类的认识规律来看，永远是错误与正确并存，往往只有经过很多痛苦才能取得经验，才能少走弯路。

总之，学习中国革命史，要坚持马克思主义的历史观和方法论，做到"博学之，审问之，慎思之，明辨之，笃行之"，知古鉴今、古为今用，这样才能在我们认识和处理现实问题中发挥历史知识应有的借鉴作用和启迪功能。

---

① 中央文献研究室《党的文献》《文献与研究》编辑部编：《治国与读史：领袖人物谈历史文化》，中央文献出版社 2008 年版，第 29 页。

上编 | 旧民主主义革命

第一章 近代中国社会和民族民主革命的准备

1840年鸦片战争后,中国发生了剧烈的社会震荡和变动,中华民族镣铐交加,经历了空前的磨难。面对西方列强持续的轮番侵凌,中国各族人民掀起了英勇的反抗外来侵略的斗争。国家和民族地位的沉沦,迫使中国各派政治力量从不同的立场和角度出发,寻求救国药方,探索国家出路。他们的努力虽然都遭到失败,但不同程度地为近代中国民族民主革命的发生准备了条件。

第一节 半殖民地半封建社会和中国革命的根源

一、西方列强的侵略和半殖民地半封建社会的形成

自1840年英国发动侵略中国的鸦片战争后,资本-帝国主义势力侵入中国。从此,近代中国开始演变为半殖民地半封建社会。

中国有同外国进行贸易的悠久历史,即使在清政府厉行闭关政策时期,中外贸易也未完全中断。鸦片战争以前的中外贸易,主要是中英贸易。在中国自然经济条件下,英国输入中国的纺织品、布匹等长期滞销,英国商人只能携带大量白银换取畅销西方的中国生丝和茶叶等。为了扭转贸易逆差,最大限度地掠夺中国人民,他们向中国走私和倾销毒品鸦片,并企图借此打开中国大门。1780—1816年,每年走私运至中国的鸦片四五千箱(每箱重100~120斤),以后逐年猛增,1838年一年竟高达40200箱。美国和沙俄也不甘落后,竭力向中国走私鸦片。

鸦片走私给外国资本家和鸦片贩子带来巨额的非法利润,也改变了中国对外贸易的出超地位。据统计,鸦片战争爆发前的20年间,从中国外流的白银,累计达1亿元以上。白银外流造成银贵钱贱,物价上涨,国库空虚,财政拮据。此外,烟毒泛滥,使吏治更加败坏,军队战斗力愈加低下,严重地影响了中国人民的身心健康和阻碍了中国社会生产力的发展。

在要不要禁烟的重大问题上，清政府内部出现了严禁派和弛禁派之争。弛禁派主张准鸦片贩子将鸦片照药材纳税，并发展本国烟土以抵制外来鸦片。严禁派驳斥了弛禁派企图使鸦片贸易合法化的谬论，力主禁绝鸦片贸易并重惩吸食者。严禁派代表人物湖广总督林则徐于 1838 年底被任命为钦差大臣、节制广东水师，前往广东查禁鸦片。1839 年 6 月，林则徐主持将缴获的 2 万多箱（237 万余斤）鸦片在虎门海滩当众销毁。

中国严禁鸦片的正义之举，被英国资产阶级视为挑动侵华战争的借口。1839 年 10 月，英国内阁会议正式决定向中国出兵。1840 年 6 月，侵华英军到达广东海面，封锁珠江口，发动了第一次鸦片战争。这次战争三起三落，持续两年多时间。英国侵略者烧杀抢掠，无恶不作。腐朽的清政府和战不定，执行"防民甚于防寇"的方针，不可避免地连遭败绩。

1842 年 8 月 29 日，中英双方代表在南京下关签订了中国近代史上第一个不平等条约《南京条约》。1843 年 6 月至 8 月，清政府又被迫订立《中英五口通商章程》和《五口通商附粘善后条款》，作为对《南京条约》的补充。这三个条约的主要内容是：中国割让香港岛；赔偿英国 2100 万元；开放广州、厦门、福州、宁波、上海作为通商口岸，英国可在五口设立领事馆、派驻领事；协定中国关税；英国取得领事裁判权和片面最惠国待遇。1844 年，美、法两国要挟清政府分别订立中美《望厦条约》、中法《黄埔条约》。这两个条约扩大了领事裁判权的范围，确立了值百抽五的海关税则。列强还攫取了兵舰常驻通商口岸、建立租界、传教自由等侵略性特权。

毛泽东指出："自从一八四〇年的鸦片战争以后，中国一步一步地变成了一个半殖民地半封建的社会。"① 鸦片战争以前，中国是一个领土完整，主权独立的国家；战后，中国的领土与主权都受到破坏，开始丧失了政治上的独立地位。战前，中国是一个经济上自给自足的封建国家；战后，由于外国资本主义的侵略，使自然经济逐渐解体并开始成为资本主义世界的商品市场和原材料供应地。鸦片战争以前，中国社会的主要矛盾是

---

① 《毛泽东选集》第 2 卷，人民出版社 1991 年版，第 626 页。

地主阶级与农民阶级的矛盾；战后又增加了资本-帝国主义与中华民族的矛盾，而且逐步发展为最主要的社会矛盾。从此，中国人民开始肩负起对外反对外国侵略者的民族革命和对内反对封建地主阶级的民主革命双重任务。由于这一系列深刻变化，鸦片战争便成为中国近代史的开端。

鸦片战争后，英国的对华商品输出额虽一度增加，但从1846年起又急剧下降。英国资产阶级对此极为不满，决心以战争手段扩大自鸦片战争以来取得的侵华权益。它联合美、法两国，向中国提出"修约"要求。在遭到拒绝后，英、法分别以"亚罗号事件"和"马神甫事件"为借口，于1856年10月挑起了新的侵华战争。由于这次战争是第一次鸦片战争的继续和扩大，故称"第二次鸦片战争"。这次战争仍然呈现三起三落的态势，持续时间达四年之久。英法联军先后攻陷广州、大沽口、天津，侵入北京西北郊。侵略军将驰名世界的圆明园内收藏的金银珠宝、珍贵文物和各种艺术品洗劫一空，并放火将圆明园烧毁。

在侵略者炮口的威胁下，清政府先后被迫签订了中英、中法《天津条约》和《北京条约》，规定：将界街以南的九龙半岛割让给英国；增开牛庄（后改营口）、登州（后改烟台）、台南、淡水、潮州（后改汕头）、琼州、汉口、九江、南京、镇江、天津为通商口岸；外国公使常驻北京；鸦片贸易合法化；掠卖华工合法化；外国人可以入内地"游历"、经商、传教；外国商船可在长江各口岸自由航行；确立子口半税，取消中国内地的常关税；约请洋人帮办海关税务，各海关均用洋人为税务司；向英法各赔款800万两白银。美、俄两国以"调停"有功为由，也迫使清政府签订《天津条约》。沙俄还利用英法联军侵华之机，于1858年出兵瑷珲，胁迫黑龙江将军奕山订立中俄《瑷珲条约》，强占中国黑龙江以北、外兴安岭以南除江东六十四屯外60万平方公里土地，并把乌苏里江以东40万平方公里定为中俄"共管"。后又通过中俄《北京条约》把"共管"土地掠为己有。1864年，又迫使政府签订《中俄勘分西北界约记》，占我西北地区领土44万多平方公里。

第二次鸦片战争使中国领土主权再次遭到严重破坏，外国侵略者的魔爪伸进了中国腹地，清政府开始成为列强侵华的工具，中国社会自给自足的自然经济进一步解体，进一步陷入半殖民地深渊。

《北京条约》订立后，中外反动势力握手言和，列强并表示愿意帮助清政府镇压太平天国。随后，英法联军撤离北京。1861年，咸丰皇帝病死热河。慈禧太后与得到列强赏识的恭亲王奕䜣合谋，发动北京政变，夺得清朝最高统治权。同年，清政府在列强要求下，设立总理各国事务衙门，专门办理洋务外交。这是清朝中央政权开始半殖民地化的重要标志。之后，外国公使相继进入北京，凌驾于清政府之上，干涉中国内政。

从19世纪70年代开始，资本主义向帝国主义过渡，在世界范围内进行了争夺殖民地的斗争。中国这样尚未被瓜分的东方落后大国成为列强争夺的主要对象。在中国发生的一系列边疆危机中，帝国主义的贪婪骄狂暴露无遗，清政府的腐朽媚外也随处可见。所有这些，加上西方列强的怂恿，极大地助长了日本侵略中国的野心。

日本曾一度沦为西方列强侵略的国家，1868年明治维新后走上资本主义道路，但是带有强烈的军国主义特征，一直将朝鲜和中国东北作为对外扩张的首要目标。19世纪70年代，日本侵犯台湾，吞并琉球（今冲绳）。至1893年，日本在"大陆是日本生命线"这一军国主义理论指导下，基本完成侵略中国和朝鲜的战争准备。

1894年5月，朝鲜发生东学党起义。清政府应朝鲜政府请求，于6月派兵2000余人进驻距汉城（今首尔）不远的牙山地区。日本政府趁势派兵10000余名控制仁川至汉城一线战略要地，占领朝鲜王宫，组织傀儡政权。7月25日，日本海军不宣而战，突然袭击中国运兵船只和护航舰。8月1日，中日双方同时宣战。这一年是农历甲午年，史称甲午战争。这次战争经历了三个阶段，战火烧至中国。日本侵略军攻城略地，烧杀淫掠。尽管邓世昌、左宝贵等一批清军将士浴血奋战，但清政府最终遭到惨败。

1895年4月17日，清政府全权代表李鸿章与日本首相伊藤博文在日本马关（今下关）签订了《马关条约》，规定：中国承认日本对朝鲜的控制；割让辽东半岛、台湾及附属各岛、澎湖列岛给日本；赔偿日本军费白银二亿两；增开沙市、重庆、苏州、杭州为通商口岸，日船可沿内河驶入以上各口，日本可在通商口岸设立领事馆；日本可以在通商口岸投资设厂，其产品免征各项杂税。1896年，中日两国根据《马关条约》，又订立了《中日通商行船条约》，日本取得了在华的领事裁判权、片面最惠国待遇等侵略性特权。

《马关条约》对中国造成了极其严重的危害。这主要表现在：条约规定清政府承认日本对朝的控制，使日本完成其"大陆政策"的第一步目标，将朝鲜变成入侵中国的基地；中国被迫第一次成建制地将一个行省（台湾）割让，使中国的领土主权受到空前的损害；条约允许日本在华设立工厂，其他列强即可群起效尤，竞相向中国进行资本输出，严重地打击了中国的民族工商业；条约规定新辟四口通商和日本取得内河航运权，使列强的经济势力得以深入中国内地和长江上游地区，加深了中国经济的半殖民地化；巨额的战争赔款，进一步加剧了清政府的财政危机，更加重了中国人民的负担，清政府不得不依靠借贷苟延残喘，列强则通过贷款进一步控制了中国的经济命脉。《马关条约》的订立，使中国社会的半殖民地化程度空前加深。

沙俄不愿日本阻碍它向中国东北伸张势力，便联合法、德两国迫使日本放弃占有中国辽东半岛，中国则以3000万两白银交付日本作为赎金。此后，列强加速了掠取侵华利益的步伐，在中国掀起了瓜分狂潮。至1899年，中国东北、山东、福建分别成为沙俄、德国、日本的势力范围，两广和云南的大部分地区、长江流域分别成为法国、英国的势力范围。由于忙于同西班牙争夺菲律宾的战争，美国来不及在中国取得势力范围。它于1899年宣布所谓"门户开放政策"，承认列强在华势力范围和掠取的特权，同时要列强开放在华的租借地和势力范围，使美国享有均等的利益和机会。英国首先赞同，其他帝国主义也陆续表示接受。从此，美国在中国的侵略势力迅速扩大。

在帝国主义掀起瓜分狂潮之时，1899年中国北方爆发了以农民为主体的义和团运动。这场声势浩大的反帝爱国运动是民族灾难空前严重的产物，是中国人民自鸦片战争以来反侵略、反瓜分斗争的深入和发展。1900年6月，英、德、法、俄、美、日、意、奥八国军队3万多人（其中日军

2万多人）组成联军（史称八国联军），发动镇压义和团和侵略中国的战争。义和团和清朝爱国官兵共同作战，曾经给侵略者以沉重打击。随着战争的失利，清政府向帝国主义谋求妥协，与外国侵略者联合镇压了义和团反帝爱国运动。在东南地区，清朝封疆大吏们则始终扮演帝国主义代理人的角色，实行所谓"东南互保"，压制这些地区人民的反帝斗争，使列强得以集中兵力在中国北方进行侵略战争。在东北地区，沙俄乘机于1900年7月派军15万大举入侵，制造了血洗海兰泡、江东六十四屯和火烧瑷珲等历史惨案。八国联军在华期间，极尽烧杀抢掠之能事，北京、天津等城市再次遭到空前洗劫。

1901年9月7日，清政府被迫与英、德、法、俄、美、日、意、奥、西、比、荷等11国订立《辛丑条约》。主要内容有：清政府向帝国主义认错道歉，惩办"得罪"列强的官员；赔款白银四亿五千万两，分39年还清，本息合计近十亿两；海关税、盐税由列强控制，作为偿付赔款之用；北京东交民巷划为使馆区，准许列强派兵保护，不准中国人居住；拆毁大沽炮台，在北京、天津到山海关铁路沿线的重要地区允许外国军队驻守；由清政府严令永远禁止中国人民反对外来侵略的行为，违者处死刑；改总理衙门为外务部，位列六部之前。

《辛丑条约》是空前丧权辱国的不平等条约，其危害性亦前所未有：清政府的主要财政收入为帝国主义所控制，中国的财政经济命脉进一步操控于西方列强之手；清政府完全处于帝国主义的军事控制和监督之下，成为帝国主义镇压中国人民反帝斗争的工具。总之，《辛丑条约》是清政府对中国主权的大拍卖，它确立了列强与清政府之间的主子和奴才的关系。《辛丑条约》的订立，标志着中国半殖民地半封建社会的基本形成。

二、半殖民地半封建社会的基本特点和主要矛盾

近代中国半殖民地半封建社会呈现出以下新的特点：

第一，国家独立地位和主权的大量丧失。

在近代中国长达109年的时间内，列强多次发动侵华战争，或者通过威胁讹诈，逼迫中国政府签订了数以百计的不平等条约。通过这些不平等

条约，列强割占中国近 1/6 的国土，并设立了 25 个专管租界和两个公共租界，形成"国中之国"，使中国的领土主权受到极大的损害。至 20 世纪初，凡是与中国签订过不平等条约的大小国家都获得了片面最惠国待遇这一特权。列强疯狂地使用这一侵略性特权，对中国进行轮番勒索，然后"利益均沾"。至 1911 年，中国被迫开放 82 个城市为通商口岸，使中国沦为列强的商品倾销和掠夺原料的场所。中国海关的管理权，逐步被资本帝国主义控制下的半殖民地海关管理制度所替代。英国人李泰国、赫德长期占据中国海关总税务司职务，不仅掌握了中国海关的行政、用人和财务大权，还干预中国的内政外交。列强取得的另一个特权是"领事裁判权"。凡属列强的居民在中国犯罪或成为民事诉讼的被告时，只受其本国驻中国领事"审查"，中国政府不能过问。这种为侵略者的罪恶活动提供法律保护的特权，是对中国司法主权的严重破坏和践踏。"协定关税"的结果，大部分货物的税率被确定为时价的 5%，使中国的进口税成为世界上最低的，便利外国商品在中国的倾销，阻碍了中国近代工业的发展。列强还多次以战争手段勒索中国赔款。至 1901 年，中国对外 8 次主要赔款和利息，总计约合 19.53 亿银元，相当于清政府当年收入总额的 16 倍。列强还通过不平等条约，在中国划分势力范围，向中国进行资本输出、文化侵略和掠卖华工。

第二，封建剥削制度仍然占据优势。

鸦片战争以后，自给自足的自然经济虽然处于不断的解体之中，但是封建剥削制度的根基依旧保持，而且同买办资本和高利贷资本的剥削结合在一起，在中国的社会经济生活中占着显然的优势。这是因为，帝国主义侵略中国的目的不是要把封建的中国变成资本主义的中国，它们与中国的反动阶级结盟，竭力保护封建主义的生产关系，阻碍和打击中国民族资本主义的发展。地主剥削农民的主要手段仍然是收取地租，实物地租依然是占支配地位的地租形态，地租率通常占佃户收获的五成以上，有的高达八成，甚至九成。在不少地区，地主还通过收取押租、预租来加重对佃农的剥削。对于无力缴纳预租的农户，则每月加二至三分的高利贷利率。

中国农业总产值的比重长期大大高于近代工业的总产值。据统计，农业总产值在工农业总产值中的比重，1920 年为 89.2%，1936 年为 79.5%。至 1949 年，仍高达 67.9%。而在工业总产值中，还包括为数众多的旧式小作坊或小手工业的产值。上述统计数字表明，在近代中国半殖民地半封建社会，封建剥削制度在全部社会经济生活中仍占优势。

第三，民族资本主义经济不是中国社会经济的主要形式。

相对于封建经济而言，民族资本主义经济代表着先进的生产方式，对近代中国的政治和文化生活起着颇大的作用。不过民族资本主义经济从来没有成为中国社会经济的主要形式。这是因为：

其一，由于封建剥削制度仍占优势，包括民族资本主义经济在内的中国资本主义经济在国民生产总值中的比重长期处于微弱地位。据统计，近代工业在中国工农业总产值中所占比重，1920 年为 4.9%，1936 年为 10.8%，1949 年为 17%。如果加上具有资本主义性质的工场手工业，则上述三年的比重分别为 10.8%、20.5% 和 32.1%。

其二，中国资本主义经济从其兴起，就分为民族资本主义经济和官僚资本主义经济两个部分，因此，民族资本主义经济在近代中国社会经济的比重更加弱小。1913 年，中国资本主义企业的资本总额约为 3.0385 亿元，其中官僚资本与民族资本分别为 1.4887 亿元和 1.5498 亿元，民族资本稍占优势。至 1949 年，中国民族工业资本净产值折成 1936 年币值，约为 8.03 亿元；而官僚资本则大大膨胀，达 66 亿元左右。

中国近代民族资本主义的软弱性不仅表现在其本身力量的弱小，同时还表现在同外国资本帝国主义与本国封建主义都有或多或少的联系。中国民族资本主义经济资金少、规模小、设备简陋，在机器、原料、技术、资金等方面常常离不开外国资本，请洋人充任经理、董事长甚至索性挂上外商招牌的事并不罕见。民族资本主义经济的创办者，很多是地主、官僚、商人，使民族资本主义经济仍然同封建主义经济保持联系，一些企业通过雇佣剥削所获得的利润，也常常被重新注入封建剥削的关系之中。此外，为了企业自身的生存和发展，必须依靠本国的封建主义，并借助封建国家机器镇压工人的反抗斗争。

第四，中外反动势力对中国人民实行联合专政。

为了维护半殖民地半封建社会的统治秩序，中外反动势力常常联合起来，对中国人民进行残酷的剥削和压迫。

中外反动势力的公开勾结始自它们对太平天国运动的联合镇压。封建统治阶级意识到，外国侵略者没有推翻清王朝以取而代之的打算，只要满足它们的欲望，中外即可相安无事，同时也可借助洋人的力量，扑灭中国人民的反抗怒潮。义和团运动失败以后，曾经利用、欺骗义和团的清朝政府，便大力协助外国侵略军搜捕镇压各地的义和团民。孙中山领导的辛亥革命最终失败的重要原因之一，就是中外反动势力的联合干预和施压。北洋军阀统治时期和国民党政府统治时期，中国反动势力无不依靠英、美、日等帝国主义，以维持它们的反动统治。

在中外反动势力的联合专政下，中国人民饱受帝国主义和封建主义的压迫与剥削，无数志士仁人和革命先烈惨死在中外反动派的屠刀之下，各阶层人民的反抗斗争和革命运动被中外反动势力所绞杀。

第五，实际上处于长期的不统一状态，经济、政治、文化发展的极端不平衡。

鸦片战争以后，中国社会的经济、政治、文化发生了深刻的变化，带有明显的半殖民地半封建社会的烙印。

由于中国是在多个帝国主义国家的分割控制之下，形成了中国国内大大小小的军阀统治集团。即使在国民党建立了南京国民政府之后，也仅是在形式上统一了中国，地方实力派割据、军阀混战的现象依然存在。

中国被迫开放一批又一批的城市作为通商口岸，这些通商口岸一般都成为外国商品输入和中国农副土特产品输出的集散地。由于开埠通商，中外贸易的主要运销路线从南往北转移，上海取代广州成为中外贸易中心。各通商口岸城市大都因商而兴，成为区域性的商业流转中心。于是，中国形成了从上海至各通商口岸再到中小城镇和乡村的商业运销网络。随着外国资本在通商口岸开办工厂，这些城市更成为全国性的或区域性的经济中心。中国资本也往往注目于沿海沿江的大中城市，城市的辐射力和吸引力不断加强，城市人口呈上升之势，人们的价值观念、思想意识也发生了较为深刻的变化。

在近代中国经济、政治、文化的发展演变过程中，东部沿海沿江城市发展较快，西部内陆和边远地区城市发展却相当缓慢，有的甚至停滞倒退。造成这种情况的原因主要有：其一，通商口岸主要分布在东部沿海沿江的大中城市，工商业均以东部城市为依托，这显然是因为外国侵略所造成的。其二，中国国土辽阔，西部地区城市与东部城市相距甚远，受到距离衰减规律的制约。西部地区的城市规模、工商业厂家数量、城市人口密度、文化教育发展程度等，均与东部有较大差别，不平衡的状态十分明显。

中国城市和农村之间的不平衡状态更是突出。城市往往是外国资本主义和本国封建主义的政治据点，经济、文化相对发达，市政设施有一定基础，交通也较为方便。而在中国广大的农村，交通极不方便，经济发展水平低下，新式学校罕见。连年军阀混战和沉重的苛捐杂税，使农民群众生活每况愈下，工业产品和农副产品之间的"剪刀差"，更使中国农村与城市之间的差距拉大。近代中国广大农村，尤其是一些省份交界地区的穷乡僻壤，同时也是帝国主义和封建主义统治相对薄弱的地区，这也为中国革命走以农村包围城市的道路提供了可能性。

第六，中国人民的贫困和不自由程度举世少见。

鸦片贸易的合法化，造成"银贵钱贱"，使广大中国人民直接蒙受危害，实际负担大为加重。对外战争所需军费、战争赔款、练兵以及举办各种新政的经费来源，又毫无例外地摊派到农民群众和一般工商业者身上。北洋军阀统治时期，各地大小军阀连年混战，横征暴敛，人民的负担更加沉重。

在农村，除了交纳各种苛捐杂税外，随着自然经济的解体，农民对市场的依赖程度提高，受外国侵略者剥削的程度也相应增加。地主、高利贷剥削者、奸商操纵农村市场，压低农副土特产品收购价，任意提高借贷利率和工业产品及生活必需品价格，层层盘剥农民。自北洋军阀统治时期首创"预征田赋"以来，农民群众更是苦不堪言。此外，天灾人祸也造成中国农村经济日趋破产，农民生活更加贫困化。

在帝国主义和封建主义统治下的旧中国，人民群众本无自由可言。资本-帝国主义为消弭中国人民的反帝意识和斗争，常常施以高压专制手段。农民群众还得忍受神权、族权的欺凌，毫无政治地位。工人群众不仅收入菲薄，还要受到封建把头、包工头、军警宪特的层层管卡和欺榨。著名的"戊戌六君子"被清政府处以极刑，而年轻的革命家邹容被外国侵略者判处监禁后不堪虐待死于狱中。

鸦片战争后，中国社会的主要矛盾发生了显著变化。

鸦片战争以前，主要矛盾是地主阶级与农民阶级的矛盾。鸦片战争以后，由于中国社会出现了新的社会阶级，更因为外国侵略者在中国的侵略势力日益扩大，中国社会的主要矛盾发生了很大的变化。

近代中国存在着许多社会矛盾：帝国主义和中华民族的矛盾，封建主义与人民大众的矛盾，资产阶级与无产阶级的矛盾，反动统治阶级内部的矛盾，等等。但是，任何复杂的矛盾过程中，必定有一种是主要的，起着领导的、决定作用的矛盾，其他矛盾则处于次要和服从的地位。在近代中国，帝国主义和中华民族的矛盾，封建主义和人民大众的矛盾，就是中国社会的主要矛盾。而帝国主义和中华民族之间的矛盾，乃是各种矛盾中最主要的矛盾。

当外国资本-帝国主义对中国发动侵略战争之时，除一些卖国分子以外，国内各阶级能够暂时地团结起来举行民族战争去反对外国侵略者。这时，帝国主义和中华民族之间的矛盾成为主要矛盾，其他的社会矛盾包括封建主义和人民大众之间这个主要矛盾在内，便都暂时地降到次要和服从地位。19世纪后半叶外国资本-帝国主义所发动的五次大规模侵华战争和20世纪三四十年代日本帝国主义进行的侵华战争时期，帝国主义和中华民族的矛盾上升为最主要的矛盾，封建主义和人民大众的矛盾则退居次要地位。

当外国资本-帝国主义不是用战争压迫而是用政治、经济、文化等比较温和的形式进行压迫的时候，中国的封建统治阶级就会向帝国主义投降，二者结成同盟，共同压迫人民大众。这时，人民大众往往采取国内战争的形式，去反对资本-帝国主义和封建主义的同盟，而资本-帝国主义则往往采取间接的方式去援助中国封建主义压迫人民大众，而不采取直接行动，显示出国内封建主义与人民大众之间矛盾的特别尖锐性。中国革命历史进程中的辛亥革命、国共合作的国民革命、土地革命战争和解放战争时期，封建主义和人民大众之间的矛盾便成为中国社会最主要的社会矛盾。

三、近代以来中华民族面对的两大历史任务

近代以来中国人民面对的历史任务是与社会主要矛盾紧密相联的。帝国主义把一个独立的中国变成了半殖民地半封建的中国，是中华民族最凶狠的敌人。地主阶级是用封建制度剥削和压迫农民的阶级，是在政治上、经济上、文化上阻碍中国社会前进而没有丝毫进步作用的阶级。因此，在半殖民地半封建的中国，帝国主义和以地主阶级为代表的封建势力是中国革命的对象。至于带买办性的大资产阶级，是直接为帝国主义国家的资本家服务并为他们所豢养的阶级，他们和农村中的封建势力也有千丝万缕的联系。推翻了帝国主义和封建主义在中国的统治，买办资产阶级也必将被彻底扫除。所以，近代中国人民面对的历史任务就是，对外推翻帝国主义压迫的民族革命和对内推翻封建地主压迫的民主革命，即进行反帝反封建的民族民主革命。

为了使中国在世界上重新站起来，为了使中国人民过上幸福、富裕的生活，就必须改变帝国主义、封建主义联合统治的半殖民地半封建的社会制度，争得民族独立和人民解放；就必须改变中国经济技术落后的面貌，实现国家的富强和人民的富裕。近代中国人民面对的历史任务，就是这样被历史地提出来的。无数的仁人志士，一代又一代的中国人，为此进行了不屈不挠、英勇顽强的斗争。

鸦片战争后，中国社会逐步成为半殖民地半封建社会，中华民族历经磨难。实现中华民族伟大复兴，成为中华民族近代以来最伟大的梦想。为了实现民族复兴的中国梦，中国人民必须完成两大历史任务：一个是求得民族独立和人民解放；一个是实现国家繁荣富强和人民共同富裕。前一任务是为后一任务扫清障碍，创造必要的前提。

争取民族独立、人民解放和实现国家富强、人民富裕这两个任务，是

互相区别又互相紧密联系的。由于腐朽的社会制度束缚着生产力的发展，阻碍着经济技术的进步，必须首先改变这种社会制度，争得民族独立和人民解放，才能为实现国家富强和人民富裕创造前提，开辟道路。因为不经过反帝反封建的斗争，争得民族独立和人民解放，就不可能推翻帝国主义对中国的反动统治，改变它们控制中国经济财政命脉，利用特权向中国大量倾销商品和资本输出，压迫中国民族工商业发展的局面；就不可能废除封建地主土地所有制和专制政治制度，解放农村生产力，改善农民的生活，扩大民族工商业的国内市场；就不可能达到民族的团结，社会的稳定，从而集中力量进行经济、文化、教育等各方面的现代化建设，以实现国家的繁荣富强和人民的幸福富裕。

近代以来，不少善良的人们提出过工业救国、教育救国、科学救国等主张，并为此进行过努力，对中国近代社会的进步做出了一些贡献。但是，在民族不独立、国家不统一、人民无权利的半殖民地半封建社会里，这些主张并不能给濒临危亡的中国指明正确的出路。这些良好的愿望在实践中不断碰壁，许多爱国者终于抛弃了这些幻想，而毅然走上了争取民族独立和人民解放的斗争道路。

事实上，只有通过民族民主革命争得民族独立、人民解放以后，中国人民才有可能集中力量进行现代化建设，逐步改变贫穷落后的面貌，实现国家的富强和人民的富裕，从而使中华民族自立于世界民族之林，使无数爱国志士和革命先驱者为之献身的实现中华民族伟大复兴的中国梦真正成为现实。

第二节　反对外国侵略的斗争和对民族出路的早期探索

一、中国人民的反侵略斗争

鸦片战争开始后，面对来犯的英国侵略军，中国人民义无反顾，自发奋起反抗。

首先与英军交手的主要是广州附近三元里的农民群众。1841 年 5 月

29日，英军在三元里一带为非作歹，烧杀抢掠；村民群起抗击，当场打死英军十余人。为防备英军前来报复，三元里村民联络附近103乡民众共商抗敌军事部署。30日清晨，三元里和各乡义勇约5000人向英军占领的四方炮台实施佯攻后再撤退，引诱英军尾随至乡间田埂，使其行走不便并不能携带重武器。之后，更多早已埋伏好的义勇以排山倒海之势冲向英军，用血肉之躯与侵略者肉搏。此时下大雨，英军因火药受潮而枪炮失灵，加之泥泞路滑，难以行走，受到重创，死伤近50人。义勇军心大振。31日，广州附近数县400余乡义勇数万人，齐赴三元里，包围了四方炮台。正当更大的战斗即将打响之际，广州知府余保纯赶来央求义勇撤围。参与斗争的士绅们在官府的威逼利诱下首先畏缩，义勇军被迫散开让路，英军得以狼狈撤退。三元里和各乡民众的英勇斗争虽然未达到歼灭更多英军的目标，也不可能立时改变中国的命运，但他们高昂的爱国主义情操、英勇的斗争精神激励着中国广大人民群众投入反对外来侵略的斗争中。

广州及其附近一些县的"社学"所组织进行的"反入城"斗争，再次体现了三元里人民的斗争精神。

"社学"，又称"义学"，始于明初，原为民间教育组织，清中叶以后逐渐演变为地主士绅兴办团练以维持地方治安的场所。鸦片战争爆发后，社学成为团结和组织各地乡勇进行抗英斗争的合法形式。

鸦片战争前，来华经商的外国商人只能居住在广州城外珠江边的商馆之中。战后，英国商人卷土重来，进而要求入城贸易并建屋居住。尽管广东地方当局被迫同意英人的要求，但因受到民众的坚决反对，英人迟迟不能如愿，便计划以武力强行进城。1848年2月，广州城内外社学义勇聚集十余万人，在珠江两岸严阵以待。中国人民的正义之举，迫使英军放弃武力入城的打算，再次推迟了侵略者进入广州城内的时间。

太平天国农民战争期间，太平军曾经多次重创来犯的英、法侵略军和外国雇佣军。1858年11月，英国特使率领的舰队试图在长江寻衅，太平军在天京、安庆给来犯的英国舰队以猛烈打击。1862年5月，太平军在上海外围与英法侵略军及美国人华尔率领的"常胜军"激战多日，打死打伤数千人，并在奉贤击毙法国海军提督卜罗德。6月，在青浦活捉中法混合武装"常胜军"副统领法尔思德。9月，在慈溪打伤"常胜军"统领华尔。1863年2月，太平军在绍兴击毙统率中法混合武装"常捷军"的法国人勒伯勒东。

美、日两国侵犯中国台湾时，遭到台湾民众的坚决反抗。1867年，台湾高山族民众在琅峤（今恒春）击毙来犯的美国海军副舰长马肯基，打退美军。1874年，高山族民众又在琅峤痛击来犯的日本侵略军。

中法战争期间，福建、广东一些地区的民众奋起斗争，焚烧法国货物、驱逐法国传教士。在香港，民众绝不供给法船吃食，不为法国船只卸货，绝不修理受伤的法舰。

《马关条约》签订的消息传到台湾后，全台同胞义愤填膺。在台湾官绅反对割让台湾的努力失败之后，民众更是同仇敌忾。1895年6月至10月，总兵刘永福统领的黑旗军与台湾义士徐骧、吴汤兴、姜绍祖等人指挥的义军，先后在新竹、彰化、嘉义、台南等地，与五万多日军血战四个月，日军战死、病死者4800余人，近卫师团长陆军中将北白川宫能久亲王，在彰化因重伤毙命。台湾民众在近代中国人民反对外来侵略斗争史上写下了可歌可泣的篇章。

甲午战争后，中国的农民阶级还发动了轰轰烈烈的义和团运动，再次展现他们对民族危亡的忧虑和对外国侵略者的反抗。

义和团运动的兴起与鸦片战争后一些西方传教士在中国的恶行息息相关。早在明末清初，西方传教士就来到中国。早期的传教活动多以传播西方科学和参与修订历书为中介，对中西文化的交流曾起过一定的作用。但随着西方宗教的传布与殖民主义者侵略中国野心的膨胀，其作为侵略工具的一面就愈益暴露，引起中国统治阶级日益加深的疑虑。在鸦片战争前的20余年间，不少传教士的主要活动已是搜集情报，鼓吹用武力打开中国的大门。

1844年《黄埔条约》订立后，清政府被迫颁布了弛禁天主教的谕令，外国传教士享有进入中国内地传教的自由。从此，外国传教士纷至沓来；他们以"战胜者"的姿态，凭借不平等条约和大炮的保护，在中国大建教堂、网罗教徒、搜集情报、干涉词讼、挑拨民族关系，通过所谓的慈善事业进行奴化教育和文化侵略，并直接参与西方列强对中国的政治、军事侵略，攫取利权，起了侵略者的大炮所不能起的作用。在近代中国，一些外国传教士成为了列强侵略中国的帮凶。

中国人民对外国传教士的罪恶行径极其痛恨，不断进行反抗。从19世纪40年代开始，中国人民的反洋教斗争表现为一系列的"教案"。在1870年天津教案以前的反洋教斗争中，虽然清政府在处理教案时多偏袒教会而压制民众，但地方官吏和士绅对传教士无视中国传统礼教和习俗也极为不满；他们从"排斥异端""保卫圣道"的目的出发，参与了人民群众的反侵略斗争。然而，随着西方列强侵略的不断加深，清政府的日益买办化，上层士绅日渐退出了斗争；而更多的下层民众参加到反洋教的斗争中来，并初步地与反对外国侵略的斗争相结合。甲午战争后，西方列强疯狂地瓜分、掠夺中国，领导反洋教斗争的民间秘密结社开始把反对教会的侵略与反对列强瓜分结合起来，从而将斗争的锋芒直指帝国主义。一些在思想上与反教会侵略有相通之处的清朝爱国官吏，对这种反抗斗争采取同情和默许的态度；民间秘密结社的首领也希望斗争能得到清政府的承认和支持，因而提出了"顺清灭洋"等口号。

1900年，人民群众此伏彼起的反侵略斗争终于汇合成为义和团运动的反帝怒潮。

义和团源于义和拳。甲午战争后，义和拳众大力开展反侵略斗争，清政府镇压不遂，改为招抚，以图驾驭。义和拳众也欲利用公开合法的地位来发展组织和开展活动，遂将义和拳改称义和团，将"反清复明"口号改为"扶清灭洋"。"扶清灭洋"这一口号，反映了当时中国社会主要矛盾的变化，但并不是在科学分析和认识到帝国主义的本质及其同清统治者之间的关系基础之上提出的。义和团提出"灭洋"，触及了反侵略、救亡图存的时代主题，但对洋人、洋教和外来思想不加分别地统统排斥，具有较强的盲目排外的落后性；而"扶清"，虽具有爱国和保国的含义，却又将"中国""朝廷""大清"等观念互相混同，在一定程度上淡化了反对封建专制的努力。这表明广大的贫苦农民对中外反动势力的认识还停留在感性阶段，难免被利用乃至受骗上当。

义和团运动在山东首先兴起后,在直隶、京津地区得到了迅速的发展,广大民众摧毁教堂、驱逐教士,毁铁路、断电线等,给帝国主义势力以沉重打击,并引起了帝国主义的仇恨和恐惧。为保护和扩大在华既得权益,镇压中国人民反抗,1900年6月,八国联军组成,旋即大规模侵犯中国。义和团与部分清朝的军队对一万余名联军实施了节节抗击。他们以拆毁铁路、切断通信的方式阻滞联军向津、京的进攻,并用落后的武器同侵略军拼死血战,击毙击伤数以千计的敌人。在东北地区,义和团民也同入侵的沙俄侵略军进行了英勇的斗争。

清政府最终对外屈服,投降乞"和",勾结外国反动势力,出卖义和团。义和团众和各地群众,虽进行了英勇抗争,终因分散、没有强有力的领导而不敌,最后被帝国主义列强与清政府相勾结联合绞杀了。

义和团反帝爱国运动阻止和打乱了列强试图瓜分中国的狂妄计划,再次显示了中国人民反抗外来侵略的斗争精神。八国联军统帅瓦德西也不得不承认,从义和团众可以看出中国人民"尚含有无限蓬勃生气","急欲促现瓜分一事,实系毫无益处之举。"①

正如毛泽东所指出,"中国人民,百年以来,不屈不挠、再接再厉的英勇斗争,使得帝国主义至今不能灭亡中国,也永远不能灭亡中国。"②

二、太平天国农民起义

鸦片战争以后,中国人民特别是南方各地人民同外国侵略势力的矛盾日益激化。清政府将战败的负担转嫁到人民群众头上,土地兼并愈烈,促使地主阶级同农民阶级的矛盾激化,各地人民的反抗斗争风起云涌。正是在这样的情势下,以洪秀全为首的太平天国运动爆发。

洪秀全(1814—1864),广东花县(今广州市花都区)人,出身于农民家庭,曾多次赴广州应试未果。他对清政府的腐败、人民的疾苦有亲身体验,加以自身的坎坷经历,遂萌生了反清意识。1843年,他从一本宣

---

① 瓦德西:《瓦德西拳乱笔记》,中国史学会主编:《中国近代史资料丛刊·义和团》(三),上海人民出版社、上海书店出版社2000年版,第85—86页。
② 《毛泽东选集》第2卷,人民出版社1991年版,第632页。

传基督教教义的小册子《劝世良言》中得到启发，将基督教一神论和在上帝面前人人平等的观点、中国农民中流行的平均主义思想相掺和，创立了拜上帝会。首先入教的是他的族弟洪仁玕和塾师冯云山。此后，洪秀全和冯云山在两广交界一带农村进行拜上帝会的宣传和组织工作。洪秀全主要从事理论和教义的创造工作，撰写了《原道救世歌》《原道醒世训》《原道觉世训》等著作。他把清朝皇帝、官僚、地主形象化为"阎罗妖""妖徒鬼卒"，并同自己宣传的上帝对立起来，号召农民起来击灭他们，建立"天下一家、共享太平"的人间天国。他倡言"天下多男人，尽是兄弟之辈，天下多女子，尽是姊妹之群"，以组织和团结广大农民。冯云山则以广西桂平县（今桂平市）紫荆山地区为基地，经过艰苦的努力，在贫困人民中发展组织了几千人。此后，拜上帝会众迅速壮大，并形成了以洪秀全为首的，包括冯云山、杨秀清、萧朝贵、韦昌辉、石达开等人在内的领导核心。

1851年1月，洪秀全率会众在桂平县金田村起义，建国号"太平天国"。不久，洪秀全称天王。攻下永安后，天王诏封杨秀清、萧朝贵、冯云山、韦昌辉、石达开分别为东、西、南、北、翼王，西王以下俱受东王节制；同时制定各项制度，颁行天历，确定军队供给方针，整饬军纪。太平天国初具规模，杨秀清实际掌握了军政大权。此后，太平军从永安突围北上，长驱猛进，诸王身先士卒，冯云山、萧朝贵英勇捐躯。1853年3月，攻克江南重镇——两江总督府所在地南京。洪秀全改南京为天京，定为太平天国的首都，建立了一个与北京清政府对峙的农民政权。到1856年，太平天国控制了东起镇江、西迄武汉的长江沿岸战略要地，以及安徽、江西两省之大部、湖北之一部、苏南和苏北的扬州地区，在军事上达到全盛时期。

然而，胜利中暗藏危机。定都天京后，领导集团内滋长了骄傲自满情绪、享乐思想、宗派情绪、帝王欲望。他们日益腐败，严重脱离群众，内耗不断。1856年8月，杨秀清逼迫洪秀全封他为"万岁"而引发内讧，最终导致天京内乱。杨秀清、韦昌辉等和大批无辜民众被杀，石达开因不被信任而率部至四川大渡河畔被清军全部消灭。天京内乱严重削弱了太平天国自身力量，为清军反扑造成可乘之机。武昌、九江、镇江等重镇相继失陷。为挽救时局，洪秀全起用李秀成和陈玉成等年轻将领。洪仁玕到达天京后，被封为干王，总理朝政。太平军将士的英勇征战，终未能阻止太平天国形势的逆转。由于中外反动势力的强大，太平天国的形势日益恶化，1864年7月，湘军攻破天京，随即对太平军残部进行血腥屠杀。太平天国至此失败。

太平天国颁布了两个纲领：《天朝田亩制度》与《资政新篇》。

太平天国定都天京后，为巩固政权、建立理想的"天国"，1853年冬，颁布纲领性文件《天朝田亩制度》。

《天朝田亩制度》的核心问题是关于土地制度的规定。它根据"凡天下田天下人同耕"的原则，规定了按人口平均分配土地的具体办法，把土地按其产量分为三级九等，16岁以上农民不论男女，"好丑各一半"；15岁以下则减半；规定了丰荒相通、以丰赈荒的原则。生产和分配均由基层组织"两"（辖25户）来进行。"两"内设国库，其年产除"所食可接新谷外，余则归国库"。婚娶弥月喜事所需的银钱粮食，由国库开支，鳏寡孤独、疾病残等丧失劳动能力的人由国库供养。其中心目标是要实现"有田同耕，有饭同食，有衣同穿，有钱同使，无处不均匀，无人不饱暖"的理想社会。《天朝田亩制度》中朴素的平等思想和平分土地的主张，是对封建地主土地所有制的否定，反映了农民的强烈愿望，对动员和鼓舞农民群众参加和支持太平天国运动起着重要的作用。但是，这种绝对平均主义思想，将使社会生产力停滞在分散的小农经济的水平上，把自然经济理想化、固定化，因此，它又有阶级局限性。要在小农经济生产力水平的基础上废除一切私有制度，取消商品经济，实际上是不可能的。

这个文件规定的男女平等、改革考试制度等内容，部分地反映了近代中国社会发展的历史走向。它规定天王的高度集权、官员的世袭制和把"黜为农"作为对官员的处罚，却表现了尊卑贵贱的封建等级关系。它反映的是农民的思想，既想建立一个"人间天国"，又不能冲破传统封建思想的束缚，不可避免地最终陷于困境。

洪仁玕曾到过香港等地，他到天京主政后，根据自己对当时西方国家的政治经济、科技文化方面的成就所能达到的认识水平，结合太平天国的某些实际，于1859年撰成《资政新篇》，经洪秀全批准颁布。

《资政新篇》的中心思想是要使中国达到"兵强国富、俗厚风淳"的目的。在政治上，主张革新政治，广开言路，沟通上下；并针对当时存在的分散、离心倾向，指出"兄弟不和外人欺，国人不和外邦欺"，反对结党营私，拥兵自重。在经济上，主张效法西方国家，"准富者请人雇工"，准许私人投资，兴办近代工矿交通事业，设邮局、兴银行、办保险、奖励创造发明等。在文化和社会生活方面，主张办学校、设新闻馆、建医院、发展救济事业、禁食鸦片、改革社会陋俗等。在对外关系上，主张与外国自由通商，进行文化交流，允许外国人来华传授技艺，但不准干涉中国内政，严禁走私鸦片等，表明了太平天国坚持独立自主，反对外来干涉和侵略的严正立场。

《资政新篇》基本上是按照西方资本主义模式提出了反对封建制度，向西方学习，发展资本主义改造中国的设想，反映了洪仁玕等为代表的先进分子向西方学习，希望采用西方资本主义国家的若干有关政策来强兵富国，是对中国前途的新探索、新思考，具有鲜明的资本主义色彩和进步意义。但《资政新篇》没有涉及土地和怎样对付西方列强的侵略问题，它的许多规定在太平天国内并未真正实施，对太平天国后期的历史进程没有发生多大的影响。

太平天国运动历时14年之久，势力涉及18个省区，建立了一个与清王朝相对峙的农民政权，沉重地打击了封建主义的经济基础和上层建筑，加速了清王朝的崩溃。太平天国是中国旧式农民战争的最高峰，比较完整地表达了千百年来农民对拥有土地的渴望；同时又具有不同于以往农民战争的新的历史特点，试图通过向外国学习来寻求出路。太平天国还英勇地抗击外国侵略者，使其殖民地化中国的企图严重受挫。

太平天国运动的失败给我们留下了深刻的教训：

中国广大的农民群众，以自身所能理解和达到的方式，充分地证明了他们是反对外国侵略，反对封建压迫最强有力的力量。然而，他们毕竟是小生产、小私有的代表者，他们不可能科学地分析和处理各种复杂的矛盾，提出正确的纲领，制定出切实可行的策略；不可能形成一个坚强有力的领导核心，始终如一地团结并率领群众取得最后的胜利；不可能真正认清帝国主义侵略的本质，完成对外反侵略的任务；不可能建立一个完全崭新的社会制度以彻底摧毁封建旧制度。太平天国农民运动的失败表明，没有先进阶级的领导，没有先进理论的指引，农民阶级单靠自身的力量，不能够完成反帝反封建、争取民族独立和人民解放的革命任务，找不到民族和国家的出路。

三、洋务派官僚的洋务运动

鸦片战争以后，以林则徐、魏源为代表的有识之士，从反侵略斗争的实际出发，提出了向西方学习的新课题。

1839年，林则徐奉命到广州查禁鸦片，在严酷的现实面前，他看到了自己不知彼的弱点，便招揽一批有才干的人物"侦探夷情，查访汉奸"，请一些留心海防事务的学者商议探讨洋事，并指示与外国人有直接接触的人随时报告他们的行动，开始了他睁眼看世界的历程。为了对西方国家的历史和现状作深入的了解，林则徐下令搜集外国人在广州、澳门用中文出版的各种刊物，派人翻译西方的报纸和书籍，并把翻译报纸作为探访外国情况的一条重要途径。他组织人把英人慕瑞著的《世界地理大全》译成《四洲志》，介绍世界30多国的地理、历史、政情，既扩大了眼界又拓开了思路，为闭塞的中国打开了一扇眺望世界的窗口，促使人们睁眼看世界。

魏源是主张向西方学习的另一代表人物。鸦片战争中，他在两江总督裕谦幕府中，参加了抵抗英国侵略者的斗争，并从战俘中了解"夷情"。魏源经数载努力，编著成《海国图志》。这是中国人编撰的第一部系统介绍世界各国地理、历史、社会现状和部分科技知识的著作。魏源在编撰此书时，强调"师夷长技以制夷"的宗旨，对强国御侮之道作了比较深入的探索。他认识到要抵抗西方侵略，必须向西方学习，"尽得西洋之长技为中国之长技"。

为了巩固封建统治和"师夷长技以制夷"，自19世纪60年代起，清朝统治阶级中的以奕䜣、曾国藩、李鸿章、左宗棠、张之洞等为代表的洋务派，以"求强""求富"相号召，倡导了洋务运动。

洋务运动的第一个阶段是"求强"，主要兴办军事工业。从1861年曾国藩开办的中国第一个近代军工厂——安庆内军械所起，30多年时间里，清政府耗资4500万两白银，建立了19个军工企业。其中以李鸿章创办的江南机器制造总局和金陵机器局，左宗棠创办的福州船政局，崇厚创办的天津机器局为早期的四大军工厂，后期以张之洞创办的湖北枪炮厂规模较大。这些军事企业采取官办形式，经费由政府拨给，经营管理是封建衙门式，产品一般不是商品，由清政府指拨给军队使用，因而具有浓厚的封建性。因在设备、技术、原材料等方面多依赖洋人，也具有买办性。不过，这些军事企业中也有部分雇佣工人，又带有某些资本主义因素。

洋务运动的第二个阶段是"求富"，即创办民用性企业。此举既为解决军事工业的原料、动力运输和资金等困难，也有与外国资本竞争的动机。这些民用企业以1872年李鸿章创办的轮船招商局建立最早，规模较大。至90年代初，洋务派耗资1700万两白银，先后创办了基隆煤矿、开平矿务局、兰州织呢局、上海机器织布局、汉阳铁厂、天津电报总局等20多个企业，采取官办、官督商办、官商合办形式，私人投资的股份占较大比例。民用企业基本是商品生产，剩余价值规律对生产起支配作用，在生产力和生产关系方面均具有明显的资本主义性质。但经营管理大多仍由封建官僚把持，很多方面依赖洋人，也具有封建性、买办性。这些民用企业拥有垄断特权，显现了早期官僚资本的某些特征，在一定程度上不利于民族资本主义的兴起与发展。

洋务派还向外国购买船炮和新式武器，聘请外国军官，训练军队，先后建立了北洋、南洋和福建水师。他们还创办报刊，翻译西学，开办新式学堂，派遣留学生。从1868—1880年，共译出西书162种，出版76种。从1862—1895年，先后开办新式学堂20多所，教习外语与近代科学文化知识。从1872年起，向西方国家派遣留学生200多名，主要学习先进的科学技术。洋务派创办的军事工业和编练的陆海军，"制中土则有余，御外侮则不足。"福建水师在中法战争中惨败。甲午战争中，号称世界第四的北洋水师更是全军覆没。

洋务运动在一定程度上抵制了列强的经济侵略，洋务派人士的呼吁和他们在 19 世纪 70 年代以后的实践，推动了航运、电信、采煤、纺织等近代民用企业的诞生。兴办军事、民用企业又需要与之相适应的新式人才，从而促进了一些新式学校的产生，对于近代中国教育事业的发展起了一定的积极作用。

清王朝封建统治集团内部较开明的洋务派官僚们，比较能够审视新的形势，能够提出一些新的观念。他们的"借法自强"，表现了对世界形势的新的认识，抛弃了"天朝上国"的传统观念，承认外国有可师效之处。几十年洋务事业的经营与发展，给中国社会的各个方面带来了一定的变化。中国第一批近代化企业的诞生，在中国移植了资本主义大生产，打破了外国人对中国近代工矿、交通事业的全面垄断。随着近代企业的兴办与发展，中国出现了新的阶级、新的生产关系；而新的阶级力量的不断壮大，又要求社会进行更深刻的变革，这就有力但缓慢地推动着历史前进的车轮。在这一时期，新式学堂的创办，留学生数量的日渐增多，新式技工的出现，促成了新式知识分子群体的产生和壮大，为中国的近代化打下了初步的基础，并在客观上为中国民族资产阶级的发展起了推动和刺激的作用。

然而，作为封建统治阶级内部的一部分，洋务派官僚们不可能从根本上否定旧有的统治秩序，他们维护的仍然是封建地主阶级的利益，对于一切否定封建旧秩序的新生事物，他们都会毫不手软地加以遏制甚至扼杀。在形势逼迫下，他们需要在对旧有势力做出很大让步的前提下推行某种改革，来达到起衰振弱的功效，以维系行将崩溃的清王朝统治。他们所遵循的基本点是"变器不变道"，宗旨是"中体西用"。这样，他们的目的和手段是矛盾的，这就在根本上限制了洋务运动所起的积极作用。

四、资产阶级改良派的戊戌维新运动

甲午战争中国的惨败和随之而来的帝国主义瓜分中国的狂潮，大大加深了中国的民族危机，促使先进的中国人反省、觉醒，开始用批判的眼光

审时度势，早期维新思想家们在介绍西方国家政治制度时，初步地提出了"变法"的主张。甲午战争后，中国出现了一个兴办新式工业的浪潮，民族资本主义有了初步发展，民族资产阶级也逐渐成长起来，并要求进一步发展资本主义以挽救空前严重的民族危机。中国资产阶级改良派应运而生，他们选择了变法维新的改良道路。领导这次变法维新活动的是康有为、梁启超等。

康有为（1858—1927），广东南海县（今佛山市南海区）人，出身于官僚地主家庭，少年时代受到严格的封建正统教育，曾从理学大师朱次琦学习三年，深受其"经世致用"思想的影响；稍后，他接触到一些资本主义的思想和当时正在酝酿的改良主义思潮，逐渐流露出要求改革的愿望。自1879年起，他到香港、上海等地游览、考察，阅读介绍西方政治制度和自然科学知识的书刊，产生了仿照西方进行维新变法的要求，开始了向西方寻找真理的过程。

1888年，康有为利用在北京应试的机会，提出"变成法，通下情，慎左右"的主张，受到顽固守旧分子的嘲笑和攻击。这使他感到还需要到中国传统的封建学说中去寻找理论依附，以实现变法图强的政治愿望。他把改良主义思想同今文经学结合起来，用改良主义的观点对儒家学说作了重新解释，建立变法维新的理论体系。《新学伪经考》和《孔子改制考》是他这一时期的代表作。

《新学伪经考》初刊于1891年，在书中，康有为把东汉以来奉为经典的古文经都说成是伪经，是新朝王莽的国师刘歆为帮助王莽篡汉而伪造的。这种论断是不符合历史实际的，但打破了长期以来古文经学的绝对权威，动摇了封建专制主义赖以存在的理论基础，启迪人们特别是知识分子摆脱封建的思想束缚，独立地思考问题。《孔子改制考》刊于1898年。它汲取了中国儒家学说中"孔子旧方"，渗透了西方资本主义政治学说，把资产阶级需要的措施，挂上孔圣人的招牌，以减轻非圣无法的压力，为变法维新创造条件。

康有为从资产阶级改良派的政治要求出发，用资产阶级的政治思想附会今文经学的"三统""三世"旧说，认为社会历史是按照据乱世、升平世、太平世三个阶段的顺序进化的。他把资产阶级的民权、议院、选举、民主、平等都附会到孔子身上，认定为孔子所创，论证君主立宪的合理性，从而抨击了万世不变的守旧观念，给变法维新找到了理论根据，有助于知识分子投身于变法维新活动。然而，这也暴露出康有为试图把儒家的某些经典和变法维新思想调和起来，幻想依靠皇帝的权威，达到资产阶级参与政权和发展资本主义的目的，从而表现出较大的软弱性。

在创立变法理论体系的过程中，康有为还开馆授徒，培养维新运动的骨干。1891年，康有为应梁启超等人之请，设"万木草堂"，在学生中大量灌输变法维新的理论。不少学生在协助撰写《新学伪经考》和《孔子改制考》的过程中，系统地接受了他的变法理论与主张。在康有为的努力下，维新思想得以广泛传播，维新派也逐渐形成。

梁启超（1873—1929），广东新会人（今江门市新会区），康有为的得意门生和得力助手，变法维新运动中著名的政论家和宣传家。他在抨击时弊、宣传西学、呼吁改革中提倡民权论，要求实行君主立宪，并强调这是变法维新中最根本的问题，是医治中国贫弱的灵丹妙药。

谭嗣同（1865—1898），湖南浏阳人。他撰写的《仁学》一书，对封建专制制度的封建道德进行了猛烈的抨击，大声疾呼要冲决一切封建网罗。他的思想和言论是维新派人士中最激进的，影响甚深。

严复（1854—1921），福建侯官人（今福建福州），曾留学英国，维新运动中西学造诣最深的启蒙思想家。他撰写了大量宣传变法维新理论和政治主张的政论。他翻译赫胥黎的《天演论》，附加上自己的许多见解，以生物界"物竞天择""优胜劣败"的进化论的观点，开拓了人们的眼界，从思想上武装了维新派。

康有为等维新派面对空前严重的民族危机，从民族资产阶级的利益出发，较之早期的维新思想家们更深刻地提出了政治变革的要求，他们推崇君权，仰慕日本天皇在明治维新中的作用。历史的积淀和现实的要求，促使他们选择君主立宪来达到起衰振弱之功效。

1895年4月，清政府被逼签订丧权辱国的《马关条约》。在中国人民反对签订卖国条约的巨大声浪中，康有为、梁启超等发动当时在京参加会试的举人联名上书清帝，提出拒和、迁都、变法的主张。变法的重点是推行富国、养民、教民之法，基本内容是兴办铁路、矿务、航运、邮政、银行、学堂、报馆等。康有为还提出了士民公举"议郎"，实行"君民共体"的建议。这是康有为第一次初步提出的具有资产阶级改革性质的纲领，也是他试图按照西方某些国家的面貌来改造中国所设计的蓝图。这便是有名的"公车上书"。爱国知识分子的上书请愿，冲破了清政府关于士人不得干政的禁令，使酝酿多年的维新思潮在深重的民族危机刺激下发展为爱国救亡的政治运动。

康有为中进士、授工部主事后，利用立足官场的有利地位，加紧进行变法维新活动。他连续上书，对变法的具体措施详加说明，阐述变法维新理论，极力强调皇帝对于实行变法的决定性作用，并一再解释设议院无损于君上大权。1895年5月底，他的第三次上书送达并影响了光绪皇帝。

为了依靠光绪实现变法维新，康有为等便开始有计划地创办报刊，组织学会，以接近帝党，壮大声势，从而使维新运动有了显著发展。

1895年8月，康、梁在北京创办《中外纪闻》，宣传西学，鼓吹变法，在官场中产生了一定的影响。9月，他们又组织强学会，一些帝党成员和具有变法维新思想的官员加入该会。不久，康有为又在上海成立强学会分会，并出版《强学报》，介绍西学，制造舆论，聚集力量。1896年8月，由梁启超主笔的《时务报》在上海创刊，成为维新派的喉舌和鼓吹变法维新的舆论中心，有力地促进了上海和东南地区的维新活动。谭嗣同等大力推进湖南的维新活动，并得到主要地方官员的支持。1897年10月，湖南巡抚陈宝箴在长沙设时务学堂，聘梁启超为总教习，培养了一批维新人才。翌年，谭嗣同、唐才常等在长沙创办南学会和《湘学报》《湘报》等刊物，使湖南成为当时维新活动最有朝气的省份之一。1897年10月，严复在天津创办的《国闻报》则成为北方宣传变法维新的重要阵地。学会、学堂、报馆的创设，广泛宣传了变法维新的主张，积聚了变法人才，培养扩大了维新力量，产生了很大的社会影响。

维新运动的发展，在封建统治集团中引起震惊和仇恨。以慈禧太后为代表的顽固派坚持极端守旧的封建主义立场，拒绝接受维新变法。在旧势力的阻挠和破坏下，强学会被迫解散，《中外纪闻》和《强学报》遭禁，时务学堂等被迫停办。尤其是张之洞在1898年3月写的《劝学篇》，主张在维护封建专制统治的原则下接受西方资本主义的技术，并猛烈地攻击维新派"开议院、兴民权"学说。它具有更大的迷惑性，又受到清政府的称颂而颁发全国，影响很大。

维新派激烈地反对《劝学篇》，并通过报刊、奏折和讲台，就要不要维新变法，要不要兴民权、实行君主立宪，要不要废科举和提倡西学等重要问题，同顽固守旧分子进行针锋相对的论争。在论争中，维新派认为中国积弊已深，"不变法则必亡"，把变法与救亡直接联系起来；认为造成中国贫弱的根源是封建专制制度，把富强与设议院、实行君主立宪相联系；强调实现君主立宪，挽救危亡，就必须改革旧的教育制度，废科举，兴学堂，培养新式人才。这次论争，抨击了封建的君主专制、纲常名教和封建思想文化，宣传了资产阶级的政治学说特别是君主立宪制度，传播了资产阶级的思想文化，从而使维新变法理论和主张更加广泛地得到宣传，有助于维新运动的继续发展。但是，这场论争也暴露了维新派的弱点。他们从庸俗的进化论出发，提倡"渐进"，反对革命，不敢触动封建制度的基础；认为中国"民智未开"，提出"欲兴民权，宜先兴绅权"的主张，其实质是为资产阶级和部分士绅要求参与政权服务的。作为民族资产阶级上层的代表，维新派害怕人民群众，就不可能在广大群众中积聚力量为推行变法维新寻求强有力的支持。

康有为的上书受到光绪的赏识，鼓舞了维新派人士；各省旅京人士筹组的地区性维新团体相继出现，壮大了维新声势。1898年4月，康有为联络部分参加会试的举人与京官，成立以"保国、保种、保教"为宗旨的保国会。随着维新运动的发展，变法与反变法，以及与此有关的帝党、后党之争也日趋激烈。帝党企图利用维新派的力量从慈禧太后手中夺回实权，以达革新内政和抵御外侮的目的。帝党与维新派渐呈联合趋势，并促使变法运动高潮的到来。1898年6月11日，光绪皇帝诏令"明定国是"，宣布变法，到9月21日变法失败，历时103天，史称"百日维新"。这一年是农历的戊戌年，因而又称"戊戌变法"。

百日维新期间，光绪颁布数十道推行新政的诏书，主要内容有：政治上，整顿吏治，裁撤官僚机构，裁汰冗员，鼓励民间办报纸和上书言事；经济上，设农工商总局，民间允设农会、商会，提倡实业，保护和扶植农工商业，鼓励创造发明，整顿财政、编制预决算，设铁路矿务局、全国邮政局等；军事上，整顿军队，裁汰冗兵，改变武举考试制度，筹办兵工厂，添设海军，培养海军人才，陆军改练洋操；文化教育上，改革科举制，废八股，改试策论，创办新式学校，派人出国留学，设立译书局，并准许自由组织学会。这些内容，有利于西方资产阶级思想文化、科学技术的传播和民族资本主义的发展；但是没有涉及维新派曾经一再宣传的设议院、开国会、制定宪法等政治主张，不可能引起实质性的政权变动。这期间，光绪召见康、梁，下诏奖励认真推行新政的陈宝箴，起用谭嗣同等参与新政，惩办了一些顽固派官僚等，维新派似乎看到了胜利的曙光。

但是，不久，慈禧太后迫使光绪将其师傅兼智囊翁同龢开缺回籍，令新任二品以上官员须具折到太后面前谢恩，任命后党要员荣禄署直隶总督统领袁世凯新建陆军等。后党的这些举措，切断了维新派同光绪之间的联系，牢牢控制了京、津地区的军队，保护了残旧势力，严重打击了维新派。然而，康、梁等企望借助英、日的力量打击亲俄的后党顽固势力，竟对甲午战争的罪魁祸首伊藤博文信任有加，还极力讨好袁世凯并寄予重望。9月21日，慈禧太后将光绪皇帝囚于中南海的瀛台，宣布重新训政，下令搜捕康有为等维新派人士。康、梁被逼亡命海外，被捕的谭嗣同、杨锐、刘光第、林旭、康广仁、杨深秀，即"戊戌六君子"，未经审讯即被斩杀于北京菜市口。除兴办京师大学堂以外的新政措施全部被取消，近代中国探索国家出路的又一次努力，宣告失败。

戊戌变法运动失败的主要原因是：中国民族资本主义经济基础薄弱，民族资产阶级还没有成为独立的阶级力量，也没有独立的社会地位，同封建主义与帝国主义有着千丝万缕的联系。作为其政治代表的维新派的政治力量十分软弱，一方面，不切实际地幻想同封建势力妥协，谋求帝国主义的支持，企图"以君主之法，行民权之政"，在中国实行自上而下的改革；另一方面，看不到民众的力量，自然是"有心杀贼，无力回天"，甚至将变法维新当作抵制人民革命运动的手段。维新派反对革命,认为"变法本原,非自京师始,非自王公大臣始不可",进而将成功的希望寄于本身地位也不稳的光绪皇帝。这一切都表现了新生的中国民族资产阶级的软弱性和妥协性,表明了民族资产阶级有一定的反帝反封建的进步性,但不能发动和领导中国人民完成反帝反封建的任务。中国社会要求有新的力量,走新的道路,把探索国家出路的斗争继续下去。

戊戌变法运动在中国近代史上有着深远的意义。它提倡并广泛宣传了资产阶级新学,猛烈地冲击了封建主义旧学,对知识分子起了启蒙和解放思想的作用。它以爱国救亡相号召,促进了中国人民特别是知识分子参与政治活动,为中国的独立富强而斗争。它倡导社会改革,鼓吹以君主立宪制的资本主义制度代替封建制度,试图使中国走上资本主义道路,以图独立富强和消弭帝国主义的侵略阴谋,起了推动历史发展的作用。它的失败说明,在半殖民地半封建的中国,企图通过统治者走自上而下的改良道路,是根本行不通的;革命才是解决中国问题的必由之路。

思考题

1. 怎样认识近代中国的社会性质、主要矛盾和基本特点?
2. 如何理解近代以后中华民族面临的两大历史任务及其相互关系?
3. 近代中国早期探索国家出路失败的根本原因是什么?

第二章　资产阶级革命派领导的辛亥革命

辛亥革命的爆发，是20世纪初期中国人民争取民族独立、振兴中华深切愿望的集中反映，也是中国人民为救亡图存而前赴后继顽强斗争的集中体现。领导这场革命的孙中山站在时代前列，率先发出了"振兴中华"的呐喊，成为中国民主革命的伟大先驱。辛亥革命推翻了清王朝统治，结束了统治中国几千年的君主专制制度，传播了民主共和的理念，开创了完全意义上的近代民族民主革命，开启了中国前所未有的社会变革，为中国的社会进步探索了道路，成为20世纪中国经历的第一次历史性巨变。

第一节　辛亥革命发生的社会历史条件

一、19世纪末20世纪初民族危机和社会危机的加深

19世纪末20世纪初，由于帝国主义的侵略和清王朝的腐败，中国民族危机和社会危机不断加深。

甲午战争后，列强纷纷在中国抢占租借地和划分势力范围，掀起了瓜分中国的狂潮，中国陷入了空前的民族危机之中。

1900年八国联军侵华战争进一步加剧了中国的民族危机和社会危机。《辛丑条约》签订后，为了支付巨额的赔款，清政府加紧了对人民的搜括，人民的生活变得极度困难，阶级矛盾迅速激化，社会危机不断加深。在清末的最后十年间，各地民变风起云涌，成为晚清非常突出的社会现象。据统计，从1902年到1911年，全国各地有相当规模的民变多达1300余起，平均每两天半发生一次。[①] 这些民变席卷全国各地，触及城乡社会生活的各个方面，无论在范围和深度上都是前所未有的。

---

① 张振鹤、丁原英：《清末民变年表》，《近代史资料》1982年第3、4期。

其中规模较大且影响较深的，有 1901—1902 年间景廷宾领导的直隶广宗抗捐税事件、1910 年曲士文领导的山东莱阳抗捐税事件和 1910 年的长沙抢米风潮。这些民变表明，清王朝的统治基础已经破坏，民主革命的形势已经形成，清王朝灭亡的趋势已是无可挽回了。恰如孙中山所说："满清王朝可以比作一座即将倒塌的房屋，整个结构已从根本上彻底地腐朽了，难道有人只要用几根小柱子斜撑住外墙就能够使那座房屋免于倾倒吗？"①

二、中国民族资本主义的初步发展

19 世纪末 20 世纪初，中国的民族资本主义得到了初步发展，一种新的经济力量和政治力量成长起来了。

《马关条约》允许外国在华投资办厂，这大大刺激了中国民族工业的发展。在甲午战争后的五年间，新设立的厂矿和资本总额大幅增加，而且商办厂矿的资本总额已超过官办或官督商办企业，取得了主要地位。20 世纪初，清政府推行"新政"，实施振兴商务、奖励实业的政策，客观上有利于民族工业的发展。自 1905 年至 1911 年间，新设厂矿达 288 家，资本为 7487 余万元，七年间的投资总额相当于以往三十多年的投资总和。② 除了工业资本以外，商业资本和金融资本也在这一时期有初步发展。以金融业为例，1897 年创办中国通商银行，1908 年设立交通银行，此外还有一些由省官银号（局）改成的一省银行。

随着民族资本主义的发展，民族资产阶级也逐渐成长壮大起来。新兴的民族资产阶级，为了自身的利益，纷纷组织商会。据统计，到 1907 年，各地成立的商务总会、分会达 46 所。商会的职能初期主要是保护商人利益，受理商事纠纷；后来进一步延伸到了立法领域，并拟订了《商法草案》。这表明，随着民族资本主义的发展，民族资产阶级力量的壮大，中国社会结构开始发生变化，这就为资产阶级民主革命的发生提供了物质条

---

① 《孙中山全集》第 1 卷，中华书局 2006 年版，第 254 页。
② 金冲及：《辛亥革命的前前后后》，人民出版社、上海辞书出版社 2011 版，第 26-27 页。

件和阶级基础。

三、以孙中山为代表的资产阶级革命派的形成

中国比较完全意义上的资产阶级民主主义革命是从孙中山开始的。在 19 世纪末 20 世纪初，当大多数的中国人还在希冀通过改良的方式拯救民族于危亡的时候，孙中山便开始了革命救国的尝试，成为宣传革命并躬行革命的先行者。

孙中山（1866—1925），名文，字逸仙，因从事秘密活动时曾化名中山樵，辛亥革命后被称为孙中山。孙中山 1866 年 11 月 12 日出生于广东省香山县翠亨村（今广东中山）的一个农民家庭，9 岁时入村塾读书，接受传统的教育。13 岁时随母亲赴檀香山，入火奴鲁鲁意奥兰尼学校就读，1883 年 7 月回国。在檀香山的这几年经历使孙中山萌生了改良祖国的愿望。同年秋，孙中山因与陆皓东一起毁坏了村中的神像，被迫离乡去了香港，先后在香港拔萃书室和香港中央书院就读。1884 年 11 月再赴檀香山，次年 4 月归国。1886 年秋，孙中山入广州博济医院学医，一年后转学至香港西医书院。在那里，孙中山结交了一批志同道合的朋友，其中著名的有陈少白、尤列、杨鹤龄。他们经常在一起高谈"革命"，被时人称为"四大寇"。

1892 年 7 月，孙中山从香港西医书院毕业，开始在澳门、广州两地行医。他的医术很高，求治者颇众。但是，此时孙中山的思想已经有了新的变化，他认为"改良祖国"还是要从政治入手，因此决计抛弃其"医人"的生涯，从事于"医国"的事业。1894 年 6 月，孙中山北上天津，上书李鸿章，提出了他"改良祖国"的具体主张，即人尽其才，地尽其利，物尽其用，货畅其流。孙中山把这四项措施当作"富强之大经，治国之大本"，并明确指出洋务运动唯坚船利炮之是务的做法，是"舍本而图末"[①]。孙中山对这次上书抱有极大的希望，但李鸿章借口军务匆忙，拒绝延见。上书失败后，孙中山意识到改良的道路走不通，从此义无反顾

---

① 《孙中山全集》第 1 卷，中华书局 2006 年版，第 8 页。

地走上了反清革命的道路。

1894年11月,孙中山在檀香山组建了中国第一个资产阶级革命团体——兴中会。孙中山主持了会员的入会仪式,他令各会员填写入会盟书,发誓"驱除鞑虏,恢复中国,创立合众政府"。由孙中山起草的兴中会章程,明确阐述了兴中会"振兴中华"的宗旨。

兴中会的成立,标志着孙中山站在时代的前列,率先发出了"振兴中华"的呐喊。但是在当时的中国,像孙中山这样有志于革命的人还是少数。进入20世纪后,越来越多的留学生和新式知识分子因对清政府的失望和对改良派幻想的破灭而走上了革命的道路,他们组建团体,发行报刊,宣传革命。在众多的革命宣传品中,章炳麟的《驳康有为论革命书》,邹容的《革命军》和陈天华的《猛回头》《警世钟》影响最大。章炳麟在《驳康有为论革命书》中,全面驳斥了康有为写于1902年的《与同学诸子梁启超等论印度亡国由于各省自立书》和《答南北美洲诸华商论中国只可行立宪不可行革命书》两文中的观点,论证了革命的必要性。邹容在《革命军》一书中用火一般的热情、诗一般的语言写道:"我中国今日不可不革命,我中国今日欲脱满洲人之羁缚,不可不革命,我中国欲独立,不可不革命,我中国欲与世界列强并雄,不可不革命,我中国欲长存于二十世纪新世界上,不可不革命,我中国欲为地球上名国,地球上之主人翁,不可不革命。"[①] 陈天华的《猛回头》与《警世钟》则着重揭露清政府的腐败卖国,阐释必须推翻清政府的道理。随着革命思想的传播,以新式知识分子为主体的革命团体纷纷建立,其中对整个革命运动影响较大的有华兴会、科学补习所和光复会。

华兴会成立于1904年2月,其主要发起者和领导者是黄兴。黄兴(1874—1916),原名轸,后改名兴,字克强,湖南善化(今湖南长沙)人。1898年入武昌两湖书院,1902年留学日本,1903年回国,到长沙明德学堂任教习。1903年11月4日,黄兴以过生日为名,召集宋教仁、陈

---

① 邹容:《革命军》,中国史学会主编:《中国近代史资料丛刊·辛亥革命》(一),上海人民出版社1957年版,第333页。

天华、刘揆一、张继等 20 多人举行秘密会议，决定成立华兴会。1904 年 2 月 15 日，华兴会正式成立，黄兴为会长，刘揆一、宋教仁为副会长。

科学补习所的最初发起人是张难先和胡瑛。名义上的宗旨是研究科学，实际上是"革命排满"。1904 年 7 月 3 日，科学补习所正式成立，吕大森任所长，胡瑛为干事，曹亚伯任宣传，时功璧任财政，宋教仁任文书，康建唐任庶务。在他们中，胡瑛、宋教仁、曹亚伯等都是华兴会的会员，可见这两个革命组织之间实有血脉相连的关系。

光复会 1904 年 11 月成立于上海，其前身可以追溯到东京留日浙籍学生的组织"浙学会"，推蔡元培为首领。其入会誓词是："光复汉族，还我河山，以身许国，功成身退。"光复会成立后，围绕发展组织、联络会党、密谋起义三个方面展开工作。光复会的联络点原设在嘉兴的温台处会馆，后转移到绍兴的大通学堂。大通学堂创办于 1905 年 9 月，徐锡麟任监督，这样，徐锡麟实际上成了光复会的负责人，而绍兴也就成了光复会的中心。

除了华兴会，科学补习所，光复会外，1904 年前后出现的革命团体还有江西的易知社、安徽的岳王会、日本的共爱会等。

在 1904 年以前，资产阶级革命派的政治团体还只有兴中会一个。到 1904 年，一下子涌现出许多团体，而且遍及江、浙、湘、鄂、皖、闽、赣、川、陕等地，从其成员来看，他们都是资产阶级、小资产阶级知识分子。这表明，一种新型的社会政治力量即资产阶级革命派已经形成了。

四、清末"新政"和立宪运动

革命思潮的蔓延，各地人民接连不断的自发反抗斗争，极大地动摇了清王朝的统治。再不变革，清政府就无法照常统治下去。加之各帝国主义国家在惩罚了清政府之后，又不断督责它进行改革，以确保各国在华利益的实现。在这种内外压力之下，清政府不得不实行"新政"。

1901 年 4 月，清政府设立督办政务处，任命庆亲王奕劻，大学士李鸿章、荣禄、昆冈、王文韶，户部尚书鹿传霖为督办政务大臣，刘坤一、张之洞为参预。在这之后的几年间,清政府颁布了一系列实施"新政"的上谕,其主要内容有:(一)整顿吏治,如裁撤书吏,禁止捐官,实行官吏考核制度。(二)改革官制,如裁撤詹事府、通政司,设立商部、学部,改总理衙门为外务部等。(三)废科举,自1906年起,所有乡试、会试一律停止,其以前之举员、生员分别量予出路。(四)振兴商务,颁布《商律》,改革财政,奖励实业。(五)编练新军,包括停止武科,设练兵处,编练巡警。应该说,这些措施就其本身而言,在当时是有进步意义的。然而,时过境迁,这些举措已经不能挽救清政府的统治危机。

清政府推行"新政"的本意是振衰起弱,从此"富强",外则讨好洋人,内则消弭革命。然而推行的结果,非但没能巩固其自身的统治,相反却加速了革命的到来。这是因为,一方面,清政府此次新政,毕竟是一次被动的、迟到的改革,它发生在清王朝的衰败时期,事实上也是整个君主专制制度处于衰败的时期。历史经验证明,处于上升时期的统治阶级,其改革的措施往往能巩固其自身的统治,而处于没落时期的统治阶级,其改革的措施常常会危及其自身的统治。正如托克维尔在分析法国大革命的起因时所说,"对于一个坏政府来说,最危险的时刻通常就是它开始改革的时刻。"这是因为,"人们耐心忍受着苦难,以为这是不可避免的,但一旦有人出主意想消除苦难时,它就变得无法忍受了。当时被消除的所有流弊似乎更容易使人觉察到尚有其他流弊存在,于是人们的情绪便更激烈:痛苦的确已经减轻,但是感觉却更加敏锐。"① 清政府在改革之前,其腐败无能的面目已暴露无遗,其没落衰败的趋势已无可挽回,改革已经于事无补。另一方面,清政府此次"新政"所推行的种种措施,无论其主观动机如何,客观上都动摇了传统的社会政治秩序。比如,废科举,导致原来以举业为目标的士子阶层的反叛;新式学堂的建立,培养和造就了一大批新式知识分子;奖励实业,促进了资本主义的发展和资产阶级力量的壮

---

① [法]托克维尔:《旧制度与大革命》,冯棠译,商务印书馆1992年版,第210页。

大。这样,清政府就在"新政"的推行中不自觉地制造了一个个自身的对立物,为革命准备了条件。随着一系列新政措施的实施,传统的政治社会秩序开始解体,中国社会内原本存在的中央与地方、国家与社会之间的矛盾进一步加剧了。时人指出,"我国今日之新政,固速乱之导线也。十年以来我国朝野上下莫不奋袂攘臂,嚣然举行新政。兴学堂也,办实业也,治警察也,行征兵也,兼营并举,日不暇给,然而多举一新政,即多增一乱端,事变益以纷挐,国势益以抢攘。"①

自 1905 年开始,清政府还启动了立宪运动。这一运动也与革命的酝酿息息相关。1905 年 7 月,慈禧太后以光绪帝的名义发布上谕,令载泽等人"分赴东西洋各国,考求一切政治,以期择善而从。"为此,载泽、尚其亨、李盛铎、戴鸿慈、端方五大臣率代表团分两路赴欧美日本各国考察。五大臣出洋考察回国后,建议清廷实行立宪,并称立宪有三大好处,即:皇位永固,外患渐轻,内乱可弭。慈禧太后经过再三权衡,终于下决心"仿行宪政"。1906 年 9 月 1 日,光绪皇帝发布上谕,宣布"仿行宪政,大权统于朝廷,庶政公诸舆论,以立国家万年有道之基。"②

清政府宣布预备立宪后,改良派兴奋不已,纷纷组织团体,做参政的准备。在国内,郑孝胥、张謇、汤寿潜等于 1906 年 12 月在上海成立预备立宪公会,以郑孝胥为会长,张謇、汤寿潜为副会长。随后,汤化龙在湖北成立宪政筹备会,谭延闿在湖南成立宪政公会,杨度在北京成立宪政公会等。在海外,康有为于 1906 年底,将保皇会改名为帝国宪政公会,梁启超则于 1907 年 10 月在日本东京成立政闻社。不久,政闻社迁往上海,开始参与国内的立宪运动。他们的共同目的就是推动清政府加快立宪步伐,以消弭革命,原先的改良派一变而成为立宪派。

立宪派的目的,就是要在维持清王朝统治的前提下,进行政治改革,实行立宪。在立宪派的推动下,1908 年 9 月,清政府宣布预备立宪以九

---

① 张枬、王忍之编:《辛亥革命前十年间时论选集》第三卷,生活·读书·新知三联书店 1977 年版,第 654 页。
② 故宫博物院明清档案部编:《清末筹备立宪档案史料》上册,中华书局 1979 年版,第 44 页。

年为限，九年后正式召开国会，同时颁布宪法，实行立宪。

立宪派原本对清政府抱有很大的希望，然而随着清政府立宪步骤的展开，立宪派的不满情绪不断增长，他们一而再、再而三地举行请愿活动，要求清政府缩短立宪期限，速开国会并成立责任内阁。在各方的压力下，1911年5月8日，清政府发布上谕，成立内阁。内阁大臣共计13人，其中汉族4人，满族9人。满族9人中，皇族又占7人。这一"皇族内阁"的成立，使清政府人心大失，原寄望于通过立宪改良政治、挽救危亡的人们认识到，所谓的"立宪"，不过是在借"立宪"之名，行集权之实，靠他们来挽救国家危亡，已经完全不可能；要救亡，必须另辟新径。就这样，原本主张改良的立宪派转而同情革命。立宪派的转向，为辛亥革命的爆发和成功创造了更为有利的条件。

第二节　资产阶级革命派反对清王朝的斗争

一、中国同盟会的成立和三民主义的提出

孙中山开始革命时，其依靠力量主要是会党。在多次起义失败之后，孙中山意识到，革命要想成功，还得"联络学界"，从此孙中山努力扩大与留学生的交往，他希望能把学界的力量联合起来，共同奋斗。为此，1905年7月，孙中山从美国经欧洲抵达日本，与华兴会的黄兴、宋教仁和陈天华多次会晤。会谈中孙中山纵谈政治大势和革命方法，主张各革命团体联合起来，表达了联合组党的意愿。孙中山认为，分散起义可能导致国家分裂，引起外国乘机"干涉"，并进而导致亡国；会党力量分散，若知识分子出面联络他们、领导他们，则可成就大业。

孙中山的建议引起了华兴会内部的争议。黄兴召集华兴会骨干开会，讨论与孙中山合作问题。黄兴同意与孙中山合作，但主张形式上加入孙中山的组织，精神上仍然保留华兴会的宗旨；陈天华主张以华兴会为主与孙中山联合；宋教仁称应先研究将来入会者与不入会者之关系。最后决定是否加入孙中山的组织以"个人自由"为原则。虽然内部出现了分歧，但

联合组党已是大势所趋，这就为同盟会的成立奠定了基础。从整个过程来看，孙中山与黄兴的会晤是同盟会成立的起点，其意义十分重大，没有孙、黄之间的携手，同盟会的成立是不可能的。

1905年7月30日，中国同盟会筹备会议在东京赤坂区日本友人内田良平家里举行。与会者包括兴中会、华兴会、光复会及留日学生中其他团体的部分成员70多人。他们来自全国10个省，除孙中山、黄兴外，还有宋教仁、张继、马君武、汪精卫、田桐、居正、李烈钧、唐继尧、阎锡山、曹亚伯等；日本人宫崎寅藏、内田良平、末永节等也参加了会议。孙中山作为发起人被推为会议主席。会上，孙中山首先演说，宣讲革命的理由、革命的形势与革命的方法。他强调全国各地的革命组织应联合起来，结成新团体，协力从事革命工作。黄兴等相继演说。随后，会议讨论新团体的名称和宗旨，决定新成立的组织定名为中国同盟会。8月20日，中国同盟会成立大会在东京赤坂区灵南坂日本人坂本金弥寓所举行，到会者有百余人。会上推举孙中山为总理，黄兴为庶务。黄兴在会上宣读了章程并获得通过。会议通过的章程规定以"驱除鞑虏、恢复中华、创立民国、平均地权"十六字纲领为宗旨，以东京为同盟会本部所在地。章程还规定同盟会下设执行、议事、司法三部。执行部下分庶务、内务、外务、书记、会计、调查六科，各科职员均由总理指任，并分配其权限。议事部有议本会规则之权，议员由全体会员投票公举，以30人为限，每年公举一次。此外，章程还规定同盟会在国内设五个支部，即东部（上海）、西部（重庆）、南部（香港）、北部（烟台）、中部（汉口），在国外设四个支部，即南洋（新加坡）、欧洲（布鲁塞尔）、美洲（旧金山）和檀香山。各分部皆直接受本部之统辖，以后又在各省设立分会。

1905年11月，在同盟会机关报《民报》发刊词中，孙中山把同盟会十六字纲领概括为民族、民权、民生三大主义，即三民主义。孙中山写道："余维欧美之进化，凡以三大主义：曰民族，曰民权，曰民生。罗马之亡，民族主义兴，而欧洲各国以独立。洎自帝其国，威行专制，在下者不堪其苦，则民权主义起。十八世纪之末，十九世纪之初，专制仆而立宪政体殖焉。世界开化，人智益蒸，物质发舒，百年锐于千载，经济问题继政治问题之后，则民生主义跃跃然动，二十世纪不得不为民生主义之擅场时代也。"① 所谓民族主义就是要推翻满洲政府，其核心是反满，但反满并不是狭隘的种族复仇主义，而是政治革命的前提和条件。民权主义就是要实行政治革命，其核心就是要建立共和政体。民生主义就是要实行社会革命，其核心就是要实行土地国有和平均地权。

从十六字纲领到三民主义，不仅是一种文字的改变，也是一种思想上的深化。它表明同盟会已不同于以往任何的反清秘密组织，它已成为一个近代的资产阶级政党，有一个带有强烈时代特征的革命纲领。这一纲领以"民"为中心，贯穿始终，反映了中国资产阶级在政治上、经济上的要求，反映了中国广大民众要求民族独立、民主权利、民生幸福的愿望，充分体现了以孙中山为代表的资产阶级革命派已经把握住了时代的思想脉搏，努力追赶世界的民主潮流，因此它本质上是进步的、革命的。当然，由于时代和阶级的局限，孙中山的三民主义仍然是一个不彻底的资产阶级民主革命纲领。民族主义主张民族独立，有反对帝国主义侵略的意愿，但没有明确提出反对帝国主义的口号，对帝国主义的本质也缺乏认识。在民族主义的宣传中，还夹杂了一些大汉族主义的错误言论。民权主义过分偏重于政治体制上的考虑，忽视了各阶级在国家中的地位，不能保证人民真正当家作主的权利。民生主义希望通过平均地权，防止出现两极分化，但没有触及封建土地所有制，缺乏使农民获得土地的具体内容。

同盟会的成立和三民主义的提出，是中国民主革命进程中的一件大事，意义重大。资产阶级革命派从此有了统一的指挥中心，有了共同的章程和纲领、共同的宗旨、共同的奋斗目标，这就必然为革命事业打开一个新局面。

二、革命与改良的论战

同盟会成立后，一面加强组织建设，一面加大宣传攻势。1906—1907年间，同盟会机关报《民报》与改良派的主要舆论阵地《新民丛报》之

---

① 《孙中山全集》第1卷，中华书局2006年版，第288页。

间展开了一场声势浩大、意义深远的论战。

《民报》创刊号发表了汪精卫的《民族的国民》、朱执信的《论满洲虽欲立宪而不能》、陈天华的《论中国宜改创民主政体》等文，鼓吹排满，力言中国可以实行民主共和。随后，梁启超在《新民丛报》上连续发表《开明专制论》和《申论种族革命与政治革命之得失》两篇长文，对革命派的言论加以批驳，强调种族革命不可能达政治革命之目的，异族君主也可以立宪，革命足以引起列强的干涉等。梁启超还写道，"以上所驳，吾欲求著者之答辩，若不能答辩，则请取消前说可也。"① 《民报》不得不起而应战，革命与改良的论战就此拉开了序幕。参与此次论战的，《新民丛报》方面，主要是梁启超，绝大部分论战文章出自其手。《民报》方面则有汪精卫、胡汉民、章炳麟、朱执信等，阵容远较《新民丛报》强大。论战主要围绕以下三大问题展开：

第一，革命还是改良？这个问题的实质是：要不要推翻清王朝的统治？与之相联系的另外两个问题是："排满"是否必要与合理？满族统治者是否还能继续维持有效的统治？在这些问题上，《民报》与《新民丛报》表现出两种截然不同的态度。《新民丛报》认为，革命是煽动下层民众暴动，会导致内乱，甚至招致外国的干涉，结果就是亡国灭种。《民报》认为，革命不会招致内乱，因为革命的目的是要建立共和国家，破坏只是它的手段，而建设才是它的目的。只要革命党人建立了汉民族的国家，实现民主立宪政体，发扬自由、平等、博爱精神，就决不会出现群雄争夺的内乱现象。革命也不会招致瓜分，因为中国被瓜分的原因在于中国不能独立，而中国不能独立是由于清政府腐败。因此，"满洲政府一日不去，中国一日不能自立，瓜分原因一日不息。"况且，此次革命"为秩序的革命"，并不具有排外性质，外国也无干涉中国革命的理由。② 关于"排满"的必要性与合理性，《新民丛报》认为，中国并未因清室的入关

---

① 张枬、王忍之编：《辛亥革命前十年间时论选集》第二卷上册，生活·读书·新知三联书店1963年版，第218页。

② 张枬、王忍之编：《辛亥革命前十年间时论选集》第二卷上册，生活·读书·新知三联书店1963年版，第458、467页。

而灭亡，清王朝的建立只是一国内部权力结构的变更。《民报》则认为自满族入关以后，中国已经灭亡。满洲不能代表中国，因此排满既是必要的也是合理的。《民报》还列举种种事实，揭露清政府的残暴和腐朽，证明清政府已无法维持有效的统治，因此要救国，首先就必须推翻清王朝。

第二，君主立宪还是民主共和？这个问题的实质是：中国应该采用何种政体？《新民丛报》认为中国民智未开，国民程度不够。中国国民不具备实行议院政治的能力，也不具备作为共和国民的资格，因此只能实行君主立宪政体。《民报》则认为，实行君主立宪还是民主共和，并不取决于人民程度的优劣，而是取决于君权与民权力量的消长，"民权锐进，君权消灭者，则成民主立宪；民权锐进，君权让步，于是相安者，则成君主立宪。"①《新民丛报》认为救国的唯一手段就是提出政治上的要求，清政府已宣布"预备立宪"，中国完全可以由此实现政治上的改良和进步。《民报》则认为，立宪的目的在于使全民平等、自由，但清政府所倡的立宪的目的，乃在巩固满族政治势力，巩固其种族地位，没有立宪的诚意，因此，满汉问题不解决，立宪绝不可能实行，政治革命必须与种族革命同时进行。

第三，要不要实行土地国有？这个问题的实质是：要不要开展社会革命？与之相联系的另外两个问题是：社会革命与政治革命并行是否可能？土地国有的方法是否可行？关于社会革命的必要性，孙中山在《民报》发刊词中指出，社会革命迟早会发生，"夫欧美社会之祸，伏之数十年，及今而后发见之，又不能使之遽去。吾国治民生主义者，发达最先，睹其祸害于未萌，诚可举政治革命、社会革命毕其功于一役。"一年后，他又说，"社会问题在欧美是积重难返，在中国却还在幼稚时代，但是将来总会发生的。到那时候收拾不来，又要弄成大革命了。"② 可见，提倡社会革命含有防止第二次革命之意。《新民丛报》认为社会革命就是煽动下层民众暴乱，实行社会革命，必然引起社会动乱，导致国家陷入万劫不复的

---

① 张枬、王忍之编：《辛亥革命前十年间时论选集》第二卷上册，生活·读书·新知三联书店 1963 年版，第 477 页。
② 《孙中山全集》第 1 卷，中华书局 2006 年版，第 289、326 页。

深渊。关于土地国有的问题，《新民丛报》认为民生主义只不过是撷拾蒲鲁东、圣西门、马克思等人的"余唾"，土地国有完全是一种空想。《民报》则认为社会革命当与政治革命并行，土地国有可以通过"定地价"的办法实现。

《民报》与《新民丛报》这场大论战，历时两年多。1907年11月，《新民丛报》停刊，但《民报》继续发表针对《新民丛报》的论辩性文字。虽然梁启超充分认识到此次论战的重要性，把它看作一场"有彼则无我，有我则无彼"的大论战，但在革命派的轮番辩驳之下，还是感到力不从心，难以为继。论战最后以《民报》的胜利而告终。

从论战双方的主张来看，革命派的主张符合时代发展的潮流，也适合当时的社会心理，相比之下，改良派的主张则显得不合时宜，与时代格格不入。但也应该看到，革命派的论点虽然总的看来是正确的，但也有不足之处。革命派的反满宣传把一切仇恨集中在满族统治者身上，其结果容易放跑帝国主义列强这个最凶恶的民族敌人。在宣传暴力革命时，他们在骨子里与改良派一样，也害怕广大群众的革命行动，鼓吹"秩序的革命"。当革命到来时，他们的这种弱点便暴露出来。当然，从总体看，革命派的"是"与立宪派的"非"是各自的主流。这是两种救国方法、两条救国道路之间的一次较量。这次论战进一步划清了革命与改良在政治上、思想上的界限，有力促进了革命思想的传播。

三、革命党人发动的武装起义

用武力推翻清王朝的统治，这是革命党人的既定方针。兴中会成立后，革命党人就把发动武装起义提上了议事日程。问题在于从哪里开始发难？广东是革命运动初起的地方，参与革命的人开始时也多是广东人，兴中会的革命活动，即是以这一地区为中心；此外，广东远离政治中心，即使不幸失败，也可以退守南洋。因此，孙中山极力主张以广东为首义之区。1895年10月，兴中会在广州发动了第一次武装起义。革命党人原计划袭取广州，然后以两广地区为基础建立共和政府。但由于计划不周、接应不力等原因，起义未及真正发动就失败了。起义领导人孙中山、杨衢云出走；陆皓东被捕，不久遇害，成为"中国有史以来为共和革命而牺牲者之第一人"。

广州起义失败后，孙中山并没有气馁，积极筹划第二次武装起义。他派陈少白回香港创办《中国日报》，设立革命机关；派史坚如、郑士良深入内地联络会党，组织起义队伍；自己则在海外活动，负责筹集起义所需的饷械。1900年10月，惠州起义爆发。由于原定的由台湾接济军火的计划落空，加之清军方面早有准备，起义失败。之后，史坚如在广州谋炸两广总督德寿，事败被捕，英勇就义，成为"为共和殉难之第二健将"。

广州起义和惠州起义是兴中会组织领导的两次起义，其发动地点都在广东，所依靠的力量基本上是会党。1905年中国同盟会成立后，在起义发动地和依靠力量上都有一些变化。孙中山和黄兴曾就起义地点发生过争论。孙中山力主以广东为发难地，黄兴则主张从长江一带开始发难，最后孙中山的主张得到了黄兴的同意和支持，因此同盟会的起义准备工作仍然围绕两广地区进行。

当同盟会在准备两广地区的起义时，起义却出人意料地在中部地区爆发。1906年12月3日，哥老会会众约三万人在龚春台的领导下，在萍乡、浏阳、醴陵一带发动起义。起义军自称中华国民军，龚春台自号中华国民军南军革命先锋队都督。在龚春台发布的起义檄文中，列举了清政府的十大罪状，还提出了建立民国，平均地权的口号，可见此次起义虽然并不是奉同盟会总部之命而发动的，但受同盟会影响很大。同盟会会员刘道一、蔡绍南等虽然参与了起义的密谋和策划，但亦是出于个人的热心活动，而不是出自同盟会的有计划的组织行动。起义爆发后，孙中山、黄兴曾派人分赴苏、皖、赣、湘、鄂各省运动军界，以图响应，均因事机不密而失败。清政府调集了湘、鄂、赣、苏四省新军及防营团勇近五万人联合镇压。起义坚持到次年1月中旬后失败。刘道一、蔡绍南等先后被捕牺牲，孙中山称此为"同盟会员之第一次流血"。

经过萍浏醴起义的打击，清政府加强了对长江流域的戒备，湖南、湖北、江苏的革命组织遭到破坏，一批革命志士或者被捕、或者被杀。在湖南，禹之谟被杀；在湖北，刘静庵、张难先等被捕；在南京，杨卓林被杀。长江中下游地区的革命转入低潮，同盟会因此更加注意在两广地区策动起义。1907 年 3 月，孙中山赴越南，在河内设立指挥粤桂滇三省起义的领导机关。按照孙中山的计划，起义军将在广东东西两端的潮州、惠州、钦州、廉州四地同时发动起义，夺取全省，进入广西，以窥南宁，然后以粤桂滇三省为依托，北出长江，以定中原。为此，1907—1908 年间，同盟会在南部边境接连举行了六次起义，即 1907 年 5 月的潮州黄冈起义，6 月的惠州七女湖起义，9 月的钦州防城起义，12 月的镇南关起义，1908 年 3 月的钦廉上思起义和 4 月的云南河口起义。这些起义均以失败告终。

当同盟会在南部策动一系列武装起义的同时，光复会骨干徐锡麟、秋瑾也于 1907 年 7 月在安徽安庆和浙江绍兴两地发动了武装起义。徐锡麟 1905 年底赴日本留学，归国后得到安徽巡抚恩铭的重用，被委任为安徽巡警学堂会办兼安徽巡警处会办。他原来早有的"通过做官以掌握兵权来实行革命"的计划得以实现，从此加快了发动起义的准备工作。秋瑾 1905 年 8 月加入同盟会并被推为浙省主盟人，1907 年 3 月受聘为大通学堂校董、督办。在主持校务期间，她派人与金华、平阳、义乌等地的会党取得联系，组建光复军，推徐锡麟为首领，并制订了皖浙两省同时起义的计划。起义原定于 7 月 19 日首先在金华发动，然后乘虚占领杭州，若不克，则转攻安庆，进逼南京，与徐锡麟相呼应。不料，6 月底 7 月初，革命党人接连被捕，徐锡麟知道事情即将败露，遂决定提前发难。7 月 6 日巡警学堂举行毕业典礼，恩铭率安徽省文武大吏前往参加，徐锡麟乘机枪击恩铭，随即率巡警学生百余人，攻破军械所，不幸被清军包围，起义失败，徐锡麟、秋瑾先后被捕遇害。

一次次武装起义的失败，使革命党人意识到，单纯依靠会党的武装起义很难成功，今后应该运动军队参加革命。河口起义失败后，革命党人把发动武装起义的重点转向新军。同盟会会员赵声、倪映典积极在广东新军中发展革命组织，成效显著。1910 年 2 月，倪映典率广东新军 3000 余人发动起义，但由于准备不足，起义失败，倪映典被杀。

第二节 资产阶级革命派反对清王朝的斗争

广州新军起义失败后,革命党人并没有灰心,而是从中看到了希望。黄兴认为广州新军中还有相当的力量保存了下来,因此决定在广州再次发难。他在给孙中山的信中说,"省城一得,兵众械足,无事不可为"①。为此,1910年6月,孙、黄分别秘密潜往日本进行会晤,就多种重要问题交换了意见;11月,孙中山又在槟榔屿召集黄兴、赵声、胡汉民等同盟会骨干召开秘密会议,商讨起义具体计划,决定仍以新军为主发动起义,在广州得手后,由黄兴率一军进湖北、赵声率一军出江西,趋南京,长江流域各省举兵响应,然后会师北伐。会后,孙中山赴欧洲,赵声往香港,黄兴、胡汉民、邓泽如则分往南洋各埠筹款。1911年1月,黄兴返抵香港,在香港成立统筹部作为起义的领导机构,黄兴任部长,赵声任副部长。4月8日,黄兴主持召开统筹部发难会议,制订了十路进攻的起义计划。起义原定于农历三月十五日举行,但因有些款项和枪械未能按期到达,便把起义推迟到二十九日举行。二十八日,黄兴电召在香港的敢死队员进入广州。此时两广总督张鸣岐已有所察觉,加强了戒备,而革命党方面因起义日期的更改,各部不能协调一致,原定的十路进攻计划无法实施。根据这些情况,黄兴把十路进攻计划改为四路进攻计划:一路由黄兴率队攻占总督署;一路由姚雨平率队攻小北门,占飞来庙,并延防营和新军入城;一路由陈炯明率队攻巡警教练所;一路由胡毅生率队守大南门。二十九日,起义如期爆发,但原定的四路起义队伍只有黄兴一路发动,其余三路均没有动,结果造成黄兴一路孤军奋战,加之清军早有防备,起义失败。黄兴、朱执信等负伤退往香港。

"三·二九"起义可以说是同盟会组织的规模最大的一次起义。同盟会倾注了它的全部物力和财力,最大限度地动员了它的一切力量。革命党所受的损失也较以往为重。起义战死及被捕牺牲者总计80多人,其中有些是刚从日本回国的才识卓越的留学生,如林觉民、喻培伦、方声洞等,他们为了拯救祖国,为了实现自己的理想信念,不惜牺牲自己,从容赴难。事后,死难者的72具遗骸合葬于黄花岗,称为"黄花岗七十二烈

---

① 《黄兴集》,中华书局1981年版,第18页。

士"。起义虽然失败，但烈士的鲜血却激励着人们继续奋斗。半年后，武昌起义就爆发了。

第三节　武昌起义和中华民国的成立

一、武昌起义的爆发及各地的响应

在经历了多次起义失败之后，革命党人对以南部沿海为中心的革命方略产生了怀疑，同盟会内部开始出现分化，一部分会员脱离东京同盟会总部，先后组织共进会和同盟会中部总会。共进会 1907 年 8 月正式成立于东京，"以推翻满清政权光复旧物为目的"①，发起人是张伯祥、邓文翚、焦达峰、刘公、孙武等。同盟会中部总会 1910 年 7 月成立于上海，"以推覆清政府，建设民主的立宪政体为主义"②，负责人为谭人凤、陈其美、宋教仁等。这两个组织的共同特点是其成员大都为长江流域各省的同盟会会员，并把活动重点放在长江流域，全力经营两湖地区尤其是湖北的起义。除了共进会、同盟会中部总会之外，湖北还有一个重要的革命团体文学社。文学社成立于 1911 年 1 月 30 日，其宗旨为"推翻清朝专制，反对康、梁的保皇政策，拥护孙文的革命主张"③，以蒋翊武为社长，詹大悲为文书部长，刘复基为评议部长。这些革命团体的出现，标志着革命党人将战略重心转向了长江一带，这为武昌起义的爆发准备了条件。

武昌起义的直接导火索是保路运动。

1911 年 5 月，清政府颁布"铁路国有"政策，宣布将粤汉、川汉铁路收归国有，随后又与英、法、德、美四国银行团签订了 600 万英镑的粤汉、川汉铁路借款合同。借款以两湖厘金盐税作担保，年息五厘，分四十年还清。此外，合同还规定建造此项工程，清政府必须聘请英、德、美工

---

① 邓文翚：《共进会的源起及若干制度》，《近代史资料》1956 年第 3 期。
② 《宋教仁集》上册，中华书局 1981 年版，第 277 页。
③ 参见章开沅、林增平主编《辛亥革命运动史稿》，中国人民大学出版社 1988 年版，第 278 页。

程师各一名，从而将铁路修筑权连同铁路控制权，一并出卖给外国人。清政府的做法激起了湖南、湖北、四川等省人民的反对。四川还成立了以咨议局议长蒲殿俊为会长的四川保路同志会，要求政府"拒借洋款，废约保路"。四川总督赵尔丰对保路运动进行镇压，逮捕了蒲殿俊等保路运动领导人，并枪杀了前来请愿的群众 30 多人，制造了成都血案，结果引发了更大的反抗。

保路运动的开展为湖北革命党人发动武装起义提供了机会。1911 年 9 月 24 日，文学社与共进会举行联席会议，商讨起义计划。会议决定 10 月 6 日（阴历八月十五日中秋节）发动起义，并电告湖南焦达峰同时发难。会议还推举蒋翊武为起义总指挥，设军事总指挥部于武昌小朝街 85 号文学社总部；另推刘公为总理，孙武为参谋长。在汉口长清里 98 号（后迁至俄租界宝善里 14 号）设政治筹备处，负责草拟文告，制定旗号，并对各标营队代表分派任务，整个计划详细周密。

10 月 6 日那天，清军严阵以待。因为得知清军早有防备，革命党人将原定的发难日期向后推迟，当天起义并没有爆发。清军以为日期已过，可告无事。不料，10 月 9 日，孙武、邓玉麟等人在汉口俄租界配制炸弹时发生爆炸。孙武的头部被烧伤，被送往医院抢救。租界内的俄国巡捕闻警赶到，搜去了尚未来得及转移的起义用的旗帜、袖章、文告、盖印纸钞等。清政府获取了革命党人的几乎全部情况，当晚逮捕并杀害了刘复基、彭楚藩、杨宏胜三人。

湖广总督瑞澂在杀害了刘、彭、杨三人之后，一面电告清政府已"弭患于初萌，定乱于俄顷"，一面下令关闭城门，搜捕革命党人。这无异于把革命党人逼上了绝路。他们认为与其坐而待缚，不如奋起抗争，以求死里逃生，各营同志遂约定当晚起义。10 月 10 日晚 7 时，工程第八营的革命党人在熊秉坤率领下率先起义，直扑楚望台军械库。各营中的革命士兵闻风响应，一举占领了楚望台。随后，起义军在吴兆麟的指挥下，分三路向总督衙门发起攻击，瑞澂逃到停泊在长江的一艘兵舰上。统制张彪得知总督已逃，知大势已去，乃率辎重第八营渡江，到汉口刘家庙负隅自保。清军群龙无首，革命军一夜之间占领了武昌城。

11 日晚和 12 日晨，驻汉阳、汉口的新军也先后起义，武汉三镇全部光复。

按照原定的计划，革命成功之后，立即建立军政府，由都督任军政府首脑。这样，10 月 11 日上午，武昌城内的战斗基本结束之后，革命党人便聚集到咨议局开会，商议建立军政府，但在确定军政府都督的人选时遇到了难题。同盟会中的黄兴、居正、谭人凤、宋教仁是适当人选，但当时他们或在香港、或滞留上海，都不在武昌，起义前预定的都督刘公在汉口（时汉口尚未光复），孙武在医院疗伤，蒋翊武也出亡未归。而与会的革命党人资历太浅，缺乏足够的权威。在这种情况下，有人提议推新军第二十一混成协协统黎元洪为都督。黎元洪虽然不是革命党，但在新军高级军官中被认为是比较开明的，因而获得多数人的同意。于是革命党人找到了黎元洪，请他出任都督。开始时黎元洪极力拒绝，后来见局势可为，态度渐趋积极。12 日清晨，军政府以黎元洪的名义发出《布告全国电》，历数了清政府的残暴、腐败种种，号召全国起而响应，推翻清政府。

武昌起义就像一把火，点燃了全国各地的革命烽火。首先起来响应武昌起义的是湖南。10 月 22 日，焦达峰、陈作新率领湖南革命党人发动起义，湖南巡抚余诚格逃走，长沙光复。起义军成立"中华民国军政府湖南都督府"，推焦达峰、陈作新为正、副都督，湖南各地随即光复。但不久，革命党内部发生兵变，焦达峰、陈作新被杀，谭延闿继任都督。谭出任都督后，采取了一些措施安定地方，局势渐趋稳定，这对湖北是一个有力的支持，解除了武昌的后顾之忧，带动了其他各省的独立。陕西也是最早响应武昌起义的省份之一。10 月 22 日，陕西革命党人发动起义，很快占领了除满城外的西安城。第二天猛攻满城，城破，西安将军文瑞投井而死，西安光复。之后革命军成立"陕西军政府"，以张凤翙、钱鼎为正、副都督。不久，关中等地州县相继光复。继陕西而起的是山西。10 月 29 日，山西革命党人发动起义，起义军迅速占领了巡抚衙门，并打死了山西巡抚陆钟琦，太原光复。当天，山西军政府宣告成立，阎锡山当选为都督。山西的响应对整个大局至关重要。孙中山指出，"使非山西起义，断绝南北交通,天下事未可知也。"①

东南各省是中国的经济、政治重心,它们能否起而响应,事关全局。上海一直是革命力量的中心。武昌起义的消息传到上海后,中部同盟会领导人宋教仁、居正、谭人凤等立即投入援助武昌的各项活动,上海起义的任务则由陈其美和李燮和来执行。11月3日,起义发动。起义军很快占领闸北地区和上海县城,但在进攻江南制造总局时遇到了清军拼死抵抗。陈其美亲率敢死队攻打制造局,失利被俘。第二天,李燮和率起义军再次攻打制造局,经过激战终于拿下,并救出陈其美,上海宣告光复。7日,沪军都督府成立,陈其美被推为都督。上海起义的消息传到杭州后,11月4日杭州革命党人发动了起义。起义军迅速占领抚署。杭州起义成功后,随即组建浙江军政府。7日,杭州各界召开代表大会,正式推举汤寿潜为浙江军政府都督。江苏的独立也至关重要。江苏巡抚程德全素以"开明"著称,上海光复后,江苏失去了东部屏障,形势岌岌可危,程德全于11月5日宣布反正并成立江苏都督府,他也由巡抚一变而为都督。从此,武汉以东的长江流域全部为革命军所掌握,大大加强了革命力量。

除了上述几省外,江西、安徽、福建、贵州、四川、广西、广东等省也都实现光复。在响应起义的各省中,也有一些省份由于种种原因未能成功,如直隶、山东、河南、东三省、甘肃、新疆等地,这些省份直到1912年清帝逊位,方随之"易帜"。在宣布独立的各省中,独立的方式并不一致,但大部分是由革命党人发动起义,夺取政权,并建立新政权来实现的。如陕西、江西、山西、云南、上海、浙江、福建等省,基本上都是由革命党人发动起义,革命成功后也由革命党人控制政权。有些省份的独立并不是由革命党人来实现的,而是由立宪派与旧官僚带头实现的,或者是由革命党人发动起义,但起义后建立的政权为立宪派与旧官僚所把持,如湖南、贵州、江苏、广西、广东、四川等省,都是如此。综观各省的独立运动,革命党人固然是独立运动的策动者、发起者、主力军,但立宪派乃至一些旧官僚也都起了很大的作用。若立宪派不卷入革命,清王朝也不

---

① 《孙中山全集》第2卷,中华书局2006年版,第470页。

会很快就土崩瓦解,因为咨议局为各省的民意机构,议员一般为社会上有声望之人,他们转向革命,其影响于民众心理者可想而知。但立宪派毕竟是立宪派,与革命党人在政治理想上差异较大,因此两派的合作注定会是短暂的。当局势稳定之后,两派又必然走向分裂。

二、中华民国南京临时政府的成立

革命的根本问题是政权问题。随着武昌起义的成功和各省相继宣布独立,建立统一的全国性的新政府也就提上了议事日程。然而,由于胜利的到来多少有点意外和突然,革命党人在组建新政府方面的准备便显得不足。新的中央政府首都定在何处?未来国家的政体采用总统制还是内阁制?谁来出任第一任总统?这些问题革命党人事先并没有达成统一的认识,因此只能是边议边定。

关于建都的地点,当时武昌、上海、南京三地都在争取。1911年11月10日,黎元洪通电已独立的各省都督,请派代表赴鄂,组织临时中央政府。12日,江苏都督府代表和浙江都督府代表在未获黎电的情况下,也通电各省,请各省派遣代表赴上海,会商组织临时政府,并请各省公认伍廷芳为临时政府外交代表,开始组建统一政府的活动。由于武昌和上海都发出了邀请通电,就出现了会议地点定在何处的问题。黎元洪以武昌为首义之区相号召,上海则以交通便利为由,坚持在上海召开。15日,上海方面在只有江苏、福建、上海三地代表的情况下召开了第一次会议,并将该会定名为"各省都督府代表联合会"。由于武昌方面的反对,20日,在上海的各省代表作出决定,先由到沪各省代表分别致电黎元洪、黄兴,承认武昌为民国中央军政府所在地,以鄂军都督执行政务,并请以中央军政府名义委任伍廷芳、温宗尧为民国外交总长、副总长。这实际上同意建都武昌。30日,各省代表齐集汉口。其时汉阳已失守,清军不断从汉阳炮击武昌,代表们只能在汉口英租界举行会议。鉴于武昌情形紧急,加之南京于12月2日光复,黄兴力主建都南京。此议很快得到上海和武昌方面的赞同。从12月8日起,各省代表陆续东下,确定了南京作为临时政府所在地的地位。

第三节 武昌起义和中华民国的成立

1911年12月12日，各省代表在南京召开大会，讨论政府首脑人选问题。当时提到的候选人有四个：黎元洪、黄兴、袁世凯和孙中山。由于黄兴力辞不就，黎元洪又不孚众望，而袁世凯又还在与民军作战，总统人选问题一时陷入僵局。正在这时，孙中山回到了上海，临时政府的筹建出现了转机。

武昌起义时，孙中山正在美国科罗拉多州的丹佛市，他是10月12日从当地的报纸上得知武昌起义成功的消息的。他的反应是"此时吾当尽力于革命事业者，不在疆场之上，而在樽俎之间，所得效力为更大也。故决意先从外交方面致力，俟此问题解决而后回国。"① 于是孙中山从美国去了欧洲，访问了英、法两国，他希望通过他的活动说服各国支持中国革命，同时为革命成功后筹建政府募集足够的资金。11月24日他启程回国，12月25日抵达上海，受到各界热烈欢迎。29日，来自17省代表投票选举总统。每省1票，结果孙中山得16票，黄兴得1票，孙中山当选为临时大总统。当天，孙中山分别致电各省代表、各省都督及黎元洪与袁世凯，表示将就任临时大总统，为民谋福。

1912年1月1日，孙中山由沪赴宁，正式宣誓就任中华民国临时大总统。随后孙中山下令定国号为"中华民国"，同时改用阳历，以1912年1月1日作为中华民国建元的开始。1月3日，各省代表又选举黎元洪为副总统。同一天，临时参议院通过了各部总次长名单：陆军总长黄兴，次长蒋作宾；海军总长黄钟瑛，次长汤芗铭；司法总长伍廷芳，次长吕志伊；财政总长陈锦涛，次长王鸿猷；外交总长王宠惠，次长魏宸组；内务总长程德全，次长居正；教育总长蔡元培，次长景耀月；实业总长张謇，次长马君武；交通总长汤寿潜，次长于右任。同时，黄兴兼任参谋总长，成为首席部长。不设内阁总理，总统掌握大权。至此，中华民国南京临时政府正式组成。这个临时政府，既有立宪派，也有旧官僚，但革命党人还是占了主要地位，是一个以资产阶级革命派为主体的政权。

3月11日，南京临时政府颁布了由临时参议会议决的《中华民国临

---

① 《孙中山全集》第6卷，中华书局2006年版，第244页。

时约法》，其中规定：中华民国主权属于国民全体；中华民国人民一律平等，无种族阶级宗教之区别。《中华民国临时约法》以根本法的形式废除了两千年来封建君主专制制度，贯彻了主权在民、三权分立等近代资产阶级共和宪法的基本原则，具有鲜明的资产阶级民主色彩。

南京临时政府成立时，北方大部分地区仍然控制在清政府手里。新政权能否生存下来，列强的态度至为关键。武昌起义后，列强一直坚持中立政策，而民军也坚持"文明革命"的方式，极力维护外国人在华的生命财产安全，以避免列强的武力干涉。但英、日两国作为君主立宪国家，并不希望中国建立共和制，因为那样将使他们被置于极其困窘的境地。[①]美、法、俄等国也不支持革命党人在全国范围内建立新的政权，他们只希望其在中国的利益最大化并且得到实现。由于列强拒不承认南京临时政府，新政府陷入了孤立无援的境地。

为了确保共和政治的建立，革命党人不得不考虑与袁世凯进行和谈。袁世凯（1859—1916），字慰庭，河南项城人。曾任山东巡抚、直隶总督兼北洋大臣等职，1909年初被清政府革职，武昌起义后又被清政府重新启用。由于袁世凯在晚清时期就以"开明""务实"著称，加之他手握重兵，因此不但能获得旧官僚、立宪派的好感，也能得到帝国主义列强的支持。袁世凯复出后，一面与革命党和谈，一面又力图在军事上压倒革命党。孙中山曾多次公开表示，只要清帝退位，袁世凯赞成共和，就把总统职位让给袁世凯。袁世凯得到孙中山的保证后，加快了逼宫的步伐。1月16日，袁世凯要求宣统皇帝退位。隆裕太后召集御前会议，讨论国体问题。以良弼为首的宗社党，反对议和、反对退位，结果良弼被革命党人彭家珍炸死。这使宗社党成员个个胆战心惊，纷纷逃离北京。其时又传来了北洋军将领段祺瑞等从前线发来的要求清帝退位的电报，并说如不退位，将带兵入京，至此，清政府已无路可走，只有同意退位了。2月12日，隆裕太后代行颁布清宣统皇帝溥仪退位诏书，内称："今全国人民心理多

[①] 章开沅等主编：《辛亥革命史资料新编》第8卷，湖北人民出版社2006年版，第174页。

倾向共和，南中各省既倡议于前，北方诸将亦主张于后。人心所向天命可知。予亦何忍因一姓之尊荣，拂兆民之好恶。是用外观大势，内审舆情，特率皇帝，将统治权公诸全国，定为共和立宪国体。近慰海内厌乱望治之心，远协古圣天下为公之义。袁世凯前经资政院选举为总理大臣，当兹新旧代谢之际，宜有南北统一之方，即由袁世凯以全权组织临时共和政府，与民军协商统一办法。总期人民安堵，海宇乂安，仍合满汉蒙回藏五族完全领土为一大中华民国"①。中国延续了两千多年的君主专制制度至此结束。

孙中山在得悉清室退位及袁世凯赞成共和的电报后，立即向参议院提出辞呈，同时他又向参议院推荐袁世凯继任临时大总统。2月15日，参议院举行了临时大总统选举会，17省议员，每省一票，袁世凯以全票当选。2月18日，孙中山致电袁世凯，告知已派教育总长蔡元培为欢迎专使，偕同唐绍仪前往北京，欢迎袁世凯南下就职。袁世凯是不愿南下就职的，他的势力在北方，离开了北京，也就等于没有了依靠，所以他指使部下在北京、天津、保定等地发动兵变，然后又以北方局势不稳为由，要求在北京就职。孙中山只好再次让步，同意了袁世凯在北京就职的要求。3月10日，袁世凯如愿以偿地在北京宣誓就任中华民国临时大总统，发誓要"发扬共和之精神，涤荡专制之瑕秽，谨守宪法，依国民之愿望，蕲达国家于安全强固之域，俾五大民族同臻乐利。"② 4月1日，孙中山与内阁成员赴参议院举行正式解职典礼。四天以后，参议院议决临时政府迁往北京。孙中山的解职与临时政府北迁，标志着南京临时政府的结束，也意味着辛亥革命的果实，落到了以袁世凯为首的北洋军阀手中。

三、辛亥革命的历史意义

辛亥革命开创了完全意义上的近代民族民主革命，极大推动了中华民

---

① 第二历史档案馆编：《中华民国史档案资料汇编》第2辑，江苏古籍出版社1991年版，第217页。
② 第二历史档案馆编：《中华民国史档案资料汇编》第2辑，江苏古籍出版社1991年版，第105页。

族的思想解放，开启了中国前所未有的社会变革，打开了中国进步潮流的闸门，为中华民族发展进步探索了道路，具有十分重要而深远的历史意义。

首先，辛亥革命开创了完全意义上的近代民族民主革命。在辛亥革命以前，中国人民在不同时期和不同程度上开展了反对帝国主义和封建主义的斗争。太平天国、戊戌变法、义和团运动等，都不同程度地从不同方面打击了外国侵略者和国内封建势力，推动了中国社会的进步。但这些斗争都还没有提出较为系统的民族革命和民主革命的政治纲领，只有孙中山领导的辛亥革命，才在比较完全的意义上开始了资产阶级民族民主革命。孙中山第一次响亮地喊出了"振兴中华"的口号，并提出了民族、民权、民生的"三民主义"，集中反映了中国人民追求民族独立、民主自由和民生幸福的崇高理想，特别是明确提出要推翻君主专制政体、建立民主共和国。这是以往从未有过的政治理念，从而把民主主义推进到了一个崭新的高度，开创了完全意义上的近代民族民主革命。

其次，辛亥革命推翻了清王朝统治，结束了统治中国几千年的君主专制制度。武昌起义成功后，中华民国建立了，清帝宣布退位，延续了两千多年的君主专制制度从此退出了中国的历史舞台，中国实现了从"君主"制向"共和"制的转变。用资产阶级的共和制度代替封建地主阶级的君主专制制度，这是历史的巨大进步。尽管后来的事实证明，民主共和在当时只具形式，但是民主共和的观念从此深入人心，中国走上民主共和的道路已是不可逆转。从此以后，敢有帝制自为者，天下共击之。从世界范围看，这是亚洲出现的第一个民主共和国。从历史看，这是中国人民在实现中华民族伟大复兴奋斗历程中迈出的重要一步。正如列宁所说："没有真诚的民主主义的高涨，中国人民就不可能摆脱历来的奴隶地位而求得真正的解放，只有这种高涨才能激发劳动群众，使他们创造奇迹。在孙中山的纲领的每一句话中都可以看出这种高涨。"①

第三，辛亥革命极大地推动了中华民族的思想解放。中国自秦至清，

---

① 《列宁选集》第 2 卷，人民出版社 2012 年版，第 292 页。

尽管历代风尚各有不同，制度多有损益，但总体上保持了一致性，实行的都是君主专制制度，"皇权"始终支配着人们的思想和行为。这种君主专制制度及其意识形态，随着中国封建社会的日趋腐朽，已经走上了穷途末路，成为众矢之的。辛亥革命推翻了帝制，建立了共和，极大地促进了人们的思想解放。皇帝都可以废掉，还有什么不可以改变的呢？这就为新思想新学说的传播创造了条件。

第四，辛亥革命开启了前所未有的社会变革。革命往往意味着摧毁旧的权威，也意味着一种新的社会变革的开始。在民国成立后的第一年间，连续颁布了一系列改革旧习俗的法令法规。内容涉及社会生活的方方面面，如限期剪辫；禁止缠足、吸鸦片、赌博等恶习；废除"大人""老爷"等反映封建时代身份与地位的等级观念称呼；废除跪拜礼；给予疍户、惰民、乞丐、家奴、优倡等所谓"贱民"一切公民权利；禁止刑讯；禁止买卖人口和贩卖"猪仔"；保护华侨；等等。这些举措看似琐碎，却处处渗透着民主共和与人权平等的精神，而这种精神又随着法令的推行逐渐渗透到民间，使民主共和的观念逐渐深入人心，整个社会也就呈现出一种新的气象。

但是，辛亥革命没有改变中国半殖民地半封建的社会性质，没有完成实现民族独立、人民解放的历史任务。辛亥革命的失败证明：中国民族资产阶级有其不可避免的弱点，难以担当完成中国反帝反封建革命的历史性任务，不能解决中国的民族独立和人民解放的问题。另一方面，辛亥革命的目的是要在中国建立西方式的资产阶级的民主共和制度，但事实证明，资产阶级共和国的方案在中国行不通，中国必须寻找一条新路，去完成辛亥革命没有完成的反帝反封建的任务。正如吴玉章所说："辛亥革命的失败，使1919年的五四运动成为不可避免。人们在经历了这次失败而有了觉悟以后，就要求补课，认为只有把帝国主义和封建主义打倒，中国才有出路。但要打倒帝国主义和封建主义，必须寻求新的革命理论和新的革命途径。"[①] 这样，辛亥革命的失败，推动先进中国人去探索中国社会发展

---

① 吴玉章：《辛亥革命》，人民出版社1961年版，第26-27页。

的新道路，去完成辛亥志士未竟的事业，从而打开了中国进步潮流的闸门。

思考题

1. 改良派与革命派的根本分歧是什么？
2. 清末的"新政"为什么没能挽救清王朝的灭亡？
3. 为什么说辛亥革命打开了中国进步潮流的闸门？

第三章 资产阶级革命派维护民主共和的斗争

袁世凯攫取辛亥革命的胜利果实之后,建立了代表大地主和买办资产阶级利益的北洋军阀反动政权,中国进入北洋军阀的独裁统治时期。孙中山创建的中华民国陷入名存实亡的境地。为了维护民主共和,以孙中山为代表的资产阶级革命派先后进行了反对北洋军阀独裁统治的"二次革命"、护国战争和两次护法运动,但是都失败了。第二次护法运动的失败,标志着中国民族资产阶级领导的旧民主主义革命的终结。

第一节 北洋军阀的独裁统治和革命派的抗争

一、北洋军阀统治的建立

1912年3月,袁世凯就任中华民国临时大总统,攫取了辛亥革命的胜利果实,建立了北洋军阀在中国的独裁统治。

袁世凯最先提名唐绍仪任国务总理,组成中华民国的第一届责任内阁。唐绍仪虽是袁世凯的老友,却是一位比较开明的官僚,且已加入同盟会。唐绍仪内阁的10名成员中,半数是同盟会员,被称为"同盟会中心内阁"或"唐宋(教仁)内阁"。在临时参议会中,同盟会也占有相当席位。

资产阶级革命派当时对袁世凯及北洋军阀并没有清醒的认识和应有的警惕。他们自以为虽然把大总统的职位让给了袁世凯,但还控制着南方数省和临时参议院,凭借着《临时约法》、"责任内阁制"就能够实行资产阶级民主政治并限制袁世凯搞专制独裁。1912年4月1日,孙中山正式宣布解除临时大总统职务,表示"种族革命、政治革命俱已成功",今后要致力于"社会革命""振兴实业",实行民生主义,从建造铁路、发展经济着手建设中华民国。黄兴也认为南北既已"统一",没有必要再保留20多万民军,并于1912年6月主动撤销南京留守府,解除留守使的职务,遣散大批民军。宋教仁则迷恋于西方资本主义国家的"议会政治",认为只要通过国民党的"合法"活动,在国会中取得稳定的多数席位、掌握内阁,就能够实行资产阶级民主政治,对袁世凯为代表的北洋军阀丧失了应有的政治警惕。大多数革命党人认为革命已大功告成。于是,有的人热衷于追逐名利,甚至投靠军阀从而蜕化为新的官僚、政客;有的人专心经营实业,谋取自己的经济利益;有的人则在革命受挫之时,意志消沉,隐遁山林或移居海外。同盟会领导成员章太炎提出"革命军起,革命党消"的主张,要求解散同盟会;李烈钧、胡汉民等致力于"地方自治";陈其美等则蜕化为新的地方官僚;另有一些从同盟会分化出走的人与立宪派、旧官僚结合、组织了新的政治团体。

当时,按照"临时约法"的规定,国会和内阁对大总统的权力有诸多的限制;在南方,资产阶级革命派还掌控着部分军队和省份。袁世凯不得不表示要"发扬共和之精神,涤荡专制之瑕秽","永远不使君主政体再行于中国"①。一方面打着"民主""共和"的旗号麻痹革命党人;另一方面又玩弄阴谋诡计来破坏民主共和制度,镇压资产阶级革命派,一步步走向其专制独裁统治。

1912年八九月间,袁世凯"盛邀"孙中山、黄兴来京,以同"革命元勋"共商国家大计的假象来骗取"民意"。袁世凯假意虔诚地与孙中山会谈了13次,满口应允孙中山修建20万公里铁路的计划,并授予"筹划全国铁路全权",甚至高呼"孙中山先生万岁!"以骗得孙中山的信任。孙中山信以为真,在回到上海的演讲中说:"余信袁之为人,很有肩膀,其头脑亦甚清楚,见天下事均能明彻,而思想亦很新。""欲治民国,非具新思想旧经练旧手段者不可,而袁总统适足而当之。"② 稍后,袁世凯又任命黄兴为湖广铁路督办。袁世凯一时间赢得了"精诚合作""治国安邦"的美誉。

袁世凯假意高喊"民主""共和"的同时,要尽种种手段来破坏民主

---

① 参见陈锡祺《孙中山年谱长编》上册,中华书局1991年版,第675页。
② 《孙中山全集》第2卷,中华书局2006年版,第484、485页。

共和制度，构建其专制独裁统治。

军事上，一边举借外债，扩大北洋军阀的军事势力；一边裁撤地方武装，削弱资产阶级革命派的武装力量。当时同盟会还掌控着南方数省的部分军队；西南云、贵、川等省的非同盟会系统的地方军阀还掌握着一部分武装。袁世凯视之为实现专制独裁的心腹大患，实施分化瓦解的策略：对于西南军阀采取拉拢抚慰的手段；对于革命党人的武装，或以财政拮据为由强制削减、停发军粮军饷逼其自动解散，或明令裁撤，致使资产阶级革命派掌控的武装力量被大大削弱。

政治上，破坏责任内阁制。《临时约法》所规定的责任内阁制是革命派为限制袁世凯独裁而设计的一种政治制度。袁世凯竭力企图控制内阁，使之成为其御用工具。内阁总理唐绍仪坚持大总统发布命令须经内阁副署，袁世凯非常不满。1912年6月，唐内阁任命非袁嫡系的王芝祥为直隶都督，袁世凯指使北洋将领通电反对，并不经内阁副署而擅自发布改任王芝祥为南方宣慰使的命令。唐绍仪愤而辞职，第一届责任内阁仅仅三个月即告垮台。随后，袁世凯又以武力胁迫参议院通过了陆徵祥的"超然内阁"。9月，袁世凯任命其亲信赵秉钧为内阁总理，并将国务会议移至总统府召开，完全操纵了国务院。责任内阁制名存实亡。

经济上，兼并土地，垄断经济命脉。不少军阀都拥有巨额财产，袁世凯在河南彰德等县占有土地四万多亩。北京政府（也称北洋政府，因其由北洋军阀所控制，故名）还通过"清丈土地"、征收各种苛捐杂税等手段压榨农民，许多自耕农纷纷破产，沦为佃农和雇农。军阀与官僚借助政治势力，形成官僚资本集团，操纵、垄断国家的经济命脉。如梁士诒的交通系就控制了铁路和交通银行。

文化上，尊孔复古。袁世凯向全国发布《通令尊崇孔圣文》，在全国恢复祀孔、祭孔典礼，中小学恢复尊孔读经。各地纷纷成立孔教会、孔道会等尊孔复古组织，攻击民主共和，宣传封建伦常。

总之，民国初年，从形式上看，有约法，有国会，还有众多的政党，中国似乎已经成了民主共和国，但实际上，政权被以袁世凯为代表的封建军阀所掌控，资产阶级民主共和只是形式而已。

二、"二次革命"

辛亥革命后，资产阶级革命派、立宪派、旧官僚以及一些从同盟会中分化出来的人，纷纷各自组合、成立政团，呈现出众多政党并存竞争的态势，其中共和党、民主党和国民党的势力与规模较大。共和党、民主党在政治上完全成为袁世凯的附庸。国民党则是由同盟会与几个小党派于1912年8月联合组成的，推举孙中山为理事长，宋教仁为代理理事长、主持实际党务。以宋教仁为代表的国民党人希冀通过合法的政党政治来实现资产阶级民主共和，即通过国会选举，由获得多数议席的政党组织责任内阁来限制袁世凯的权力。为了能赢得国会的多数议席，宋教仁将大批官僚政客、清朝遗老拉入国民党内。成员极其复杂的国民党摒弃了同盟会政纲中的"平均地权"，把"力谋国际平等"改为"维持国际和平"，其革命性与同盟会时期相比已大大减退。

根据《临时约法》的规定，1912年12月到1913年2月，中华民国进行了第一届国会（参议院、众议院）选举，国民党获得参众两院的多数议席，成为国会第一大党。第一届国会定于1913年4月在北京召开，以制定宪法和选举正式大总统。大选的胜利使宋教仁和国民党对政党政治、议会斗争充满了幻想，想以国会多数党的地位组织责任内阁并由宋教仁出任总理。为此，宋教仁在长江流域各省宣传游说，阐述政见，准备组织真正的国民党内阁。他深信："世界上的民主国家，政治的权威是集中于国会的。在国会里头，占得大多数议席的党，才是有政治权威的党"，"就可以组成一党的责任内阁"，"我们的主义和政纲，就可以求其贯彻了"[①]。

1913年3月20日，宋教仁准备去北京组阁，但在上海火车站遭刺客枪杀，不治身亡，史称"宋教仁案"。他死前仍对其一生追求的民主共和念念不忘，在口授致袁世凯的遗电中说："伏冀大总统开诚心，布公道，

---

① 《宋教仁集》下册，中华书局1981年版，第456页。

竭力保障民权。"①

宋教仁遇刺之后，查明布置暗杀的是国务总理赵秉钧，而指使行刺的竟是大总统袁世凯。"宋案"真相一公布，舆论大哗。身在日本的孙中山从幻想中惊醒后疾呼"非去袁不可"，并立即返回上海，于3月26日在上海召开国民党的紧急会议，主张立即武装讨伐袁世凯。但是，这时国民党内有的主张"法律解决"，有的借口"时机未至"，响应孙中山号召者寥寥无几，妥协声音成为主流。在广大人民群众眼中，国民党和袁世凯之间的斗争只不过是官僚政客之间的争权夺利，辛亥革命忽视人民群众的局限性由此可见一斑。

在国民党内纷争不断的同时，袁世凯一方面调兵遣将，准备内战；一方面指使统一党、共和党、民主党合并为进步党，在国会中与国民党抗衡。为筹集内战的军费，袁世凯以办理善后为名，指派国务总理赵秉钧、外交总长陆徵祥和财务总长周学熙于4月26日与英、法、德、俄、日五国银行团签订了《善后借款合同》，总额2500万英镑，年息5厘，扣除折扣、到期的借款和赔款，袁世凯实际上仅拿到760万英镑，而规定47年还清的本利却高达6785万英镑，以中国盐税等为担保。五国银行团成立了盐务稽核所，从此中国的盐政主权落入帝国主义之手。尽管《善后借款合同》条件苛刻，袁世凯为了发动战争的需要，竟然不交国会审议就私自批准了。

善后大借款遭到国会中国民党议员的抵制和反对，南方一些省份的国民党都督也通电反对。袁世凯指使梁启超为主持人的进步党在国会中对抗国民党；同时授意北方各省都督通电指责国会反对借款是"不顾大体，无理取闹"，向国民党议员施压。

得到巨额借款的袁世凯疯狂扩军，先发制人，先是警告孙中山、黄兴"左也是捣乱，右也是捣乱"，"彼等若敢另行组织政府，我即敢举兵征伐之。"② 6月，又以通电反对善后借款、不服从中央为由，下令免去李烈

---

① 《宋教仁集》下册，中华书局1981年版，第496页。
② 《上海时报》1913年5月24日。

钧、胡汉民、柏文蔚的江西、广东、安徽都督的职务，派军攻打江西。

国民党人被迫应战。7月12日李烈钧在湖口誓师，宣布江西独立，通电讨袁。黄兴在南京迫使程德全通电讨袁。上海、安徽、湖南、广东、福建、重庆等地先后宣布独立。此役史称"二次革命"。

"二次革命"坚持了不到两个月，就在袁世凯的军事进攻和暗中收买之下遭遇失败，南方各省取消独立。孙中山、黄兴等被袁世凯加以"乱党"罪名通缉，被迫再次流亡日本。

"二次革命"的失败使孙中山认识到思想混乱、组织涣散的国民党，已不能领导革命继续前进。他决心整顿党务，建立比国民党纯洁、信仰一致、更有纪律的新党以拯救革命。1914年7月，孙中山在日本创建中华革命党，规定入党办法要盖手模和宣誓服从孙中山。黄兴等人对此有异议，拒绝参加。孙中山孤独地在困境中重新举起革命旗帜。

"二次革命"是辛亥革命后资产阶级革命派反对袁世凯斗争的开始。其后，资产阶级革命派为反对专制独裁，捍卫民主共和制度而进行了不屈不挠的斗争，开启了维护民主共和而继续奋斗的历程。

三、护国运动

"二次革命"失败之后，北洋军阀掌控了原国民党领有的长江流域和南方各省，袁世凯则走上了狂妄地践踏民主、复辟帝制的道路。

第一步，从临时大总统到正式大总统。

《临时约法》规定：由临时大总统召集国会，由国会制定中华民国宪法，再依据宪法选举正式大总统。袁世凯急于摘掉"临时"的帽子，1913年10月，袁世凯操纵国会在尚未制定中华民国宪法的情况下，先行通过《大总统选举法》。随即又胁迫国会选举正式大总统。选举当天，会场外有数千名便衣警察、地痞、流氓等组成的"公民团"严密包围了国会。会场内袁世凯则借助公民党对议员进行威逼恐吓。从早8点到晚10点，议员们在内外夹击的逼迫下，连续三次投票，袁世凯才以微弱优势当选中华民国第一任正式大总统。

第二步，解散国会，废除《临时约法》。

当上正式大总统之后，袁世凯立即对国会和《临时约法》大开杀戒。10月31日，国会颁行《天坛宪法草案》，规定政体仍是责任内阁制。草案虽扩大了总统的部分权限，但并未满足袁世凯不须经国会通过可直接任命国务院和有权解散众议院的要求。袁世凯指使其部属攻击此草案与国情不容，是国民党控制国会的工具。11月3日，袁世凯迫使内阁总理熊希龄副署，下达解散国民党和取消国民党议员资格的命令，追缴了国民党议员的证书和徽章。由于被取消资格的438名议员超过了半数，致使国会因不足法定人数而名存实亡。1914年1月10日，袁世凯正式下令取消国会，各地的自治会、省议会也随即取消。

1914年3月，袁世凯操纵的约法会议在北京开幕，4月29日通过《中华民国约法》，5月1日正式公布，同时下令废除《中华民国临时约法》。《中华民国约法》规定：国家政体由责任内阁制改为总统负责制，"大总统为国之元首，总揽统治权"。据此，袁世凯的权力被扩大到与皇帝相似的程度，拥有召集立法院、颁布法律、任免官员、宣战媾和、统率全国陆海军、缔结条约和宣布惩戒等大权。12月，袁世凯又操纵参议院修改《大总统选举法》，规定大总统可以终身不受限制地连选连任，还拥有指定继任人的权力。至此，国会制、责任内阁制和《临时约法》等辛亥革命带来的资产阶级民主共和制度的象征被废止无遗。袁世凯为首的北洋军阀专制独裁统治被以法律的形式肯定下来。

为了防止列强干涉反对，袁世凯则以出卖国家利益换取列强的支持。1913年10月，北洋政府虽未在西姆拉会议的条约上签字，但仍承认英国在西藏的特殊利益与地位。11月，北洋政府同沙俄签署协定，承认外蒙古的"自治权"和沙俄在外蒙古的利益和地位。

1914年8月，第一次世界大战爆发。欧洲列强无暇东顾，日本乘机派兵侵入山东，取代了德国在山东的地位，并企图扩大侵略、独占中国。袁世凯不仅不予抗议，反而令中国军队撤出日占区，显示其"极诚联日"的决心。

日本则以支持袁世凯做皇帝为条件，提出了灭亡中国的"二十一条"，主要内容是：（一）承认日本继承德国在山东享有的一切权利，并加以扩大;(二) 延长日本租借大连、旅顺及南满、安奉铁路的期限为 99 年,并承认日本在南满和内蒙古东部的特殊权利;(三) 汉冶萍公司改为中日合办,附近矿山不得让与他人开采;(四) 中国沿海港湾、岛屿不得割让或租借他国;(五) 中国政府必须聘用日本人为政治、军事、财政等顾问,中国警政及军械厂由中日合办。

"二十一条"的实质是变中国为日本独占殖民地。袁世凯为换取日本的支持,不惜出卖国家主权,1915 年 5 月 9 日,宣称除第五号部分内容以后再议外,其他要求全部接受。世人称其为"五九国耻"。

各地各界群众纷纷以罢课、游行示威、罢工、抵制日货等形式谴责袁世凯的卖国行径,全国兴起讨袁抗日的爱国高潮。由于全国人民的坚决反对,日本的侵略要求未能实现。

第三步,复辟帝制。

袁世凯在取得日本的支持后加快了复辟帝制的步伐。先是操纵亲信为其复辟帝制大造舆论。袁世凯授意他的法律顾问美国人古德诺于 1915 年 8 月发表《共和与君主论》一文,污蔑中国"大多数之人民智识不甚高尚",鼓吹"中国如用君主制较共和制为宜"。杨度在袁世凯的支持下组建"筹安会"、鼓吹帝制。① 梁士诒则在袁世凯授意下发起组织各种"请愿团",要求召开"国民代表大会"来决定"国体"。

为了制造"民意",袁世凯操纵参政院进行"国体"投票,"恭戴今大总统袁世凯为中华帝国皇帝"。12 月 11 日,参政院向袁世凯上书"劝进"。翌日,袁世凯发文接受"劝进",正式称"中华帝国皇帝",31 日,下令改 1916 年为"中华帝国洪宪元年"。1916 年元旦,袁世凯正式登基。

袁世凯的倒行逆施遭举国反对。孙中山发表《讨袁宣言》,号召人民起来维护共和制度。孙中山领导中华革命党发动了一系列声讨袁世凯、反对复辟帝制的活动和护国起义。梁启超发表《异哉所谓国体问题者》一文,反对袁世凯称帝。1915 年 12 月 25 日,原云南都督蔡锷与李烈钧、

---

① 杨度的思想认识和政治立场后来发生重大转变:1917 年通电反对张勋复辟;1922 年起追随孙中山,为民主革命奔走;1927 年多方营救被捕的李大钊,未果;1929 年秋秘密加入中国共产党,为特别党员,在周恩来直接领导下工作。

唐继尧等在云南通电讨袁，宣布云南独立，组织护国军政府和护国军，拉开"护国战争"的大幕。北洋军节节败退，贵州、广东、广西、福建等省相继宣布独立，反袁护国运动遍及全国。

面对遍及全国的反袁护国运动，英、美、日等列强改变了支持袁世凯的态度。1916年1月21日，日本正式通知北洋政府驻日公使对于袁世凯称帝不能承认。北洋集团内部也随之分裂，段祺瑞、冯国璋等因袁世凯称帝使他们日后出任大总统的希望破灭，转而反对袁称帝。3月22日，内外交困、众叛亲离的袁世凯被迫宣布取消帝制，次日废除"洪宪"年号，结束了83天的"皇帝梦"。袁世凯想继续当"民国总统"，独立各省和各界民众纷纷反对。5月9日，孙中山发表第二次《讨袁宣言》，号召"除恶务尽，对于袁氏必无有所姑息"，指出"保持民国，不徒以去袁为毕事"[①]。6月6日，袁世凯在绝望中死去。

袁世凯复辟帝制失败并垮台，是全国人民奋起抗争的结果。辛亥革命后民主共和思想日渐深入人心。袁世凯逆历史潮流和违民心所望的倒行逆施必为历史与人民所抛弃。护国运动中，各派反袁势力均以维护民国、恢复共和相号召，推翻了洪宪帝制，恢复了资产阶级共和国的形式。因此，护国战争是一次具有一定进步意义的革命战争。但是，其胜利成果被段祺瑞窃取，中国受列强和北洋军阀掌控的局面并没有改变。

第二节 军阀割据和护法运动

一、军阀割据和民族危机与社会危机的加剧

袁世凯死后，黎元洪继任总统，段祺瑞担任国务总理，宣布仍遵行《临时约法》，召集旧国会复会，补选冯国璋为副总统。宣布独立的各省也取消了独立，政局表面上平静下来。但实际上，中国社会却陷于军阀割据与混战的动荡之中。

---

① 《孙中山全集》第3卷，中华书局2006年版，第284页。

袁世凯死后的北洋军阀分裂为以段祺瑞为首的皖系和以冯国璋为首的直系。皖系在日本的支持下势力日益扩大，把持北洋政府并控制安徽、陕西、山东、浙江等省；直系以英美为靠山，占据直隶、河南和长江流域的江苏、江西、湖北等富庶地区。奉系张作霖则在日本的扶植下控制着东北三省与直皖两系相抗衡。除此之外，还有一些具备相当势力、割据一省或数省的地方军阀：阎锡山盘踞山西，张勋割据徐州，陈树藩独占陕西，谭延闿占据湖南，西南地区则有得到英美支持的以唐继尧和陆荣廷为首的滇系与桂系军阀。整个中国深陷于军阀割据的混乱之中。

中国形成军阀割据的局面有其深刻的社会原因。一是由中国社会的半封建性所决定。自给自足的封建经济具有分散性、地方性，以农业经济为主，形不成统一的资本主义经济市场，区域之间互不依赖，使得军阀可以拥兵自重，把辖区营造成独立王国。二是由中国社会的半殖民地性所决定。袁世凯死后，帝国主义列强失去了中国的总代理人。为维护其在华利益，列强需要各自寻找、扶植新的军阀作为其代理人，而各派军阀为了扩张、巩固自己的权力也要寻求帝国主义的支持。可以说，帝国主义分而治之的政策，必然导致中国形成军阀割据的政局。

南北军阀本质上都是半殖民地半封建社会发展的结果，"如一丘之貉"，争权夺利，连年内战，给人民带来深重的灾难。"一年三小仗，三年一大仗"，兵灾不断，"恣肆其间，兵力所至，闾里为墟"①，人民苦不堪言。

大小军阀依仗权势，圈占土地，强买民田，许多丧失土地的农民被逼迫变为佃农和雇农。段祺瑞、冯国璋都占有成千上万亩的土地。各派军阀还投资办工矿、钱庄，盘剥百姓；为筹集军费大肆举借外债，更加重民众负担。至1919年3月，各派军阀公开或秘密借债180多次，数额超过8亿银元，以出卖国家主权和利益做担保。列强则通过向北洋政府提供政治性贷款来操纵中国的内政和外交。军阀与官僚还借助政治势力打造官僚买

---

① 参见章有义编《中国近代农业史资料》第 2 辑，生活·读书·新知三联书店 1957 年版，第 598 页。

办资本集团，如新旧"交通系"、"北四行"、江浙财团等以操纵、垄断国家的经济命脉。

军阀之间矛盾重重，军事对抗、政治纷争不断。

第一次世界大战爆发以后，日本以提供贷款为条件，鼓动段祺瑞政府参战。段祺瑞掌控的北洋政府也企图借机扩充皖系的势力。美国为防止日本独霸在中国的利益地位，则怂恿总统黎元洪反对中国参战。黎、段原本就有的矛盾借参战问题进一步激化，酿成"府院之争"。围绕参战问题，府院双方在国会内外、朝野上下展开较量，反对参战一方暂居上风。段祺瑞在北京举行"督军会议"，议决赞成参战并指使督军团要挟黎元洪同意参战。1917年5月10日，国会审议对德参战案，段祺瑞指使军警、流氓等组成3000人的"请愿团"包围国会、威吓议员。议员们为抵制段祺瑞决议"缓议"参战案。段祺瑞恼羞成怒，要求黎元洪下令解散国会。正在这时，报刊披露了段祺瑞以允许日本训练中国军队和控制兵工厂为条件向日本借款一亿日元的卖国行径，黎元洪借机在直系和美国的支持下解除了段祺瑞的职务。段祺瑞出走天津，唆使皖、奉军阀宣布"独立"，扬言攻打北京。黎元洪无奈地请求盘踞徐州的张勋出面"调停"。

张勋在清帝退位之后仍以清朝忠臣自居，他和他的部队都坚持留着辫子，被称为"辫帅"和"辫子军"。1917年夏，张勋率军北上，以调停"府院之争"为名闯进北京，先是逼迫黎元洪解散国会，又于7月1日拥戴清废帝溥仪复辟。黎元洪被迫躲进日本使馆。

张勋复辟遭到全国上下一致反对，孙中山发表《讨逆宣言》，由上海南下广州，准备组织新政府反对复辟。段祺瑞乘机在天津组织"讨逆军"进军北京。7月12日，张勋战败，溥仪再次退位。这场复辟闹剧仅维持了12天。

张勋复辟失败之后，黎元洪下台，冯国璋代理大总统，段祺瑞打着"再造共和"的"功臣"旗号，回到北京再次出任国务总理，重新掌握北洋政府大权。

8月14日，段祺瑞政府宣布参战，并以训练"参战军"为由向日本借款，实则准备"武力统一"，大打内战。1917—1918年间，段祺瑞政府经日本寺内正毅内阁代表西原龟三办理的贷款总额,超过清王朝和袁世凯政府向日本借款总数的三倍,史称"西原借款"。通过这些贷款,日本取得了操控中国铁路、矿山、森林、邮电等特权;大批日本间谍、军国主义分子以"顾问""教官"的名义到北洋政府和中国军队中任职。日本政府通过《山东密约》(又称山东问题换文)提出霸占山东权益的要求,段祺瑞政府竟表示"欣然同意"。1918年5月,日本又逼迫段祺瑞政府签订《中日陆军共同防敌军事协定》和《中日海军共同防敌军事协定》,取得了在中国驻兵和军队自由出入东北与蒙古地区的特权。据此,日本军队迅速地开进东北、取代了沙俄,东三省从此陷于日本的武力控制之下。

1917年11月,美国国务卿兰辛和日本特使石井在华盛顿签署了《兰石协定》。美国承认日本在华享有"特殊利益",日本也接受美国的"门户开放""机会均等"政策。美日两国相互妥协、共同侵害中国主权和利益。

对于段祺瑞政府大肆出卖国家权益的行径,连日本首相寺内正毅也承认,这一时期日本从中国取得的利益不止"十倍于二十一条"。北洋军阀统治下的中国沦为日本独占殖民地的民族危机日益加深,政局动荡、民生困苦,人民大众和封建军阀的矛盾日益加剧。

二、两次护法运动的发动与失败

正如孙中山所说:"约法与国会,共和国之命脉",是中华民国的象征。围绕着《临时约法》与国会,资产阶级革命派和段祺瑞等北洋军阀展开了激烈的斗争。

袁世凯死后,围绕着新旧约法就产生过争论,对于黎元洪继任大总统南北军阀曾各执一词。起初,段祺瑞根据袁世凯炮制的1914年约法,发表了由副总统黎元洪代行总统职权的通电。南方军阀掌控的军务院则认为袁世凯解散国会和撕毁临时约法是非法的,都应该恢复。根据《临时约法》,黎元洪应该继任总统,而非代行总统职权。由于海军宣布独立,1916年6月,段祺瑞表示遵行民国元年公布的《临时约法》,召开国会。新旧约法之争告一段落。

张勋复辟失败之后，段祺瑞以"讨伐复辟""再造民国"的"功臣"自居，再次执政后就把推翻《临时约法》和实现"武力统一"作为其统治的关键。他公开表示：一不要约法，二不要国会，三不要旧总统。张勋复辟使孙中山更加意识到《临时约法》和国会的重要，曾致电段祺瑞要求他尊重约法和国会。但是段祺瑞为了加强自身的专制统治，拒绝恢复约法与国会。

孙中山毅然举起"护法"的大旗，提出"打倒假共和、建立真共和"的口号。1917年7月17日，孙中山到达广州，号召各界"同心合力"，奋起护法。孙中山希望借助西南军阀的势力，开展护法运动。西南军阀也想利用孙中山的威望，与段祺瑞的北洋政府相抗衡，便附和护法以图自保并扩充势力。8月间，孙中山在广州召集150多名原国会议员讨论国会开会问题，因不足法定人数，遂召开"非常国会"。会议决定成立军政府，通过《中华民国军政府组织法大纲》，宣布在《临时约法》恢复效力前，以军政府作为西南各省的中央政府，与北京政府相对立。军政府致力于戡定叛乱，恢复约法。9月1日，非常国会选举孙中山为大元帅，唐继尧、陆荣廷为元帅，规定《临时约法》之效力未完全恢复之前，中华民国之行政权由大元帅行之。孙中山以大元帅的名义发出通电，否认冯国璋为总统、段祺瑞为总理的北洋政府，宣布段祺瑞为民国叛逆，号召讨伐。护法军政府的成立，标志着南北对峙局面的形成，第一次护法运动开始。

护法军与北洋军的主要战场在湖南。11月初，护法军捷报频传，接连攻克宝庆、永丰、衡山、湘潭和长沙等地。此时，直、皖两派军阀矛盾激化，冯国璋和段祺瑞开始了新的"府院之争"。在对待西南各省战与和的问题上，冯国璋主张"和平统一"，企图以西南军阀来钳制皖系；段祺瑞不仅主张"武力统一"，而且征调直系军队充当征讨西南军阀的先锋。这更加深了直皖两系的矛盾，冯国璋令湖南前线的直系军队消极怠战，11月又自动退兵、要求停战。隶属直系的直隶、江苏、江西、湖北的军队也联合通电，主张和平解决，致使段祺瑞"武力统一"的政策不能推行，被迫辞去总理之职。湖南战场的胜利促使全国各省纷纷响应护法，护法战争的烽火席卷了十多个省区。孙中山开始筹划大举北伐的计划。

正在护法运动胜利推进之时，北洋军阀和护法军政府内部分别发生了重大变化。

段祺瑞下野之后凭借皖系势力和日本的支持继续进行"武力统一"的准备。1918年3月，段祺瑞唆使张作霖派兵入关对冯国璋施加压力。3月23日，冯国璋被迫再次任命段祺瑞为国务总理。段祺瑞上台后进一步推行武力统一政策，组织北洋军大举南下。护法军在湖南战场接连失利。

护法军政府内部的矛盾也开始尖锐起来。与孙中山结盟的西南军阀，多是地方意识强烈的封建军事集团，本质上并非要维护《临时约法》和国会。他们之所以与孙中山联手护法，不过是为了抵制段祺瑞的武力统一而保住自己的地盘。他们表面上同意北伐，暗中却与北洋军阀往来，在军政府内部排挤孙中山。护法军政府刚成立，被非常国会选为元帅的唐继尧和陆荣廷就以不就职表示不与孙中山合作。视两广为私产的桂系军阀陆荣廷更不满于孙中山在广州的活动，百般阻挠与诋毁孙中山领导的广州军政府。1918年1月，桂系主持的西南自主各省护法联合会在广州成立，对抗孙中山的护法军政府。由于孙中山等人抵制，西南自主各省联合会最终流产。4月10日，桂系军阀和政学系联手操纵广州国会非常会议通过决议改大元帅制为总裁合议制。5月4日，非常国会选举唐绍仪、唐继尧、孙中山等7人为政务总裁，以政学系的岑春煊为主席总裁。改组后的军政府由西南军阀及其附庸政学系所控制。孙中山看清了"南与北（军阀）如一丘之貉"的本质，依靠军阀打军阀的幻想破灭。5月21日，孙中山愤然辞去大元帅，离开广州经日本赴上海，第一次护法运动失败。

第一次护法运动反对北洋军阀的专制独裁，维护《临时约法》的尊严，具有积极进步的意义。但由于没有正确的斗争纲领，仅仅局限于维护约法，既不能适应形势的变化，更没有反映人民的迫切要求。护法依靠的力量又是西南军阀，没有坚强的革命政府的领导，没有资产阶级革命派可依靠的武装，更没有"唤起民众"，护法运动的失败不可避免。

第一次护法运动失败之后，孙中山继续推动护法和革命。孙中山总结第一次护法失败的教训主要是依靠少数人孤立奋斗，没有广泛的支持。1919年10月10日，孙中山将中华革命党改组为中国国民党，政治上提出"以巩固共和,实行三民主义为宗旨"的党纲;军事上扶植陈炯明驱逐桂系军阀夺回广东。1920年11月29日,孙中山回到广州、重建军政府。1921年4月7日,孙中山在广东主持国会非常会议,通过《中华民国政府组织大纲》,选举孙中山为中华民国非常大总统,并通电全国不承认北洋军阀控制的北洋政府。5月5日,孙中山在广州正式就职,宣告成立新护法政府。第二次护法运动开始。

孙中山就任非常大总统后立即开始积极准备北伐:1921年6月,孙中山派陈炯明出兵广西、统一两广,驱除了陆荣廷;10月,提请非常国会通过了北伐案;11月,在桂林设立大本营,准备取道湖南,大举北伐。1922年2月1日,孙中山下令北伐。4月,正值北方直奉大战之时,孙中山与奉系和皖系组成"反直三角同盟",5月亲赴韶关督战北伐,北伐军进军江西时,直奉战争结束,奉系失败。此时,陈炯明与直系军阀暗中勾结,6月16日夜围攻总统府,炮击观音山。孙中山在乱战中脱险后,登上永丰舰指挥海军与叛军战斗到8月9日。孙中山坚持战斗57天,终因北伐军回师受挫,无法及时救援而失败。孙中山等经香港回到上海,第二次护法运动宣告失败。

三、旧民主主义革命的终结及其历史启示

从1894年成立兴中会开始,以孙中山为代表的资产阶级革命派登上了领导中国旧民主主义革命的政治舞台,发动、领导了辛亥革命并推翻了封建帝制,建立了中华民国。但是不久,北洋军阀就攫取了辛亥革命的胜利果实,实施封建独裁专制。"去一满洲之专制,转生出无数强盗之专制"①。

辛亥革命以后,资产阶级革命派为维护民主共和继续奋斗。先后发动、领导了"二次革命"、护国战争和两次护法运动,但均以失败而告终。第二次护法运动的失败标志着中国民族资产阶级领导的旧民主主义革命的终结。中国的民族资产阶级再也没有能力领导中国民族民主革命取得

---

① 《孙中山全集》第6卷,中华书局2006年版,第158页。

胜利。实践证明：资产阶级共和国的道路在中国行不通。

中国民族资产阶级领导的民主主义革命为什么会失败呢？

从根本上说，资本主义的建国方案在半殖民地半封建社会的中国是根本行不通的。在帝国主义时代，西方列强决不容许中国建成独立、富强的资产阶级民主共和国。各帝国主义国家在中国纷纷扶植封建军阀作为代理人，对中国进行分而治之的侵略和统治。半殖民地半封建的中国，虽然有了民主共和国的形式，但封建势力依然很强大，民族资本主义处于帝国主义和封建主义的夹缝中，既天生不足，又成长缓慢。面对中外反动势力的联合镇压，民族资产阶级领导的旧民主主义革命不可能胜利。

从革命的领导力量看，经济上、政治上都十分软弱的中国民族资产阶级自身存在诸多不足。

第一，没有科学的理论的指导，提不出彻底的不妥协的反帝反封建的革命纲领，甚至对帝国主义还抱有某种幻想。辛亥革命乃至北洋政府时期资产阶级革命派发动的所有运动中，资产阶级革命派均没有明确的反帝反封建的革命纲领，只强调维护"民国""约法"这些共和政体的形式。

第二，轻视人民群众的作用，不敢"唤醒民众"。不但没有充分发动最广大的民众起来革命，甚至害怕广大群众起来革命，更不可能发动中国革命的主力军农民阶级参加革命；而是依靠军阀打军阀，致使广大民众误以为资产阶级革命派同北洋军阀的斗争无非是不同官僚政客集团之间争权夺利的斗争，失去了革命的群众根基。正如毛泽东指出的："国民革命需要一个大的农村变动。辛亥革命没有这个变动，所以失败了"①。

第三，缺乏坚强革命政党的领导。无论是同盟会、国民党、中华革命党，还是中国国民党，都是组织松懈、派系林立、思想混乱的政治团体，在历次斗争中，起不到组织、领导的作用。

第四，没有自身可依靠的强有力的武装力量。无论是辛亥革命还是其后的所有斗争历程，只不过是从依靠会党、新军到依靠军阀打军阀，资产阶级革命派没有建立起自己的强有力的武装力量。在半殖民地半封建的中

---

① 《毛泽东选集》第1卷，人民出版社1991年版，第16页。

国，没有革命的武装，也就没有革命政党的地位，就不能完成任何的革命任务。

尽管资产阶级革命派领导的旧民主主义革命终结了，但是，以孙中山为代表的中国民主革命的先驱者们，在旧民主主义革命中展现出不屈不挠的革命精神和毅力，永远为我们所铭记。在"革命尚未成功，同志仍需努力"的激励下，大批革命者前仆后继，为中国的民主革命而继续奋斗。中国革命呼唤着新的领导阶级。经过旧民主主义革命的浸染，先进的中国人开始探求救亡图存的新道路。

思考题

1. 辛亥革命之后资产阶级革命派进行了哪些斗争？
2. 辛亥革命之后的两次帝制复辟活动为什么都失败了？
3. 旧民主主义革命的终结提供了哪些历史启示？

中编 | 新民主主义革命

第四章　新民主主义革命的开端

辛亥革命后，中国民族资本主义得到进一步发展，中国工人阶级队伍随之壮大。新文化运动的兴起和俄国十月社会主义革命胜利的影响，马克思主义在中国开始得到比较广泛的传播。1919年的五四运动成为中国旧民主主义革命和新民主主义革命的分水岭，促进了马克思主义同中国工人运动的结合，中国共产党应运而生。"中国共产党的诞生，是近现代中国历史发展的必然产物，是中国人民在救亡图存斗争中顽强求索的必然产物。从此，中国革命有了正确前进方向，中国人民有了强大精神力量，中国命运有了光明发展前景。"①

第一节　新民主主义革命条件的生成

一、民族资本主义的进一步发展和工人阶级的壮大

辛亥革命后，尤其是第一次世界大战期间，中国民族资本主义得到了进一步的发展。究其原因，一是在辛亥革命的持续影响下，中华民国南京临时政府颁布了一些有利于实业发展的法律、法规，民族资本主义获得了一个比较有利的政治环境和发展时机。二是1914年到1918年，世界上爆发了一场帝国主义列强之间大规模的利益争夺战争，史称第一次世界大战。在整个大战期间，无论是以德国和奥匈帝国为首的同盟国，还是以英、法、俄为首的协约国，由于忙于帝国主义战争，暂时放松了对中国的侵略和控制，并增加了对中国市场的需求。三是一批民族资本家抓住机遇，奋力开拓，发展生产，改善经营。所以，从1912年到1922年的10年，中国民族工商业获得了进一步发展，成为中国民族资本主义发展史上

---

①　胡锦涛：《在庆祝中国共产党成立90周年大会上的讲话》，人民出版社2011年版，第3页。

的一个黄金时代。

  这 10 年间，中国民族资本发展的势头持续高涨，是其产生以来发展最快的时期。从 1914 年到 1919 年间，民族资本共新设厂矿 379 家，平均每年新增 63 家；新增资本 8580 万元，平均每年新增 1430 万元。从 1913 年到 1920 年，民族资本年平均增长率为 10.54%；民族资本在全国资产中的比重，由 1913 年的 16% 增加到 1920 年的 22%。① 从民族工业的类别来看，主要是纺织工业和面粉工业。1914 年到 1922 年间，民族资本新建纱厂 49 家，织布厂 5 家；至 1921 年，面粉厂发展到 123 家，其中，第一次世界大战期间新建约 100 家，② 中国由面粉输入国一跃而成为面粉输出国。此外，卷烟、火柴、榨油、造纸、制糖等轻工业的发展也相当可观，制造业、轮船航运、矿产也有了较大的发展。银行业在第一次世界大战之后开始逐步发展壮大，在辛亥革命时，中国的银行只有六七家，到 1923 年就发展到了 100 多家。就地区分布而言，大多集中在上海、汉口、天津、广州等沿海沿江的大城市。

  民族资本主义经济的长足发展，引起了中国社会阶级关系的新变化，促进了新的政治力量的成长。中国工人阶级的力量逐步发展壮大起来，为旧民主主义革命向新民主主义革命的转变奠定了阶级基础。

  中国的产业工人最早出现在 19 世纪 40 年代外国资本家在中国沿海开设的船坞和工厂里。19 世纪 60 年代，在洋务派举办的民用和军用企业里产生了第二批中国的产业工人。在 19 世纪 70 年代兴起的民族企业里，产生了中国的第三批产业工人。辛亥革命前后，中国工人阶级的队伍随着中国民族资本主义的发展而迅速壮大。到 1919 年五四运动前夕，中国近代产业工人已经发展到 200 万人。需要说明的是，近代中国的无产阶级，除了产业工人这一主体外，还包括与产业工人经济社会地位相类似，靠出卖劳动力生活，与机器大生产存在直接或间接联系的各种非产业工人，如运输工人、农业雇工、商业和金融业的普通职工等，其总数一般认为在4000

---

① 参见中共中央党史研究室《中国共产党历史》第 1 卷（1921—1949）上册，中共党史出版社 2011 年版，第 24 页。

② 参见胡华《中国新民主主义革命史》，中国青年出版社 2009 年版，第 2 页。

万左右。

马克思指出：无产阶级和资产阶级都是大工业的产物，"资本家很快就占有了一切，而工人却一无所有了"①。无产阶级只有通过革命，消灭阶级，消灭剥削制度，才能获得解放。中国的无产阶级同世界各国的无产阶级一样，具有世界无产阶级所具有的一般的特点和优点。

第一，与先进的生产方式相联系，是先进生产力的代表者和体现者，是最有远见、最有前途的先进阶级。马克思指出："在当前同资产阶级对立的一切阶级中，只有无产阶级是真正革命的阶级。其余的阶级都随着大工业的发展而日趋没落和灭亡，无产阶级却是大工业本身的产物。"② 无产阶级革命，将消灭人类历史上最后一个剥削制度，从而为社会生产力的发展开辟广阔的前景。所以，无产阶级是最先进、最革命的阶级。

第二，不占有任何生产资料，最富于革命的彻底性。无产阶级没有私有财产，没有既得利益需要保护，所以他们最大公无私，没有后顾之忧。所以，无产阶级革命符合人类长远和根本利益。"无产阶级的运动是绝大多数人的，为绝大多数人谋利益的独立的运动。"③

第三，最有组织纪律性。要求密切协作的大工业生产方式培养了工人阶级的高度组织纪律性。马克思指出："挤在工厂里的工人群众就像士兵一样被组织起来。"④ 大工业的生产方式，把工人训练成了战士，使他们具有最严格的组织纪律性，使工人阶级具有强大的集体行动能力，一旦他们被宣传组织起来参加革命，就会产生一种无比强大的革命力量。

中国工人阶级生活在半殖民地半封建的中国社会，除了世界各国无产阶级的一般特点之外，还具有自身独有的特点和优点。

一是身受帝国主义、封建主义和官僚资本主义的压迫，经济地位极端低下，生活极端贫困，反抗性最强，革命最强烈，斗争也最彻底。帝国主义侵略者垄断着近代中国工业的命脉，把中国工人看作如同黑奴一样的

---

① 《马克思恩格斯文集》第 1 卷，人民出版社 2009 年版，第 677 页。
② 《马克思恩格斯文集》第 2 卷，人民出版社 2009 年版，第 437 页。
③ 《马克思恩格斯文集》第 2 卷，人民出版社 2009 年版，第 42 页。
④ 《马克思恩格斯文集》第 2 卷，人民出版社 2009 年版，第 38 页。

"黄奴"。封建军阀实行专制统治，广大工人毫无政治权利。官僚资本家除了搬用外国资本家的剥削手段外，还把封建官营手工业中使用的工奴和征丁的剥削办法搬进工厂，实行军事管理，强制劳动。民族资本家虽然与帝国主义、封建势力和官僚资本家存在矛盾，但也尽量采用各种剥削手段，以降低生产成本，同外国资本和本国官僚资本相竞争。列宁指出："农奴制的社会劳动组织靠棍棒纪律来维持"，"资本主义的社会劳动组织靠饥饿纪律来维持"①。对于生活在半殖民地半封建社会底层的中国工人来说，既要受到饥饿的折磨，又要受到棍棒的殴打。哪里有压迫，哪里就有反抗；哪里有剥削，哪里就有斗争。中国工人阶级的革命性特别强，反抗最激烈，斗争最彻底。

二是分布比较集中，便于宣传组织起来，形成强大的战斗力。从地区分布上看，中国工人阶级大多数集中在东南沿海各省或水路交通便利的大城市，如上海、汉口、广州、天津、青岛等地。仅上海一地的工人就占了全国总数的一半左右；从行业分布上看，主要分布在纺织业、煤矿、造船业和铁路、航运等方面。这种分布状况为组织工人进行革命提供了便利条件。

三是大多出身于破产的农民，和农民有着天然的联系，便于在斗争中结成工农联盟。这对于一个农民占全国总人口80%以上的国家来讲，是进行革命斗争的一个极为有利的条件。

中国工人阶级除了具有上述特点和优点外，也不可避免地有其自身的弱点和缺点。例如，由于经济地位低下，整体上的文化水平较低；又如，人数毕竟较少，且大多来自于破产的农民，处于农民和小资产阶级汪洋大海般的包围之中，不可避免地受到封建思想和小农意识的影响。

二、新文化运动的兴起

辛亥革命所唤起的中国人民的希望，同民国初年中国黑暗社会的实际状况之间形成一种巨大的落差。一些先进的知识分子在失望、苦闷和痛苦

---

① 《列宁专题文集　论社会主义》，人民出版社2009年版，第144页。

中反思辛亥革命失败的教训,认定要建立名副其实的共和国,必须根本改造国民性。反对封建文化的新文化运动应运而生。

1915年9月,早年参加过辛亥革命和"二次革命"的陈独秀在上海创办《青年杂志》(1916年起更名为《新青年》),在中国大地掀起了一场空前的新文化运动的风暴。一些正在努力探求改变中国命运的知识分子,高举民主和科学的大旗,向封建文化展开了猛烈进攻。1917年1月,蔡元培出任北京大学校长,提倡思想自由、兼容并蓄的办学方针,聘请陈独秀为文科学长,李大钊为图书馆主任,广揽新派学者任教北京大学。《新青年》编辑部也随之从上海迁到北京,李大钊、鲁迅、胡适等成为主要撰稿人。这样,新文化运动的中心也从上海转移到北京。北京大学和《新青年》成为新文化运动的主要阵地。除了《新青年》以外,积极提倡新思想、传播新文化的报刊还有《每周评论》《少年中国》《晨报》和《京报》等。

新文化运动的基本内容是:提倡民主和科学,反对专制和迷信;提倡个性解放,反对封建礼教。新文化运动提出了民主(Democracy,德先生)和科学(Science,赛先生)两大基本口号,以此来概括欧洲工业文明的精神。当时所讲的民主有两层含义:一是指民主精神和民主思想,包括个性解放、人格独立和自由民主权利等内容;二是指与封建君主制度相对立的资产阶级民主政治制度。科学也有两个方面的含义:一是指与封建迷信、蒙昧无知相对立的科学思想和认识判断事物的科学方法;二是指具体的科学技术和科学知识。

新文化运动的思想家们把反对封建主义的矛头指向统治中国两千多年、以纲常礼教为核心的封建主义正统思想——儒学。儒学是由先秦时期的孔子学说长期演化而来,成为封建专制统治用来进行思想教化和思想控制的工具,因而成为新文化运动寻求思想解放的主要突破口。新文化运动的思想家们以进化论观点和个性解放为主要武器,揭露"三纲五常"是"奴隶的道德",忠孝节义是"吃人的礼教"。他们大力提倡新道德,反对旧道德。

需要指出的是:从总体而言,新文化运动的倡导者并没有因为批判儒学就否定中国的全部传统文化。如李大钊指出:"余之掊击孔子,非掊击孔子之本身,乃掊击孔子为历代君主所雕塑之偶像的权威也;非掊击孔子,乃掊击专制政治之灵魂也。"① 陈独秀也表示,孔教亦决非无可取之点,"孔学优点,仆未尝不服膺"②。

文学革命是新文化运动的另一项重要内容。1917 年 1 月,胡适发表《文学改良刍议》;接着,陈独秀发表《文学革命论》。他们提倡新文学,反对旧文学。1918 年 5 月,鲁迅在《新青年》上发表的《狂人日记》是中国近现代文学史上第一篇白话文小说,也是他刺向封建礼教的第一支投枪。

新文化运动具有重要的历史意义。

第一,新文化运动彻底地反对旧文化,提倡新文化,为马克思主义的传播创造了社会条件。鲁迅在《狂人日记》中写道:"我翻开历史一查,这历史没有年代,歪歪斜斜的每叶上都写着'仁义道德'几个字。我横竖睡不着,仔细看了半夜,才从字缝里看出字来,满本都写着两个字是'吃人'!"③ 这就从深层次上揭露了封建礼教杀人吃人的反动本质,从而为引进新的思想文化创造了前提条件。

第二,新文化运动对民主和科学的倡导,对旧文化、旧风俗、旧礼教的批判,否定了两千多年来封建正统思想的权威,从政治上和思想上给封建文化以前所未有的沉重打击,促使人们敢于独立思考问题,为选择马克思主义创造了思想条件。

第三,在新文化运动的洪流中,涌现出陈独秀、李大钊、毛泽东、瞿秋白、恽代英等一大批具有初步共产主义思想的先进分子,为马克思主义在中国的广泛传播培养了队伍,创造了主体条件。

由于历史和时代的局限,新文化运动不可避免会在思想认识和思想方法上存在这样或那样的弱点。在思想认识上,把改造国民性置于优先的地位,没有揭示根本改造中国当时的基本社会制度的必要性。在思想方法上,存在形式主义地看问题的偏向,存在着绝对肯定或绝对否定的偏向,

---

① 《李大钊文集》第 1 卷,人民出版社 1999 年版,第 250 页。
② 《陈独秀著作选》第 1 卷,上海人民出版社 1993 年版,第 265 页。
③ 《新青年》第 4 卷第 5 号,1918 年 5 月 15 日。

有些人把传统与现代、中国与西方绝对对立起来,把复杂的文化现象作简单化处理。正确的态度应该是科学对待传统文化,"传统文化在其形成和发展过程中,不可避免会受到当时人们的认识水平、时代条件、社会制度的局限性的制约和影响,因而也不可避免会存在陈旧过时或已成为糟粕性的东西。"对此,要进行正确取舍,去粗取精、去伪存真,坚持有鉴别的对待、有扬弃的继承,"实现传统文化的创造性转化、创新性发展","从延续民族文化血脉中开拓前进"①。

三、俄国十月革命的影响与马克思主义的初步传播

1917年11月(俄历10月),俄国爆发的十月社会主义革命开辟了人类历史的新纪元。"十月革命一声炮响,给我们送来了马克思列宁主义。"②从此,正在苦苦探索的中国先进分子看到了另一种崭新的思想——马克思列宁主义带来的希望。"马克思列宁主义,为中国人民点亮了前进的灯塔"③。十月革命的胜利,推动中国先进分子把目光从西方转向东方,从欧美转向俄国,从资产阶级民主主义转向社会主义;帮助他们用马克思主义作为观察国家命运的工具,重新考虑中国的问题,看到中华民族振兴的希望。中国先进分子不仅把马克思主义看作一种崭新的思想文化,而且当作救国救民的思想武器和新的世界观、新的信仰来接受。

李大钊是中国介绍宣传俄国十月革命的第一人。从1918年下半年起,李大钊先后发表《法俄革命之比较观》《庶民的胜利》《布尔什维主义的胜利》等文章,明确指出俄国十月革命是"立于社会主义上之革命","世界劳工阶级的胜利","世界人类全体的新曙光"。他预言,"试看将来的环球,必是赤旗的世界!"④

---

① 习近平:《在纪念孔子诞辰2565周年国际学术研讨会暨国际儒学联合会第五届会员大会开幕会上的讲话》,《人民日报》2014年9月25日。
② 《毛泽东选集》第4卷,人民出版社1991年版,第1471页。
③ 习近平:《在纪念毛泽东诞辰120周年座谈会上的讲话》,《人民日报》2013年12月27日。
④ 《李大钊文集》第2卷,人民出版社1999年版,第217、242、246页。

俄国十月革命给中国先进分子带来了观察世界和解决中国命运的新视角：一是审视资本主义的新视角，帝国主义国家之间爆发的第一次世界大战，以及十月社会主义革命使人们对西方资本主义方案产生了怀疑；二是学习方向和对象的新视角，从"西学东渐"到"以俄为师"，从效法法兰西转向师从俄罗斯；三是解决中国问题的新视角，人们开始运用社会主义的新思想探索中国走向解放之路；四是革命力量的新视角，在社会主义旗帜下，依靠"庶民的力量"进行革命。十月革命后，在新文化运动中冲锋陷阵的先进知识分子，很快就怀着极大的兴趣去研究宣传十月革命和马克思主义。

马克思主义为人类历史的发展提供了一个石破天惊的新坐标。从此，全世界无产阶级求解放的斗争，有了共同的理论基础，有了自己的思想旗帜。

由于受历史条件的限制，在中国直到 1899 年在上海出版的由广学会主办的《万国公报》第 121 期上刊载的《大同学》译文中，才第一次出现马克思的名字。在 19 世纪末 20 世纪初，社会主义思潮由海外逐步传入中国。1902 年至 1904 年间，梁启超连续撰文介绍社会主义。在《中国之社会主义》一文中他说道："社会主义者，近百年来世界之特产物也，概括其最重要之意，不过曰土地归公，资本归公，专以劳力为百物价值之源泉。"① 资产阶级革命派中最早介绍社会主义的代表人物是马君武。1903 年 2 月，他在东京留学生主办的杂志《译书汇编》上发表《社会主义与进化论比较》一文。伟大的民主革命先行者孙中山及其追随者们也对社会主义做过热情评介。中国同盟会机关报《民报》曾刊出朱执信的《德意志社会革命家列传》等文，对马克思及其学说做某些介绍。此后，中国最早的一批无政府主义者也曾宣扬过某些社会主义学说。

俄国十月革命后，马克思主义开始在中国得到比较广泛的传播。中国的先进分子，开始用无产阶级的宇宙观即马克思主义作为观察国家命运的工具，重新考虑自己的问题。

---

① 《新民丛报》第 42、43 合期，1903 年 2 月 12 日。

1918年底，李大钊与陈独秀共同创办《每周评论》。他们经常在《新青年》和《每周评论》等刊物上介绍俄国十月革命和社会主义思想的文章，还摘译了《共产党宣言》。1918年冬，李大钊组织了"马尔格斯学说研究会"。1919年《新青年》第6卷第5号由李大钊负责编辑。为了纪念马克思101年诞辰，他亲自编辑了"马克思主义研究"专号，集中发表一组研究和介绍马克思学说的文章，并在"名人评说马克思学说"栏中发表了《我的马克思主义观》一文，比较系统地介绍了马克思主义的唯物史观、政治经济学和科学社会主义的基本观点，指出"阶级竞争说恰如一条金线，把这三大原理从根本上联系起来"。这是中国人第一篇系统研究和介绍马克思主义基础理论的作品，成为影响一代人思想变化的重要篇章。

除李大钊外，五四前后陈独秀、李达等也对十月革命和马克思主义进行了宣传。五四前夕，陈独秀在《每周评论》发表《二十世纪俄罗斯的革命》，称赞它与法国大革命都是"人类社会变动和进化的大关键。"[①]李达1918年在日本学习时，曾阅读和研究马克思主义著作，1919年6月，他在《民国日报》发表《什么是社会主义》等文章，指出"社会主义和共产主义是不同的"，"社会主义和无政府主义是不同的"[②]。

总之，十月革命后五四运动前，在李大钊、陈独秀等推动下，国内出现了组织革命团体、创办革命刊物和学习研究马克思主义的新潮流，马克思主义在中国的初步传播，为旧民主主义革命向新民主主义革命转变提供了思想基础。

第二节 五 四 运 动

一、巴黎和会中国外交的失败和五四运动的爆发

1919年5月，在中国大地上爆发了一场声势浩大的五四爱国运动。

---

① 任建树主编：《陈独秀著作选编》第2卷，上海人民出版社2009年版，第80页。
② 《李达文集》第1卷，人民出版社1980年版，第1页。

运动的直接导火索是中国在巴黎和会上的外交失败。

1918年10月，第一次世界大战结束。英、法、美、日、意等"协约国"以战胜国的姿态，忙于拟定重新瓜分世界的计划，并于1919年1月18日至6月18日，在巴黎郊外的凡尔赛宫举行所谓"和平会议"。这是一次帝国主义策划、旨在掠夺战败后的德国和瓜分它的殖民地的分赃会议。参加这次会议的有27个所谓战胜国，英、法、美、日、意五国组成最高会议操纵和会，英、法、美三国成为会议的实际主宰。

中国北洋政府由于在第一次世界大战中加入了以英、法、美等国为首的"协约国"阵营，也以"战胜国"之一的资格派代表参加了巴黎和会。在中国人民的强大压力下，中国代表团向巴黎和会提出了：（一）取消列强在华特权的七项希望条件（主要包括放弃势力范围，撤退外国军警，撤销外国在华设立的邮电机构，取消领事裁判权，归还租借地，归还租界，关税自主等）。（二）取消日本帝国主义和袁世凯订立的"二十一条"不平等条约。（三）归还在大战期间被日本夺去的德国在山东占有的各种权利等要求。由于"和会"完全由帝国主义国家所操纵，中国提出的七项希望条件和取消"二十一条"的要求遭到否决。取消日本在中国山东特权问题虽然被讨论了，但英、法、意都支持日本，美国基于帝国主义联合反苏的共同利益，而对日本做了妥协。巴黎和会最终形成的《凡尔赛和约》，决定把以前德国在山东强占去的土地、铁路、矿山及其他一切特权，概归日本继承，从而满足了日本的侵略利益，牺牲了中国的民族利益。中国人民的一切希望和要求在巴黎和会上都成了泡影。

在巴黎和会上，中国作为战胜国的权益非但没有得到维护，反而成为帝国主义列强间私相授受的"筹码"。这是巴黎和会中国外交失败的根本原因。巴黎和会中国外交失败的消息陆续传回国内，引起中国人民的极大愤慨。一场新的反帝爱国运动终于爆发了。

二、五四运动的两个发展阶段

当巴黎和会期间中国外交处于不利情况时，全国各地就纷纷游行示威，表示抗议。1919年4月20日，山东省城济南13万余人举行请愿大会，并致电出席巴黎和会的中国专使，要求他们据理力争，捍卫主权。当 4 月间北洋政府驻日公使章宗祥回国时，在日本东京车站就有数百名留学生，当面质问其订约卖国之罪，使其狼狈不堪。4 月 30 日，当日本夺得山东的权益的结果被《凡尔赛和约》明文规定下来的消息传回中国时，青年学生义愤填膺。北京大学和其他 13 所大专院校推举代表于 5 月 3 日晚在北京大学礼堂开会。大会做出联合各界力争国权；通电巴黎我国和议代表，坚持不在和约上签字；通电全国各省市于 5 月 7 日国耻日举行游行示威；5 月 4 日晨齐集天安门举行北京学界大示威等四条决议。

1919 年 5 月 4 日，北京十多所学校的 3000 多名学生按计划先后来到天安门前举行大规模的集会和示威游行。他们高呼"取消二十一条""外争国权""内惩国贼""废除中日军事协议"等口号，表示"誓死收回青岛""宁为玉碎，不为瓦全"的决心，一致要求拒绝在和约上签字，强烈要求惩办卖国贼曹汝霖、陆宗舆和章宗祥。当游行队伍到达东交民巷西口时，北洋军警阻挠队伍通过，这就更激起了学生对卖国贼的愤恨，于是大家决议，找曹汝霖、陆宗舆和章宗祥问罪。游行队伍涌向曹宅所在地赵家楼，个别学生出于一时激愤烧了曹宅，痛打了藏在曹宅的章宗祥。北洋政府出动大批军警镇压，大肆逮捕学生，但并没有使学生屈服。斗争的火焰迅速蔓延到全国各地。从黑龙江到广东，从江苏到云南，全国 12 个省市的几十万学生都一致行动起来，用罢课和示威游行方式抗议政府对青年学生的逮捕和迫害。他们散发传单，组织街头讲演队，在各阶层人民中控诉和揭露帝国主义侵略和军阀政府卖国的罪行，号召人民起来斗争。

在五四运动的高潮中，陈独秀、李大钊等给予了坚决的支持和有力的指导。从 5 月 4 日到 6 月上旬，《每周评论》用全部版面报道运动发展情况，并连续出版第 21 号（5 月 11 日）、22 号（5 月 18 日）、23 号（5 月 26 日）3 期"山东问题"特号，详细报道 5 月 4 日学生游行情况，系统介绍青岛问题的来龙去脉，报道巴黎和会上青岛问题交涉失败的经过和北京学生被捕及遭受迫害的情况，揭露帝国主义对中国的侵略和北洋政府的卖国罪行，掀起拒绝和约签字的斗争，指明了斗争的方向。

李大钊等在积极营救被捕学生的同时，向参加运动的人民群众提出更为明确的斗争目标。李大钊指出："我们反对欧洲分赃会议所规定对于山东的办法,并不是本着狭隘的爱国心,乃是反抗侵略主义,反抗强盗世界的强盗行为","这作恶的人,不仅是曹、章、陆一班人,现在的世界仍然是强盗世界啊!……不止夺取山东的是我们的仇敌,这强盗世界中的一切强盗团体,秘密外交这一类的一切强盗行为,都是我们的仇敌啊!"并号召人民起来"把这强盗世界推翻"①。

作为"五四运动时期的总司令"②陈独秀,从5月4日至6月8日,先后在《每周评论》发表了7篇文章和33篇《随感录》。在《对日外交的根本罪恶——造成这根本罪恶的人是谁?》中,他指出:曹、陆、章固然有罪恶,但"根本罪恶还不在曹、章、陆诸人"③。在《为山东问题敬告各方面》中,他指出:日本侵害了东三省,又侵害了山东,"这是我们全体国民的存亡问题,"社会各界"都出来反对日本及亲日派才是,万万不能……袖手旁观"④。在《山东问题与国民觉悟——对外对内两种彻底的觉悟》中,他更提出了以暴力进行民族自卫的思想⑤。

1919年6月3日以后,五四运动进入了一个新的阶段。6月3日,北京再次发生170余人被捕的事件,其中大部分是学生。4日,又有700余名学生被捕。激起了全国各界人民的更大愤怒。不仅各地学生,广大工人、商人等也以前所未有的姿态投入了战斗。五四运动的主力由青年学生转变为工人阶级。

从6月5日开始,以上海为中心,工人阶级举行了大规模的罢工斗争。先是日本帝国主义经营的内外棉纱厂6000多名工人举行大罢工,接着铁路、汽车、造纸厂等近20万工人举行大罢工。在上海工人阶级的带动下,罢工浪潮迅速波及全国许多地方,京汉铁路的长辛店工人,京奉铁路的唐山工人,济南、九江、杭州、南京、武汉等地部分工人举行了大罢

---

① 《李大钊文集》第2卷,人民出版社1999年版,第322页。
② 《毛泽东文集》第3卷,人民出版社1996年版,第294页。
③ 任建树主编:《陈独秀著作选编》第2卷,上海人民出版社2009年版,第95页。
④ 任建树主编:《陈独秀著作选编》第2卷,上海人民出版社2009年版,第98页。
⑤ 任建树主编:《陈独秀著作选编》第2卷,上海人民出版社2009年版,第106页。

工。上海商人还举行了罢市斗争,以支援学生罢课和工人罢工的斗争。6月8日,陈独秀在《每周评论》第 25 号发表《研究室与监狱》的随感录,号召青年学生"要立志出了研究室就入监狱,出了监狱就入研究室。"① 6 月 9 日,陈独秀起草《北京市民宣言》,号召广大市民"直接行动"。6 月 10 日晚,天津总商会在给北洋政府的急电中说:"栖息于津埠之劳动者数十万众,现已发生不稳之象,倘牵延不决,演成事实,其危厄之局,痛苦有过于罢市者,恐市面欲收拾而不能矣……请急以明令惩办曹、陆、章,及保护学生,以谢国人而救目前。"②

在各界强大的压力下,6 月 10 日,北洋政府释放被捕学生,免除曹汝霖、章宗祥、陆宗舆三个卖国贼的职务。6 月 28 日,中国代表顾维钧、王正廷最终没有出席巴黎和约的签字仪式。五四运动取得重大胜利。

三、五四运动的历史意义

五四运动是一场彻底的不妥协的反帝反封建的伟大爱国运动,具有划时代的意义。

第一,五四运动是近代以来中国人民反帝反封建斗争的继续和发展,它把近代中国人民反帝反封建的斗争推向了新的阶段。五四运动所表现出来的反帝反封建的彻底性、不妥协性,是太平天国运动、戊戌维新运动、义和团运动和辛亥革命等历次运动所不具备的。"五四运动的杰出的历史意义,在于它带着为辛亥革命还不曾有的姿态,这就是彻底地不妥协地反帝国主义和彻底地不妥协地反封建主义。"③ 这与俄国十月革命影响和中国工人阶级独立走上历史舞台是分不开的。

第二,"五四运动形成了爱国、进步、民主、科学的五四精神"④。五四运动所倡导的民主与科学,是一面不朽的光辉旗帜。以民主与科学为核

---

① 任建树主编:《陈独秀著作选编》第 2 卷,上海人民出版社 2009 年版,第 112 页。
② 《晨报》1919 年 6 月 12 日。
③ 《毛泽东选集》第 2 卷,人民出版社 1991 年版,第 699 页。
④ 习近平:《青年要自觉践行社会主义核心价值观——在北京大学师生座谈会上的讲话》,《人民日报》2014 年 5 月 5 日。

心的五四精神,是一种爱国主义的精神,更是一种革命的精神,它激励着一代又一代中国青年追求进步和光明。爱国主义是中国历史上一面最具凝聚力的旗帜,也是五四运动最丰厚的精神底蕴之一。作为一场彻底的反帝爱国运动,五四运动集中体现了近代中国人民的爱国主义精神,并且给它注入了新的内涵,具有本质的进步和鲜明的时代特征。

第三,五四运动"拉开了中国新民主主义革命的序幕,促进了马克思主义在中国的传播,推动了中国共产党的建立"①。五四运动促进了马克思主义在中国的传播及其与中国工人运动的结合。五四运动前期,学生寻求支援,学生没有想到动员工人,沿街跪求商人罢市,商人不答应。而在6月5日,工人自发起来,挺身而出,对运动的胜利起了决定性的作用。中国的先进知识分子,看到了中国工人阶级巨大的政治声势、特有的组织纪律性和坚定的革命精神,由此认识到了工人阶级力量的伟大。经过五四运动以后,具有初步共产主义思想的知识分子不仅从理论上一般地认识到工人阶级的历史地位和历史使命,而且亲眼看到中国工人阶级的强大力量,他们开始到工人群众中去宣传马克思主义和进行组织工作,走与工人群众相结合的道路,促进了马克思主义同中国工人运动的结合,为中国共产党的成立准备了条件。"五四运动是在思想上和干部上准备了一九二一年中国共产党的成立,又准备了五卅运动和北伐战争。"② 五四运动以后两年,一群先进分子,踏着五四运动催生的先进文化潮流,成立了中国共产党。

第四,五四运动是中国新民主主义革命的开端,是中华民族伟大复兴的新的起点。五四运动中,工人阶级首次以独立的政治姿态登上历史舞台,发挥了领导作用。领导阶级的不同,是区分中国新旧民主主义革命的根本标志。五四运动发生在俄国十月革命后,"是在当时世界革命号召之下,是在俄国革命号召之下,是在列宁号召之下发生的。五四运动是当时

---

① 习近平:《青年要自觉践行社会主义核心价值观——在北京大学师生座谈会上的讲话》,《人民日报》2014年5月5日。
② 《毛泽东选集》第2卷,人民出版社1991年版,第700页。

无产阶级世界革命的一部分。"① 这就表明,以五四运动为起点,"中国反帝反封建的资产阶级民主革命已经发展到了一个新阶段。"②

五四运动昭示人们,反帝反封建是民族救亡的必由之路;爱国、进步、民主和科学,是民族复兴的精神支柱;马克思主义的传播、工人阶级的领导、社会主义道路的选择,标志着中华民族伟大复兴的正确方向。

第三节 中国共产党的创建

一、马克思主义的广泛传播及其同工人运动的结合

五四运动促进了中国人民的新觉醒。五四运动后,研究、宣传马克思列宁主义、社会主义逐渐成为进步思想界的主流。一批先进知识分子经过对各种政治主张和学说进行比较、鉴别之后,选择了马克思主义,有力地推动了先进思想文化的影响力,为辛亥革命后长期笼罩中国社会的沉沦气象带来了新的生机。

五四运动后,在宣传马克思列宁主义方面最突出的仍然是李大钊,他参与陈独秀编辑的《新青年》杂志,使之成为宣传马克思列宁主义的主要阵地。1920年3月,他和邓中夏等商定在北京大学秘密建立了马克思学说研究会,团结一批进步青年,翻译和研究马列著作。

1920年9月,陈独秀发表《谈政治》一文,批评各种假社会主义和无政府主义,初步阐述了无产阶级革命和无产阶级专政的思想,明确宣布:"我承认用革命的手段建设劳动阶级(即生产阶级)的国家,创造那禁止对内对外一切掠夺的政治法律,为现代社会第一需要。"③ 这表明,他已从激进民主主义者转变为马克思主义者。

五四运动后,李达、杨匏安、李汉俊等继续研究和宣传马克思主义。

---

① 《毛泽东选集》第2卷,人民出版社1991年版,第699页。
② 《毛泽东选集》第2卷,人民出版社1991年版,第558页。
③ 任建树主编:《陈独秀著作选编》第2卷,上海人民出版社2009年版,第257页。

从 1919 年秋到 1920 年夏，李达在日本翻译了《唯物史观解说》《马克思经济学说》和《社会问题总览》三部著作，从日本寄回国内出版。杨匏安从日本回国后，于 1919 年 11 月至 12 月间连续发表《马克思主义》一文。这些著作对马克思主义各个组成部分、各派社会主义学说的要点及其创始人的生平，都做了比较系统的阐述，对国内传播和研究马克思主义起到了重要的推动作用。此外，李汉俊从日本回国后也发表了一批宣传马克思主义的文章。①

在李大钊、陈独秀等推动下，五四运动中的左翼骨干积极学习和宣传马克思主义。1918 年 4 月，毛泽东和蔡和森、何叔衡等发起成立新民学会。会员去法国勤工俭学后，就以彼此通信的方式进行研究，讨论马克思主义理论和俄国革命经验。毛泽东以"联聚同人精神，商榷修学、立身，与改造世界诸方法"为目的，把这些信件汇编为《新民学会会员通信集》，供会员和其他进步青年参考和研究。② 1919 年 7 月，毛泽东在《湘江评论》发表《民众的大联合》一文，指出俄国十月革命的胜利是俄罗斯民族大联合的胜利，强调中国人民必须学习这一成功经验，"仿效别国的方法进行革命"③。后来，他还在长沙创办文化书社，组织俄罗斯研究会，引导青年学习和研究俄国革命经验，并在传播马克思列宁主义、探寻救国道路的过程中，完成了世界观的转变。

周恩来 1919 年 6 月从日本返回天津，投入反帝爱国运动。同年 9 月，他和邓颖超、郭隆真等成立觉悟社，学习和研究新思想。为进一步学习革命理论，了解和研究国际工人运动的状况和经验，周恩来于 1920 年 11 月赴法国勤工俭学，在旅欧学生和华工中积极宣传马克思主义。

恽代英、瞿秋白、邓中夏、蔡和森等也都积极参与创办刊物或建立社

---

① 参见中共中央党史研究室《中国共产党历史》第 1 卷（1921—1949）上册，中共党史出版社 2011 年版，第 46 页。
② 中共中央文献研究室编：《毛泽东年谱（修订本）（1893—1949）》上卷，中央文献出版社 2013 年版，第 72 页。
③ 中共中央文献研究室编：《毛泽东年谱（修订本）（1893—1949）》上卷，中央文献出版社 2013 年版，第 42 页。

团,学习、研究和宣传马克思主义。此外,曾经多年追随孙中山革命的老同盟会员董必武、林伯渠、吴玉章等在十月革命和五四运动的影响下,也接受了马克思主义,积极开展革命活动。

马克思主义在中国的传播,并不是一帆风顺的,而是经历了斗争。在马克思主义被十月革命炮声送到中国的同时,西方的各种社会思潮也纷纷登陆中国,并顽强地表现自己,试图影响甚至主宰中国的未来走向。这些西方思潮在中国的信仰者紧随其后,在思想界挑起了多次论战。针对胡适提出的"多研究些问题,少谈些'主义'"的主张,李大钊在1919年8月发表《再论问题与主义》一文,指出研究社会问题,必须有共同的主义做准则,有一个根本的解决,才有把一个一个的具体问题都解决了的希望。1920年底,张东荪、梁启超挑起关于社会主义的论战,认为中国不具备发生劳农革命、成立工人阶级政党的条件,反对中国走俄国式的道路,主张依靠"绅商阶级"来发展资本主义。陈独秀、李达、陈望道等撰文予以批驳,指出资本主义道路在中国走不通,中国的出路只能是社会主义,主张中国必须建立工人阶级政党来领导人民进行革命。同无政府主义的论战是又一场引人注目的斗争。黄凌霜、区声白等鼓吹个人的绝对自由,反对一切权威、一切国家包括无产阶级专政的国家,反对任何组织纪律。陈独秀、李达、蔡和森等发表文章,强调必须用革命手段夺取政权、建立无产阶级专政,才能保护劳动者的利益,最终消灭阶级和阶级差别,从而使国家消亡。

由于这场论战涉及的是关乎中国社会前途命运的根本问题,引起了关心民族兴亡的广大知识界和青年学生的高度关注。通过论战,许多并不了解社会主义的人转而信仰社会主义了;倾向社会主义的先进分子划清了社会主义与资本主义的界限,以及科学社会主义同资产阶级、小资产阶级社会主义流派的界限。他们转变为中国早期的马克思主义者,并迅速投入宣传马克思主义和创建中国共产党早期组织的行动中去。

五四运动后的另一个新气象,就是工人运动的蓬勃发展,广大产业工人的阶级意识明显增强。这一时期,在所有的罢工斗争中,规模最大、次数最多的是帝国主义在华企业中的工人罢工。1919年10月、1920年3月和 1920 年 9 月，上海各日本纱厂工人连续罢工，参加人数达三四万人之众。1920 年 4 月，香港机器工人罢工，参加者有五六千人，并且通过发表宣言的形式揭露外国资本家的罪行；在广州工人的支持下，罢工取得了胜利，资方被迫答应给工人增加 20%~35% 的工资。这是一次组织有序而又影响较大的政治罢工。1920 年五六月间，唐山各矿两万工人大罢工，由于组织得较好，工人们齐心应对军警、外国巡捕和工头的破坏与镇压，最后迫使英国资本家让步，罢工取得胜利。这些罢工已经不再是简单的自发的经济斗争，大多是有组织有意识进行的。

斗争的矛头直指帝国主义和卖国军阀的政治罢工也不时出现。1919 年 11 月，福州日本驻军开枪打死中国学生。事件发生后，上海、天津、长辛店等地工人分别与当地各界群众一起举行声讨大会，声讨日本帝国主义罪行，提出"撤销日本领事裁判权"，"限日本军舰军队离闽"等要求，支援福建学生的爱国斗争。1920 年 3 月，九江搬运工人为抗议美军陆战队打死中国苦力而举行罢工。1920 年 4 月，上海第二师范学生在举行演讲时遭到反动军警镇压，学生被打伤十余人，激起广大工人学生的愤怒。次日，上海兵工厂、南市各铁厂、水木工人、华商电车厂工人和船坞工人带头举行罢工，抗议军阀的野蛮行径。全国其他地区如南京、苏州、武汉、长沙、广州、济南等地的罢工斗争也不断发生。

与此同时，具有初步共产主义思想的知识分子进一步认识到工人阶级力量的强大，他们深入工人群众中宣传马克思主义，有力地推动了马克思主义和中国工人运动相结合。这使中国工人运动从诞生之日起就较少受到改良主义、工团主义思潮影响，而直接接受了马克思主义指导，形成了中国工人运动的独有政治优势。

1920 年 5 月 1 日，上海、北京、广州举行纪念活动。李大钊在《新青年》上发表《"五一"运动史》一文，介绍"五一"国际劳动节的来历和美、法等国工人纪念"五一"的活动，热烈歌颂了为工人阶级的解放斗争而献身的英雄，号召中国工人要把这年的"五一"作为觉醒的日期。李大钊、邓中夏等人主持了北京大学的纪念会，到会的工人和学生共 500 多人。陈独秀发表《上海厚生纱厂湖南女工问题》一文，揭露了资本家剥削工人剩余价值的真相。接着，他又在上海船务栈房工界联合会发表《劳动者底觉悟》的演说，通俗地阐明了"劳动创造世界""做工的人最有用最贵重"[①]的观点。他还联合中华工业协会等七个团体，召开了规模较大的庆祝会。在北京，一些青年还外出宣传，散发了《五月一日劳工宣言》，唤起工人为反对剥削、争取自身权利而斗争。这些纪念活动成为知识分子和工人群众、马克思主义和工人运动相结合的重要途径，是马克思主义同中国工人运动相结合的一次较大规模的尝试。

二、共产党早期组织的建立和活动

早在1920年2月，李大钊和陈独秀就开始探讨在中国建立共产党组织的问题，[②] 史称南陈北李、相约建党。不久，陈独秀迁居上海，他和李大钊分别在南方和北方进行建党的准备工作。同年4月，共产国际派俄国（布）党员小组维经斯基等人到达中国，他们的任务是同中国革命组织建立联系。维经斯基一行先后在北京、上海会见了李大钊和陈独秀，了解中国的工人运动、马克思主义的传播、五四运动和酝酿建党等情况，介绍了共产国际和国际共产主义运动的情况和经验，对中国共产党的建党准备工作给予具体的帮助。

1920年8月，陈独秀、李达、陈望道、李汉俊等在上海建立了第一个共产主义小组（上海发起组），由陈独秀任书记。上海发起组成立后，担负着发起、筹备和组织中国共产党的任务。陈独秀等分别与各地共产主义者联系，要求在各地建立共产主义小组。不久，李大钊、邓中夏、罗章龙、刘仁静、张国焘等在北京，董必武、陈潭秋等在武汉，谭平山、陈公博等在广州，王尽美、邓恩铭等在济南，毛泽东、何叔衡等在长沙，都相继建立了共产主义小组。1921年初，赵世炎、张申府、周恩来、蔡和森等在法国留学生中也建立了共产党组织。在日本的施存统、周佛海是在国内参加建党活动后去日本的。上述早期共产党组织，名称不一，但都是共

---

① 任建树主编：《陈独秀著作选编》第2卷，上海人民出版社2009年版，第226页。
② 参见中共中央党史研究室《中国共产党历史》第1卷（1921—1949）上册，中共党史出版社2011年版，第57页。

产主义小组性质。共产主义小组的建立是马克思主义同中国工人运动初步结合的标志。

早期共产党组织成立后，开展了多方面的工作。

第一，加强马克思主义理论的研究和宣传。在这方面，上海发起组起了重要的组织作用。1920年8月，陈望道翻译的《共产党宣言》中文全译本公开出版。同月，恩格斯的《科学的社会主义》也公开出版，为先进分子从原著中掌握马克思主义基本理论提供了条件。从1920年9月起，陈独秀把《新青年》改组为它的机关刊物。同年11月，又创办了大型的半秘密性的机关刊物《共产党》月刊，着重宣传关于共产主义和共产党的知识。

第二，到工人中去开展宣传和组织工作。一是出版工人刊物。1920年8月，上海发起组创办了《劳动界》周刊；接着北京小组创办《劳动音》《工人周刊》，广州小组创办《劳动与妇女》。这些刊物刊载大量材料，深刻地揭露了中国社会的黑暗状况，反映了中国工人受帝国主义、封建主义和资本家的重重压迫和牛马不如的生活，报道了全国各地及其他许多国家工人斗争的情况，指出工人阶级求解放的道路，有效地提高了工人群众的社会主义觉悟。二是举办工人补习学校。1921年1月，北京小组由邓中夏主持正式成立了长辛店劳动补习学校。上海发起组在沪西开办了上海劳动补习学校，武汉小组也办了类似的识字班。通过这种形式，具有共产主义思想的知识分子与工人群众建立了密切的联系，一方面把科学社会主义思想灌输到工人群众中去，有效地提高工人的阶级觉悟，并在工人群众中发现和培养骨干分子，通过他们把全体工人组织起来，为建立工会和领导工人进行斗争奠定了基础；另一方面，具有共产主义思想的知识分子也找到了本阶级的基本群众，使马克思主义变成物质力量，并使自己在实践中得到锻炼和改造。

第三，创办社会主义青年团。为团结广大进步青年学习马克思主义，1920年8月，上海发起组创建社会主义青年团。接着，又成立了外国语学社。不久，北京、广州、长沙、武汉等地也在共产主义小组领导下相继建团。罗亦农、任弼时、刘少奇和张太雷等是最早的一批青年团员。

第四，进行关于建党问题的讨论和实际组织工作。筹备建立共产党是上海发起组和各地共产主义小组的一项最重要的工作。1920年11月，上海发起组创办《共产党》月刊，介绍列宁的建党学说和俄国布尔什维克党的历史与经验，刊载了有关共产国际、各国共产党和国际共产主义运动实际情况的材料，并对党的纲领作了初步的探讨。这个刊物被各地共产主义小组列为必读材料之一，对党的筹建起了重要的推动作用。同月，上海发起组还制定了《中国共产党宣言》，明确宣布要组织一个革命的无产阶级政党——共产党，指明了共产主义者的理想和奋斗目标。其他小组对建党问题也进行了热烈的讨论。1921年1月，毛泽东在给远在欧洲的蔡和森的通信中，对蔡和森提出的首先要建立共产党，以作为革命运动的发起者、宣传者、先锋队、作战部的主张，表示"没有一个字不赞成"；转告蔡和森"党一层，陈仲甫（独秀）先生等已在进行组织。出版物一层，上海出的《共产党》，你处谅可得到，颇不愧'旗帜鲜明'四字（宣言即仲甫所为）。"强调指出"唯物史观是吾党哲学的根据"①。这些都说明，在中国必须建立共产党，已成为上海发起组和各地共产主义小组的共识。

三、中国共产党的成立及其伟大意义

1921年7月23日，中国共产党第一次全国代表大会，在中国的工业中心和工人运动中心上海召开。会议代表是由各地共产主义小组推荐出来的，其中包括上海的李汉俊、李达，北京的张国焘、刘静仁，武汉的董必武、陈潭秋，长沙的毛泽东、何叔衡，济南的王尽美、邓恩铭，广州的陈公博，留日学生周佛海；还有陈独秀指派的代表包惠僧。他们代表全国53名党员。共产国际代表马林和尼克尔斯基参加了会议。大会是在上海法租界望志路106号（现在兴业路76号）秘密举行的。7月30日，会议突然遭到暗探的侦查，被迫休会。大会最后一天在浙江嘉兴南湖的一只游船上进行。陈独秀和李大钊因故未能出席会议，但陈独秀向大会提供了一份党纲以供讨论。大会的中心任务是讨论正式建立中国共产党。大会的议

---

① 《毛泽东文集》第1卷，人民出版社1993年版，第4页。

程为：听取各地共产主义小组工作情况报告，起草并通过党的纲领和工作计划，选举党的中央领导机构。

经过代表们的热烈讨论，大会通过了党的第一个纲领。党纲规定："本党定名为'中国共产党'。""党纲领如下：（1）革命军队必须与无产阶级一起推翻资本家阶级的政权，必须支援工人阶级，直到社会的阶级区分消除为止；（2）承认无产阶级专政，直到阶级斗争结束，即直到消灭社会的阶级区分；（3）消灭资本家私有制，没收机器、土地、厂房和半成品等生产资料，归社会公有；（4）联合第三国际。"① 党纲还规定了接收新党员手续，强调党员必须承认党的纲领和政策，对党忠实，并必须与企图反对本党纲领的党派和集团断绝一切联系。大会通过决议规定党当前的基本任务是成立产业工会，创办工人学校，开展工人运动。

会议选举由陈独秀、张国焘、李达三人组成中央局。陈独秀任中央局书记，张国焘任组织主任，李达任宣传主任。大会在选举产生中央局领导机构后胜利闭幕。中国共产党第一次全国代表大会的召开，正式宣告了中国共产党的成立。从此，古老的中国有了一个完全新式的、以马克思主义为行动指南、以共产主义为最终奋斗目标的全国统一的无产阶级政党。参加中共一大会议的代表平均年龄28岁，他们以改天换地的气概，一心要在中国这块古老的土地上创立一个崭新的合理的社会。

中国共产党作为中国工人阶级的先锋队，它是在特定的社会历史条件下诞生的。就国际环境而言，它成立于俄国十月社会主义革命胜利，第二国际的修正主义思潮已经破产之后，所接受的是无产阶级完整的科学的世界观和方法论，是在帝国主义和无产阶级革命时代发展了的马克思主义，即马克思列宁主义，同时又是在斗争中同各种资产阶级、小资产阶级社会主义主义流派划清了界限的科学社会主义。就国内条件来看，它的成立不但是近代中国经济政治发展的必然结果，同时又是马克思主义与中国工人运动相结合的产物。在中国的工人阶级中没有如同欧洲那样的工人贵族阶

---

① 中共中央文献研究室、中央档案馆编：《建党以来重要文献选编（一九二一——一九四九）》第1册，中央文献出版社2011年版，第1页。

层，因而没有改良主义的社会基础；中国也没有欧洲那样的"和平"发展时期，工人阶级很少进行和平的议会斗争的可能。所以，中国共产党从一开始就是一个以马克思列宁主义为理论基础的、新型的工人阶级革命政党。

中国共产党的成立，成为近代中国历史上开天辟地的大事件，具有划时代的伟大意义。

第一，中国共产党的成立，标志着中国革命终于有了坚强的领导核心。近代以来，灾难深重的中国人民，为振兴中华，曾前赴后继、英勇不屈地奋斗过。但历次斗争之所以失败，缺少一个坚强的领导核心是共同的原因之一。中国共产党是中国工人阶级的先锋队，同时是中华民族和中国人民的先锋队，从此，中国革命有了一个完全可以信赖的组织者和领导者。

第二，中国共产党的成立，表明中国革命从此有了科学的指导思想。中国共产党是马克思主义与中国工人运动相结合的产物，它的成立表明马克思主义在中国工人运动和中国民族解放运动中扎下了根，表明近代以来中国人民经过艰辛的探索之后终于找到了救国救民的真理。在以马克思主义为行动指南的中国共产党的领导下，中国革命逐步形成了彻底的斗争纲领、全新的斗争策略和充分发动工农群众的革命方法。

第三，中国共产党的成立，打通了中国革命和世界革命的联系，把中华民族的解放运动同世界无产阶级革命运动相联系并成为其中的一部分。这既使中国革命能够得到广泛的国际援助，又使中国革命有了新的前景。

总之，中国共产党的成立给灾难深重的中国人民带来光明与希望。

"自从有了中国共产党，中国革命的面目就焕然一新了。"① "一九二一年产生了中国共产党，中国就改变了方向，五千年的中国历史就改变了方向。"②

"中国产生了共产党，这是开天辟地的大事变。这一开天辟地的大事变，深刻改变了近代以后中华民族发展的方向和进程，深刻改变了中国人

---

① 《毛泽东选集》第4卷，人民出版社1991年版，第1357页。
② 《毛泽东文集》第3卷，人民出版社1996年版，第397页。

民和中华民族的前途和命运，深刻改变了世界发展的趋势和格局。"①

四、民主革命纲领的制定和第一次工人运动高潮

中国共产党成立后，开始重视用马克思主义的科学理论来观察和分析中国的实际问题。1922 年 1 月创刊的《先驱》在《发刊词》中就指出："本刊的第一任务是努力研究中国的客观的实际情形，而求得一最合宜的实际的解决中国问题的方案。"② 这反映了党对中国客观情形研究的重视，是党在思想理论上的一个进步。国内外形势的发展也迫切要求党明确提出中国革命的具体纲领。

中国共产党在探索、制定适合中国具体情况的革命纲领的过程中，同样得到了列宁和共产国际的帮助与指导。1922 年 1 月，中国共产党派代表参加了共产国际在莫斯科召开的远东各国共产党和民族革命团体第一次代表大会。会议根据列宁关于民族和殖民地问题的理论，号召远东各国被压迫民族在苏俄和西方无产阶级援助下，进行反对帝国主义、封建主义的民族民主革命。这对中国共产党制定现阶段的革命纲领和政策，产生了重要的影响。

1922 年 6 月，中共中央发表《中国共产党对于时局的主张》。文件指出，帝国主义的侵略和军阀政治是中国内忧外患的根源；"无产阶级在目前最切要的工作，还应该联络民主派共同对封建式的军阀革命，以达到军阀覆灭能够建设民主政治为止"③。这是中国共产党第一次就中国民主革命的重大问题向社会各界公开自己的政治主张，为党的二大完成制定党的民主革命纲领的历史任务奠定了基础。

1922 年 7 月 16 日至 23 日，中国共产党第二次全国代表大会在上海召开。中共二大的中心议题是讨论和制定党在民主革命阶段的纲领。

---

① 习近平：《在庆祝中国共产党成立 95 周年大会上的讲话》，《人民日报》2016 年 7 月 2 日。
② 《中共中央文件选集》第 1 册，中共中央党校出版社 1982 年版，第 77-78 页。
③ 中共中央文献研究室、中央档案馆编：《建党以来重要文献选编（一九二一——一九四九）》第 1 册，中央文献出版社 2011 年版，第 97 页。

大会根据列宁关于民族和殖民地的理论，分析了中国的国际环境和中国社会的性质，制定了党的最高纲领和最低纲领，并发表了《中国共产党第二次全国大会宣言》。大会通过了《中国共产党章程》和《中国共产党第二次全国大会决议案》。宣言明确指出，中国共产党是中国无产阶级的政党。党的目的即最高纲领是："组织无产阶级，用阶级斗争的手段，建立劳农专政的政治，铲除私有财产制度，渐次达到一个共产主义的社会。"党在当前阶段的奋斗目标即最低纲领是："消除内乱，打倒军阀，建设国内和平"；"推翻国际帝国主义的压迫，达到中华民族完全独立"；"统一中国本部（东三省在内）为真正民主共和国"[1]。

　　宣言还明确指明，中国革命的动力是工人、农民和小资产阶级，民族资产阶级也是革命的力量之一。工人阶级是劳苦群众中的最进步和最能战斗的部分，工人运动"发展无已的结果，将会变成推倒在中国的世界资本帝国主义的革命领袖军"；"中国三万万的农民，乃是革命运动中的最大要素"，"那大量的贫苦农民能和工人握手革命，那时可以保证中国革命的成功"；手工业者、小店主、小雇主等"也是日趋困苦，甚至破产失业"，他们要求"加入到革命的队伍里面来"[2]。大会还指出，中国共产党必须与全国一切革命党派和资产阶级民主派组成民主联合战线，同时强调这种联合"决不是投降附属与合并"，"不是为了民主派的利益，做他们的牺牲"，因此，无产阶级应该集合在"共产党旗帜之下，独立做自己阶级的运动"，"不可忘了自己阶级的独立组织"[3]。

　　大会通过的《中国共产党章程》，根据列宁的建党学说和俄国布尔什维克党的建党经验，明确规定了中国共产党的性质和一系列组织原则。大会决定出版党的中央机关刊物《向导》周刊，蔡和森任主编。大会选举

---

[1] 中共中央文献研究室、中央档案馆编：《建党以来重要文献选编（一九二一——一九四九）》第1册，中央文献出版社2011年版，第133页。
[2] 中共中央文献研究室、中央档案馆编：《建党以来重要文献选编（一九二一——一九四九）》第1册，中央文献出版社2011年版，第132、131页。
[3] 中共中央文献研究室、中央档案馆编：《建党以来重要文献选编（一九二一——一九四九）》第1册，中央文献出版社2011年版，第139、140页。

了新的中央领导机关。陈独秀、李大钊、张国焘、蔡和森、高君宇当选为中央委员，组成中央执行委员会。陈独秀为委员长。

中共二大制定的民主革命的纲领，完整地提出了反对帝国主义和封建势力的奋斗目标，在中国有政党以来的历史上还是第一次，对于中国革命具有重大的历史意义。这是马克思主义原理和中国革命实际初步结合的结果，为中国革命指明了方向。

中国共产党成立以后，集中力量领导工人运动。1921年8月，中国劳动组合书记部在上海成立，作为领导中国工人运动的专门机关，出版了工人报刊《劳动周刊》。不久，劳动组合书记部北方分部和济南、广州、长沙等分部相继成立。中国共产党在工人群众中做了大量的实际工作，加强了对工人运动的领导。

1921年11月，陇海铁路工人为反对洋总管苛待工人举行罢工。劳动组合书记部北方分部和武汉分部派人前去指导，促使罢工取得了胜利。继这次罢工之后，在1922年1月到1923年2月，中国工人运动出现第一次高潮。

1922年1月，香港两万多名海员为反对英国资本家的压迫，要求增加工资，在中华海员工会的领导下，举行了大罢工。罢工得到了中国劳动组合书记部和全国工人的支援，坚持了56天，取得了胜利，成为此次高潮的起点。

同年5月1日，由中国劳动组合书记部发起的第一次全国劳动大会在广州召开。大会讨论了工人参加民主革命的问题，会议接受了共产党所提出的"打倒帝国主义""打倒军阀"的口号，通过了8小时工作制、罢工援助等决议案；通过了《全国总工会组织原则案》，决定以产业组合为原则建立工会，议决在全国总工会成立前，中国劳动组合书记部为全国总通讯机关，实际上就是公认它为全国工人运动的最高领导机构。大会引导工人阶级在中国共产党的领导下，走上了全国团结的道路，推动了罢工浪潮的继续高涨。

1922年9月，在中共湘区党组织的领导下，安源路矿17000多工人，经过毛泽东、刘少奇、李立三等的发动、组织和领导，为了保障政治权利、改善待遇和增加工资举行大罢工，迫使路矿当局接受工人提出的要求。罢工取得胜利。

1923年1月，京汉铁路各站工会的代表齐聚郑州，决定召开全路总工会成立大会。宣称"保护劳工"的吴佩孚出尔反尔，强令禁止开会。2月4日，全路工人举行总同盟罢工，并将总工会迁往汉口江岸办公。2月7日，吴佩孚在帝国主义支持下对罢工工人进行血腥屠杀，京汉铁路总工会江岸分工会委员长、共产党员林祥谦，京汉铁路总工会法律顾问、共产党员施洋等50余人惨遭杀害，300多人受伤，60多人被捕入狱，1000多人被开除，制造了震惊中外的"二七"惨案。京汉铁路工人大罢工成为中国工人运动第一次高潮的"最后一个怒涛"①。

"二七"惨案后，在中国共产党的号召和推动下，全国各地工人和各阶层人民积极支持京汉铁路工人的斗争，纷纷发表通电，捐款救济，举行游行示威和同情罢工。海外侨胞、共产国际和赤色职工国际也发表通电和宣言支持中国人民的斗争。京汉铁路工人大罢工是中国工人阶级在共产党领导下，进行的一次旗帜鲜明的，为争取自由和人权而战的罢工斗争。在这场斗争中，工人们以付出的鲜血和生命证实，在中国这个半殖民地半封建国家里，除了推翻帝国主义和封建军阀势力的统治外，没有别的出路，中国共产党所提出的反帝反封建的革命纲领，为更多的革命群众所接受。

中国工人运动的第一次高潮，是在中国共产党的领导、影响、推动下发生的。在13个月的时间里，全国发生大小罢工100多次，参加人数在30万以上。工人群众的这种广泛的革命发动，在中国共产党成立以前，是不曾有过的，具有重要的意义。它使中国人民和世界无产阶级与劳动人民看到了中国工人阶级的坚强组织力量和战斗精神，因而提高了中国工人阶级和中国共产党的政治地位和威信，扩大了作为工人阶级先锋队的中国共产党在全国的政治影响，为党建立同其他革命力量的合作、掀起新的大革命准备了一定的条件。孙中山正是从这一时期中国共产党所领导的斗争中，开始认识到中国共产党是一支新兴的、生机勃勃的革命力量，为后来

---

① 《邓中夏文集》，人民出版社1983年版，第442页。

下决心与中国共产党进行合作奠定了基础。

通过这个时期的斗争，中国共产党进一步密切了同工人阶级的联系，党的自身建设也由此得到了加强。1922年6月，中共中央即计划"多吸收工人党员，务求居全数一半以上"。随着工人斗争的发展，工人中涌现了一批优秀的人物，如苏兆征、史文彬、项英、邓培、王荷波等，他们先后加入中国共产党。中国共产党在工矿企业的基层组织也开始建立起来。如安源路矿在1922年2月建立了党支部，至7月，党员发展到30多人；至1924年5月，已有党员60多人。

京汉铁路工人大罢工的失败，也使中国工人阶级和中国共产党吸取了教训，认识到如果工人阶级不去联合广大农民和其他阶级，组成强大的革命同盟军，如果没有革命的武装，就不可能取得民主革命的胜利。

思考题

1. 为什么说中国革命由旧民主主义革命转变为新民主主义革命是历史发展的必然？
2. 如何科学评价新文化运动和五四运动？
3. 如何理解自从有了中国共产党，中国革命的面目就焕然一新？

第五章　国共合作与反对北洋军阀的国民革命

"二七"惨案后，中国共产党积极推进国共联合战线即统一战线的建立。同时，孙中山也积极推动中国国民党的改组。以1924年1月召开的中国国民党第一次全国代表大会为标志，国共两党实现了合作。在国共两党的共同努力下，1924年至1927年，中国大地上爆发了轰轰烈烈的反对帝国主义、反对封建军阀的国民革命运动。这场革命经五卅运动、北伐战争达到高潮。但是，随着国民党内蒋介石集团、汪精卫集团相继叛变，以国共合作为基础的国民革命遂致夭折。尽管如此，国民革命沉重打击了北洋军阀政府的统治，加速它的崩溃与终结。

第一节　国共合作的形成

一、军阀混战下的纷乱政局

1920年7月，直奉两派军阀联合作战，打败了皖系军阀，开始了直奉两派的联合执政。直奉两派执掌北京中央政权后，推徐世昌为总统，靳云鹏任内阁总理。直系势力拓展到长江流域及陕西、四川等地。奉系张作霖虽被任命为东三省巡阅使，但其势力扩展却受到直系阻挠。由于两派军阀间的利益冲突及其背后之英美日等帝国主义势力间的矛盾，直奉两派暂时联合的局面没有持续多久，双方矛盾旋即激化。总统徐世昌亲奉，靳云鹏内阁一开始也亲奉，但后来转向亲直，引起了总统徐世昌和张作霖的强烈不满。1921年12月，靳云鹏内阁倒台。在张作霖与徐世昌策划下，亲奉的交通系梁士诒上台组阁，这又引起直系吴佩孚不满。梁士诒内阁对外亲日，对内赦免安福系战犯，特别是向日本借款赎回胶济铁路，并将该路改为中日合办，引起全国人民不满。

1922年初，梁士诒被迫下台，颜惠庆上台组阁。直奉双方互相指责，矛盾日益尖锐。张作霖一面出面替梁士诒辩护，另一方面调奉军入关。吴佩孚力倒梁士诒内阁的同时，也积极进行战争部署。同年4月，第一次直奉战争爆发。双方出动兵力十余万，奉军最终败北。张作霖见奉军大势已去，遂下令向东北退却。北京政府下令免去张作霖所兼各职。但张作霖在日本支持下，于6月4日自任"东三省自治保安总司令"，打出"联省自治"旗号，并派兵在榆关（山海关）附近与直系军阀继续作战。6月，在英美调停下，直奉双方签订协议，以榆关为界，奉军退至关外，第一次直奉战争结束。

第一次直奉战争后，直系军阀独霸北京政权，迫使徐世昌下台，以黎元洪复任总统。黎元洪复出后，一年之中任命六任总理。内阁频繁更迭，加剧了直系军阀与黎元洪的权力之争，直系军阀最终将黎元洪赶下台。直系军阀首领曹锟为使自己"合法"地成为总统，上演了一场贿选丑剧。1923年10月国会大选时，曹锟以一票5000元到10000元不等的价格收买议员550多人，同时还以40万元收买国会议长，最终被"选"为总统。贿选丑闻传遍全国，激起举国抗议：很多省份对该省议员接受贿选投票予以声讨，否认其代表身份；上海20余团体组织了"国民讨曹游行大会"，呼吁全国"出师讨曹"；浙江、安徽等地的学生举行了集会讨曹游行；孙中山在广东大元帅府下令讨伐曹锟，通缉贿选议员。

在北洋军阀的统治下，政争不断，战乱不已，广大人民生活于水深火热之中。各派军阀为扩张地盘，发展势力，纷纷投靠不同的帝国主义，成为帝国主义获取利益、控制中国的工具。帝国主义通过扶持各派军阀，维护北洋军阀的统治，从政治、经济等方面加紧侵略中国，中国社会进一步殖民地化。

连年的战争致使北洋军阀政府在财政上入不敷出，只得依靠外债和内债。北洋政府所借外债，数量巨大，1922年已达20亿元之巨，且"以主权交换金钱"，卖国分赃。① 外债大部分用于军政，军费支出尤为巨大。帝国主义的经济侵略进一步打击中国的工农商业。加之天灾频发，国内军

---

① 中国第二历史档案馆编：《中华民国史档案资料汇编》第三辑财政（一），江苏古籍出版社1991年版，第203页。

阀的横征暴敛、拉丁抽夫，战争与政争不断，工商业发展迟滞，农村经济进一步凋敝，中国各阶层人民生活日趋恶化，与帝国主义、封建军阀的矛盾不断激化。新的革命风暴正在酝酿。

二、中国共产党关于国共合作方针的制定

为贯彻二大制定的民主革命纲领，建立民主联合战线，中国共产党在共产国际的指导下，积极与国民党领导人孙中山联系，商讨国共合作。中共开始主张党外合作，但孙中山只同意共产党员以个人身份加入国民党。共产国际代表马林认为，国民党的党纲性质是民族主义的，这"使得这些各种不同的团体都能加入进去"，因而"社会主义者入党成为可能"[①]。马林建议共产党员和社会主义青年团员以个人身份加入国民党进行活动，但遭到陈独秀等人反对。1922年8月，中共中央执委会在杭州西湖召开特别会议，最终同意共产党员以个人名义加入国民党，以党内合作形式开展国共合作。

1923年1月，共产国际作出《关于中国共产党与国民党的关系问题的决议》，指出"中国唯一重大的民族革命集团是国民党"，中国革命的中心任务是民族革命，因而国民党与共产党合作是必要的，共产党留在国民党内是适宜的。中国共产党应保持自己之组织和领导机构，"在自己原有的旗帜下行动，不依赖于其他任何政治集团"，要对国民党施加影响，但决不能取消自身独特的政治面貌，与国民党合并。[②]

为贯彻共产国际指示，进一步确定国共合作方针，1923年6月，中国共产党在广州召开第三次全国代表大会，主要讨论共产党员加入国民党问题。会议认为党在现阶段的任务应以"国民革命运动为中心工作，以解除内外压迫"；根据中国现况，"宜有一个势力集中的党为国民革命运

---

① 《马林在中国的有关资料》，人民出版社1980年版，第17页。
② 中共中央党史研究室第一研究部：《共产国际、联共（布）与中国革命文献资料选辑（1917—1925）》，北京图书馆出版社1997年版，第436—437页。

动之大本营",而目前只有"国民党比较是一个国民革命的党"①。会议决定共产党员以个人身份加入国民党,同时保持中共政治上、组织上之独立性,并吸收有阶级觉悟的革命分子加入中共组织。

中共三大标志着中国共产党关于国共合作方针与政策的正式形成,有力地推动了中国革命进程。会后,共产党员、青年团员纷纷以个人身份加入国民党,为国民党注入了新鲜血液。与此同时,共产党人积极协助孙中山改组国民党,极大地促进了国民党组织的壮大发展。

三、孙中山晚年的转变和中国国民党的改组

辛亥革命失败后,孙中山依旧艰苦奋斗,"终其身为民国尽力"。他认识到"吾国之大患,莫大于武人之争雄,南与北如一丘之貉"②。为了继续革命事业,他筹划整理党务,指出国民党"实系于中国之存亡","救亡之策,必先事吾党之扩张,故亟重订党章,以促党务之发达"③。与此同时,国内外局势的发展,特别是俄国十月革命和国内五四运动,对孙中山产生了巨大影响,使得其晚年思想转变巨大,且深刻影响到国民党和中国革命的发展进程。

第二次护法斗争的失败,使孙中山进一步意识到革命不能光靠兵力,而须依靠党的力量;若想革命成功,必须加强国民党自身建设,因而决心要改组国民党。在他需要帮助的时候,苏俄、共产国际和中国共产党向其伸出了援助之手。

孙中山曾经多次呼吁西方列强援助中国革命,但列强的表现使其深感失望,他便将目光投向苏俄。1918年夏,孙中山致函列宁和苏维埃政府,表示钦佩俄国革命党的艰苦斗争,愿意中俄两党团结共同斗争。④ 俄国革命的成功,也使孙中山深深感到,中国革命宜"以俄为师"。苏俄在1919

---

① 中共中央文献研究室、中央档案馆编:《建党以来重要文献选编(一九二一——一九四九)》第1册,中央文献出版社2011年版,第258-259页。
② 《孙中山全集》第4卷,中华书局2006年版,第471页。
③ 《孙中山全集》第4卷,中华书局2006年版,第499-500页。
④ 《孙中山全集》第4卷,中华书局2006年版,第500页。

年和 1920 年两次发表对华宣言，宣布废除沙俄与中国一系列不平等条约、放弃庚子赔款和废除一切特权，使得孙中山认识到俄国没有侵略野心，专为"伸张公道打不平的"，中国革命和俄国革命"都是走一条路"，所以中俄关系不只是亲善，"实在是一家"①。共产国际多次派人与孙中山会晤协商，建议孙中山加强与苏俄的关系，并与中国共产党合作。

1921 年底，孙中山在共产国际代表马林的建议下，开始考虑与共产党合作问题。1922 年夏，在共产国际代表的帮助下，孙中山同意共产党员以个人身份加入国民党，并且允许加入国民党的共产党员在国民党内宣传共产主义。②

1922 年 9 月，孙中山在上海召开改进中国国民党会议，商讨改组国民党问题，特邀中共党员列席参会。他指定了包含共产党员在内的 9 名成员担任党章起草委员，并组建了有共产党员参加的党务改进计划起草委员会。11 月又召集各省国民党代表和共产党员参加会议，审查并修改国民党党纲及总章草稿。1923 年 1 月，《中国国民党宣言》在上海发表，重申三民主义，强调群众对于革命的重要性；孙中山在上海召开国民党改进大会，公布《中国国民党党纲》和《中国国民党党章》，强调党的工作以宣传为重，要求党员切实按照党章办理党务。同月，苏俄代表越飞与孙中山在上海举行会谈，并于 26 日发表《孙文越飞联合宣言》。该宣言标志着孙中山联俄政策正式形成。

此后，孙中山在共产国际代表和共产党人帮助下，积极推进国民党的改组工作。1923 年 10 月，孙中山聘请苏俄代表鲍罗廷担任国民党组织教练员，希望国民党人学习苏俄革命党的办党经验。孙中山还委任共产党人李大钊等 5 人为国民党改组委员，负责国民党本部改组工作。10 月 25 日，国民党改组特别会议在广州举行，组成临时中央委员会，负责国民党全面改组的准备工作。10 月 28 日，中国国民党临时中央执行委员会正式成立，随后，发表了《中国国民党改组宣言》《中国国民党党纲草案》等

---

① 《孙中山全集》第 11 卷，中华书局 2006 年版，第 365 页。
② 《马林在中国的有关资料》，人民出版社 1980 年版，第 21 页。

重要文件。国民党改组工作的顺利进行，为国民党第一次全国代表大会的召开奠定了基础。

四、国共合作的形成

1924年1月20日至30日，中国国民党第一次全国代表大会在广州召开。大会由孙中山主持。在165名大会代表中，有李大钊、谭平山、林祖涵（伯渠）、张国焘、瞿秋白、毛泽东、于树德等20多位共产党人。在会议期间，共产党人发挥了重要的作用：李大钊被指派为大会主席团成员，同时兼任中国国民党宣言审查委员会委员、章程审查委员会委员、宣传审查委员会委员；谭平山担任党务审查委员会委员；毛泽东担任章程审查委员会委员；于树德担任宣传委员会委员，直接参与大会的各项组织工作。

大会通过了《中国国民党第一次全国代表大会宣言》。宣言详细论述了中国之现状、国民党的主义与政纲，对三民主义作了适应时代潮流的新解释。新的民族主义包括了"中国民族自求解放"与"中国境内各民族一律平等"等思想。宣言指出，为了中国民族的自由与独立，要反对帝国主义及其工具军阀及资产阶级，要努力于"赞助国内各种平民阶级之组织，以发扬国民之能力"，与民众深切结合，将中国从帝国主义的奴役中解放出来，摆脱殖民地地位。新的民族主义同时强调了国内诸民族平等的思想。新的民权主义提出了普遍民权和革命民权的思想。宣言指出，民权主义"为一般平民所共有，非少数者所得而私也"。一切反对帝国主义的个人和团体均享有一切自由和权利，而"卖国罔民以效忠于帝国主义及军阀者，无论其为团体或个人，皆不得享有此等自由及权利"。新的民权主义明显不同于西方"天赋人权"思想，是根据中国革命需要而提出的。新的民生主义最重要的内容，即是"平均地权"与"节制资本"。所谓"平均地权"，就是"私人所有土地，由地主估价呈报政府，国家就价征税，并于必要时依报价收买之"；"农民之缺乏田地沦为佃户者，国家当给以土地，资其耕作"。所谓"节制资本"，就是将"本国人及外国人之企业，或有独占的性质，或规模过大为私人之力所不能办者，如银行、铁道、航路之属，由国家经营管理之，使私有资本制度不能操纵国民之生计"①。国民党一大解释的三民主义，标志孙中山的三民主义发展到了一个新的阶段，后人将其称为"新三民主义"。新三民主义成为国共合作的政治基础。

大会通过了《中国国民党章程》，规定了从中央到基层完整的组织系统，制定了党的组织纪律，并确认了共产党员以个人身份加入国民党的原则。

大会选举产生了中国国民党中央执行委员会。在24名中央执行委员和17名候补委员中，有共产党人李大钊、谭平山、于树德、毛泽东、林祖涵、张国焘、瞿秋白等10人。大会闭幕翌日，孙中山主持召开国民党一届一中全会，推举廖仲恺、戴季陶和共产党人谭平山为中央执行委员会常务委员，并决定设立中央党部。

中国国民党第一次全国代表大会实际上确立了联俄、联共、扶助农工的三大革命政策，标志着国民党改组的完成和第一次国共合作的正式形成。国民革命由此拉开序幕。

第二节　国民革命的兴起

一、广东革命大本营的建立

国民党一大召开之后，广东成为当时的革命中心，工人运动和农民运动逐渐兴盛起来。孙中山鉴于历次革命失败的教训，决意仿照苏联的经验，创立属于国民党的军队，"创造革命军，来挽救中国的危亡"②。1924年5月5日，中国国民党陆军军官学校在黄埔正式成立，简称"黄埔军校"。孙中山自任军校总理，蒋介石出任校长，廖仲恺为党代表。学校设政治部、教授部、训练部等。同年11月，周恩来出任政治部主任。黄埔

---

① 《孙中山全集》第9卷，中华书局2006年版，第118-120页。
② 《孙中山全集》第10卷，中华书局2006年版，第292页。

军校得到苏联和共产国际的大力援助，在国共两党的合作努力下，黄埔军校重视学生军事训练与政治教育，培养了大批军政人才，为广东革命根据地的巩固和北伐做出了重大贡献。他们当中的许多人日后成为国共两党的高级将领。

随着国民党的改组与黄埔军校的成立，广东境内的革命形势为之一变，工农运动日益蓬勃发展。国内外反动势力极度恐慌，企图颠覆广州革命政府。1924年10月，广东商团乘孙中山北伐之际发动叛乱，建立所谓商人政府，张贴"打倒孙政府""请孙文下野"等反动标语，胁迫商人罢市，严密布防，使得广州城内敌对形势严重。① 在国民党左派和中共的支持下，孙中山下令镇压商团叛乱。广州革命政府以黄埔军校学生、部分革命军和工农群众为主力，于10月15日平定叛乱，初步巩固了广东革命政权，打击了帝国主义、反动军阀与买办阶级势力。

同年11月，陈炯明在英帝国主义和北京政府支持下，勾结粤南军阀，准备进攻广州革命政府。为了进一步巩固革命政权，1925年2月，广州革命政府组织联军，发动东征。联军以杨希闵之滇军为左路军，刘震寰之桂军为中路军，黄埔学生军和粤军陈铭枢、许崇智部为右路军，兵分三路，攻打陈炯明。但滇军、桂军与陈炯明勾结，按兵不动，右路军承担了东征主要任务。右路军以蒋介石为统帅，周恩来指导战时政治工作，同时得到海丰农民武装的支持，打垮了陈炯明主力，除惠州外，清除了广东东部军阀势力，取得重大胜利。

正当右路军准备进攻惠州时，驻守广州的滇、桂军阀杨希闵、刘震寰在英帝国主义支持下，勾结北方军阀和陈炯明，于1925年5月发动叛乱。右路军迅速回师广州予以镇压。广州市内工人罢工、商界罢市，钳制了叛军的运输与给养。在军队和人民的共同打击下，杨刘叛乱被迅速平定。广州革命政府的地位进一步得到加强。

1925年6月，国民党中央政治委员会决定将广州革命政府由大元帅

---

① 蒋永敬编著：《民国胡展堂先生汉民年谱》，台湾商务印书馆1981年版，第311页。

府改为国民政府，下设军事委员会。7月1日，广州国民政府正式成立。为了军事统一，国民政府设立军事委员会为最高军事机关，并于8月将所辖各系军队统一改编为国民革命军，到1925年底，共编六军，各军设党代表和政治部。与此同时，广州国民政府开始颁布各项法令与条例管理财政、发展工商实业、统一民政，积极贯彻落实孙中山之三大政策，发展工农运动。广东革命根据地进一步得到巩固。

乘广州国民政府平定杨刘叛乱之机，陈炯明在得到港英当局和段祺瑞的资金、军火支持下，又一次进攻广东国民政府，占领了东江大片地区。粤南军阀邓本殷也积极布防，广州陷入两面夹攻的危局。为了彻底消灭广东军阀，统一广东，国民政府决定二次东征。东征军共3万人，下辖左右中三纵队，以蒋介石为总指挥，周恩来为政治部主任，苏联罗加乔夫将军为顾问，于10月初出发，直奔惠州，并于10月14日攻克惠州。11月初，收复东江，陈炯明逃亡香港。在国民革命军第二次东征的同时，以朱培德为南征军总指挥，兵分四路，征讨在粤南策应陈炯明的军阀邓本殷部。1926年2月，南征军在海南岛全歼邓军之残部。广东全省实现统一后，国民政府统一行政与财政，积极采取各项措施促进广东各项事业发展，大大改善了广东的财政经济状况。与此同时，工农运动蓬勃发展，为国民革命军出师北伐创造了良好条件。

二、北京政变和国民会议运动

1924年9月，为了争夺地盘，北洋军阀中驻守江苏的齐燮元部出兵攻打驻守浙江的卢永祥部，江浙战争爆发。北洋政府下令讨伐卢永祥，与卢永祥建立反直三角同盟的奉系张作霖通电援卢，孙中山亦出兵北伐援助浙军。但随着战局的发展，浙军内部发生叛乱，卢永祥被迫放弃浙江前往上海，通电下野，江浙战争结束。

为了响应浙江卢永祥的反直战争，张作霖于9月4日对直宣战，开始率军入关，第二次直奉战争爆发。总统曹锟急召吴佩孚入京主持对奉战争，任命吴为讨逆军总司令。直系军队分兵三路，在热河、山海关等地与奉军激战。

正当直奉双方于山海关激战时，讨逆军第三路军总司令冯玉祥乘吴佩孚在前线督战之机率兵倒戈。冯玉祥与吴佩孚矛盾尖锐，吴佩孚欲置冯军于绝境，致使冯军军饷长期不能解决。与此同时，冯玉祥受到孙中山革命思想的影响，思想开始转变。① 冯玉祥外与张作霖、段祺瑞等联系，内与陕军第一师师长、直系援军第二路总司令胡景翼和北京警备副司令孙岳联合反直。10月22日夜，乘前线酣战之机，冯玉祥所辖鹿钟麟部到达北苑，孙岳令守城士兵大开城门，冯军于当夜进入北京城内。10月23日，冯玉祥、孙岳及胡景翼到达北京。冯军进入北京后，迅速接管全城防务，占领火车站、电话局等重要据点，包围总统府，监禁总统曹锟，并令曹锟发布停战命令，免除吴佩孚职务，自动退位。

北京政变的发生，使得直奉战局迅速改变。奉军于山海关、秦皇岛等地大败直军，吴佩孚率残部南逃武汉，第二次直奉战争宣告结束。11月2日，曹锟辞职。

北京政变结束了直系独占北京政府局面。政变后，冯玉祥等人在北苑召集紧急会议，决定组织中华民国国民军，邀请孙中山北上，共商大计；同时为打破军事困局，决定邀请段祺瑞出山。② 11月中旬，段祺瑞、冯玉祥与张作霖在天津召开会议，讨论组织政府与善后问题。张作霖、冯玉祥等联名通电推段祺瑞为中华民国临时执政。11月24日，段祺瑞就任中华民国临时执政府执政。同日颁布的《中华民国临时执政府制》规定临时执政对外代表中华民国，对内总揽军民政务，召开国务会议，任命国务员管理各部，统率海陆军。这使得临时执政府成为彻底的军阀官僚政权，内部奉皖两系和国民军矛盾重重，最终违背了北京政变的初衷，未能扫除军阀，建立和平统一国家，断送了革命成果。③

冯玉祥等人接连电邀孙中山北上，孙中山亦表示"即日北上"，与之商讨"建设大计"，并分别致电冯玉祥与段祺瑞。虽然孙中山认为北京政变"没有中央革命的希望"，中央权力"在一般官僚军人之手"，但依然

---

① 冯玉祥：《我的生活》，上海教育书店1947年版，第415、400页。
② 冯玉祥：《我的生活》，上海教育书店1947年版，第507页。
③ 冯玉祥：《我的生活》，上海教育书店1947年版，第519页。

决定北上，宣传革命，推动北方革命发展。① 1924年11月，孙中山发表《北上宣言》，重申国民革命之目的，指出要废除不平等条约，主张"召开国民会议，以谋中国之统一与建设"，同时指出，国民党所主张的国民会议实现之后，将以一大"所列举之政纲，提出国民会议，期得国民彻底的明了和赞助。……国民之命运，在于国民之自决。本党若能得国民之援助，则中国之独立、自由、统一诸目的，必能依于奋斗而完全达到"②。

早在1923年8月1日，中国共产党在对于时局的主张中就已提出"由负有国民革命使命的国民党，出来号召全国的商会、工会、农会、学生会及其他职业团体，推举多数代表在适当地点，开一国民会议"，"只有国民会议才真能代表国民，才能够制定宪法，才能够建设新政府统一中国，也只有他能够否认各方面有假托民意组织政府统治中国之权"；只有这一条路是"真能救济我们中国人逃出外力军阀二重压迫的道路"③。1924年11月19日，中共中央发表声明进一步肯定国民会议主张，"希望国民党领袖们努力号召全国人民的团体，促成此国民会议，并须努力使他们所主张的国民会议预备会急速在北京召集"④。

在国共两党共同努力下，国民会议运动很快在全国各地开展。孙中山在北上过程中，发表多次演讲，呼吁废除不平等条约、召开国民会议，并指出若想改变国民生计、废除不平等条约，只有依靠民众召开国民会议。这一主张得到广大人民群众的热烈欢迎。中共也发出通告，提出开展促成国民会议运动的方针，要求各地全体动员，注意斗争，努力工作。北京、天津、上海、南京、浙江、湖南、陕西、四川等地之人民群众、工农商界和妇女界等社会团体，纷纷通电，拥护国民会议。各地纷纷成立国民会议促成会或筹备处，支持召开国民会议。海外华侨团体也通电支持召开国民会议。

---

① 《孙中山全集》第11卷，中华书局2006年版，第264-266页。
② 《孙中山全集》第11卷，中华书局2006年版，第294-298页。
③ 中共中央文献研究室、中央档案馆编：《建党以来重要文献选编（一九二一——一九四九）》第1册，中央文献出版社2011年版，第289页。
④ 中共中央文献研究室、中央档案馆编：《建党以来重要文献选编（一九二一——一九四九）》第2册，中央文献出版社2011年版，第169页。

与之相反，北洋政府提出召开善后会议，以对抗国民会议。1924年11月，段祺瑞政府公布《善后会议条例》。其中规定参会人员资格如下：有大勋劳于国家者；讨伐贿选、制止内乱的各军最高首领；各省区之军民长官有特殊之资望、学术与经验，临时执政聘请或派充，人数不多于30人。① 这使得善后会议成为军阀、官僚买办等反动势力的会议。善后会议于1925年2月1日开幕，4月21日闭幕。国共两党对其予以抵制，拒绝参会。各地民众及海外华侨团体纷纷通电反对善后会议，要求召开国民会议促成会。

为了对抗善后会议，国民会议促成会全国代表大会于1925年3月1日在北京举行。与会代表来自20多个省区，共200余人，他们来自工人、农民、知识分子、民族资本家、记者、律师等各阶层。会议坚决反对段祺瑞之善后会议，并讨论了国内外问题、财政问题与国民会议运动等问题，指出要以国民会议为战斗机关，废除不平等条约，打倒军阀，达到民族独立与自由。大会同时还通过了一系列有关工人、农民、妇女和人民自由、军阀与内乱等决议案，成立全国国民会议促成会联合总会执行委员会，推进国民会议运动的发展。

与此同时，废除不平等条约运动也蓬勃展开。1924年5月，中苏签订《中俄解决悬案大纲协定》，废除俄国与中国或第三国订立的有损中国主权与国家利益的一切不平等条约和特权及赔款，极大地影响了中国人民的反帝斗争。各界团体组建反帝大同盟，大规模反帝废约运动开始蓬勃发展。中国共产党积极推动反帝废约运动，号召"人民组织起来，在国民革命的旗帜之下，推翻直系，解除一切军阀的武装，尤其要在根本上推翻外国帝国主义在中国一切既得的权利与势力。只有这样才能免除定期的惨杀与战争，只有这样才能得到永久真正的和平"②。与此同时，非基督教运动、收回教育主权运动也蓬勃展开。

在国民会议运动与废除不平等条约运动蓬勃展开时，1925年3月12

---

① 中国第二历史档案馆编：《善后会议》，档案出版社1985年版，第4页。
② 中共中央文献研究室、中央档案馆编：《建党以来重要文献选编（一九二———一九四九）》第2册，中央文献出版社2011年版，第114页。

日，孙中山在北京逝世。在《国事遗嘱》与《致苏俄遗书》中，孙中山号召国民党继续进行民族革命运动，号召全国人民继续奋斗，实现召开国民会议与废除不平等条约之主张，唤起民众及"平等待我之民族"，求得"中国之自由平等"①。中国共产党发表告全国民众书，号召民众加倍努力。国民党亦发表接受总理遗嘱宣言和对于时局宣言，继续国民会议运动与废约运动，继续反帝反军阀的革命事业，为国家独立、民族平等而奋斗。

三、五卅运动和省港大罢工

第一次国共合作后，在国共两党共同努力下，工农运动蓬勃发展。在农运方面，国民党中央农民部创办广州农民运动讲习所，培养农运干部。到1926年底，广州农讲所在共产党人彭湃、罗绮园、阮啸仙、谭植棠、毛泽东相继主持下，连续举办6届，培养了700多名农运骨干，有力促进了全国农民运动的开展。1924年11月，广东革命政府颁发《工会条例》，首次承认工人之言论、出版等自由，工会在其范围以内根据会员之多数决议，有罢工之权利。1925年5月，第二次全国劳动大会在广东举办，正式成立中华全国总工会，大会号召工农群众打倒国际帝国主义及其走狗，为自身利益斗争，联系贫农与全世界无产阶级共同奋斗。在中国共产党的努力下，各地工会、农会迅速建立。

随着国民会议运动与废除不平等条约运动的蓬勃发展，为了进一步加强对革命运动的领导，1925年1月，中国共产党第四次全国代表大会召开。大会通过了关于民族革命运动、农民运动、工人运动等重要议案，指出无产阶级最具革命性，民族革命运动的胜利需要无产阶级有力的参加和领导，农民是无产阶级天然的同盟军。这次会议从思想上、组织上为日益高涨的革命运动和革命高潮的到来做了准备工作。

上海是近代中国产业工人最为集中的地方，共产党员深入工人群众之中，建立夜校、工友俱乐部等组织，促进工人觉悟提高，发展工人运动。1924年底，中共在上海的中外纱厂中已秘密建立19个俱乐部，成员1000

---

① 《孙中山全集》第11卷，中华书局2006年版，第639—641页。

多名。1925年2月，上海小沙渡路日本内外棉八厂资方指使工头毒打女工，又无理开除50多名男工，工人愤而罢工。在罢工委员会组织下，罢工运动迅速扩大，22家纱厂的4万多名工人先后参加罢工。日方被迫妥协，答应工人部分要求，承认工会组织，发还工人的储蓄金。4月，青岛日本纱厂工人举行罢工，要求增加工资、承认工会组织，取得胜利。中共领导下的中华全国总工会有力地推动了工人运动的蓬勃发展。

1925年5月，上海日本纱厂要求租界当局与中国政府取缔工会，此后殴打、开除工人事件屡次发生。工人以罢工进行反抗，日本纱厂宣布停工，不许工人进入工厂。5月15日，内外棉七厂工人在共产党员顾正红带领下，冲入工厂，要求资本家复工、发给工人工资。日本资本家当场开枪打死顾正红，打伤十余人。5月28日，青岛日本纱厂联合奉系军阀枪杀中国工人，更加引起中国人民之愤怒。中共中央召开紧急会议，决定于5月30日举行反帝大示威。

5月30日，上海各校学生2000多人在上海公共租界举行示威游行，遭到帝国主义列强大肆逮捕。人民群众极度激愤，纷纷聚集于巡捕房门口，高喊"打倒帝国主义"，要求释放被捕学生，租界内英国巡捕竟开枪射击群众，打死群众十余人，打伤数十人，又有数十人被逮捕。"一条华丽广大的大马路，一霎时遍染了我们同胞的赤血"①。

五卅惨案的发生引起举国愤怒。国民党上海执行部及江苏省党部召开会议，派宣传员奔赴各地报告五卅惨案真相。中共中央于惨案当天晚上召开紧急会议，决定建立反帝统一战线，将斗争扩大到各个阶层，工人罢工、商人罢市、学生罢课，并且成立行动委员会领导这次斗争。中国共产党还发表告全国民众书，号召全国各被压迫阶级群众联合起来，反抗帝国主义野蛮残暴的大屠杀。5月31日晚，上海总工会成立，并宣布于6月1日实行总同盟罢工。翌日，声势浩大的"三罢"斗争开始。从6月1日至10日，上海相继有20余万工人罢工，5万余学生罢课，公共租界商人

---

① 上海社会科学院历史研究所编：《五卅运动史料》（第1卷），上海人民出版社1981年版，第720—721、642页。

全体罢市，甚至租界内半数以上的华人巡捕也相应号召宣布罢岗。与此同时，抵制英日货物和募捐活动也蓬勃开展。6月7日，上海工商学联合委员会成立，作为公开机关，统一指挥上海各界的反帝运动。6月11日，在上海工商学联合委员会的主持下，举行了20万人参加的市民大会，通过了向帝国主义交涉的十七项条件，包括永远撤退驻华英日军队，取消领事裁判权，华人在租界之言论、集会等权利、承认工会及罢工自由、撤销四提案和惩凶、赔款、道歉等内容。

反帝风暴迅速从上海发展到全国。北京、广州、郑州、太原、西安、南京、重庆等几十个城市之人民群众与各个团体纷纷举行集会、游行，开展三罢斗争，抵制英日货物，要求打倒帝国主义，废除不平等条约，惩办祸首，援助上海人民。一些地方的农民和工矿工人也纷纷加入反帝斗争中。五卅运动期间，各地约有1700万人直接参加了运动。

中国人民的反帝斗争得到了国际革命组织、海外华侨和各国人民的广泛同情和支援。共产国际发表文章谴责帝国主义对中国人民的暴行，号召属下所有机关募捐支援中国人民的反帝运动。在莫斯科，有50万人示威游行，声援五卅运动，并为中国工人募捐。近100个国家和地区的华侨举行集会和发起募捐，支持五卅运动。

面对汹涌澎湃的反帝运动，帝国主义纷纷调派军舰和军队赴华，租界实行严格戒严，派遣水兵登陆上海。与此同时，他们对反帝统一战线采取分化策略。一方面以关税自主、工部局增设华董等利诱大资产阶级，一方面又以停止借款、汇兑、供电和出兵对其进行威胁。反动军阀在各地逮捕杀害工人学生领袖，封闭进步团体。奉军进入上海后，实施戒严，封闭工会组织和工人俱乐部，通缉上海总工会负责人，镇压群众反帝爱国运动。上海总商会在帝国主义威逼利诱下不断妥协，于6月26日宣布结束罢市。学生因暑期到来纷纷离校。为避免工人阶级孤军作战，中共中央决定改变斗争策略，在争得部分政治与经济要求后，决定工人可以复工，以保护工人组织及力量。上海工人在坚持罢工三个月、资本家接受部分经济要求后，于8月下旬至9月下旬陆续复工。

五卅运动沉重打击了帝国主义，提高了中国人民的觉悟，展示了工人阶级的领导力量，成为一次伟大的反帝爱国主义运动。这次运动把1924年开始的国民革命运动推向了高潮。

在各地支援五卅运动展开反帝爱国运动中，规模最大、影响深远、持续时间最长的是广州和香港工人大罢工，即省港大罢工。

6月2日，广州各界群众举行大规模的反帝示威游行，声援五卅运动。共产党领导的中华全国总工会派邓中夏、苏兆征等前往香港发动工人罢工。中共广东区委派李启汉、刘尔崧、陈延年等到广州组织工人罢工。6月19日，香港海员、电车、印务等工会率先举行罢工，其他工会随即响应。半月内，全港有十余万罢工工人前往广州。6月21日，广州沙面洋务工人和广州市内各洋行工人宣布罢工。6月23日，回到广州的香港罢工工人和广州的工人、学生和各界群众十余万人举行反帝示威游行。当游行队伍途经沙基时，突然遭到沙面租界英国军警枪击，停在白鹅潭的英、法军舰也开炮轰击，酿成了52人被打死、170余人被重伤的沙基惨案。

沙基惨案激起中国人民极大愤怒，社会各界积极支援省港罢工工人。广州国民政府立即照会英法等国提出抗议，并宣布封锁出海口。为加强对斗争的领导，在中国共产党组织下，7月3日，省港罢工工人在广州召开代表大会，选举成立了以苏兆征为委员长、李启汉为总干事的省港罢工委员会。在省港罢工委员会的领导下，省港罢工工人组织了2000人的纠察队，联合广东沿海农民群众，对香港实行封锁。香港成为"死港"。

1926年10月，罢工委员会根据形势的变化，宣布结束罢工，并取消对香港的封锁。省港大罢工在全国人民和广州革命政府的支持下，坚持了16个月之久，在中国和世界工运史上实属罕见。省港大罢工在政治、经济上沉重打击了英帝国主义，锻炼了中国工人阶级，推动国民革命和工农运动迅速走向高潮，为巩固广东革命根据地和维护社会秩序，为准备北伐战争起了重要作用。

四、革命统一战线内部的分化和斗争

国民党改组后，大量的共产党员、青年团员和进步青年加入国民党，组织有了很大的发展。国民党内右翼力量惧怕共产党力量壮大和工农运动

发展，寻找种种借口挑起事端，企图从根本上破坏孙中山奠定的国共合作政治基础和组织基础。

1924年夏，国民党内发生了一场关于共产党"党团"问题的争论。6月，邓泽如、张继、谢持等人以国民党中央监察委员的名义，向孙中山和国民党中央提出"弹劾共产党案"，指责共产党党团在国民党内活动，"违反党义，破坏党德"，"希即从速严重处分"。邓泽如等人的指责，受到了共产党方面的反击。陈独秀就著文驳斥了他们的言论，指出这"实在是国民党左派与右派之争"，"是国民党内革命派与不革命派之争"①。在孙中山的主持下，国民党一届二中全会作出决议，否决了邓泽如等人的弹劾案。

孙中山逝世后，国民党内一些右派分子加紧了反对国共合作的活动。共产党人联合国民党左派同右派在1925年连续展开了三次斗争。

一是围绕戴季陶主义的斗争。1925年六七月间，国民党右派理论家戴季陶接连撰写了《孙文主义之哲学的基础》《国民革命与中国国民党》两本小册子，抛出了"戴季陶主义"。戴季陶主义用儒家的所谓"仁爱"说和"道统"说解读孙中山的思想，以此来反对马克思主义的阶级斗争学说，反对国共合作。共产党人瞿秋白撰写了《中国国民革命与戴季陶主义》，陈独秀撰写了《给戴季陶的一封信》，对此给予严厉批判。

二是围绕廖仲恺被刺案的斗争。廖仲恺是坚定的国民党左派，他曾积极协助孙中山改组国民党，坚决贯彻三大政策，为国共合作、建立黄埔军校、统一广东贡献巨大。廖仲恺的言行一直为右派分子所嫉恨。在右派分子密谋下，1925年8月20日，廖仲恺被刺身亡。廖案发生后，中国共产党发表声明严厉谴责这种暗杀行为，号召大家与反动势力奋斗，巩固国民革命的势力。国民政府组织"廖案检查委员会"，逮捕了有关人犯，打击了右派的嚣张气焰。

三是围绕西山会议派的斗争。1925年11月，邹鲁、谢持等国民党右派分子在北京西山碧云寺召开所谓的国民党一届四中全会。西山会议通过

---

① 陈独秀：《我们的回答》，《向导》第83期，1924年9月17日。

了一系列反苏反共、破坏国共合作的决议。因会议在北京西山举行，参加会议的这些人被称成西山会议派。同年12月，西山会议派在上海设立中国国民党中央党部，并于1926年3月在上海召开所谓的国民党第二次全国代表大会，中心工作仍为反共清党。这是有组织、有纲领的分裂国民党，破坏国共合作。针对西山会议派的反动行动，国民党左派和共产党人予以严厉打击。1926年1月召开的国民党第二次全国代表大会重申了反帝反军阀的革命任务，声明将继续执行孙中山联俄联共扶助农工的政策。大会通过了《弹劾西山会议决议案》和《处分违犯本党纪律党员决议案》，决定开除邹鲁、谢持等人党籍，并处分了与西山会议相关人员，给右派以沉重打击。

在与国民党右派斗争的过程中，以蒋介石为首的一派势力逐渐坐大，其政治态度也日趋右倾。国民党二大后，随着蒋介石地位和权力的上升，1926年上半年，国民党内相继发生了旨在"清共"的"中山舰事件"和"整理党务案"事件。3月18日，黄埔军校广州办事处通知海军局，称有紧急事件，奉蒋介石之命，要求派战斗舰两艘开赴黄埔，听候调遣。海军局代局长李之龙于当日晚派宝璧舰与中山舰前往。但19日上午军舰到达黄埔后，蒋却称并无调舰命令。随后因苏联人要参观中山舰，李之龙电话请示蒋介石后又将中山舰开回广州。中山舰往返开动，本是奉命行事，但蒋介石却指责是共产党所为，是扰乱政府之举；并于3月20日下令广州全城戒严，占领了中山舰并逮捕了李之龙，解除工人纠察队武装，扣捕了黄埔军校和第一军中做政治工作的共产党员。蒋介石在中山舰事件的行为，完全背离三大政策和国共合作的方针。但国民党左派和共产国际代表，对蒋介石采取了妥协退让的政策。3月22日，国民党中央委员会临时特别会议决定，汪精卫暂时休假，撤换苏联顾问，查办李之龙。中共中央为了维护与蒋介石的关系，决定中共党员退出国民革命军第一军。

中山舰事件后，蒋介石以改善国共两党关系为由，在1926年5月15日召开的国民党二届二中全会上，提出了"整理党务案"。该案规定加入国民党之他党人员，应将党员名册交国民党中央执行委员会主席保存，该党所发之一切训令须经国共两党联席会议通过；他党党员加入国民党后，不得担任国民党中央机关部长,在高级党部的执行委员不得超过该党部执行委员总数的三分之一。① 根据这一决议,谭平山、毛泽东、林祖涵等共产党员辞去了国民党中央组织部长、代理宣传部长等职务。"整理党务案"严重地限制了中国共产党在国民党内的活动,削弱了共产党人在国民革命中的地位和作用。

"中山舰事件"及"整理党务案"是对孙中山三大政策和国共合作事业的严重破坏。蒋介石个人权势得到极大扩张,掌握了国民党的党、军、政大权,他的立场已转到大地主大资产阶级方面,变成了新右派,这就加剧了革命统一战线的进一步分化和斗争。

五、中国共产党对中国革命基本问题的探索

中国共产党成立后,积极学习和宣传马克思主义,展开革命实践工作。经过不断的探索与实践,到 1925 年召开中共四大时,对中国革命基本问题的认识提高到了一个新的水平。

首先,对于中国革命的性质与任务有了进一步的认识。1922 年中共二大宣言中就已指出,中国人民深受国际帝国主义的压迫,中国处于各帝国主义协同侵略的局面下。在无产阶级革命与民族革命联合日趋紧密的国际背景下,中国人民要推翻帝国主义与军阀官僚的封建势力之唯一道路,就是必须将革命并入全世界被压迫民族的革命潮流中,与世界无产阶级革命运动联合,打倒共同的压迫者——国际帝国主义。这就指出了中国革命与世界革命的关系,因而中共决定加入共产国际,与世界无产阶级联合。

同时,中国共产党将马克思主义基本原理与中国具体国情相结合,初步提出了中国革命必须分两步走的策略,制定了民主革命纲领。中共二大明确指出,在半殖民地半封建的中国社会,中国革命现阶段的性质是民主革命。革命的任务是推翻帝国主义和封建军阀在中国的统治及势力,实现民族独立,建立真正的民主共和国。

---

① 荣孟源主编:《中国国民党历次代表大会及中央全会资料》,光明日报出版社 1985 年版,第 231—235 页。

其次，分析了民主主义革命阶段革命动力问题，初步提出无产阶级领导权这一重大命题。中共二大宣言明确指出，中国革命的动力是工人、农民、小资产阶级和民族资产阶级。但由于各自的阶级利益和力量不同，各阶级在革命中的地位和态度也有差异。1925年1月召开的中共四大，明确提出了无产阶级的革命领导权思想。大会通过的《关于民族革命运动之议决案》指出，"无产阶级参加民族运动，不是附属资产阶级而参加，乃以自己阶级独立的地位与目的而参加"；"中国的民族革命运动，必须最革命的无产阶级有力的参加，并且取得领导的地位，才能够得到胜利"①。同年12月，毛泽东撰写了《中国社会各阶级分析》，详细分析了中国革命的对象和革命的力量，明确提出了实行工农革命联盟的思想。

再次，初步提出了建立革命武装的思想。在统一广东革命根据地过程中，周恩来等人意识到组建军队具有重大意义，是实现反帝反封建这一革命理论的先锋。瞿秋白指出，随着革命斗争的发展，革命战争必不可免，因而中国国民革命"极端需要革命的正式军队"，并提出了要以工人农民为革命军队主力。②

此外，中国共产党在革命的实践中，还分析了农民在革命的作用。这些思想的形成，不仅有力地促进了革命的发展，提高了党的革命理论水平，且为中国新民主主义革命理论的形成奠定了基础。

第三节　国民革命的高潮

一、北伐前夕的国内局势和北伐的准备

第二次直奉战争后，奉系、皖系军阀与冯玉祥联手控制北京政权。段祺瑞宣扬"外崇国信"，尊重与列强所签之不平等条约。1925年4月，为了解决财政问题，段祺瑞与法国签订协议，承认"金法郎案"。金法郎案

---

① 中共中央文献研究室、中央档案馆编：《建党以来重要文献选编（一九二一——一九四九）》第2册，中央文献出版社2011年版，第216、219页。
② 《瞿秋白选集》，人民出版社1985年版，第281-287页。

严重损害中国主权，同时也使得帝国主义嗣后可援引此案肆意要挟中国，因而引起全国人民强烈反对。国共两党纷纷发表宣言，反对金法郎案。

从 1924 年兴起的废约运动和五卅运动的爆发，迫使段祺瑞政府准备召开关税会议，以谋求关税自主。帝国主义为缓和中国人民的反帝情绪，也表示要派代表参加关税会议。各界民众反对段政府的关税会议，强烈要求废除不平等条约。1925 年 11 月 28 日，北京各界民众在天安门集会，通过了"解除段祺瑞一切权利、由国民裁判"，"解散关税会议、宣布关税自主"等七项决议。上海、广州、南京等地群众也纷纷发动倒段运动。

吴佩孚在直奉战争失败后，重新聚集力量，占据两湖等地，形成新的军事势力。孙传芳则占据东南各省。直奉战争后，奉系势力逐渐南下，深入长江流域，引起直系将领吴佩孚、孙传芳等反对。在北方地区，奉系势力的扩张，引发了与冯玉祥国民军的矛盾。面对奉系势力的南延北扩，孙传芳决定与冯玉祥联手反奉。1925 年 10 月，浙奉战争爆发。奉军一路败退至山东，孙传芳彻底占据东南五省，自任五省联军总司令和江苏总司令。

在浙奉战争爆发时，奉军内部发生郭松龄倒戈反奉事件。1925 年 11 月，原属奉军的郭松龄通电反奉。郭松龄率军 7 万余人，先后占领山海关、锦州、新民，奉军全线溃败。日本一改中立态度，扶持张作霖，并陆续派兵进入东北，遏制郭军。12 月，郭军与奉军于巨流河大战，郭松龄兵败被杀。

郭松龄倒戈事件发生后，各派关系发生新的变化。张作霖、吴佩孚等联合攻打国民军。冯玉祥宣布下野。1926 年 2 月，国民军为阻止直鲁联军以军舰运输军械、防范渤海舰队之攻击，下令封锁大沽口。帝国主义列强以《辛丑条约》为借口，向段祺瑞政府提出抗议，并发出最后通牒，要求国民军解除封锁，停止在大沽口作战；同时派军舰集结大沽口，炮轰国民军。国民军退往张家口、南口等地，后又退至绥远、甘肃一带。

大沽口事件引起中国人民极大愤怒。北京各界群众纷纷举行集会、游行，抗议帝国主义，要求驱逐八国公使，段祺瑞下台。3 月 18 日，各界群众在天安门广场举行抗议八国通牒集会，要求废除不平等条约、撤退外国兵舰等事项。下午，2000多人的请愿团游行至执政府前，遭到执政府卫队开枪射击，死47人，伤100多人，酿成"三一八惨案"。段祺瑞下令北京戒严，通缉李大钊等人。全国各地民众和海外同胞纷纷声讨段祺瑞政府的倒行逆施。

相较北方混乱的政局而言，南方革命势头发展迅速。1926年3月，新桂系军阀李宗仁接受广东国民政府管辖，两广实现统一，国民革命军扩编成8个军。两广统一后，国民政府采取专卖、征收印花税、发行公债、缉私等措施发展工商业，促进金融业，效果良好，两广财政得以稳定，为出师北伐奠定了基础。国民政府决定北伐，以"解决整个中国问题"。

中共中央通过对时局的分析，在1926年2月北京特别会议上指出，共产党现时最主要的任务是"各方面的准备广州国民革命势力的往北发展，亦就是加紧的在农民之中工作，尤其是在北伐的过程上，以建筑工农革命联合的基础，而达到国民革命的全国范围内的胜利"①。

蒋介石也积极主张北伐。1926年4月，蒋介石向国民党中央建议"整军、肃党，准期北伐"。6月5日，国民党中央通过出师北伐案，蒋介石任国民革命军总司令。

7月6日，国民革命军北伐宣言颁布。宣言指出，中国人民之唯一需要就是建设人民的统一政府，为了建设统一政府和巩固国民革命根据地，"不能不出师以剿除卖国军阀之势力"，希望人民群众能够同情、赞助、参加北伐，要求各战地之党员"努力以巩固国民革命军与人民之联合"，使国民革命军民众化。② 北伐战争在国共合作和工农运动革命热潮空前高涨的大背景下开始了。

北伐战争的主要对象是北洋军阀。当时北洋军阀主要有三股势力：一是直系军阀吴佩孚，盘踞河南、湖北、湖南北部、陕西东部与直隶南部等地区，控制京汉线。二是从直系分立出来的军阀孙传芳，占有江浙、安

---

① 中共中央文献研究室、中央档案馆编：《建党以来重要文献选编（一九二一——一九四九）》第3册，中央文献出版社2011年版，第108页。
② 荣孟源主编：《中国国民党历次代表大会及中央全会资料》，光明日报出版社1985年版，第251-254、258页。

徽、福建、江西、上海等地，控制津浦路南段。三是在北洋军阀中势力最大、掌握北京政权的奉系军阀张作霖，占据东北地区和山东、直隶北部、热河、察哈尔等地，控制了京奉路和京汉、津浦路北段。三支军阀的总兵力大约有75万人。

国民革命军当时只有8个军，兵力约10万人，面对势力庞大的敌人，国民革命军根据实际情况，利用军阀间的矛盾，提出"打倒吴佩孚、中立孙传芳、不理张作霖"的军事策略：首先集中优势兵力攻打两湖地区，消灭吴佩孚，占领武汉；进而集中兵力转战东南地区，消灭孙传芳，占领长江中下游地区；最后北进，消灭奉系张作霖。1926年7月6日，国民革命军正式宣誓北伐，除驻守广州巩固后方的军队外，其余部队全部出师北上。

二、北伐战争的胜利推进

1926年3月，湖南省防第四师师长兼湘南督办唐生智起兵，推翻了军阀赵恒惕在湖南的统治。赵恒惕一直是吴佩孚在湖南的代理人。吴佩孚一面委任湖南省防第三师师长叶开鑫为湘军总司令，一面派遣直系军队组建"援湘军"，攻打唐生智。唐生智向广州国民政府求援。5月，国民政府派遣第四军两个师及叶挺独立团等为先遣队，奔赴湖南，援助唐生智。6月，唐生智就任国民革命军第八军军长和前敌总指挥。援湘战争拉开了北伐战争之序幕。

北伐先遣队在湖南作战捷报频传，特别是主要由共产党人组成的叶挺独立团，相继攻克永兴、安仁、攸县、茶陵等地。第七军一部与唐生智第八军在衡阳战场击败叶开鑫部，稳定了湖南战局。6月底7月初，北伐军相继攻克株洲、醴陵等地，湖南工农民众和省港罢工工人积极支援北伐军。北伐军相继攻占长沙、平江、岳州等地，取得汨罗江会战之胜利，击溃湖南之敌，驱除吴佩孚在湘势力。吴佩孚亲自南下，坐镇汉口，在汀泗桥、贺胜桥等军事要地安置重兵，节节布防。8月27日，北伐军在汀泗桥奋勇作战，取得胜利。叶挺独立团在当地民众帮助下占领咸宁，打开进攻湖北的大门。汀泗桥战役失败后，吴佩孚在战略要地贺胜桥陈兵十万，布下三道防线，亲自督战。叶挺独立团士兵奋勇杀敌，攻破第一道防线，为后续部队打开道路。随后北伐军勇猛进攻，8月30日攻克贺胜桥，给吴佩孚集团以致命打击。9月初，北伐军占领汉口，10月10日攻克武昌，占领武汉三镇，基本消灭吴佩孚之主力，取得两湖战场决定性胜利。

两湖战事结束后，北伐军挥师东进攻打孙传芳成为当务之急，主要战场转入江西。为阻击北伐军，1926年8月，孙传芳调发十余万军队于江西，准备进攻湖南等地，同时派福建周荫人率军进攻广东，威胁北伐军后方。北伐军决定乘其力量尚未集结完毕时，采取攻势，予以各个击破。9月19日，北伐军第一次攻克南昌，受到群众欢迎。不久，北伐军撤出南昌，在万河一带被孙军邓如琢部包围，第六军和第一军损失严重。第七军则于9月底10月初进入赣南作战，切断敌军之补给线。北伐军在两次进攻南昌失利后，于11月分三路进攻南浔路，会攻南昌，消灭孙军主力。11月6日，孙传芳逃亡南京。11月8日，北伐军进入南昌，江西战事结束。

1926年9月，福建军阀周荫人分兵三路南犯广东，驻守潮梅地区的第一军余部在何应钦带领下相继攻克永定、松口。此时福建军阀内部纷纷倒戈，各地军民纷纷支援，北伐军在福建战场进军迅速，并于12月9日占领福州。

赣闽地区的胜利，为北伐军进军长江下游奠定了良好基础。1927年初，北伐军兵分三路，何应钦为东路军总指挥，由闽、赣入浙，进攻浙西与上海。蒋介石带领中路军，进攻南京与安徽。西路军以唐生智为总指挥，主力集中鄂东北和京汉路南段，向河南进攻。安徽陈调元等率部起义，归附北伐军，随后北伐军突破直鲁联军，于3月到达南京。浙江先后爆发夏超和陈仪起义，东路北伐军于2月18日攻占杭州，并于3月抵达上海附近。上海工人相继爆发三次武装起义，于3月22日占领上海。长江以南地区全为北伐军所占。

短短10个月，吴佩孚和孙传芳之主力即被消灭。北伐战争的胜利进军，也促使西南各地之军阀归附国民政府。与此同时，1926年9月18日，冯玉祥在绥远五原（今内蒙古五原）誓师，全体国民军加入北伐战争之洪流，相继进军陕甘地区，并与北伐军会攻河南，北方革命局势蓬勃发展。

北伐战争之所以能够顺利进行，主要原因是：

第一，北伐前做好充足准备。国共两党统一战线的确立，成为北伐战争顺利进行的基础。广州国民政府发动北伐时，做好了相当完善的准备。军事上，巩固广州革命大本营，同时稳定财政、发展实业，稳定了后方。政治上，国共两党做了比较广泛的动员，"打倒列强，除军阀"的口号深入人心。海外华侨、国内民众纷纷出钱出力支持北伐。苏联政府也为北伐提供了一定的经济和物资援助。

第二，北伐军指导策略正确。北伐军在苏联顾问加仑将军的建议下，除留一部军队保卫广东后方外，其余全部出师北伐，并采取了利用敌人矛盾，集中优势兵力各个击破的正确方针。留守广东的部队，主要防范福建、江西之军阀，以拱卫国民革命军后方基地。

第三，北伐军政治觉悟较高，素质较好，革命士气高涨，战斗力较强。特别是中国共产党党员在北伐军中良好的政治工作，对北伐军产生了积极作用。广大北伐官兵知其从事的是国民革命，是要"打倒军阀""解放人民"的，因此作战非常勇敢，有进无退。相反，北洋军阀虽兵力众多，但士气较弱，战斗力较差，加之长期祸害群众，得不到群众支援。

第四，在中共领导下，工农运动蓬勃发展，各地工会与农民协会不仅在数量上迅速增加，同时积极展开各项工作，提高广大工农群众的思想觉悟。广大群众在争取自身合法权益的同时，积极支持北伐战争，使得北伐军具有极强的群众基础，促进了北伐的顺利进行。

三、反帝斗争和工农运动的迅猛发展

在中共领导下，各地工农运动蓬勃发展，有力地支援了北伐战争。随着北伐战争的胜利推进，各地工农运动更是迅猛发展，特别是湖北、湖南、江西等省份的工农组织迅速建立，广大群众政治觉悟进一步提高，革命性增强，迅速开展经济、政治斗争。

广大工人深知其在国民革命中的责任与地位，"凡有关民族解放、民

权扩充、民众经济生活改善之运动",工人"均认为与自己利益有关,必挺身参与,决不落后"①。以工人阶级为中坚,广大工农群众强烈要求打倒帝国主义者、军阀和一切反动势力,收回租界、废除不平等条约,实现民族解放、国家独立与自身之自由。

北伐军的顺利进军及工农运动的蓬勃发展,引起帝国主义的恐慌。列强纷纷在汉口、九江等租界进行布防,威慑中国人民。1927年1月3日,为庆祝北伐胜利进军和国民政府迁往武汉,各界人民举行盛大的集会游行。下午,在毗邻英租界的江汉关前面的广场上,中央军事政治学校宣传队举行演讲,听众达1000多人,非常有序。但英帝国主义却进行军事布防,调派水兵登陆,干涉活动并驱赶群众,并用刺刀戳向人群,造成十多人受伤。

当晚,武汉国民政府外交部向英驻汉口领事提出严重抗议,要求英水兵24小时内撤回军舰,保障秩序,否则国民政府不负担英人安全责任问题。1月4日,湖北工农商等团体在紧急联席会议上提出惨案处理8条办法,包括中国政府管理租界、英租界巡捕等解除武装等内容。国民党临时中央党政联席会议要求武汉政府以此与英国交涉,要求英国在72小时给以答复,否则将收回租界、领事裁判权和海关,废除英国在华的内河航运权。民众在英兵撤离后涌入租界,拆除沙包、电网等军事设施,当晚,国民政府派军警进入租界。5日,武汉市民举行反英游行示威大会,人数达30万之多。国民政府在同日决定组建汉口英租界临时管理委员会。1月8日,汉口英租界临时管理委员会正式成立,管理租界市政,收回教育主权。

在国民政府收回汉口英租界的同时,1月6日,英帝国主义在九江又制造杀伤华人的惨案,引起九江民众极大愤恨,九江英租界当天即被群众占领。1月7日,国民革命军接管租界。1月10日,九江英租界临时管理委员会成立。接管汉浔英租界后,国民政府与英国代表正式交涉,并在2月19日、20日订立协定,正式收回汉口、九江英租界。在广大革命群众

---

① 《第一次国内革命战争时期的工人运动》,人民出版社1954年版,第401页。

的支持下，刚从广州迁往武汉的国民政府外交部在处理汉口、九江英租界问题时，不卑不亢，一方面支持群众的反帝行为，号召民众拥护政府方针；一方面保护在华英人合法财物，维护国家主权，推动了全国的反帝运动走向高潮。

在反帝斗争取得巨大胜利的同时，各地的工农运动也迅猛发展。北伐开始后，中共在广东韶关举办北江农军学校，培养了一批农民武装斗争干部，有力地促进了各地农民运动的开展。在北伐军所占地区，农民运动更是蓬勃发展，出现农村大革命的新局面。

1926年7月，湖北省全省共有农会会员7.2万人。北伐军占领湖北后，农民协会不断建立，农协会员不断增加。1927年3月，湖北省第一次农民代表大会召开，省农民协会成立，农协会员迅速增加到100万人。江西省，1926年10月到11月期间，农民协会会员就从6200人增加到5万多人。到次年6月，江西农协会员人数已达到38万人。在农民运动最为激烈的湖南地区，更是猛烈地冲击封建势力和帝国主义在农村的统治。湖南农协会员在北伐前有40万人，1926年11月北伐军进入湖南后，农协会员人数迅速增加到136万人，1926年12月，湖南省第一次农民代表大会在长沙举行，大会通过了打倒土豪劣绅、实行减租减息、建立农民政权和武装等经济和政治决议案，正式成立湖南省农民协会。1927年1月，全省农民协会会员增加到200万人。

各省农协除带领广大人民群众拥护国民政府和支援北伐战争外，还建立了农民自卫军，开展打倒土豪劣绅、减租减息、取消苛捐杂税等斗争。轰轰烈烈的农民运动使得农民意识到自身的力量与责任。在农协带领下，农民组建自己的政权，农会成为最高机关，并建有农民武装——自卫军。除开展经济、政治斗争打倒土豪、改善农村和农民生活外，还通过经济、文化、政治建设，解放妇女，建立银行，修建道路，有的地方甚至开始重新分配土地，建立农村合作社发展经济，举办农民学校，提高农民文化与素养。这有力地打击了农村的封建思想，提高了农民阶级的革命性。

广东、广西、福建、安徽、河南、陕西等地区的农民运动在北伐战争进行期间也有重大发展。1927年3月，中华全国农民协会临时执委会成立。农民运动的蓬勃发展,有力地促进了北伐战争的顺利进行。广大农民群众力量的显现,一方面促进了农村变动、农民自身的解放与发展,另一方面也促进国民革命发展进程,巩固了革命成果。正如毛泽东所说,"国民革命需要一个大的农村变动"①。"若无农民从乡村中奋起打倒宗法封建的地主阶级之特权,则军阀与帝国主义势力总不会根本倒塌"②。

在北伐战争期间,工人运动也得到迅速发展。1926 年 7 月,中华全国总工会即发表《对国民政府出师宣言》,号召工人参加国民革命,实现工人之权益。北伐军所到之处,一些秘密活动的工会组织得以公开组织工人运动,新的工人组织迅速建立,工人运动蓬勃开展。工人在工会组织下,开展罢工,组织工人纠察队,支援北伐战争。湖南、湖北、江西等地分别成立了全省总工会,长沙、九江、武汉等大中小城市和县城纷纷组建工会,工会会员人数迅速增加。广州、上海、福建、江西、浙江、安徽等地的工人运动也迅速发展,工会组织从省到县得以建立。北伐前,全国总工会有会员 100 多万,截至 1927 年 3 月,会员人数迅速增加到 200 多万人,工会组织遍及各个行业,各地工会同时组建了大量工人纠察队。

在全国总工会的统一指导下,各地工人展开各种斗争,配合、支援国民革命军的北伐。湖南省工团联合会为北伐军运送物资,同时散发宣传品,唤起民众赞助北伐;汉阳兵工厂工人响应革命军,实行总罢工,不为吴佩孚制造枪械攻打革命军;中华全国总工会上海办事处要求工人利用一切手段,阻碍和破坏吴佩孚等的军事行动,不替其运送物资,并破坏其军需品的供应。各地工人在总工会带领下,开展罢工,组建工人自卫武装,一方面配合北伐军作战,另一方面反抗帝国主义和军阀,要求获得集会、结社等权利与自由,同时要求提高经济待遇、改善工作条件。

工农群众运动的兴起和迅猛发展,有力地提高了广大群众的革命觉悟,增强了人民群众的革命性,起到很好的社会动员作用,有力地动摇了帝国主义和封建军阀在中国城乡地区反动统治的社会基础,极大地促进了

---

① 《毛泽东选集》第 1 卷,人民出版社 1991 年版,第 16 页。
② 《毛泽东文集》第 1 卷,人民出版社 1993 年版,第 39 页。

国民革命的进行,形成一个革命高潮。

四、国民革命造成的新气象

1926年10月,国民党第二届中央执委会在广州召开。会议指出要实现全国政治与经济的统一,建设民主、廉洁政府,保障国内各民族和民众之各项权利,废除不平等条约,实行关税自主,改良国内军政和行政,发展工商业。在农民问题方面,会议提出减租减息,统一土地税,承认农民建立农协之权利,承认农协保障农民、建立农民自卫武装之权利,开展各项建设发展农村。在工人问题上,提出制定劳动法和工会法,保障工人的各项权利和权益。会议政纲积极贯彻了孙中山的新三民主义和三大政策,反映了革命统一战线中各个阶级的愿望,有力地促进了反帝反封建革命向前发展。

国民政府北迁武汉后,重视工农运动、军事和内政建设,举办了农民运动讲习所、中央军事政治学校,在财政法律建设方面取得了一定的成效。但蒋介石在南昌坚持独裁、反共,与武汉国民政府对抗。面对这种情况,武汉国民党中央在左派带领下开展了恢复党权运动,并在1927年3月10日召开了国民党二届三中全会。会议指出个人与党的分歧点、武力与党的分歧点和个人独裁制与民主集中制的分歧点事关国民党之存亡,也攸关全国之治乱。① 因而国民党中央执行委员会决定将"一切政治、军事、外交、财政等大权均集中于党",以适合中国革命。② 会议重新选举了国民党和国民政府以及军事领导机构,采取集体领导制,以防个人独裁。会议进一步贯彻了新三民主义和联俄、联共与扶助农工的三大政策,通过了一系列促进国民革命蓬勃发展的决议。会议继续强调国民革命的任务,要推翻帝国主义和反动军阀、建设民主政治、解除工农压迫,通过了《统一革命势力决议案》《农民问题决议案》等决议案,进一步肯定国共

---

① 荣孟源主编:《中国国民党历次代表大会及中央全会资料》,光明日报出版社1985年版,第298-299页。
② 荣孟源主编:《中国国民党历次代表大会及中央全会资料》,光明日报出版社1985年版,第314页。

合作、建立革命联合战线的原则及其意义，强调工农群众在大革命中的作用，设立农政部与劳工部，指导工农运动。

国民党二届三中全会的召开，是国民党左派与中国共产党的胜利。会议通过的一系列决议，提高了国民党党权，限制了蒋介石的个人独裁，贯彻了三大政策，巩固了革命联合战线，有力地促进了工农运动的蓬勃发展，推动了国民革命战争。与此同时，蒋介石与革命群众之间的矛盾日益尖锐，革命联合战线分裂危机逐渐严重。

这一时期，工人运动日益高涨。上海工人先后举行多次罢工，组建工会组织与工人纠察队，开展经济与政治斗争。北伐战争的胜利进军，使得上海工人运动逐渐转向武装起义。1926年10月至1927年2月，在共产党员领导下，上海工人先后举行两次武装起义，虽然两次起义遭到帝国主义与反动军阀的残酷镇压，最终失败，但人民群众的革命热情被极大地调动起来。1927年3月，北伐军占领上海龙华，上海工人利用军阀军队接防时机，发动第三次武装起义。3月21日，上海全市80多万工人宣布总罢工。3000多名工人纠察队员英勇作战，并且得到了上海市民和各界工人的大力支援。3月22日，上海解放，第三次武装起义宣告胜利；上海各界举行市民代表大会，成立上海特别市临时政府，建立了革命政权。

上海工人第三次武装起义的成功，成为国民革命兴起以来之新气象。工人武装起义的成功沉重打击了帝国主义和反动军阀，是工人阶级开始武装夺取政权的成功尝试，证明了中国工人阶级在民主革命中能够担负领导革命的使命。

第四节　国民革命的失败

一、帝国主义加紧对中国革命的干涉

北伐战争的胜利进军，革命势力迅速从南方发展到长江流域，沉重打击了帝国主义和北洋军阀的势力。随着战争的深入推进，人民群众的反帝热情极度高涨，工农运动蓬勃发展，革命势力席卷大半个中国。为了维护

其在华特权与利益，各帝国主义采取各种手段干涉国民革命。

　　帝国主义加强了对北洋军阀的支持。北伐军攻打武昌时，日本帝国主义积极帮助吴佩孚对抗北伐军，吴佩孚用悬挂日本旗帜的兵船运输军队。1926年下半年，张作霖宣布就任安国军总司令后，日本与英美帝国主义对张作霖积极扶持。日本"满株会社"出资300万日元，在华英商自出500万英镑。① 美国政府则卖给奉张一百架飞机及价值一千万美元的军需物资。② 1927年，在帝国主义列强的支持下，奉系军阀进入苏联大使馆搜查，大肆逮捕避居使馆的中共党员和国民党左派，李大钊等人被捕后英勇就义。帝国主义同意北洋军阀政府重开关税会议的要求，允许北洋军阀政府实施二五加税。对此，国民政府严重抗议，指出这是断送中国的关税自主权利，危害中国主权，并且使得北洋军阀"以此项附税抵借巨款，以资其扩充武力压抑革命之用"③。

　　帝国主义还不断地进行武力干涉，制造惨案，妄图压制国民革命与工农运动，维护其在华各项政治特权与经济利益。英国轮船在四川屡次撞沉中国船只，1926年8月，英"万流号"轮船违章行驶撞沉中国木船，18名群众、50多名川军官兵遇难，引起四川人民的强烈愤怒。9月5日，英帝国主义调派军舰，炮击万县（今重庆万州），民众死伤达一千多人，财产损失巨大。"万县惨案"引起全国人民的极大愤慨，各地开始抵制英货运动。在北伐军攻打武汉时，英帝国主义派出停驻沙面的军舰进入广州西堤，派水兵上岸破坏，逮捕工人纠察队成员，干扰北伐军后方。

　　1927年1月，英帝国主义紧急派调军舰来华④同其他帝国主义采取共同行动，决意不使上海成为第二个汉口。美、日、法、意等帝国主义相继

---

① 来新夏等：《北洋军阀史》，南开大学出版社2000年版，第1018页。
② ［苏］萨坡什尼柯夫著：《1924—1927年中国第一次国内革命战争（军事史略）》，齐志新译，湖北人民出版社1958年版，第60页。
③ 中国第二历史档案馆编：《中华民国史档案资料汇编》第四辑（下），江苏古籍出版社1986年版，第1609页。
④ 彭明主编：《中国现代史资料选辑第一、二册补编（1919—1927）》，中国人民大学出版社1991年版，第446页。

增派军舰和士兵驻守上海，以共同保卫租界。美国驻华公使提出"淞沪中立"的要求，阻挡北伐军入沪。这些行为不仅严重违反国际联盟条约中尊重各会员国领土完全与独立等条款，而且严重侵犯了中国主权，引起国民政府和人民群众的强烈反抗。

1927年3月北伐军进入南京城后，北洋军阀之散兵溃勇和地痞流氓等在混乱中袭击外国领事馆并劫掠钱财，事后英美等帝国主义者以此为借口，声称要保护侨民和领事馆之安全，下令停泊于下关的兵舰炮击毫无军事防备的南京城，南京军民伤亡惨重。南京惨案发生后，帝国主义贼喊捉贼，在4月11日向武汉国民政府发出最后通牒，提出惩凶、赔偿、道歉等要求。武汉国民政府就南京事件中英美兵舰炮击南京提出严重抗议。国民党中执会同时发表告美国民众书，指出国民革命军进入南京后，即对外人财产予以保护，这个事实不容否认；各列强"对于太平洋之利益，有连鸡并栖之势，甘为戎首者，必至酿成燎原之大火"，外国帝国主义所竭力维持的中国的封建军阀制度，与英国民主政治所背驰，英国之政策，在使中国分裂，从而实现其压迫中国人民的目的。①

与此同时，各帝国主义纷纷改变外交策略，不断对南方革命政权进行外交压迫与拉拢分化，并通过经济封锁等手段打压中国革命。汉口九江英租界收回后，帝国主义纷纷关闭租界中的工厂、银行等工商业机构，在一些地区，帝国主义将侨民迁出，封闭工商企业，与武汉断绝经济贸易关系，企图封锁武汉经济，打压革命。

鉴于革命势头的不可阻挡，帝国主义国家开始与南方革命政权联系，准备承认国民政府。英国新任驻华公使蓝浦生，分别拜访张作霖与武汉国民政府外交部长陈友仁，同时派出公使代表常驻汉口以笼络武汉国民政府。日本众议员大内畅三与国民党驻北京代表李石曾等人甚至初拟了中日关系六纲领，以促成南北统一。

各帝国主义还采取分化政策，将中国革命阵营分为"稳健派"与

---

① 中国第二历史档案馆编：《中华民国史档案资料汇编》第四辑（下），江苏古籍出版社1986年版，第1630—1633页。

"激进派"，对革命阵营中所谓"稳健派"进行威逼利诱，期望以"稳健派"打击"激进派"，削弱革命势力，破坏中国革命。帝国主义纷纷派人与所谓稳健派和国民党右派、反动分子联系，进行拉拢，以分化革命联合战线，很快就有了成效。蒋介石在掌握军政大权后，其右派的面目更加明显，帝国主义视之为稳健派的领袖。蒋介石先后面见日本驻九江领事等人，同时派遣吴铁城、戴季陶等人前往日本，寻求支持。英美等帝国主义国家也积极与蒋介石联系，对其进行拉拢。蒋介石也极力向帝国主义示好，以取得帝国主义的支持与援助，为其叛变革命做准备。

二、四一二政变与国民革命的局部失败

面对蒋介石掌控军政大权后日益独裁的局面，国民党左派和共产党人发起了恢复党权运动。1927年3月，国民党召开二届三中全会，强调了党对政治、军事的领导权力，从一定程度限制了蒋介石的权力；但为了早日完成北伐，又对蒋介石采取了容忍的态度，蒋介石仍被选为国民党中央常委、军委主席团成员，并继续担任国民革命军总司令。会后，蒋介石的权力膨胀并没有收敛，反而加快了分裂革命阵营的步伐。

1927年3月26日，蒋介石抵达上海，随即向帝国主义示好，保证与租界当局密切合作。帝国主义也将蒋介石、白崇禧等人视为可以让长江以南地区免遭共产党人之手的保护力量。上海商业联合会表示"一致拥护蒋总司令，肃清共产分子，奠定国家"[1]，并与蒋介石积极合作，共同镇压革命活动。上海总商会和青帮头目黄金荣、杜月笙等人也与蒋介石修好，给予蒋介石资金等援助，支持蒋介石反共。在国内外各种反动力量的支持下，蒋介石开始在上海筹划清党运动，发动反革命政变。

蒋介石到上海后，一面对工人纠察队表示"纠察队本应武装，断无缴械之理，如有人意欲缴械，余可担保不缴一枪一械"[2]，并送"共同奋

---

[1] 彭明主编：《中国现代史资料选辑（1924—1927）》（第二册），中国人民大学出版社1988年版，第388-389页。
[2] 彭明主编：《中国现代史资料选辑第一、二册补编（1919—1927）》，中国人民大学出版社1991年版，第450页。

斗"锦旗给上海总工会，麻痹工人阶级；一面要求上海临时市政府暂缓办公，同时让杜月笙等帮派头目组织反动团体，对抗上海总工会。与此同时，蒋介石为其反革命行动做好军事准备。他将南京、上海等地服从武汉国民政府的部队缴械、调防，并安排自己的部队驻守该地区。江苏省党部、南京市党部等拥护武汉国民政府的组织被蒋介石派人捣毁。

同年4月初，蒋介石在上海召集国民党军事将领李宗仁、白崇禧、李济深和国民党中央监察委员张静江、吴稚晖等人举行反共秘密会议，主张立即以暴力手段"清党"。

4月12日凌晨，大批青帮武装分子冒充工人，从租界出发，进攻上海多处工人纠察队。工人纠察队奋起反抗。刚刚倒戈参加国民革命军的周凤岐所辖第二十六军士兵妄称制止"工人内讧"，在其欺骗与威胁下，2000多工人纠察队的武装被收缴，上海总工会被占领。在此两天前，上海总工会委员长汪寿华已被诱骗杀害。4月13日，上海总工会在闸北青云路广场举行集会游行，要求交还纠察队枪械。当游行队伍行至宝山路时，埋伏在弄堂里的周凤岐部队突然冲出，用枪扫射游行群众，打死100多人。此后，又疯狂搜捕和屠杀共产党人和革命分子。陈延年、赵世炎等共产党员先后被捕，惨遭杀害。到4月15日，有300多上海工人和革命志士被杀。

在四一二反革命政变前后，江苏、安徽、浙江、福建、广东、广西、四川等地也发生了以"清党"名义，搜捕杀害共产党人的事件。在广州，广东军阀制造"四一五惨案"，一周内捕杀共产党人和革命群众2100多人。共产党人李启汉、刘尔崧、萧楚女、邓培、熊雄等惨遭杀害。

4月18日，蒋介石在南京另立国民政府，公开与武汉国民政府对峙。

蒋介石四一二反革命政变标志着以国共合作为基础的国民革命的局部失败。它使处于高潮的国民革命形势急转直下，白色恐怖骤然而至，并造成革命联合战线内部巨大的变动与分化。

三、中共中央在应对革命危机中的失误

面对日益严峻的革命形势，中国共产党先后召开汉口特别会议和第五

次全国代表大会,以制定革命策略,应对当前革命局势,反击反动派,推进革命继续发展。1926年12月13日,中共中央在汉口召开特别会议,会议将民众运动中的"左"倾视作主要危险,强调与国民党左派合作,以其为领导,与反动派斗争;甚至不惜以让步求得革命联合战线之巩固,使得工农运动受到打击,群众热情受到压制,助长了国民党右派叛变革命。在革命面临严重危机的情况下,这种妥协退让的做法没有为党指出正确策略,使得右倾错误进一步发展。

四一二政变后,中共中央发出宣言,指出蒋介石已变为国民革命的敌人、帝国主义的工具,"完全赞成国民党中央执行委员会之决议,罢免蒋介石国民革命军总司令,开除党籍和拿办的决定"[①]。中共党员在各地组织群众掀起反帝讨蒋运动。

在革命紧急关头,1927年4月27日,中国共产党在武汉召开第五次全国代表大会,会议接受了共产国际执委会第七次扩大会议关于中国革命的报告,通过了大会宣言和《政治形势与党的任务议决案》等决议。

中共五大宣言指出"现时革命阶段里的显著的特性"是"阶级的分化和帝国主义的干涉"。在《政治形势与党的任务议决案》中,进一步指出工人阶级在革命中已站在最主要的地位,取得了斗争的领导权。在这个阶段中,革命势力的基础是无产阶级、农民与城市小资产阶级的革命联盟,由无产阶级行使领导权。党在前期忽视了争夺革命领导权,使得资产阶级"占了上风",今后应该以土地革命即民主政权纲领去号召农民和小资产阶级,执行急进的土地改良政纲和创造乡村的革命民主政权。

大会集中讨论了国民革命中的土地问题,在《土地问题议决案》中指出,要"没收大地主及反革命派的土地",重新分配,"向着土地国有、取消土地私有制度"的方向进行,以彻底解决土地问题,保障农民权益,建立农民政权,实现国民革命和农民革命的结合。在工运问题上,会议提

---

① 中共中央文献研究室、中央档案馆编:《建党以来重要文献选编(一九二一——一九四九)》第4册,中央文献出版社2011年版,第170页。

出了工运的七条新方针，其中包括职工应在政治、经济方面向资产阶级勇猛进攻，"一直到没收一切银行、矿山、铁路、轮船、大企业、大工厂等归国有的实现"等内容。要建立工人纠察队，鼓励工人当兵，以使军队革命化，建立真正的革命的军队。

中共五大对陈独秀的右倾错误进行了一定的批评和纠正。会议肯定了革命军队可"使革命永立于不败之地"，提出了共产党与国民党共同担负政权的问题，但却指出民权同盟应在国民党的旗帜下；并且认为武汉国民政府是工人、农民与小资产阶级的"革命的民权联盟，是国民革命的指导者"。大会宣言指出"联合民权派的一切成分于国民党旗帜之下，以强健这个革命的同盟，是无产阶级在这个革命阶段中主要的职任。革命的民权同盟，是国民革命的指导者。为着强健这个同盟，无产阶级要在革命斗争中行使领导权。共产党人加入国民党，参加国民政府的工作，并非是以竞争者的态度要夺得政权"，而是为了"巩固革命分子的结合，保障革命的发展"①。中国共产党虽然认识到无产阶级在革命斗争中行使领导权的重要性，但却始终没有给出如何解决领导权的办法，特别是军权与政权问题，没有清醒地认识到国民党左派的日益右倾。

中共五大虽然对当时的右倾错误有所纠正，但是面对武汉国民政府的日益右倾，中共中央仍然采取了妥协政策，以避免革命统一战线破裂。中共的妥协行为使得工农运动受到严重压制。这次会议也出现了一定的"左"倾错误，认为国民革命已发展到"工农小资产阶级之民主独裁制的阶段"，革命的前途将"直接走到社会主义建设的斗争"中去。中共五大没有承担起在革命危机时刻制定有力措施以指导党的斗争的作用。革命面临的危机进一步加剧。

四、七一五政变与国共合作的全面破裂

在共产党和国民党左派努力下，武汉国民政府对于蒋介石发动四一二

---

① 中共中央文献研究室、中央档案馆编：《建党以来重要文献选编（一九二一—一九四九）》第 4 册，中央文献出版社 2011 年版，第 223 页。

政变，予以严厉斥责。武汉国民党中央执行委员会开会决定，开除蒋介石党籍，并免去其所有职务。此时的汪精卫依然以左派领袖自居，在与李宗仁等人会谈时声称："我是站在工农方面的啊！谁要是残害工农，谁就是我的敌人"①。武汉国民政府在对待工农运动方面仍持支持态度。各地工农运动蓬勃发展。许多地区建立了工人纠察队、农民协会等组织。在中国共产党的领导下，农民运动也不再是简单地要求减租减息，而是上升到土地所有权和建立农民政权与武装的高度，农民运动发展到一个新的阶段。

南京国民政府成立后，从各方面打压武汉国民政府，加之武汉地区内部所出现的一系列问题，使得此时的武汉国民政府深陷经济危机与军事危机。帝国主义与蒋介石联合，断绝武汉政府交通，封锁京汉路、粤汉路和长江航道，使得武汉成为孤岛。帝国主义与中国大资产阶级关闭在武汉的工商企业与银行，运走物资，套取现金，与武汉国民政府断绝业务往来，从经济上打压、封锁武汉国民政府。

因为经济封锁带来的物资短缺、劳资纠纷和工人运动中一些"过火"行动，一些工厂被迫停工，一些店铺企业由于物价和劳资的上涨不得不关停歇业，工人失业人数迅速上升，多达30万之众。武汉国民政府本身财政收入短缺，军费支出巨大，财政赤字庞大。尽管武汉政府为维持财政采取了要求银行停止兑现、查封各行库存以集中现金和增发纸币等措施，但仍无法抑制货币贬值、物价高涨、物资奇缺的恶化，陷入经济危机的泥潭之中。

武汉国民政府还面临严重的军事威胁。各路军阀和蒋介石所辖军队将武汉团团包围，使得武汉军事形势日益紧张。为解决军事危机，1927年4月19日，武汉国民政府在武昌举行第二期北伐誓师典礼，继续北伐。北方冯玉祥也积极与武汉国民军联系，共同攻打北洋军阀，双方成功会师河南。但武汉国民政府陷入的种种危机，工农运动的蓬勃发展及其存在的一定程度的过火行为，引起了武汉地区反动政客和军阀的不满，反动军官相

---

① 《李宗仁回忆录》，广西人民出版社1980年版，第322页。

继发动叛乱，反攻工农运动，大肆屠杀工农群众。

　　1927年5月，驻防宜昌的国民革命军独立第十四师师长夏斗寅发动叛变，发表讨共通电，攻打武昌，并与土豪劣绅联合，打击农民运动，屠杀群众和农运人员达数千人。驻守长沙的第三十五军第三十三团团长许克祥又在5月21日发动"马日事变"，组建"湖南救党委员会"，进攻国民党湖南省党部和工会、农会等团体，屠杀工农运动工作人员和革命群众。紧随其后，国民革命军第三军军长朱培德将在赣的共产党员和国民党左派"礼送出境"，取缔境内的工农组织及其活动。

　　面对反动军官的军事叛变和经济、军事危机，汪精卫等领导下的武汉国民政府迅速右转。汪精卫等人认为马日事变与湖南农民运动有关，决议不以武力解决，对许克祥只是记过一次，派谭平山等人前往湖南纠正农运中的"过火"行为。马日事变成为武汉国民党右转的一个标志。武汉国民党中央组织了特别委员会，查办湘鄂赣地区党政机关、群众团体的越轨言行。国民政府组织特种委员会，对工人的"过度"要求进行审查，禁止工人纠察队的活动。与此同时，武汉国民党和国民政府污蔑农民运动幼稚过火，扰乱后方，无异于反革命，要予以制裁；发布训令压制湖北工人运动，解散了湖北两处农协，停止河南各地党部和农协等团体的活动。这严重打压了工农运动的发展和人民群众的革命性，同时也促使两湖地区土豪劣绅和反革命势力开始反攻工农运动，进一步推动了武汉国民政府的右倾。

　　6月，冯玉祥与汪精卫在郑州举行会议，双方就分共等问题达成一致。冯玉祥随后又与蒋介石在徐州召开会议，双方决议继续反共清党、开展北伐。徐州会议结束后，冯玉祥开始倾向蒋介石一方，居中调停武汉国民政府与南京国民政府。冯玉祥致电武汉，要求武汉政府驱逐鲍罗廷回国，与共产党分离，敦促宁汉双方尽快合作。同时，冯玉祥在其军队中清共，240多名中共党员被遣送出辖区。武汉国民政府开始酝酿分共，严查共产党组织，免去鲍罗廷等苏联顾问职务。

　　面对革命局势的迅速变化，陈独秀和鲍罗廷等人采取妥协退让的政策，试图维护革命统一战线。中共五大召开后，中共中央先后发布通告，指出要纠正工农运动中的过火行为，并将工人纠察队予以解散。与此同时，中共中央通过了《国共两党关系的决议案》，在多方面对国民党继续让步。共产国际在6月1日给中共中央发出紧急指示，提出迅速实行土地革命、提拔新领袖以革新国民党中央、组建工农群众组成的军队、成立革命法庭惩办反动派等要求，以挽救中国革命局势。共产国际代表为了争取汪精卫继续革命，将这个指示告知汪精卫，但汪精卫看过指示后，认为这根本上危害了国民党之生命，遂以此为借口，下定决心反共。何键、唐生智等人也在湖南地区开展清党，查封工会，逮捕共产党员。

1927年7月15日，汪精卫等控制的武汉国民党中央召开"分共"会议，决定同共产党决裂，彻底背叛孙中山制定的国共合作政策和反帝反封建纲领。随后，汪精卫控制的国民党和武汉国民政府下令取缔革命组织，镇压工农运动，大批共产党员和革命群众惨遭杀害。至此，由国共两党共同发动的国民革命宣告失败。

五、国民革命失败的原因及经验教训

国共两党合作发动的国民革命在中国革命史上谱写了光辉的篇章，这是一场以工农大众为主体，有民族资产阶级、小资产阶级参加的人民革命运动。国民革命沉重打击了帝国主义在华势力，动摇了北洋军阀的反动统治，使民族民主革命思想得到了空前传播，在中国人民中产生了巨大的革命影响。

国民革命是在敌强我弱的阶级力量对比下进行的。帝国主义、封建军阀的力量，远远大于刚刚兴起的革命力量。革命阵营中掌握主要领导权的蒋介石集团、汪精卫集团，在革命深入发展中一步步背叛革命，转向了革命的对立面。所有这些，无疑是国民革命失败的主因。但是，在革命发展过程中，中国共产党中央主要领导人的右倾错误决策和共产国际的错误指导也是重要原因。

在大革命洪流中的年轻的中国共产党，虽然初步提出了新民主主义革命的基本思想，但却严重欠缺革命斗争的实践经验，缺乏根据中国革命实

际情况做出独立判断的能力，对革命局势做出了误判，也没有办法提出正确的策略以应对革命进程中的剧烈变化。工农群众是革命的巨大力量，工人阶级应该在国民革命中夺取领导权，带领革命群众完成民主革命纲领，共产党虽然意识到这一点，但在实际工作中始终没有解决好革命领导权的问题，而只是一味妥协退让，过分强调国民党的领导地位。党虽然提出了开展土地革命等关于农村革命的纲领，但却强调农民革命应在国民政府领导下展开。为了巩固革命的联合战线，一味地向小资产阶级让步，压制工农运动，从而自动放弃了对联合战线中的领导权。对建立革命武装的问题有了进一步的认识，肯定了军队在革命中的地位，但在陈独秀右倾错误指导下，却认为建立军队太惹人注目，放弃了建立工农群众自己的革命武装的打算。

在国民革命中，共产国际、联共（布）及其驻华代表对中国的国民革命有过许多正确的指导。但国民革命的最终失败，共产国际、联共（布）及其驻华代表也有不可推卸的责任。共产国际在制定相关策略和政策时，忽略了中国的具体国情和革命的实际情况，做出了很多错误的指导，对中共中央所犯的右倾错误也有责任。共产国际肯定工人阶级在国民革命中的领导地位，但却依然采取支持国民党的做法。面对四一二反革命政变前上海局势的变化，共产国际致电中共中央，要求避免与国民党发生冲突，对蒋介石做出某些让步。陈独秀等中共中央领导人不得不妥协。共产国际执委会第七次、第八次会议，依然强调国民党和国民政府在国民革命中的领导地位。共产国际派驻中国代表维经斯基也承认"对中国共产党所犯错误我要承担很大的责任，要承担比中国共产党领导更大的责任"①。

国民革命的失败，既给中国共产党和广大革命群众留下了深刻的经验教训，也为中国革命的进一步发展奠定了坚实基础，指明了道路与方向。中国革命前进的步伐并没有停止。中国共产党从革命失败的痛苦经历中，

---

① 中国社会科学院现代史研究室编译：《维经斯基在中国的有关资料》，中国社会科学出版社1982年版，第159页。

获得了深刻的经验教训,走上了独立领导中国革命的新的征程。

思考题

1. 国共两党为什么能实现第一次合作?
2. 北伐战争取得胜利进展的原因有哪些?
3. 国民革命失败的原因和教训是什么?

第六章　土地革命战争和抗日救亡运动

国民革命失败后，中国革命转入低潮。以蒋介石为代表的国民党集团建立了一个代表地主阶级和买办资产阶级的反动政权，对外投靠帝国主义，对内实行专制独裁。国民党反动统治成了中国革命的直接目标。中国共产党继续高举革命的旗帜，在白色恐怖的艰苦岁月里，独立地领导武装斗争，实行土地革命，创建了红军和农村根据地，开创了农村包围城市的中国革命新道路。在中国革命走向复兴的过程中，中共中央在共产国际的错误指导下，犯了严重的"左"倾错误，给中国革命造成严重的损失。遵义会议确立了以毛泽东为代表的新的中央的正确领导，挽救了党、红军和中国革命。红军长征的胜利，使中国革命出现了新的局面。九一八事变后，特别是华北事变后，面对日本帝国主义的侵略，全国逐渐掀起了抗日救亡运动的高潮。西安事变的和平解决，成为时局转换的枢纽，国内和平基本实现。

第一节　中国共产党领导的土地革命战争的兴起

一、国民党统治下的中国社会和反抗国民党统治的必要性

1927年国民革命失败后，国民党的性质发生了变化，成为一个代表大地主、大资产阶级利益的反动政党。国民党统治集团内部派系林立，矛盾重重，为争夺最高统治权和地盘彼此间进行着明争暗斗，甚至兵戎相见。经过几番争斗，宁、汉合流。1928年2月，国民党召开二届四中全会，改组了南京国民政府，蒋介石集党政军大权于一身。会后，蒋（介石）、冯（玉祥）、阎（锡山）、桂（李宗仁等）四大派系的军队分别改编为国民革命军第一、二、三、四集团军。4月，国民革命军发动了对奉系军阀张作霖的"北伐"。6月，张作霖在退守关外的途中，在沈阳附近的皇姑屯车站被日本关东军预埋的炸药炸死。12月29日，其子张学良通

电宣布"服从国民政府,改易旗帜"。在此之前,西南各省军阀先后通电拥蒋,新疆、热河也宣布易帜。至此,国民政府在形式上实现了全国的统一。

国民党新军阀之间的妥协是暂时的。随着对奉战争的结束,各派之间围绕着地盘分配和军队编遣的问题,又开始了激烈的角逐,矛盾日趋白热化,终于酿成连绵不断的新军阀混战局面。1929年3月,蒋介石与桂系军阀之间爆发了争夺两湖地盘的战争,4月桂军失败。10月,蒋冯开战,11月,冯玉祥败退陕西。12月,张发奎与桂系联合发动了对蒋介石的战争,不久为蒋所败。与此同时,唐生智、石友三举兵反蒋,也被蒋军打败。1930年5月,蒋、桂、冯、阎四派的大规模军阀混战,即"中原大战"爆发。9月中旬,张学良通电拥蒋,10万东北军入关助蒋作战,占领平津,整个战局急转直下。10月底,反蒋军全线崩溃。中原大战历时7个月,双方投入兵力110万人,死伤30余万人,耗用军费5亿元,给人民的生命财产带来了无以估量的损失。经过数次混战,蒋介石集团确立了在各派军阀中的优势地位,巩固了在国民党内和全国的独裁统治。

国民党政府大力推行法西斯独裁统治,不断强化其反动国家机器。

第一,建立了庞大的反革命武装,作为维护反动统治的支柱。据1929年3月国民党官方提供的材料,当时全国军队总人数达200万以上,年军费2亿余元,占国民政府总支出的75%以上。1932年6月,国民党陆军整编为48个军。各地还建立了保安指挥系统和保安团队。

第二,建立了庞大的特务组织,以加强对内控制,镇压人民的反抗。蒋介石依靠"国民党中央调查统计局"(简称"中统")和"国民党军事委员会调查统计局"(简称"军统")这两个庞大的系统,把特务活动渗透到一切军事、政治、经济、文化领域。其主要任务就是反对共产党,破坏革命运动,绑架或暗杀革命者和异己分子。

第三,大力推行封建保甲制度,加强对人民的监控。保甲是国民党政权的基层组织,规定十户为甲,十甲为保,分设甲长、保长,保甲长大多由豪绅地主及其爪牙充任。保甲以"自治"为旗号，以"管教养卫并重"①为活动原则。自1934年11月起，保甲制度在全国普遍推行，广大人民被禁锢在保甲制度之内。

第四，实行反动的思想文化专制主义，以欺骗、麻痹人民。为了控制舆论，剥夺人民的言论和出版自由，国民党政府先后颁布了《暂行反革命治罪法》《危害民国紧急治罪法》等多项反动法律，查封进步团体，查禁进步书刊，许多进步作家被监视、拘捕乃至枪杀。

第五，对共产党人和革命人民实行疯狂的屠杀政策。据中共六大时的不完全统计：从1927年3月到1928年上半年，被杀害的共产党员和革命群众达31万多人，其中，共产党员26000多人。陈延年、萧楚女、赵世炎、罗亦农、向警予、陈乔年等共产党的重要活动家都牺牲在国民党的屠杀政策之下。

国民党统治在全国建立后，帝国主义列强对中国经济的侵略更加深入。1930年中国境内的外国船舶吨位数占中外船舶吨位总数的82.8%。1931年由外国直接经营和控制的铁路里程数占全国铁路里程总数的84.3%；同年，外国资本控制的机械采煤产量和生铁产量分别占全国机械采煤和生铁产量的69.1%和97.2%。与此同时，蒋介石、宋子文、孔祥熙、陈果夫陈立夫四大家族，采取了政治强制和军事经济掠夺的办法，逐渐形成了庞大的官僚资本，到1936年前后，控制了整个国家的经济命脉。四大家族官僚资本是一种买办的、封建的国家垄断资本主义，是国民党统治的经济基础，它严重地阻碍着中国社会经济的发展。

总之，国民党在全国的统治，"依然是城市买办阶级和乡村豪绅阶级的统治"②，对外投降帝国主义，对内以新军阀代替旧军阀，同北洋军阀的统治没有本质区别。它与北洋军阀统治相比，更具有欺骗性、买办性和残酷性。由于国民党曾经是人们熟悉的一面革命旗帜，国民党新军阀利用它在群众中的影响实行反动统治，因而，更富有欺骗性；它是依靠帝国主

---

① "管"是清查户籍，实行连坐；"教"是党化教育，宣传反共；"养"是摊派税款，组织劳役；"卫"是抽派壮丁，缉捕镇压。
② 《毛泽东选集》第1卷，人民出版社1991年版，第47页。

义支持建立起来的，在经济上逐步形成了以四大家族为代表的官僚买办资本主义，对外实行妥协退让，因此，具有更大的买办性；它在军事上建立了一支数量上和装备上都远远超过中国历史上任何时代的反革命军队，建立了庞大的特务组织，实行法西斯统治，因此，更具有残酷性。这个反动政权没有也不可能使中国走上独立地发展资本主义的道路，而只能使中国继续处于半殖民地半封建社会的境地。"全国工农平民以至资产阶级，依然在反革命统治底下，没有得到丝毫政治上经济上的解放"①。正因为如此，中国人民要争得民族独立和自身解放，就必须同这个反动统治作坚决的斗争。

二、共产党领导的武装起义及在国民党统治区的地下斗争

国民革命失败后，中国共产党和中国人民并没有被国民党的屠杀政策所吓倒、所征服、所杀绝。中国共产党继续高举起革命大旗，领导人民进行了艰苦卓绝的斗争。

1927年7月下旬，中共中央决定在南昌举行武装起义，并成立以周恩来为首的前敌委员会。8月1日，周恩来、贺龙、叶挺、朱德、刘伯承等率领党直接掌握和影响的军队2万余人，举行南昌起义；经过4个多小时的激烈战斗占领了南昌城。8月3日，起义部队按照中央在起义前的决定，开始撤离南昌南下广东，准备重建广东革命根据地；9月下旬到达潮州、汕头地区，因遭到优势敌人的围攻而失败。保存下来的部队，一部分转移到海陆丰地区，与当地农民武装会合；另一部分在朱德、陈毅率领下，经粤北、赣南转入湘南开展游击战争。南昌起义打响了武装反抗国民党反动派的第一枪，在全党和全国人民面前树立起一面革命武装斗争的旗帜，标志着中国共产党独立领导革命战争、创建人民军队和武装夺取政权的开始。

8月7日，中共中央在汉口召开紧急会议。会议总结了国民革命失败的教训，批评了陈独秀的右倾机会主义错误，讨论了党的工作任务，确定

---

① 《毛泽东选集》第1卷，人民出版社1991年版，第47页。

了土地革命和武装反抗国民党反动派的总方针，决定在湖南、湖北、江西、广东四省发动农民举行秋收起义。会议还提出了"整顿改编自己的队伍，纠正过去严重的错误，而找着新的道路"① 的任务。毛泽东在发言中着重阐述了农民问题和武装斗争对于中国革命的极端重要性，特别强调"以后要非常注意军事。须知政权是由枪杆子中取得的"②。

八七会议后，中共中央决定毛泽东为特派员去湖南领导湘赣边界的秋收起义。9月9日，起义开始。原计划兵分三路，相机夺取长沙。但由于遭到强敌阻击，某些指挥员指挥失当和邱国轩团叛变，各路起义军先后遭受很大损失。14日，毛泽东决定改变攻打长沙的计划，命令部队迅速到浏阳县文家市集中。19日，毛泽东主持召开前委会议，决定部队进入江西，沿罗霄山脉南下，向敌人力量薄弱的农村进军，以保存和发展革命力量。由此开始了向农村进军这一中国革命史上具有决定意义的创新起点。9月29日，部队到达永新县三湾村，前委对部队进行了改编。"三湾改编"的主要内容是：将原有的不足千人的一个师缩编为一个团；在部队中建立共产党各级组织，将党的支部建在连上；在部队内部实行民主制度，成立各级士兵委员会，官兵在政治上处于平等地位。三湾改编开始改变旧式军队的习气和农民自由散漫的作风，成为建设共产党领导的新型人民军队的重要开端。10月初，部队到达宁冈县（今属江西省井冈山市）古城，27日抵达茨坪，开始了创建井冈山农村革命根据地的新的征程，走上一条在农村建立革命根据地，以保存和发展革命力量的道路。这条道路，代表了大革命失败后中国革命的发展方向。

1927年12月11日，在中共广东省委书记张太雷和叶挺、叶剑英等领导下，国民革命军第四军教导团全部、警卫团一部和广州工人赤卫队7个联队以及市郊部分农民武装，联合举行武装起义。经过几个小时的激战，起义军占领了广州的绝大部分市区，随即成立了广州苏维埃政府。由于优势敌人的猖狂反扑，起义部队虽浴血奋战，但终因寡不敌众，在起义

---

① 中共中央文献研究室、中央档案馆编：《建党以来重要文献选编（一九二一——一九四九）》第4册，中央文献出版社2011年版，第439-440页。
② 《毛泽东文集》第1卷，人民出版社1993年版，第47页。

后的第三天遭到失败。张太雷和许多指战员英勇牺牲。从广州撤出的起义军，一部分与海陆丰地区的农民武装会合；另有少部分分别转移到广西左、右江和湘南地区，坚持开展革命斗争。广州起义是对国民党反动派叛变革命和实行屠杀政策的又一次英勇反击，是中国共产党领导的武装夺取城市政权的又一次尝试。实践再一次表明，在敌强我弱的形势下，企图通过城市武装起义或进攻大城市来夺取革命的胜利，是不可能的。

从八七会议到1928年夏，中国共产党还在其他一些地区先后领导了近百次武装起义。主要有：中共东江特委和彭湃领导的东江起义，中共琼崖特委领导的琼崖起义，马尚德（杨靖宇）领导的河南确山起义，中共鄂东特委领导的黄安、麻城起义，中共赣南特委领导的赣西南起义和万安起义，方志敏、邵式平、黄道领导的赣东北起义，周逸群、贺龙领导的湘鄂西起义，郭滴人、邓子恢、张鼎丞等领导的闽西起义，刘志丹等领导的陕西渭南、华县起义，彭德怀、滕代远、黄公略等领导的湖南平江起义等。所有这些起义，大多数因为强敌镇压或本身准备不足而失败。但它表现了中国共产党人和广大工农群众不畏强暴、前赴后继的革命精神，不同程度地打击了国民党的反动统治，扩大了党在农村的影响。其中保留下来的革命力量，深入农村开展游击战争，为后来红军和农村革命根据地的大规模发展奠定了初步的基础。

八七会议后，中共中央机关从武汉秘密迁到上海。中共中央先后成立了南方局（张国焘为书记）、北方局（王荷波为书记）、长江局（罗亦农为书记），并派遣干部到各地恢复和重建被破坏的组织，建立和健全秘密工作机构和制度，把秘密工作和公开工作结合起来，实行机关"社会化"和"家庭化"，进行隐蔽斗争。为了保卫党中央机关，营救被捕的同志，惩办叛徒、打击敌特、收集情报、配合红军和根据地的斗争，中共中央成立了由周恩来领导的"特科"。中共中央还秘密出版了《布尔塞维克》《红旗》《中央通讯》等刊物，宣传党的主张。

通过艰苦的努力，中国共产党在国民党统治区的工作得到初步的恢复和发展。中共中央在以城市为中心的思想指导下，以主要精力从事工人运动。据全国总工会的统计，到1929年底，全国赤色工会会员及其影响下的工人群众共有近四万人。上海、天津、武汉、厦门等地恢复了地方总工会。1930年，各大城市产业工人中的党支部，由一年前的100个左右增加到220多个。到1931年初，中国共产党已在全国17个省市的22个大中城市、44个县重建和恢复了党的组织，党员达12万多人，其中白区党员占三分之一。工人运动有了一定程度的恢复和发展。据中华全国总工会的统计，1928年上海发生了94起罢工，斗争结果工人完全胜利的占25%，相当胜利的占19%，失败的占13%。1929年4月，唐山开滦五矿十多万工人为增加工资、改善待遇举行大罢工，迫使矿方答应工人提出的条件。6月，青岛日商纱厂2万余工人举行了为时4个月之久的反日大罢工，打击了日本帝国主义的气焰。1930年6月，上海法电工人持续57天的大罢工，利用合法手段，采取正确的斗争策略，最后取得了胜利。

与此同时，农民的抗租、抗粮、抗税等斗争，城市贫民反对苛捐杂税的斗争，学生运动、妇女运动、左翼文化运动、国民党军队中的士兵运动等也都有发展，在一定程度上打击了国民党的反动统治，扩大了革命的影响。

三、以毛泽东为代表的共产党人对中国革命新道路的艰辛探索

毛泽东在率领湘赣边界秋收起义部队向井冈山进军中，把革命的退却和革命的进攻有机结合起来，积极探索中国革命的战略转变，点燃了"工农武装割据"的星星之火。

1928年6月，中国共产党召开第六次全国代表大会，会议肯定了农村根据地和红军是决定革命新高潮的更大的发展基础和重要力量。1929年6月，中共六届二中全会明确指出：中国革命要胜利，必须要有红军、必须要有广大的苏维埃区域的帮助。同年9月，中共中央给红四军前委的指示信强调："先有农村红军，后有城市政权，这是中国革命的特征，这是中国经济基础的产物。"① 这些精神和指示为党探索中国革命的新道路

---

① 中共中央文献研究室、中央档案馆编：《建党以来重要文献选编（一九二一——一九四九）》第6册，中央文献出版社2011年版，第512页。

奠定了重要的思想基础。在对中国革命新道路的探索过程中，毛泽东做出了杰出的贡献。

以毛泽东为代表的中国共产党人，不仅在实践中坚持了党的六大路线的正确方面，解决了党的六大没有提出或没有能够解决的问题，创造了坚持并发展农村革命根据地的宝贵经验，并在总结各地红军战争和农村根据地建设经验教训的基础上，找到了一条以农村包围城市、武装夺取政权的革命新道路。1928年10月和11月，针对党内军内有些人产生的悲观情绪，毛泽东写了《中国的红色政权为什么能够存在?》和《井冈山的斗争》两篇文章，从理论上阐明了中国红色政权存在和发展的原因、条件，提出了以共产党领导下的土地革命、武装斗争与根据地建设三者紧密结合为基本内容的"工农武装割据"的思想。

1929年4月，针对共产国际和党内某些人担心农村斗争超过城市斗争将不利于中国革命的观点，毛泽东指出：半殖民地中国的革命，只有农民斗争得不到工人的领导而失败，没有农民斗争的发展超过工人的势力而不利于革命本身的。

1930年1月，针对党内和军内有些人仍然缺乏用"红色政权的巩固和扩大去促进全国革命高潮的深刻观念"，认为"在距离革命高潮尚远的时期做这种建立政权的艰苦工作"是"徒劳"① 的想法，毛泽东又写了《星星之火，可以燎原》长篇通信，进一步发展了"工农武装割据"的思想，阐明了中国革命必须而且只能走与资本主义国家不同的道路，明确指出红军是"将来大革命的主要工具"，红色政权的巩固和发展是促进全国革命高潮的最重要因素。这就在实际上否定了照搬外国经验的"城市中心论"，提出了"以乡村为中心"的思想。至此，具有中国特色的农村包围城市、武装夺取政权的革命新道路基本形成。

农村包围城市、武装夺取政权的理论，是在以毛泽东为主要代表的中国共产党人同当时党内盛行的把马克思主义教条化、把共产国际决议和苏联经验神圣化的错误倾向作坚决斗争的基础上逐步形成的。1930年5月，

---

① 《毛泽东选集》第1卷，人民出版社1991年版，第97页。

毛泽东在《反对本本主义》一文中，阐明了坚持辩证唯物主义的思想路线、坚持理论与实际相结合原则的极端重要性，提出了"没有调查，没有发言权"和"中国革命斗争的胜利要靠中国同志了解中国情况"的重要论断，表现了毛泽东开辟新道路、创造新理论的革命首创精神。

要实现农村包围城市、武装夺取政权的战略目标，还必须建设一支新型的人民军队。1929年12月，红四军党的第九次代表大会在福建上杭县古田村召开了（史称古田会议）。会议通过了毛泽东起草的决议案，确立了思想建党、政治建军的原则，创造性地解决了在农村环境中、在党组织和军队以农民为主要成分的环境下，如何从加强思想建设入手，保持党的无产阶级先锋队性质和建设党领导的新型人民军队的问题，对于中国革命新道路的开辟和坚持具有重要的意义。

四、土地革命、反"围剿"战争和根据地建设

随着红军和农村革命根据地的建立和发展，土地革命广泛地开展起来。在根据地内，打土豪、分田地，消灭封建地主土地所有制，实现"耕者有其田"，是中国共产党领导人民进行的重大的社会变革。

井冈山根据地的土地革命是开展比较早、比较好的。1928年12月，毛泽东总结土地革命的经验，主持制定了《井冈山土地法》，以法律的形式肯定了广大农民以革命的手段获得土地的权利，否定了封建土地所有制。由于缺乏实践经验，这部土地法规定没收一切土地归苏维埃政府所有、禁止土地买卖，这并不适合中国农村的实际。1929年4月，毛泽东在总结赣南土地革命经验的基础上，主持制定了《兴国县土地法》，将"没收一切土地"改为"没收一切公共土地及地主阶级的土地"①。这是一个原则性的改正，保护了中农的利益，使之不受侵犯。7月，闽西党的第一次代表大会通过的《土地问题决议案》指出，在土地革命中，应该区别对待大小地主与富农，保护大小商店，"不打击富农，团结全体农

---

① 这里所说的"公共土地"是指祠堂、宗族所有的土地。这些土地实际上也是被封建地主所控制。

民，集中攻击目标于地主"；土地的分配，应以乡为单位，按原耕地为基础，"抽多补少"，按人口平均分配；对在乡的地主"酌量分与土地"。这次会议由于制定了正确的土地政策，有力地推动了赣南、闽西土地革命的开展，出现了"分田分地真忙"的新局面。会后，在很短的时间内，闽西长汀、连城、上杭、龙岩、永定等县纵横三百多里的地区，解决了50多个区500多个乡的土地问题，使60多万农民分到了土地。

1930年2月，在吉安县陂头村，毛泽东主持召开了红四军前委、赣西特委和红五、红六军军委联席会议，批评了一些地区按耕作能力和劳动力分配土地的做法，肯定了按人口平均分配土地的原则。会后，赣西南地区即全面开展分田运动。

这个时期，各革命根据地的土地革命也都全面展开了。在湘鄂赣革命根据地，土地革命从1929年冬开始全面展开，没收地主阶级的土地和公田，按人口平均分配，地主、富农分得同农民一样的一份土地。在鄂豫皖苏区，到1930年底，土地分配基本完成。湘鄂西苏区的土地革命，到1930年秋也达到了高潮。各地的土地分配办法和步骤，与闽西根据地大体相同。

1930年6月，毛泽东在上杭南阳主持召开红四军前委和闽西特委联席会议，再次批评了按劳动力分配土地的主张，坚持按人口平分土地，并提出了"抽肥补瘦"的分田原则。1931年2月27日，毛泽东在《给江西省苏维埃政府的信》中，进一步总结了根据地土地革命的经验，要求各地各级工农民主政府发布公告，明确规定农民已经分得的田归农民个人私人所有，可以自主租借买卖，别人不得侵犯；田中出产，除向政府缴纳土地税外，均归农民个人所有。接着，江西省工农民主政府发表了《土地是我们的，耕种起来啊》的文告，正式宣布土地归农民所有。此后，各个根据地陆续宣布土地归农民私有。

在三年多的土地革命实践中，逐渐形成了一套比较切实可行的土地革命的路线、政策和方法。这条土地革命路线是：依靠贫农雇农，联合中农，限制富农，保护中小工商业者，消灭地主阶级，变封建半封建的土地所有制为农民土地所有制。分配方法是：以乡为单位，按人口平均分配土地，在原耕基础上，"抽多补少、抽肥补瘦"。

土地革命的发展摧毁了封建剥削制度，解放了农村生产力，使广大贫苦农民在政治上、经济上都得到翻身，从而极大地调动了他们的革命积极性，为革命战争的胜利发展和农村革命根据地的建设奠定了深厚的群众基础。

红军和农村革命根据地的发展，使国民党统治集团感到极大的震惊。中原大战一结束，蒋介石立即将用兵重点转到南方各革命根据地。从1930年10月到1932年底，国民党军队对红军连续发动四次大规模的军事"围剿"，"围剿"的重点是中央革命根据地和红一方面军。

1930年10月，蒋介石调集十余万兵力，以江西省政府主席鲁涤平为总指挥，采取"长驱直入、分进合击"的战术，对中央革命根据地发动了第一次"围剿"。红一方面军采取"诱敌深入"的方针，向根据地中部退却，待机歼敌。12月30日，龙岗一战，歼灭了张辉瓒的第十八师，歼敌9000余人，活捉张辉瓒。红军乘胜追击，又于1931年1月3日，在东韶歼灭敌第五十师一半，其他各路敌军仓皇退走。红一方面军在人民群众的支援下，五天内打了两个胜仗，共歼敌1.3万人，缴获各种武器1.2万余件，打破了国民党军队的第一次"围剿"。

1931年4月，蒋介石又调集约20万兵力，以军政部长何应钦为总指挥，采取"步步为营、稳扎稳打"的战术，并实行严密的经济封锁，对中央革命根据地发动了第二次"围剿"。红一方面军依托根据地的有利条件，采取集中兵力，先打弱敌，在运动中各个歼灭敌人的战略方针。从5月16日至31日，由东固、富田向东转战，横扫七百里，直逼福建建宁，连续打了5个胜仗，共歼敌3万余人，缴枪2万余支，打破了国民党军队的第二次"围剿"，并进一步扩大了中央革命根据地。

同年7月，蒋介石自任"围剿军"总司令，以何应钦为前线总司令，调集军队30万人，向中央革命根据地发动了第三次"围剿"。面对强敌压境的形势，红一方面军采取"诱敌深入"，"避敌主力，打其虚弱"的方针。从7月至9月，先后在莲塘、良村、黄陂、老营盘、高兴圩、方石岭等地打了五个胜仗，歼敌3万余人，缴枪1.4万余支，粉碎了国民党军队的第三次"围剿"。

1932年底,蒋介石集中40万兵力向中央革命根据地发动了第四次"围剿"。红一方面军在强攻南丰不克后,毅然将主力秘密转移,寻机歼敌,经过黄陂、草台冈两次伏击,歼敌近3个师,俘敌万余人,打破了国民党军队对中央革命根据地的第四次"围剿",并创造了红军战争史上前所未有的大兵团伏击战的范例。

经过四次反"围剿"的胜利,中央革命根据地扩大到地跨江西、福建、广东三省的广大地区,建立起数个省级和一大批县级苏维埃政权,红军发展到12万余人,党员人数达到13万以上。

此外,1930年冬至1932年春前后,鄂豫皖、湘鄂西等革命根据地的反"围剿"战争也取得了重大胜利。

各革命根据地的反"围剿"斗争极其艰苦,各地的红军非常英勇。尽管敌人对各革命根据地和红军"围剿"的规模一次比一次大,烧杀一次比一次残酷,尽管还要承受来自内部因执行"左"倾错误而造成的创伤,但红军和各革命根据地的人民群众,在共产党的领导下,始终不畏强敌、团结战斗,不断取得反"围剿"的重大胜利。各革命根据地共歼灭敌正规军20余万人,给国民党的反动统治以重大打击;主力红军发展到约15万人,农村革命根据地得到进一步巩固和扩大。

随着红军和各革命根据地的扩大,1931年11月,中华苏维埃第一次全国工农兵代表大会在江西省瑞金县召开,成立了中华苏维埃共和国临时中央政府,毛泽东当选为主席。大会通过了《中华苏维埃共和国宪法大纲》以及土地法令、劳动法等法律文件。中华苏维埃共和国实行工农兵代表大会制度,工农兵代表大会包括乡、区、县、省和全国五级。先召开乡工农兵代表大会,选举产生乡苏维埃政府组成人员;在此基础上,逐级召开区、县、省和全国工农兵代表大会,选举产生区、县、省和全国苏维埃政府。各级苏维埃政府广泛吸收工农群众代表,参加政权管理,行使当家作主的权利。这种制度体现了广大人民群众的根本利益和要求。

中华苏维埃共和国是中国历史上第一个全国性的工农民主政权,是中国共产党在局部地区执政的重要尝试。①

从 1931 年 11 月至 1934 年 1 月,中央革命根据地进行了三次民主选举。在选举中,许多地方参加选举的人占选民总人数的 80% 以上,有的地方达到 90% 以上。妇女享有同男子平等的权利,在政府代表中一般占 20% 以上。在中央革命根据地范围内,先后建立了江西、福建、闽赣、粤赣、赣南等省级苏维埃政府,到 1935 年 1 月,先后建立过的县级苏维埃政府有 250 多个。其他地区也相继召开了工农兵代表大会,先后建立过湘赣、湘鄂赣、闽浙赣(原赣东北)、鄂豫皖、湘鄂西、川陕、闽东(特区)、湘鄂川黔(省革命委员会)、陕甘边(特区)和陕北、大金等省级(或相当于省级)苏维埃政府。各级苏维埃政府重视司法建设和廉政建设,颁布了多部法律法令,建立了司法机构和司法组织系统,开展反腐肃贪斗争,得到根据地人民的支持和拥护。

在苏维埃政府的领导下,各革命根据地军民积极进行经济建设,大力发展农业生产,努力打破敌人的经济封锁,稳定和改善人民生活,并为革命战争提供必要的物质条件。在革命根据地的生产事业遭到严重破坏、大批农村青壮年参加红军、耕牛又十分缺乏的情况下,苏维埃政府积极动员和组织群众开展互助合作运动,合理调节人力、物力,提高劳动生产率;同时,努力开垦荒地,兴修水利,增加农作物产量,农业生产逐步得到恢复和发展。1933 年各个革命根据地的农业生产比 1932 年都有所增加,中央革命根据地稻谷收成增加 15%,闽浙赣增加 20%,杂粮增产更多。随着农业生产的恢复和发展,手工业生产有了长足的增长,公营的军需工业和厂矿企业也开始建立起来。到 1934 年 2 月,中央革命根据地兴国、赣县(今江西赣州)等 17 县手工业合作社发展到 176 个,股金 5.05 万余元。中央根据地开办了被服厂、钨砂公司、印刷厂、造纸厂、纺织厂等。苏维埃政府还克服重重困难,开展同国民党统治区的经济贸易往来,设置了对外贸易机关,奖励私人商业输出输入各种必要的商品。此外,根据地

---

① 习近平:《在纪念中央革命根据地创建暨中华苏维埃共和国成立 80 周年座谈会上的讲话》,《人民日报》2011 年 11 月 5 日。

的财政、金融、邮电、交通等事业也都有一定的建设和发展。

各地苏维埃政府在进行政权建设和经济建设的同时，克服困难，还进行了文化教育建设，取得了许多成绩。根据地普遍建立了各种夜校、半日制学校、补习学校、识字班。据统计，到1934年的3月，中央革命根据地有列宁小学3199所，学生约10万人；补习学校4562个，学生约8.8万人；识字组2.3万多个，参加者仅在江西就有约12万人。中央革命根据地还创办了马克思共产主义学校、列宁师范学校、中央农业学校、高尔基戏剧学校，加强马克思主义思想理论教育，培养各方面的干部和技术人才。同时，各革命根据地的新闻出版事业也逐步建立和发展起来，创办了许多报纸杂志。1931年11月7日，根据地第一个新闻通讯社——红色中华通讯社宣告成立。到1934年1月，中央革命根据地有大小报刊34种，其中，《红色中华》的发行最多时达4万余份，《红星》报发行最多时达1.73万份。根据地的革命文艺生活也很活跃，工农剧社、俱乐部等经常开展文娱活动，受到群众的普遍喜爱。

农村革命根据地所呈现出来的生机勃勃的景象，同国民党统治区民不聊生的悲惨景象形成鲜明的对照。根据地成为新民主主义共和国的雏形，它使陷身于苦难深渊的中国人民看到了一线光明和希望。

第二节　九一八事变与抗日救亡运动的兴起

一、日本灭亡中国的图谋和九一八事变

日本对中国的侵略是蓄谋已久的。明治维新以后，日本很快走上了对外侵略扩张的军国主义道路。日本军国主义把侵略矛头对准了中国，通过甲午战争侵占中国台湾，又通过1904—1905年在中国东北进行的日俄战争，把中国东北的南部地区强行划为自己的势力范围。日本在中国东北设立殖民机构，如关东都督府、南满洲铁道株式会社、驻奉天总领事馆等，建立关东军，对东北进行全面的政治、军事控制和经济掠夺。

1914年第一次世界大战爆发，日本军国主义加紧了侵略中国的步伐。

日本以对德宣战为名，出兵中国山东，占领了德国控制下的胶州湾和胶济铁路，并扩大对山东的侵略；同时策划扩大对中国东北的侵略。1915年9月，日本驻华公使日置益向袁世凯提出了灭亡中国的"二十一条"。在"二十一条"中，"满蒙"被列为重要的侵略目标，实际上是要把"南满"和内蒙古东部变成日本的殖民地。

1927年6月，日本政府召开了策划侵华（特别是侵略中国东北）的"东方会议"。他们叫嚣：满蒙，特别是东三省，对于日本"在国防上及国民的生存上有重大的利害关系"，日本将"要作特殊的考虑"，"负有特殊的责任"。会议制定了《对华政策纲要》，确立了把"满蒙"同"中国本土"分离开来的方针，并决心为之诉诸武力。会后，日本首相田中义一根据会议精神起草了一份奏折呈送天皇（即"田中奏折"），明确地阐明了日本的狂妄侵略计划：惟欲征服支那，必先征服满蒙；如欲征服世界，必先征服支那。此后，日本侵华步步升级。1928年5月，日本出兵中国济南，制造了"五三惨案"。

1929年，资本主义世界爆发严重的经济危机。日本统治集团为摆脱世界经济危机带来的冲击，更急于发动侵略中国东北的战争。为此，一方面大肆制造"满洲"是日本的"生命线"的侵华舆论，鼓吹日本与中国东北的"特殊关系"，否定中国对东北地区的领土主权。另一方面加紧了武装侵略的军事部署。1931年上半年，日本在中国东北制造"万宝山事件""中村事件"等挑衅事件，寻找侵略借口。同年7月拟定了《解决满洲问题方策大纲》，明确规定了侵略中国东北的方针、步骤和措施，并确定将采取"军事行动"。从9月7日开始，关东军司令官本庄繁对南满路（长春至大连）和安奉路（奉天至安东，今沈阳至丹东）沿线的日军进行巡视、检阅，检查关东军的"应变准备工作"，期间组织多次军事演习，甚至把中国东北军兵营作为攻击目标，其嚣张气焰达到极点。9月14日至17日，日军又在沈阳北大营一带连续组织演习。一场侵略战争已经准备就绪，一触即发。

1931年9月18日夜10时20分，按事前周密拟定的计划，盘踞在中国东北的日本关东军自行炸毁了沈阳北郊柳条湖附近南满铁路的一段路轨，随即诬称中国军队破坏南满铁路，并以此为借口，突袭中国东北军驻地北大营和沈阳城。东北地方当局执行南京国民政府对日不抵抗政策，结果一夜之间沈阳全城陷于敌手，驻守沈阳的东北军几乎不战而退往辽西。日军在几天内便侵占安东、海城、营口、辽阳、鞍山、铁岭、本溪、抚顺、四平、长春、吉林等20多座城市及其周围广大地区。9月，辽宁（除锦州及辽西）、吉林两省沦陷。11月，黑龙江省基本沦陷。1932年1月，锦州及辽西地区沦陷。2月，哈尔滨沦陷。至此，在短短四个多月内，整个东北110万平方公里的大好河山沦为日本的殖民地，3000万同胞呻吟在日本侵略军的铁蹄之下。九一八事变极大地震动了全国人民，使中国的政治形势发生了重大变动，中国人民的局部抗战由此开始。

二、九一八事变后的时局和中国共产党的抗日主张

日本制造九一八事变后，英、法、美等帝国主义列强姑息养奸，采取绥靖政策。这些国家操纵的国联对日本的侵略不作任何谴责，只是劝告中日双方协商日方撤兵事宜。日本对国联做出的限期撤兵的决议拒绝接受，国联也无可奈何。1932年1月，国联成立由英、美、法、德、意五国代表组成的调查团，随即来中国东北进行调查。在国联调查团公布的报告书中，虽然对日本侵略中国东北的事实和阴谋做了一定的揭露，但是提出对中国东北实行国际共管的方案，反映了英、美、法等国不甘心日本独占而要共同控制中国东北的企图。日本以宣布退出国联加以抗拒。

苏联政府在道义上是同情和支持中国的。苏联外交人民委员会屡次发表声明，表示苏联人民极盼中国从速用自己巨大的力量来制裁日本在满蒙的阴谋。但是，苏联政府过分强调了当时各帝国主义一致进攻苏联的危险性，为竭力避免同日本发生军事冲突，一再声明对中日战争采取"不干涉主义"。

九一八事变后，中国国内的政治形势开始发生深刻变化。日本帝国主义成为中华民族的首要敌人，中日民族矛盾逐渐上升为中国社会的主要矛盾。反对日本侵略的民族革命斗争正在成为中国各族人民的主要斗争；中国一切不愿做亡国奴的阶级、阶层都有可能参加到这一革命斗争中来，民

族革命的阵营将空前扩大，国内阶级关系发生了重大的变动。

在中华民族处于生死存亡的危急关头，中国共产党率先高举起武装抗日旗帜，多次发表宣言、作出决议，表明自己的严正立场。9月20日，中共中央发表《中国共产党为帝国主义强暴占领东三省事件宣言》，揭露日本帝国主义侵占东北的目的是使中国完全变成它的殖民地。9月22日，中共中央又作出《关于日本帝国主义强占满洲事变的决议》，分析了日本帝国主义发动九一八事变的原因和日本武装占领满洲的根本目的，揭露了蒋介石国民党不抵抗政策，号召"在满洲更应该加紧的组织群众的反帝运动，发动群众争斗（北宁路、中东路、哈尔滨等），来反抗日本帝国主义的侵略……直接给日本帝国主义以严重的打击"①。中华苏维埃共和国临时中央政府成立后，针对国民党政府的不抵抗政策，发表了《为国民党反动政府出卖中华民族利益告全国民众书》，号召全国人民武装起来，驱逐日本帝国主义，否认国民党政府与帝国主义签订的一切密约。1932年4月26日，中华苏维埃共和国临时中央政府宣布对日作战，领导工农红军和全中国广大被压迫民众，以民族革命战争驱逐日本帝国主义出中国。1933年1月17日，中共驻共产国际代表团根据共产国际执委会第十二次全会精神和中共代表团讨论的意见，以中华苏维埃临时中央政府、中国工农红军革命军事委员会的名义发表宣言，首次提出中国工农红军准备在三个条件下同任何武装部队订立共同对日作战的协定。这三个条件：一是立即停止进攻苏维埃区域；二是立即保证民众的民主权利（集会、结社、言论、罢工、出版之自由等）；三是立即武装民众创立武装的义勇军，以保卫中国及争取中国的独立统一与领土的完整。② 1月26日，中共驻共产国际代表团又以中共中央的名义，发出了《中央给满洲各级党部及全体党员的信——论满洲的状况和我们党的任务》。信中指出：日本侵占东北后，"不仅满洲的工人、农民、苦力、小资产阶级（小手工业者、

---

① 中共中央文献研究室、中央档案馆编：《建党以来重要文献选编（一九二一——一九四九）》第8册，中央文献出版社2011年版，第568—569页。
② 中共中央文献研究室、中央档案馆编：《建党以来重要文献选编（一九二一——一九四九）》第10册，中央文献出版社2011年版，第28页。

学生、城市贫民）对日本侵略者及其走狗表示极端敌视，而且有一部分的有产阶级直到现在对侵略者抱敌视态度"①，因此，要"尽可能的造成全民族的（计算到特殊的环境）反帝统一战线来聚集和联合一切可能的，虽然是不可靠的动摇的力量，共同的与共同敌人——日本帝国主义及其走狗斗争"②。从而明确地为党首次提出了在中国东北组织反日民族统一战线的策略方针。

九一八事变发生后，东北地区党组织也立即采取了紧急行动。中共满洲省委发表一系列宣言、告民众书，作出一系列决议揭露日本的侵略图谋和蒋介石的不抵抗政策，号召广大群众罢工、罢课、罢市，发动群众斗争，反抗日本的侵略。中国共产党的号召在广大民众中引起了巨大的反响，振奋了中华民族的斗争精神。

三、中国共产党人和其他爱国力量进行的局部抗日战争

在民族危机日益加深的情况下，东北广大民众和一部分东北军爱国官兵，不顾国民党当局的不抵抗命令，自发地组织了救国军、自卫军、反日总队、保安队、民团、大刀会、红枪会和山林队等各种武装进行抗日。这些抗日武装由民众自发组织而成，统称抗日义勇军。据统计，到 1932 年夏秋之际，东北抗日义勇军发展到总数 30 万人以上。义勇军的成分几乎包括当时社会的各个阶层，其中农村各阶层群众约占 50% 以上，原东北军和公安警察约占 25%，绿林队伍约占 15%，知识分子约占 5%。义勇军的领导人有军官、警官、官吏、知识分子、开明地主士绅、绿林首领和农民。义勇军的斗争揭开了东北抗日游击战争的序幕。当时东北三省 154 个县中，有义勇军抗日活动的就达 93 个县之多，可以说遍及东北各地。从辽河西岸到松花江畔，从长白山到兴安岭，整个白山黑水间到处都有抗日义勇军健儿的足迹。他们的斗争给日本侵略者以相当大的打击。

---

① 中共中央文献研究室、中央档案馆编：《建党以来重要文献选编（一九二一——一九四九）》第 10 册，中央文献出版社 2011 年版，第 37 页。
② 中共中央文献研究室、中央档案馆编：《建党以来重要文献选编（一九二一——一九四九）》第 10 册，中央文献出版社 2011 年版，第 43 页。

在辽宁省，出现了大批抗日义勇军，逐渐形成了三大活动区域：以北宁路（北京至沈阳）、大通路（大虎山至通辽）、营沟路（营口至沟帮子）为中心的辽西、辽北义勇军活动区；以安奉路、南满路中段（沈阳至盖平间）为中心的辽东三角地带和辽南义勇军活动区；以通化、桓仁为中心的东边道①义勇军活动区。辽宁义勇军最盛时总数达 15 万人以上。

在吉林省，依兰镇守使兼第 24 旅旅长李杜、东北边防军司令部驻吉副司令长官公署卫队团长冯占海、滨江镇守使兼第 28 旅旅长丁超等先后率部抗日，并组成以李杜为总司令的吉林省自卫军；以原吉林步兵第 27 旅 676 团 3 营王德林部为基础，并扩大吸收各阶层群众参加组成"吉林中国国民救国军"。这是吉林省境内抗日义勇军的两支劲旅，极大地鼓舞和推动了人民群众的抗日斗争。

黑龙江省的抗日义勇军，是以驻黑龙江省的东北军为主体组成的抗日武装，其斗争以嫩江桥抗战为起点。1931 年 11 月 4 日，日军开始大规模进攻东北军驻守的嫩江桥阵地，黑龙江省代省长马占山下令守桥部队还击。守卫江桥的广大官兵冒着日军飞机、大炮的狂轰滥炸拼死冲杀，多次打退敌军的进攻，几次从敌人手中夺回失去的阵地，日军死伤甚重，江桥守军也付出很大的代价。江桥抗战是东北军爱国官兵违反蒋介石不抵抗政策，自动奋起抗击日本侵略者的壮举；是日本侵略者发动九一八事变以来遇到我东北爱国官兵的一次大规模的抵抗，极大地推动了东北各地抗日义勇军的斗争。在黑龙江省，还有呼伦贝尔地区警备司令兼海满路（海拉尔至满洲里）护路军司令、第 2 旅旅长苏炳文在海拉尔组建的东北民众救国军。

1932 年 11 月起，东北各地人民的武装抗日斗争呈现失利受挫的趋势。马占山、苏炳文、李杜相继率部分官兵进入苏联境内。也有一些抗日义勇军坚持了下来。

为了团结各种抗日武装力量，中共满洲省委派出杨靖宇、王德泰、赵

---

① 东边道，是清末所设"东边兵备道"的简称。辖辽宁省东部通化、安图、桓仁、安东等 20 余县。

尚志、周保中、李兆麟等大批干部到东北军和义勇军中去工作，或直接领导各地的抗日游击队。1932年至1933年间，共产党人先后建立了磐石、东满、珠河、密山、宁安、汤原、饶河等七支抗日游击队，开辟了几十个县的抗日游击区，为发展东北抗日游击战争打下了基础。

九一八事变后，中国共产党在推动、领导东北抗日斗争的同时，与部分国民党人合作抗日。1932年1月28日，日军袭击上海闸北中国驻军，狂轰滥炸上海市区（即一·二八事变）。蔡廷锴、蒋光鼐率领十九路军违背国民党当局的旨意，进行了英勇抵抗。中国共产党通过上海党组织发动群众支援前线，中共江苏省委领导下成立的上海民众反日救国联合会发挥了重要的作用。在广大人民群众的有力支援下，第十九路军和随后参战的第五军部分官兵，坚持抵抗一个多月。日本侵略军被迫三易主帅，数度增兵。国民党政府却奉行"一面抵抗，一面交涉"的方针，使十九路军后援不继，陷于困境，被迫退守第二条防线。5月5日，国民党政府与日本签订《淞沪停战协定》，规定上海至苏州、昆山一带地区不能驻扎中国军队。这个屈辱的停战协定传出后，遭到上海人民乃至全国人民的强烈反对。

1933年1月，日军进犯山海关，中国守军何柱国旅奋起抵抗，拉开长城抗战的序幕。驻守长城的中国军队，在全国抗日浪潮的推动下奋起抵抗，重创日军，使全国人心为之一振。然而，国民党仍奉行"攘外必先安内"政策，下令"侈言抗日"者，"立斩无赦"①。驻守长城的中国军队得不到有力的支援，奋战两个多月，伤亡惨重，终归失败。日军在侵占长城各口的同时，侵占察哈尔省和河北省几十座县城，直接威胁平津。5月31日，国民党政府与日本签订丧权辱国的《塘沽协定》。这个协定实际上承认了日本对中国东北三省和热河省的侵占。这就使整个华北门户洞开，为日军进一步扩大侵略提供了条件。

在全国抗日浪潮的推动下，为了抵抗日军的进犯，冯玉祥在中共北方

---

① 《中华民国重要史料初编——对日抗战时期绪编》（三），中国国民党中央委员会党史委员会1981年版，第35-36页。

党组织的推动和协助下，1933年5月在张家口成立察哈尔民众抗日同盟军。在抗日同盟军中工作的共产党员约有300人，北路军前敌总指挥吉鸿昌不久加入了中国共产党。7月12日，抗日同盟军收复察北重镇多伦，并乘胜收复察哈尔省全部失地，使全国人心十分振奋。国民党政府对抗日同盟军采取软硬兼施的破坏政策，冯玉祥被迫于8月5日通电去职。吉鸿昌等率部转战于热河、长城一线，10月中旬失败。吉鸿昌转移到平津地区继续从事抗日活动，1934年11月被国民党反动当局杀害。

1933年11月，国民党第十九路军将领蔡廷锴、蒋光鼐以及国民党内爱国人士李济深、陈铭枢等在福州发动反蒋抗日事变，成立了福建人民政府。十九路军代表与中央根据地的红军代表签订了《反日反蒋的初步协定》，双方停止了军事行动，确定了边界并恢复了交通贸易关系。由于蒋介石的军事"讨伐"和政治分化，1934年2月福建人民政府宣告失败。这样，全国性的抗日爱国运动暂时遭受了挫折。

自九一八事变以后开始的中国人民局部抗日战争，揭开了世界反法西斯战争的序幕。

第三节　中国革命的严重挫折和新局面的开创

一、土地革命战争的严重挫折

中国革命的复兴和发展并不是一帆风顺的。国民革命失败后，由于对中国情况的复杂性和中国革命的长期性缺乏认识，中国共产党内开始滋长一种"左"的急躁情绪。从1927年7月大革命失败到1935年1月遵义会议召开之前，"左"倾错误先后三次在党中央的领导机关取得了统治地位。尤其是以王明为代表的"左"倾教条主义错误，使中国革命受到严重挫折。

第一次是1927年11月至1928年4月的"左"倾盲动错误。不承认中国革命形势处于低潮，认为革命形势不断高涨，盲目要求实行全国城乡总暴动。1928年4月，中共中央临时政治局发出通告，承认党内存在着

"左"倾盲动错误，并指出争取群众、建立城乡群众组织、巩固与健全党的组织是当前最重要的工作。至此，这次"左"倾盲动错误在全国范围的实际工作中基本停止。

第二次是 1930 年 6 月至 9 月以李立三为代表的"左"倾冒险主义错误。李立三否认革命需要主观力量的准备，认为中国新的革命高潮已经到来了，制定了以武汉为中心的全国中心城市暴动和集中全国红军攻打中心城市的冒险计划，幻想"会师武汉，饮马长江"。这次"左"倾冒险错误使党和革命事业遭到严重的损失：在国民党统治区，党的十几个省委机关先后被破坏，武汉、南京等城市的党组织几乎全部瓦解。许多共产党员、共青团员和革命群众遭到敌人的捕杀。农村根据地有的缩小，有的丢失。9 月下旬，中国共产党在上海召开扩大的六届三中全会，纠正了李立三的"左"倾错误。李立三作了自我批评，承认错误，随即离开中央领导岗位。

第三次是 1931 年 1 月至 1935 年 1 月以王明为代表的"左"倾教条主义。其主要错误是：在革命性质与统一战线问题上，夸大资本主义在中国社会中的比重，混淆民主革命与社会主义革命的界限，将反帝反封建与反资产阶级并列，将民族资产阶级视为中国革命最危险的敌人，一味排斥和打击中间势力；在革命道路上，继续坚持以城市为中心，将准备城市工人的总同盟罢工以至武装起义作为党最主要的任务；在土地问题上，提出坚决打击富农和"地主不分田，富农分坏田"的主张；在军事斗争问题上，实行进攻中的冒险主义、防御中的保守主义、退却中的逃跑主义；在党内斗争和组织问题上，推行宗派主义和"残酷斗争、无情打击"的方针。

王明的"左"倾教条主义错误，对中国革命造成了极其严重的危害。其最大的恶果就是红军遭遇第五次反"围剿"的失败，不得不退出南方根据地实行战略转移。

1933 年 10 月，蒋介石调集了 100 万兵力、200 架飞机，亲任总司令，决定首先以 50 万兵力，采取持久作战和堡垒主义战略，分兵四路"围剿"中央红军。

在严峻的形势面前，中共临时中央主要负责人博古完全听从军事顾问李德的意见，采取军事冒险主义方针，主张"御敌于国门之外"，"不让敌人蹂躏一寸苏区"，全线出击，辗转于敌之主力与堡垒之间，使红军完全陷入了被动地位。在红军北线进攻受挫以后，转而实行军事保守主义，采取消极防御方针和"短促突击"战术，强令装备很差的红军同装备优良的敌人打正规战、阵地战、堡垒战，同敌人拼消耗。广昌失守后，根据地日益缩小，红军只能被迫撤离中央根据地。10月10日，中共中央机关和中央红军8.6万多人分别从江西瑞金、雩都（今于都）和福建长汀、宁化出发，向西突围转移。长征开始后，又犯了退却中的逃跑主义错误。转移前没有做必要的认真准备和政治动员，而且把红军的战略转移当作大规模搬家式的行动，无法灵活作战，行动迟缓，经常处于被动挨打的境地。至12月，中央红军连续突破敌军四道封锁线后，人员锐减至3万多人。与此同时，鄂豫皖根据地的红四方面军也被迫转移至川陕地区。湘鄂西根据地的红二军团也被迫撤离洪湖，转战湘鄂川黔边境。中央红军主力长征后，项英、陈毅等率领中央根据地留下的部分红军在南方继续坚持进行艰苦的游击战争。

二、遵义会议与中国革命的历史性转折

中央红军强渡湘江以后，国民党已判断红军将沿湘桂边界北上湘西，同红二、红六军团会合，遂集结重兵企图把中央红军一网打尽。博古等人无视敌情，仍然坚持按照原计划前进。这使红军又处在一个非常危急的时刻。如果不改变原定的前进方向，就有全军覆灭的危险。严酷的事实教育了广大共产党员和红军指战员，他们开始产生对错误领导的怀疑、不满。毛泽东根据敌我双方的军事态势，建议中央红军放弃同红二、红六军团会合的原定计划，改向敌人力量薄弱的贵州挺进。12月18日，中共中央政治局在黎平举行会议，经过激烈的争论，毛泽东的这一建议得到与会多数同志的赞同。会后，红军向黔北挺进，连克锦屏等七座县城。1935年1月，红军强渡乌江，攻克黔北重镇遵义城。

1935年1月15日至17日，中共中央政治局在遵义召开扩大会议。会议集中解决了当时具有决定意义的军事路线问题和组织领导问题。经过激

烈的争论，多数人同意以毛泽东为代表的正确意见，批评了博古、李德在第五次反"围剿"中的错误。会议增选毛泽东为中央政治局常委，并委托张闻天起草《中央关于反对敌人五次"围剿"的总结的决议》。会后不久，中共中央政治局常务委员分工，根据毛泽东的提议决定由张闻天代替博古负总的责任，并成立了由周恩来、毛泽东、王稼祥组成的新的三人团，全权负责红军的军事行动。会议的一系列重大决策，是中国共产党在同共产国际联系中断的情况下独立自主地做出的。

遵义会议结束了王明"左"倾教条主义在党中央的统治，开始确立以毛泽东为代表的马克思主义的正确路线在中共中央的领导地位；在极其危急的情况下，挽救了中国共产党、挽救了中国工农红军、挽救了中国革命，成为中国共产党和中国革命历史上的一个生死攸关的转折点，标志着中国共产党在政治上开始走向成熟。遵义会议在把马克思主义基本原理同中国具体实际相结合、坚持走独立自主道路、坚定正确的政治路线和政策策略、建设坚强成熟的中央领导集体等方面，留下宝贵经验和重要启示。

遵义会议后，在毛泽东等的领导下，中央红军采取灵活机动的战略战术，四渡赤水，南渡乌江，佯攻贵阳，兵逼昆明，于5月上旬巧渡金沙江，强渡大渡河、飞夺泸定桥，翻越人迹罕至的夹金山，终于摆脱了数十万敌军的围追堵截，粉碎了蒋介石围歼红军于川黔滇边界的计划，取得了战略转移中具有决定意义的胜利，赢得了战争的主动权。6月中旬，中央红军与来自川陕根据地的红四方面军在四川懋功会师。

三、红军长征的胜利和革命新局面的开创

红一、红四方面军会师以后，在战略方针问题上，中共中央主张红军继续北上，建立川陕甘革命根据地，以领导和推进全国抗日民族运动；红四方面军领导人张国焘却主张红军南下川康或西进青海、新疆，反对中央北上抗日的战略方针。中共中央与张国焘分裂中央、分裂红军的严重错误进行了坚决的斗争。8月下旬，红军抵达阿坝和班佑地区，张国焘企图裹挟党中央南下。为了避免红军内部可能发生的冲突，毛泽东等人决定率红一、红三军和军委纵队先行北上。9月12日，中共中央政治局在甘肃迭

部县俄界（今高吉）召开扩大会议，通过《关于张国焘同志的错误的决定》。会后，中共中央率红一、红三军和军委纵队继续北上，攻克天险腊子口，越过绵延千里的岷山，到达甘南的哈达铺。按照俄界会议的决定，北上部队正式改编为中国工农红军陕甘支队。9月27日，中共中央在榜罗镇召开会议，鉴于陕甘有革命根据地和红军的雄厚力量，决定前往陕北。会后，陕甘支队翻过六盘山，于10月19日抵达陕北吴起镇，同红十五军团胜利会师，中国共产党所领导的革命力量有了新的落脚点和战略基地。至此，中央红军二万五千里长征胜利结束。11月下旬，中央红军与陕北红军并肩作战，取得了直罗镇战役的胜利，巩固了陕甘根据地，为中共中央把全国革命的大本营放在西北举行了一个奠基礼。

与此同时，坚持南下并同党中央分裂的张国焘，却指挥红四方面军主力等部重过草地，并于10月5日在卓木碉另立"中央"，自任"主席"。中共中央责令张国焘立即撤销另立的"中央"，停止一切反党活动。南下部队损失惨重，于1936年2月被迫退至甘孜。中共中央一再电令红四方面军北上。迫于形势，张国焘于6月6日宣布取消另立的"中央"。7月，从湖南桑植出发长征的红二、六军团，抵达甘孜，同红四方面军会合。根据中共中央的决定，红二、六军团与红三十二军合编为红二方面军。经过朱德、任弼时、贺龙等力争和红四方面军许多指战员的努力，红二、四方面军终于北上。10月，红二、四方面军先后同红一方面军在甘肃会宁、静宁地区会师。至此，三大主力红军的长征胜利结束。

红军长征是一部伟大的革命英雄主义的史诗。它向全中国和全世界宣告，中国共产党及其领导的人民军队，是一支不可战胜的力量。红军长征的胜利，宣告了国民党反动派军事"围剿"政策的彻底破产，在沿途广泛宣传了中国共产党的革命主张，锻炼和考验了党和红军的精华，播撒了革命火种。长征的胜利使中国共产党和红军进入抗日前沿阵地，为后来抗日战争和整个民主革命的胜利打下了基础。中国革命新局面开始了。

四、国民党统治区的左翼文化运动

在各革命根据地军民进行军事上反"围剿"作战的同时，国民党统治区的共产党人和进步文化界人士还在文化战线上开展了反"围剿"斗争。

1930年3月,经过中国共产党的建议和筹划,由党内外作家参加的中国左翼作家联盟在上海正式成立。随后,中国社会科学家、戏剧家、美术家、教育家联盟和电影、音乐小组等左翼文化团体也相继成立。这支左翼文化新军在共产党的领导下,积极从事马克思主义宣传和革命文艺创作等活动,掀起了声势浩大的左翼文化运动。

国民党当局对左翼文化运动进行了残酷的迫害和镇压:颁布《宣传审查条例》《出版法》等法律条例,对书籍刊物的编辑、出版和发行施加种种限制,直至严加查禁;指使流氓特务袭击进步的文化团体,拘捕、刑讯并秘密杀害革命的作家和文化人,著名作家、共产党员柔石、殷夫、胡也频、李伟森、冯铿等惨遭杀害,《申报》经理史量才也被特务暗杀。

左翼文化人士在白色恐怖的环境下进行了不屈不挠的斗争。左翼文化团体创办了《萌芽》《拓荒者》《现代小说》《大众文艺》《北斗》等大量的进步刊物,创作和发表了一大批优秀的文学艺术作品。特别是九一八事变以后,一大批号召人民奋起抗日救亡的各种形式的文艺作品,包括小说、散文、诗歌、喜剧、电影、音乐、美术、新闻通讯等,充满高昂的爱国主义激情,对推动群众性抗日救亡运动的高涨,发挥了战斗号角的作用。鲁迅的杂文,瞿秋白的评论,茅盾的小说《子夜》,聂耳作曲、田汉作词的歌曲《义勇军进行曲》,邹韬奋主办的《生活周刊》等,在群众中产生了广泛而深刻的影响。

在左翼文化运动中,鲁迅是最为突出的代表。他不顾国民党政府的严重迫害,积极参加并指导革命文艺运动。他以犀利的笔锋揭露国民党的反动统治,批判各种反动思潮;他以满腔的热情讴歌共产党领导的革命,宣传进步思想。在革命文艺阵营内部,他注重团结同志,对那些犯有"左"倾错误的同志提出诚恳的批评。由此赢得了进步文化人的爱戴,成为左翼文化运动的最伟大和最英勇的旗手,成了中国文化革命的伟人。

左翼文化运动虽然曾受到"左"倾错误的影响,但总的来说,它对中国近代思想文化发展进程所作出的历史功绩,特别是在国民党统治区人民中传播进步思想、促进抗日救亡运动所起的作用，是不可磨灭的。

第四节　华北事变与抗日救亡运动的发展

一、华北事变与民族危机的加深

日本帝国主义为了实现变中国为其独占殖民地的狂妄野心，从1935年5月起，又向中国华北地区发动了新的侵略，连续不断地寻衅滋事，制造事端。5月，东北抗日义勇军孙永勤部退到长城附近坚持抗战，当地4万多农民响应，但在日军与国民党军队的联合进攻下遭到失败。日本却以此为借口，称中国当局援助东北义勇军，进入滦东"非武装区"活动，破坏了《塘沽协定》，向国民党北平军分会代理委员长何应钦提出种种侵犯华北主权的无理要求，并以调遣关东军入关进行威胁。6月9日，日本中国驻屯军参谋长酒井隆又提出撤销河北省内一切党部、撤走第五十一军、调离中央军第二和第二十五师、禁止全国排日行为等要求。双方经过多次交涉，7月6日，何应钦复函日本华北驻屯军司令官梅津美治郎，全部允诺日方提出的无理要求，这就是《何梅协定》。

与此同时，察哈尔省张北地区的国民党驻军扣留了四名潜入境内绘制地图的日本特务，省主席宋哲元闻讯后即令释放。日本又以此为借口蛮横地提出侵犯中国主权的无理要求。6月27日，察哈尔省民政厅长秦德纯和日方代表土肥原在北平举行谈判并签订了《秦土协定》（即《察哈尔协定》）。主要内容是：保证日人在察省自由来往，取消在察省的国民党机构，成立察东非武装区，二十九军从察哈尔全部撤退，察省主席撤职等。从此，中国在冀察两省的主权大部丧失。

日本帝国主义在迫使国民党势力退出华北后，随即积极策动华北五省（河北、山东、察哈尔、山西、绥远）脱离中国，实行"自治"。10月，日本指使汉奸地主武装和流氓无赖，在河北省香河、昌平（今属北京）、武清（今属天津）等县暴动，并一度占据香河县城，成立了伪"县政临时维持会"。11月，日本又唆使国民党冀东行动督查专员、汉奸殷汝耕在河北通县（今北京通州）成立"冀东防共自治委员会"，声称冀东22县脱离中国政府自治。同时，日本还派遣所谓"军事访问团"分赴太原、保定、济南等地，引诱、威胁地方当局分裂中国。在日本帝国主义的嚣张侵略气焰面前，国民党政府依然采取妥协退让、丧权辱国的方针，撤销了北平军分会，成立了"冀察政务委员会"，以适应日本"华北政权特殊化"的要求。

日本帝国主义不仅在政治上和军事上加强控制华北，而且在经济上通过多种途径进行控制和掠夺。1935年12月，"满铁"依照日本政府的计划，在天津设立资本为1000万日元的兴中公司。还通过汉奸、买办所拼凑的"东亚经济协会""东亚惠通贸易公司""华北经济委员会""河北经济协会"等机构，进行渗透，使华北经济日益殖民地化。为了扩大在华北的经济侵略，日本极力控制铁路交通运输业。擅自在天津设立航空部，经营华北的航空运输；为了将华北变为日本的工业原料基地，在天津设立了"华北农场实验所"，掠夺华北的棉花资源；在商业贸易方面依仗其在华北的军事政治势力，公然进行大规模的走私活动，严重地损害了中国政府的税收权益。

日本通过在华北制造的一系列事变，轻而易举地控制了华北大部分地区。华北危在旦夕，中华民族的危机日益深重，形势变得异常险恶，中日民族矛盾已上升为中国社会的最主要矛盾。

二、一二·九运动与全国抗日救国运动的新高涨

针对华北事变后的新情况，1935年8月1日，中共驻共产国际代表团起草了《为抗日救国告全体同胞书》（史称《八一宣言》，同年11月1日以中国苏维埃政府、中国共产党中央的名义在法国巴黎出版的《救国报》上发表），发出停止内战、一致抗日的号召，有力地鼓舞和推动了抗日救亡运动的发展。

北平的广大爱国学生痛感"国家将亡"，"华北之大已经安放不下一张平静的书桌"，首先起来响应中国共产党的号召。

12月9日，北平学生数千人在中国共产党地下组织的领导下，冲破

国民党军警的层层封锁包围，汇集于新华门前向国民党政府华北当局请愿，并高呼"停止内战、一致对外"，"反对华北自治"，"打倒日本帝国主义"等口号，举行抗日救国大示威。游行队伍沿途遭到国民党军警的残酷镇压，学生们在大刀、水龙、皮鞭、木棍和枪刺的袭击下，有30多人被捕，数百人受伤。为抗议国民党政府对学生爱国运动的镇压，在北平学联的领导下，从12月10日起，北平各校学生宣布实行全市总罢课，并准备发动更大规模的斗争。16日，北平部分大中学校学生、工人和其他市民三万余人，冲破军警阻拦，汇集到天桥广场召开市民大会。大会通过了"不承认冀察政务委员会""反对华北任何傀儡组织""收复东北失地"等决议案。会后，举行大规模的示威游行，再次遭到反动军警的血腥镇压，学生被捕者数十人，受伤者三百余人。这次大示威再次显示了广大青年学生和人民群众的力量，迫使冀察政务委员会不得不延期成立。

一二·九运动冲破了国民党反动派的恐怖统治，揭露了日本帝国主义妄图吞并中国的阴谋，打击了国民党政府的卖国政策，使中国共产党"停止内战、一致抗日"的主张，成为全国人民的共同呼声。它极大地促进了中华民族的新觉醒，推动了全国规模抗日救亡运动的发展，成为抗日救亡运动新高潮的起点。正如毛泽东所指出的："一二九运动是动员全民族抗战的运动，它准备了抗战的思想，准备了抗战的人心，准备了抗战的干部"①。

北平学生的英勇斗争，迅速得到全国各地青年学生和各界爱国同胞的广泛响应。从12月11日开始，天津、保定、太原、西安、济南、杭州、上海、武汉、宜昌、成都、重庆、广州、南宁等大中城市先后爆发学生的抗日集会和示威游行。各地工人在全国总工会的号召下，纷纷举行罢工，抗议国民党政府对日妥协和镇压抗日运动，支援学生斗争。广州、上海等地工人召开大会，发表通电，要求对日宣战。12月12日，沈钧儒、马相伯、邹韬奋、章乃器等280余人发表《上海文化界救国运动宣言》，热情赞扬并支持北平学生的抗日救国运动，表示以最大决心维护国家领土主权

---

① 《毛泽东文集》第2卷，人民出版社1993年版，第253页。

之完整。21日，史良、胡子婴等发起成立上海妇女界救国联合会。继之又先后成立了上海文化界救国会、上海国难教育社、上海电影界救国会、上海工人救国会等组织，与学生运动汇合在一起，形成广泛的群众性的抗日救亡运动。为了集中救亡组织的力量，加强各救亡团体的团结和联合，1936年1月28日，上海各界救国联合会成立。

上海各界人民的抗日救亡运动在各地引起极大的反响。北平、南京、武汉、天津、广西、山东等地妇女救国会和文化界救国会相继成立，在各地救国联合会的基础上，1936年5月31日，全国各界救国联合会成立大会在上海召开，20多个省市的60多个救亡团体代表出席了会议。大会选举宋庆龄等40多人为执行委员，救国会要求蒋介石停止"剿共"，呼吁国共两党再次合作，共同抗日。毛泽东两次致函救国会领导人，充分肯定救国会提出的全国团结一致，抗日救国的主张，表示愿同救国会密切合作。海外侨胞和在外国留学的学生团体，也通过发表宣言等形式，支持国内人民的爱国行动。这样，一些局部地区的抗日救亡运动，很快扩展为全国规模的群众运动。

根据中共党组织的指示，为了将一二·九运动引向深入，平津学生联合会组织了500人左右的南下扩大宣传团。在宣传团的基础上，1936年2月1日，在北平成立了中华民族解放先锋队（简称民先队），后来很快发展成为拥有2万余人的全国性组织。广大青年学生深入农村进行抗日宣传，很快成为各地抗日救亡运动中的骨干力量，成为中国共产党领导抗日救亡运动的纽带。民先队的产生与壮大，对团结广大青年，促进抗日救亡运动起了很大的作用。这样，一二·九运动为青年学生开辟了一条与工农大众相结合的道路，许多人从爱国主义走向了共产主义。

三、国共两党政策的调整与合作抗日的酝酿

随着抗日救亡运动新高潮的到来，中国共产党面临着从土地革命战争向民族革命战争转变的新形势。1935年12月，中共中央在瓦窑堡召开政治局会议，着重讨论了全国政治形势和党的策略路线、军事战略，确立了建立抗日民族统一战线的新策略，并相应地调整了各项具体政策；指出党

的任务是"不但要团结一切可能的、反日的基本力量而且要团结一切可能的反日同盟者"①，使全国人民都参加到反日的战线上去。12月27日，毛泽东根据中央政治局决议精神，在党的活动分子会议上作了《论反对日本帝国主义的策略》的报告，对于民族资产阶级的两面性和利用地主买办营垒内部矛盾的可能性问题，作了精辟的分析。指出"我们要把敌人营垒中间的一切争斗、缺口、矛盾，统统收集起来，作为反对当前主要敌人之用"②。为了适应建立广泛的抗日民族统一战线的要求，中国共产党将"工农共和国"改为"人民共和国"，同时改变了不适应抗日要求的部分政策，规定对于富农的土地和财产，除封建剥削部分外，采取保护政策；欢迎民族工商业资本家到苏区投资，开设工厂与商店，保护他们生命财产的安全，尽可能地减低租税，在红军占领的地方保护一切对反日反卖国贼运动有益的工商业；在国民党统治区实行争取工人阶级大多数，积累工人阶级的力量，利用一切方法、一切公开的可能来广泛地联系与组织工人群众等政策。

瓦窑堡会议以后，中国共产党为了推动全国抗日民族统一战线的尽早建立，还与国民党的地方实力派进行接触，并在同东北军和西北军建立统战关系上取得突破。为了争取联合张学良的东北军，中共中央成立了以周恩来为书记的东北军工作委员会，开展对东北军的工作。红军将大批在作战中俘虏的东北军官兵释放回去，这加深了东北军对共产党联合抗日诚意的认识。为进一步加强同东北军的联系，1936年1月19日，中共中央派联络局局长李克农赴洛川，先后同东北军第六十七军军长王以哲和张学良会谈。在此基础上，1月25日，中国共产党和红军领导人发表《红军为愿意同东北军联合抗日致东北军全体将士书》。4月9日，周恩来与张学良在肤施（今延安）举行秘密会谈。张学良接受中国共产党关于停止内战、共同抗日的政治主张，并提出争取蒋介石抗日的意见。双方商定了红军与东北军互不侵犯、互派代表等事项。在争取张学良抗日的同时，中国

---

① 中共中央文献研究室、中央档案馆编：《建党以来重要文献选编（一九二一——一九四九）》第12册，中央文献出版社2011年版，第536页。
② 《毛泽东选集》第1卷，人民出版社1991年版，第148页。

第四节　华北事变与抗日救亡运动的发展

共产党进一步加强了对杨虎城的说服工作。经过多次谈判，杨虎城表示赞成互不侵犯、取消经济封锁、建立军事联络、联合抗日等主张。从1936年上半年开始，红军同东北军、第十七路军之间，实际上停止了敌对状态。这是中国共产党抗日民族统一战线策略在西北地区首先取得的一个胜利。此外，到1936年底，中国共产党与晋、绥、察、冀、滇、桂、川、新、甘、陕等省的地方实力派之间已初步建立了联系，从而为形成广泛的抗日民族统一战线，为全民族抗战局面的形成创造了条件。

在建立抗日民族统一战线的努力中，同南京国民党当局就停止内战、一致抗日举行谈判是关键一着。1936年4月25日，中共中央发表《为创立全国各党各派的抗日人民阵线宣言》，首次公开把国民党列为抗日民族统一战线的对象。5月5日发布的《停战议和一致抗日通电》不再称蒋介石为卖国贼，而称其为"蒋介石氏"。这实际上是公开宣布党的抗日反蒋政策已开始向逼蒋抗日政策转变。9月1日，中共中央发出党内指示，明确提出党的总方针是"逼蒋抗日"。17日，中共中央又向党内发出《关于抗日救亡运动的新形势与民主共和国的决议》，认为"推动国民党南京政府及其军队参加抗日战争，是实行全国性大规模的严重的抗日武装斗争之必要条件"[①]，"左"倾关门主义倾向依然是彻底实现抗日民族统一战线策略的主要危险。

与此同时，南京国民党政府从1935年下半年开始，对日本侵略者的态度也逐渐发生了变化，开始对内外政策进行调整。1936年7月，国民党召开了五届二中全会。蒋介石声称："对外交所抱的最低限度，就是保持领土、主权的完整"，并表示要做"最后牺牲"[②]。这说明蒋介石的抗日态度开始明朗起来，随之做了一些抗战的准备工作。11月，蒋介石指示张群，对日谈判要以"完整华北行政主权为今日调整国交最低之限度"。12月，国民党政府对绥远傅作义部抗击日伪军侵略，采取了比较积

---

① 中共中央文献研究室、中央档案馆编：《建党以来重要文献选编（一九二一——一九四九）》第13册，中央文献出版社2011年版，第283页。
② 张其昀主编：《先总统蒋公全集》第1册，台湾中国文化大学出版部1984年版，第1052页。

极的态度。同时，主动改善与苏联的关系，希望苏联给以援助。对于共产党和红军，蒋介石虽然仍坚持"剿灭"的政策，但也打算利用抗日的旗帜，开始试探"政治解决"的途径，同共产党进行秘密接触和谈判。

从1935年11月至1936年11月，国共两党通过多种渠道在上海、南京、莫斯科等地进行了秘密接触。1935年底，蒋介石派驻苏大使馆武官邓文仪，通过苏联方面的关系，与中共驻共产国际代表团团长王明进行会谈，并提出国共两党谈判的要求。经反复商讨，王明决定派潘汉年回国，担负促成国共谈判的任务。1936年7月，潘汉年在南京与国民党代表曾养甫见面。随后潘汉年赴陕北向中共中央做了汇报。同时，宋子文与宋庆龄商议委托董健吾（中共秘密党员）去陕北，直接向中共中央传递国民党愿意谈判的信息，并转交了南京方面的密函。董健吾回南京后转达了中共中央关于国共谈判的五项建议。与此同时，国民党内的亲英美派还与中共中央北方局进行了接触，双方代表进行了几次会谈。1936年10月间，中共中央通知北方局停止与南京方面的接触，统一于党中央。在国共双方秘密接触过程中，中共上海党组织代表张子华在十个多月时间内，往返陕北、南京、广州达五六次之多，在国共之间做了许多联络工作，为两党的正式接触做了准备。11月10日，中共代表潘汉年与国民党代表陈立夫在上海举行会谈，各自陈述了实现合作的条件。由于国民党没有联共抗日的诚意，谈判并没有结果。双方虽然未能达成任何协议，同时军事上全面对抗仍难解难分，但对话已经开始了，紧张关系开始有所松动，这就为以后国共两党的正式谈判打开了大门。

四、西安事变的和平解决和国内和平的基本实现

1936年冬，在日本帝国主义侵略不断扩大，全国人民抗日救亡运动空前高涨的情况下，蒋介石继续坚持"攘外必先安内"的错误政策，强迫张学良、杨虎城率东北军、第十七路军进攻陕北红军。张学良曾多次劝谏蒋介石停止内战、联共抗日，但都遭到拒绝。12月4日，蒋介石到西安迫令张学良、杨虎城立即将其军队开赴陕北"剿共"前线，由"中央军"在后接应督战；否则就要把东北军调往福建，第十七路军调往安徽，

第四节　华北事变与抗日救亡运动的发展

由"中央军"在陕甘"剿共"。这个最后通牒式的方案，既同张学良、杨虎城的联共抗日、不再打内战的决心相矛盾，也危及张、杨部队的生存。连续几天，张学良反复劝说蒋介石应以国家和民族的大义为重，容纳抗日主张，但均遭到蒋介石的斥责。

9日，西安城内万余名学生为纪念一二·九运动一周年，举行请愿游行，要求停止内战、一致抗日。蒋介石指令张学良实行武力镇压，张学良劝阻学生回去并被学生爱国热情和勇气所感动，答应在一个星期内用事实回答他们的要求。10日、11日，张、杨又两次向蒋介石进谏，均遭其拒绝。张、杨感到除发动"兵谏"以外，已别无出路。12日晨，按照张学良、杨虎城商定的计划，东北军一部包围华清池，扣留了蒋介石；第十七路军同时控制西安全城，囚禁了从南京来的几十名国民党军政要员。这就是西安事变。事变当天，张学良、杨虎城立即通电全国，提出了八项抗日主张。

西安事变的爆发在国内外引起巨大反响，并呈现极其复杂的局面。日本政府阴谋把事变引向国民党与张学良、杨虎城、共产党之间的大规模内战，以便从中取利，进一步扩大对中国的侵略。英美两国政府为了维护其在华利益，极力支持和平解决事变。苏联政府恐事变引起中国大规模内战，给日本扩大对华侵略以可乘之机，并危及东亚和平，也希望能和平解决事变。国民党内陷入一片混乱，出现了主张军事讨伐和和平解决事变的两派，两派各不相让。中国共产党分析了复杂局势以后，确定了和平解决西安事变的方针。17日，周恩来等作为中共中央代表抵达西安，与张学良商谈关于正确解决西安事变的问题。南京方面在了解张学良、杨虎城和共产党并不想加害蒋介石而希望和平解决事变的态度后，22日，正式派出谈判代表宋子文、宋美龄等到西安。次日，张学良、杨虎城同宋子文、宋美龄进行谈判，周恩来作为中共中央全权代表也参加了谈判。周恩来在谈判中做了大量卓有成效的工作。经过两天的谈判，达成改组南京政府、释放政治犯、停止"剿共"、联合红军抗日等六项协议。25日，张学良决定释放蒋介石，并亲自陪同蒋回南京，西安事变得到和平解决。

西安事变的和平解决成为时局转换的枢纽，它粉碎了亲日派和日本帝国主义者的阴谋，促进了中共中央逼蒋抗日方针的实现。从此，十年内战的局面基本结束，国内和平初步实现。在抗日的前提下，国共两党实行合作已成为不可抗拒的大势。

西安事变和平解决以后，为了巩固和平，争取民主，早日实现全民族共同抗战，1937年2月10日，中国共产党致电国民党五届三中全会，向国民党提出五项要求，即：停止内战，集中国力，一致对外；保障言论、集会、结社之自由，释放一切政治犯；召开各党各派各界各军的代表会议，集中全国人才共同救国；迅速完成对日作战之一切准备工作；改善人民的生活。同时，共产党也作出了四项保证，即：实行停止武力推翻国民党政府的方针；工农政府改名为中华民国特区政府，红军改名为国民革命军；特区实行彻底的民主制度；停止没收地主土地的政策，坚决执行抗日民族统一战线的共同纲领。

这个电文发表以后，得到了广大爱国人士的赞同，也进一步推动了国民党内部抗日派对亲日派的斗争。宋庆龄、何香凝等赞成共产党的建议，在国民党五届三中全会上提出恢复联俄、联共、扶助农工的三大政策案，呼吁国共两党第二次合作，联合抗日等政治决议草案。这次全会虽然还没有制定出明确的抗日方针，但确定了和平统一、修改选举法、扩大民主、释放政治犯等项原则。全会表示同意国共两党进行谈判。

从1937年2月开始到7月全国抗战爆发前，国共两党代表在西安、杭州、庐山举行多次谈判。这些谈判主要围绕着国共合作问题、红军改编问题、陕甘宁边区的地位问题、停止进攻西路军和南方游击根据地的中共军队问题等。由于蒋介石缺乏诚意，这些谈判没有达成实质性的协议。但以第二次国共合作为基础的抗日民族统一战线已经初步形成，举世期盼的国内和平基本实现。

思考题

1. 1927年大革命失败后国民党反动派为什么会成为中国革命的首要对象？

2. 以毛泽东为主要代表的中国共产党人是如何探索和开辟中国革命新道路的?
3. 为什么说遵义会议是中国共产党和中国革命历史上一个生死攸关的转折点?
4. 如何理解西安事变的和平解决是时局转换的枢纽?

第七章 中华民族的抗日战争

1937年7月，日本军国主义悍然发动全面侵华战争。面对亡国灭种的严重危机，国共两党捐弃前嫌实现了第二次合作；全国各民族、各阶级、各党派、各社会团体、各界爱国人士、港澳台同胞和海外侨胞团结一心，义无反顾地投身这场关系民族生死存亡的伟大斗争中。中国人民抗日战争，开辟了世界反法西斯战争的东方主战场。中国人民经过艰苦卓绝的浴血奋战，打败了日本帝国主义侵略者，赢得了近代以来中国反抗外敌入侵的第一次完全胜利。中国人民抗日战争的伟大胜利，成为中华民族由近代以来陷入深重危机走向伟大复兴的历史转折点。

第一节 全民族抗战的兴起

一、卢沟桥事变及日本的侵华罪行

1937年7月7日，日本军国主义者以制造卢沟桥事变为起点，发动了全面侵华战争。中国军民奋起反抗，开始了一场全民族的抗日战争。

卢沟桥事变的发生不是偶然的，它与复杂的国际形势有着密切的联系，也是日本自九一八事变特别是华北事变以后长期准备的结果。

从国际上看，第一次世界大战以后，德、意、日等国发展很快，要求重新划分势力范围。它们奉行法西斯主义和疯狂的扩军备战政策，企图通过战争手段改变世界格局，以建立由它们主宰的世界新秩序，成为欧洲和亚洲的战争策源地。1936年11月，德国与日本签订了《反共产国际协定》。意大利随后也加入了这个协定。该协定的签订，表明东西方三个法西斯国家以反苏反共为纽带，在瓜分世界、划分势力范围方面达成默契，结成了威胁整个世界和平的侵略集团。日本一方面利用反苏反共的口号进行战争准备，另一方面对英、美采取软硬兼施策略，企图排斥英、美在中国的势力，并进一步将美、英、法、荷等国支配下的东南亚变成自己的势力范围。英、美等国与日本之间虽然存在尖锐的矛盾，但由于它们更关注德、意引起的欧洲紧张局势或本国问题，担心日本配合德、意在东方攻击自身，同时也敌视苏联，害怕中国人民革命力量的兴起会危及自己的殖民利益。因此，它们对日本实行绥靖政策，甚至阴谋以牺牲中国的部分领土为代价来换取日本的妥协，缓和同日本的矛盾，并且企图将日本军国主义的祸水引向苏联。苏联政府因为担心受到日本和德国分别从东西两面的夹攻，不愿意过早地卷入与日本的直接冲突。日本正是在这种国际背景下，制造了卢沟桥事变。

从日本方面看，九一八事变后，日本帝国主义按照其既定的大陆政策，着手发动全面侵华战争的准备，把经济、军事、政治、思想文化等全面纳入了法西斯战争轨道。华北事变后，日本加速进行全面侵华战争的部署。1936年2月，日本国内发生军事政变，法西斯军人控制了广田弘毅内阁。4月，日本驻华北的中国驻屯军扩大编制，司令官升格与关东军司令官同级，由天皇直接任命。8月，日本内阁五相会议通过《国策基准》，确立了"南（以南洋地区为进攻方向）北（以苏联为主要对手）并进""先打中国"的扩张战略。9月，日军强占北平西南门户丰台，严重威胁当地中国驻军，加剧了华北的紧张局势。同时，日本陆军省制定1937年度大规模侵略中国的作战计划，该计划在继承历年方案的基础上具体规定：在华北，拟用8个师团占领以平、津为中心的华北五省；在华中，拟以5个师团，一部进攻上海，一部从杭州湾登陆，两军策应向南京作战；在华南，拟用1个师团占领广州地区；同时以海军控制中国沿海和长江水域，协助陆军占领各战略要地，企图一举灭亡中国。根据这一计划，日军准备用于侵华战争的兵力由1936年的9个师团增加到14个。

为了顺利执行这一侵略计划，日本1937年度的国家预算支出比上年增加30%以上，其中军费占总预算近半。维持这一巨大支出的主要手段是大量发行公债和增加税收，这就造成通货膨胀和物价暴涨。加上1937年开始的新一轮资本主义世界经济危机的影响，日本的准战时经济体制面临困境。在多方不满情绪的压力下，广田内阁被迫总辞职。1937年6月初，近卫文麿组阁，暂时缓和了统治集团内军部、财界、政党官僚之间的矛盾，获得所谓"举国一致"的拥护。近卫上台后，继续强化战争体制，决定将日本对华政策由蚕食鲸吞转变为全面战争。这时的日本统治集团中，"对华一击论"占据上风，以为全面侵华战争一旦发动就能在很短的时间内达到降伏整个中国的目的。至此，日本全面侵华战争的发动如同箭在弦上，一触即发。

1937年7月7日夜，驻扎在北平西南的日军在卢沟桥附近进行挑衅性演习，并以一士兵失踪为借口，无理要求进宛平县城（今属北京市丰台区）搜查，遭到中方拒绝。当交涉还在进行时，日军即向卢沟桥一带中国驻军发起攻击，并炮轰宛平城。日本军国主义全面侵华战争由此开始。

卢沟桥事变以后，日本几乎动员其全部军事力量，采取"速战速决"的战略，向华北、华东、华中地区发起战略进攻。日军相继占领了北平、天津、太原、上海、南京、武汉、广州等一批大城市。

日本对中国的大规模侵略和在中国部分地区的殖民统治，犯下了空前残暴的罪行，给中华民族造成了极为深重的灾难。

一是制造惨绝人寰的大屠杀。1937年12月13日，日军占领中国国民政府的首都南京之后，立即开始展开了烧、杀、淫、掠的"大竞赛"。他们用机枪扫射、地雷爆炸、刺刀刺杀、乱刀砍杀、火焚、活埋、轮奸等残暴狠毒的手段，残害中国人达30万以上，财产损失不计其数，南京城成为人间地狱，这就是惨绝人寰的南京大屠杀。除此之外，日军在其他地方制造的屠杀中国人民的惨案也不计其数。从1938年2月起至1943年8月，日本对战时中国陪都重庆进行了长达5年半的战略轰炸。据不完全统计，日本对重庆进行轰炸218次，出动9000多架次的飞机，投弹2万余枚，重庆死于轰炸者1万人以上，超过17600幢房屋被毁。相持阶段到来后，日军对中国共产党领导下的八路军、新四军及其抗日根据地进行大规模的"扫荡"，实行"杀光其居民、烧光其房屋、抢光其粮食"的"三光"政策。据不完全统计，仅在晋冀鲁豫、山东、苏皖等7个抗日根据地，中国军民被杀戮者就达到318万人，房屋被焚烧达1952万间。日军还悍然进行细菌战、毒气战。从1940年下半年起，日本的731部队等开始将带有霍乱、伤寒、鼠疫等病菌的投掷器投放到中国许多地区，造成大批中国军民死亡。日本侵略者甚至对中国军民进行灭绝人性的人体活体试验。日军还在其占领区掳掠和残害大量中国劳工，强迫中国妇女充当"慰安妇"，无数中国人遭受日军铁蹄践踏和蹂躏。

二是疯狂掠夺中国的资源和财富。在中国东北，日本的"南满铁路株式会社""满洲重工业股份公司"两大垄断企业独占全部铁路交通和重工业，控制了东北的经济命脉，肆意掠夺东北的矿产资源。在华北和华中地区，日本"华北开发股份公司"和"华中振兴股份公司"分别主管对华北和华中的经济掠夺。日本侵略者还大肆掠夺占领区的土地和农产品，对农产品实行严格的统制、垄断和掠夺，强迫农民将粮食等主要农产品廉价卖给伪政府，不仅要保证侵华日军的需要，还将其中的大部分运往日本国内。

三是按照其"思想战"的方针，在其占领区大力推行"亲日"的奴化教育，用效忠日本天皇的军国主义文化取代中华文化，企图以此来泯灭中国人民的民族意识、国家观念和反抗精神，培养服从于日本侵略、殖民统治和为其侵略战争服务的"皇国""良民""顺民"，使中国永远沦为日本侵略者的殖民地。

日本侵略者在中国犯下的滔天罪行罄竹难书。据不完全统计，战争期间，中国军民伤亡 3500 多万人；按 1937 年的比价，中国直接经济损失 1000 多亿美元，间接经济损失 5000 多亿美元。事实证明，日本是近代历史上给中国造成灾难和伤害最大的国家，日本发动的侵华战争是一场给中华民族带来深重灾难的非正义战争，是反和平、反人类的不义战争。日本帝国主义的野蛮侵略行径不仅严重阻碍了中国社会的发展，而且使中华民族面临着亡国灭种的危机，必将激起中国人民的反抗，促进中华民族的新觉醒。

二、国共第二次合作和抗日民族统一战线的特点

面对日本军国主义的野蛮侵略和亡国灭种的严重危机，中国人民只有结成最广泛的抗日民族统一战线，才能战胜武装到牙齿的凶恶敌人。卢沟

桥事变爆发后，国共两党进一步调整政策，迅速走向正式合作。

1937年7月8日，卢沟桥事变的第二天，中国共产党向全国发出通电，呼吁"全中国同胞，政府，与军队，团结起来，筑成民族统一战线的坚固长城，抵抗日寇的侵掠！""国共两党亲密合作抵抗日寇的新进攻！""驱逐日寇出中国！"① 同日，中国工农红军将领致电蒋介石表示："红军将士，咸愿在委员长领导之下，为国效命，与敌周旋，以达保土卫国之目的"②。7月14日，中共中央军委命令红军做好开赴前线的准备。为尽快促成国共合作，中共中央派周恩来、秦邦宪（博古）、林伯渠等二上庐山，与蒋介石、张冲、邵力子等举行谈判。7月15日，中共代表向蒋介石提交了《中国共产党为公布国共合作宣言》，提出了发动全民族抗战、实现民权政治和改善人民生活等三项政治主张，作为国共合作的总纲领和全国人民的共同奋斗目标；同时郑重声明愿为彻底实现孙中山的三民主义而奋斗，停止推翻国民党政权和没收地主土地的政策，取消苏维埃政府、改称特区政府，取消红军名义及番号、改编为国民革命军。这个宣言，再次显示了中国共产党以民族利益为重，促成国共两党正式合作的诚意。中共中央希望以此宣言作为国共两党第二次合作的政治基础。

国民党虽然表示同意国共合作，但蒋介石对共产党提出的宣言态度冷淡，另提一套方案。关于红军改编问题，蒋介石坚持红军改编后不设统一的军事指挥机关，改编后三个师的管理教育直属西安行营；各师参谋长由南京派遣，"政治训练处"只管联络，无权指挥部队。蒋介石不愿意承认共产党的平等地位，并企图通过改编红军，逼朱德、毛泽东"出洋"，以便达到控制、削弱或消灭红军的目的。中共代表团表示不能接受国民党当局对红军改编后的指挥和人事的意见，第二次庐山谈判未果。

平、津失陷后，上海的形势日趋紧张。8月上旬，应国民党邀请，中共中央派朱德、周恩来、叶剑英赴南京参加国防会议，并同国民党继续谈

---

① 中共中央文献研究室、中央档案馆编：《建党以来重要文献选编（一九二———一九四九）》第14册，中央文献出版社2011年版，第357页。

② 中共中央文献研究室、中央档案馆编：《建党以来重要文献选编（一九二———一九四九）》第14册，中央文献出版社2011年版，第358页。

判。8月13日，日军进攻上海，直接威胁中国政治经济中心地区和国民政府首都南京。这就促使蒋介石抗战的方针和政策发生根本性改变，最终下定决心接受共产党倡导的合作抗日。8月14日，国民政府发表《自卫抗战声明书》，指出："中国为日本无止境之侵略所逼迫，兹已不得不实行自卫，抵抗暴力。"由于蒋介石急于调动红军开赴抗日前线，所以在红军改编等问题上有所松动。8月18日，双方达成协议：将红军主力改编为国民革命军第八路军（简称八路军），并设总指挥部，在国民党统治区的若干城市设立八路军办事处，出版《新华日报》。8月22日，国民政府军事委员会发布命令，将红军改编为八路军，任命朱德为总指挥、彭德怀任副总指挥。共产党在坚持对红军的领导和独立自主原则下，也在不设政治委员、改政治部为政训处等方面作了某些让步。8月25日，中共中央军委发布命令，红军改编为八路军，朱德任总指挥、彭德怀任副总指挥，叶剑英任参谋长、左权任副参谋长，任弼时任政治部主任，邓小平任政治部副主任。八路军全军约4.6万人，下辖第一一五师、第一二〇师、第一二九师。接着，南方各省的红军游击队改编为国民革命军陆军新编第四军（简称新四军），叶挺任军长，项英任副军长，下辖四个支队，全军共1.03万人。9月，原陕甘宁根据地苏维埃政府正式改称陕甘宁边区政府，陕甘宁边区仍为中共中央所在地。

红军改编为国民革命军，表现了中国共产党实现国共合作、坚决抗日的诚意。在民族危亡的紧要关头，国共两党首先在军事上达成联合行动的协议，无疑有利于促进国共合作的发展和全面抗战的开展。

9月中旬，国共两党代表在南京再次举行会谈，就发表《中国共产党为公布国共合作宣言》问题达成一致意见。9月22日，国民党通过中央通讯社发表《中国共产党为公布国共合作宣言》。23日，蒋介石发表《对中国共产党宣言的谈话》，指出团结御侮的必要，认为"此次中国共产党发表之宣言，即为民族意识胜过一切之例证"，事实上承认了中国共产党在全国的合法地位。《中国共产党为公布国共合作宣言》和蒋介石谈话的发表，标志着以国共两党第二次合作为基础的抗日民族统一战线正式形成。这在中国近代以来反侵略斗争史上，第一次形成了由整个中华民族共同组成的抗日民族统一战线的局面，显示了团结救亡、共御外侮的强大力量。

抗日民族统一战线的正式形成，是大势所趋，人心所向，受到了全国人民、各民主党派和爱国民主人士的热烈欢迎。国民党左派领袖、孙中山夫人宋庆龄发表《国共统一运动感言》说："中共宣言和蒋委员长谈话都郑重指出两党精诚团结的必要。我听到这消息，感动地几乎要下泪。"① 11月，她发表《关于国共合作的声明》指出："国难当头，应该尽弃前嫌。必须举国上下团结一致，抵抗日本，争取最后胜利。"② 救国会领袖沈钧儒、邹韬奋等7人于1937年7月31日被释放出狱，他们赞成共产党的抗日民族统一战线政策，拥护以国共两党第二次合作为基础的全国抗战团结。中华民族解放行动委员会在卢沟桥事变后，向国民政府提出了普遍动员武装群众、实行民主政治等政治主张。国民党民主人士李济深、陈铭枢等领导的中华民族革命同盟，从原来的反蒋抗日转到拥蒋抗日的立场。国家社会党、中国青年党、中华职业教育社、乡村建设派等党派，先后表示拥护国共合作抗日。

这表明，在中华民族面临存亡绝续的危难关头，全中国的各党各派各军、工农商学兵各界，聚集在抗日民族统一战线的旗帜下。"这在中国革命史上开辟了一个新纪元。这将给予中国革命以广大的深刻的影响，将对于打倒日本帝国主义发生决定的作用。"③

抗日民族统一战线，同国民革命时期的统一战线相比，具有新的历史特点。

第一，抗日民族统一战线的最大特点，是它具有广泛的民族性和极大的复杂性。抗日民族统一战线中，不仅包括工人、农民、城市小资产阶级和民族资产阶级，而且包括中小地主，甚至还包括一部分大地主大资产阶级。也就是说，除极少数汉奸卖国贼外，一切不愿意做亡国奴的阶级、阶层、党派、团体等，都包括在抗日民族统一战线内。抗日民族统一战线的

---

① 宋庆龄：《国共统一运动感言》，《抵抗》三日刊第12号，1937年9月26日。
② 宋庆龄：《为新中国奋斗》，人民出版社1952年版，第109页。
③ 《毛泽东选集》第2卷，人民出版社1991年版，第364页。

广泛性，增强了中华民族抗日阵营的力量。与这种广泛的民族性相联系的，必然是抗日统一战线内部极大的复杂性。因为在各阶级联合起来进行民族解放斗争的同时，围绕着如何抗战、如何夺取抗战胜利、争取什么样的抗战胜利前途等问题上，客观上存在着不同主张，统一战线内部不可避免地存在矛盾和斗争。因此，中国共产党在制定和实施抗日民族统一战线的政策和策略时，必然面临着许多复杂的情况和艰难的任务。

第二，抗日民族统一战线的另一个突出特点，在于它是国共两党的两个政权、两种军队的合作。共产党领导的人民军队和政权，是国民革命失败以后蒋介石集团屠杀革命人民和共产党领导人民进行反抗斗争的结果。这种有军队、有政权的合作，是中国特殊的历史条件造成的。国共两党军队的合作形成了抗日战争的相互配合的两个战场。由于国民党坚持一党专政，不能以平等的态度对待共产党和其他民主党派，国共两党始终没有达成双方承认和共同遵守的纲领，也没有形成固定的统一战线组织形式。特别是相持阶段到来后，代表大地主大资产阶级利益的国民党顽固派，多次制造反共军事摩擦，集中反映了统一战线内部的阶级矛盾和斗争。因此，中国共产党在与国民党进行合作的过程中，必须紧紧把握民族矛盾是主要矛盾、阶级矛盾仍然存在这一点，作为正确处理民族矛盾和阶级矛盾、民族斗争和阶级斗争以及国共两党关系的基本依据。

第三，抗日民族统一战线处在一个比较有利的但又极为复杂的国际环境之中。中国的抗日战争是世界反法西斯战争的重要组成部分，得到了世界反法西斯国家的同情和支持。苏联政府明确支持中国进行抗日战争，英美等国也在一定程度上帮助中国抗战，许多国家的共产党和进步人士以各种方式对中国开展国际主义援助。这些是有利于中国抗战的。但是，当时国际方面都重视国民党的力量，轻视共产党领导的人民革命力量；同时，英美等国在一定时期对日本实行绥靖政策，也助长了蒋介石集团的对日妥协倾向，这对中国人民的抗日斗争是不利的。

抗日民族统一战线的上述鲜明特点，要求中国共产党在统一战线中，必须始终坚持独立自主原则，保持自己在思想上、政治上、组织上的独立性，实现无产阶级领导权，使自身始终成为坚持抗战、团结、进步，反对投降、分裂、倒退的全民族抗战的中流砥柱，为巩固和发展抗日民族统一战线、争取抗日战争的彻底胜利，变抗战胜利为人民革命胜利而斗争。

三、全民族抗战局面的形成和两条不同的抗战路线

抗日战争是中华民族全民族的反侵略战争，是一场挽救民族危机的正义战争。在反侵略战争中，中华民族中蕴藏着的巨大能量和民族凝聚力，如同火山一般喷发出来。全国各界民众聚集在抗日民族统一战线旗帜下，以不同的形式投身抗日战争中。

中国共产党领导开辟的敌后战场和国民党指挥的正面战场协力合作，形成了共同抗击日本侵略者的战略局面。国民党军队爱国将士在正面战场浴血奋战，进行了英勇顽强的抵抗。共产党领导的八路军、新四军挺进敌后，开辟敌后战场，建立抗日根据地。各民主党派一致拥护国共两党团结抗日。

全国抗日救亡高潮深入城乡各个社会阶层。中国的工人、农民、知识分子和其他爱国人士积极投身于抗日洪流。上海、北平、天津等大中城市的工人群众纷纷组织抗日义勇队、宣传队，支援前线，参军参战。广大农民群众踊跃参军参战，建立抗日武装，支援抗日武装斗争。在华北，一位名叫邓玉芬的母亲，把丈夫和5个孩子送上前线，他们全部战死沙场；一个庄户人家写下这样一副对联："万众一心保障国家独立，百折不挠争取民族解放"，横批是："抗战到底"。这是中华儿女同日本侵略者血战到底的怒吼，是中华民族抗战必胜的宣言。

文化界、职业界、学生界、宗教界、妇女界等都建立了救亡组织，开展各种形式的抗日救亡活动。1937年7月，何香凝、宋庆龄倡议的中国妇女后援会在上海成立。8月，宋美龄在南京成立中国妇女慰劳自卫抗战将士总会。1938年6月，接受中共中央建议从上海移居香港的宋庆龄，发起成立保卫中国同盟，呼吁世界各国人民援助中国抗战，并将世界各地援助中国抗战的物资、药品和医疗器械等源源不断地运往抗日根据地，在抗日战争中发挥了独特的作用。

民族工商业者踊跃购买救国公债，为前线将士捐赠物资。上海著名实

业家胡厥文、进步实业家沈鸿,和华中、华北地区的许多工商界人士克服重重困难,积极组织厂商内迁,在西南和西北后方省区继续从事军需民用品的生产,以支持长期抗战。

许多著名高等学府纷纷由北平、天津、上海、南京、武汉、广州、杭州等地内迁至西南、西北。这些内迁高校在十分困难的条件下坚持教学与研究,对保护知识分子和文化生力军,对推动西南、西北地区经济文化建设发挥了重要作用。1938年,还出现了大批爱国青年和抗日志士源源不断地奔赴延安的热潮。经过抗日军政大学、陕北公学、鲁迅艺术学院等培养训练后,又奔赴抗日前线,成为发动群众开展抗日游击战争、建立抗日根据地的骨干。

各少数民族与汉族人民一起,以各种方式投入抗日斗争。如马本斋领导的冀中回民支队就进行大小战斗870多次,歼敌3.76万人。

在反抗日本帝国主义、挽救民族危亡的紧急关头,中华儿女表现了空前的民族觉醒和民族团结,同仇敌忾、众志成城,用自己的血肉,筑起了反抗日本帝国主义侵略的新的长城。战争教育了人民,人民必将赢得战争。

全民族抗战爆发后,如何坚持抗战、争取抗战的胜利?这是必须首先要回答的问题。因为正确的抗战路线和战略方针,是全国抗战取得最后胜利的根本保证。国共两党虽然在抗日民族统一战线的旗帜下合作抗战,但彼此的阶级属性和政治目标、军事观念不同,因而对于如何坚持抗战、争取抗战胜利的问题作出了不同的回答,形成两条不同的抗战路线。

中国共产党认为,抗战是在敌强我弱的形势下进行的,只有充分发动和依靠人民群众,进行人民战争,才能夺取抗争的胜利。

1937年8月22日至25日,中国共产党在陕北洛川召开中央政治局扩大会议,确定了全面抗战路线。毛泽东在会上的报告中指出:我们的总任务就是动员一切力量争取抗战胜利,实行抗日的军事、政治、财政经济、教育和外交,使现在开始的抗战成为全面全民族抗战。会议通过的《中央关于目前形势与党的任务的决定》指出:中国的抗战是一场艰苦的持久战。争取抗战胜利的关键,在于使已经发动的抗战发展为全面的全民族的抗战。共产党及其领导的民众和武装力量,应该站在斗争的最前线,使自己成为全国抗战的核心，用极大的力量去发展抗日群众运动，宣传群众、组织群众、武装群众，争取组织千百万群众进入抗日民族统一战线，取得抗日战争的最后胜利。

会议通过了《中国共产党抗日救国十大纲领》，即：（一）打倒日本帝国主义；（二）全国军事的总动员；（三）全国人民的总动员；（四）改革政治机构；（五）抗日的外交政策；（六）战时的财政经济政策；（七）改良人民生活；（八）抗日的教育政策；（九）肃清汉奸卖国贼亲日派，巩固后方；（十）抗日的民族团结。①《抗日救国十大纲领》体现了中国人民的根本利益和要求，体现了中国共产党的人民战争路线，是实行全面抗战路线的纲领，指明了中国人民坚持长期抗战、争取最后胜利的具体道路。

为了贯彻全面抗战路线，会议强调，必须坚持统一战线中无产阶级的领导权，人民军队的战略任务是到敌人后方放手发动群众，开展独立自主的游击战，开辟敌后战场，建立抗日根据地；在国民党统治区放手发动抗日的群众运动。

全面抗战路线是一条全面全民族抗战的人民战争路线。这条路线高举爱国主义的伟大旗帜，以中华民族的独立和解放为最高利益，得到了全国人民群众的拥护和支持。

与中国共产党的全面抗战路线不同，国民党领导集团在决心抗战的同时，由于害怕群众的广泛动员可能危及自身的统治，实行一条片面抗战路线，即单纯依赖政府和正规军队的抵抗来改变敌我力量总的对比，忽视战争所处的时代特点和共产党及其领导下的人民军队等进步因素的存在，不敢放手发动和武装民众进行一场人民战争。1938年3月29日至4月1日，国民党在武汉珞珈山召开临时全国代表大会，通过了《抗战建国纲领》。

《抗战建国纲领》对抗日的许多方面都扼要作出了纲领性的决议，其要点是：本着独立自主精神联合世界上同情我之国家和民族，为世界和平与正义共同奋斗；联合一切反对日本侵略的势力，制止日本侵略；充实民

---

① 中共中央文献研究室、中央档案馆编：《建党以来重要文献选编（一九二一——一九四九）》第14册，中央文献出版社2011年版，第475-477页。

众武力，在敌后发动普遍游击战；改善政治机构，严惩贪官污吏；改善人民生活，发展农村经济；严禁奸商囤积居奇，有钱者出钱，有力者出力，严惩汉奸；改定教育制度和教材，推行战时教程等。显然，这个纲领在如何坚持抗战和争取最后胜利的主导思想上是进步的，其所确定的抗战路线对于指导和推动全国抗战具有积极作用。

然而，《抗战建国纲领》也基本上反映了国民党领导集团单纯依靠政府和军队，而不依靠人民群众的片面抗战路线。具体表现为：在军事纲领中，未规定积极防御的作战方针和原则；在政治纲领中，避而不谈召开国民大会、制定宪法、组织包括各抗日党派和民主人士的国防政府；在经济纲领中，缺乏减租减息、废除苛捐杂税等促进农村经济发展的政策；在民众运动方面，没有规定废除一切束缚人民爱国抗日的旧法令和释放一切爱国的革命政治犯等。

显然，《抗战建国纲领》是一个具有两重性的纲领，既表现了当时国民党在抗日问题上积极进步的一面，也反映了国民党害怕发动和武装群众实行全面抗战和对日妥协动摇的一面，是国民党片面抗战路线的集中体现。这一路线包含着极大的危险性，如不加以克服，必然招致严重的失败。

国共两党两条不同的抗战路线，反映了国共两党在抗战问题上的不同主张，它使以国共两党合作为基础的抗日民族统一战线内部不可避免地存在着矛盾和斗争，增加了巩固和发展抗日民族统一战线的艰巨性和复杂性。两条不同抗战路线在实际中贯彻的结果，不仅规定和影响着两党战略方针的制定，也影响着抗战胜利的前途。在抗日民族统一战线中，是坚持全面抗战路线，还是实行片面抗战路线，这对于抗战成败和人民革命力量的发展具有决定性的意义。

第二节　国民党领导的正面战场和国统区的抗日民主运动

一、战略防御阶段的正面战场

卢沟桥事变后，日军不断增兵，很快占领平津，战事随即扩大。日军不仅沿平绥、平汉、津浦三大铁路线向华北腹地发动战略进攻，而且企图占领上海并向当时中国首都南京发动进攻。日军的疯狂进攻，严重威胁着国民党的统治及其根本利益，国民党对抗战采取了较为积极的态度。1937年8月初，国民政府制定了持久消耗战的基本战略方针，并将全国划分为五个战区，对正面战场的战略防御作了具体部署。此后，正面战场的国民党军队在武器装备落后的情况下，打过几次比较有影响的硬仗和胜仗。淞沪会战中，国民政府先后调集兵力约70万人，抗击优势装备的日军约28万人，坚守上海3个月，毙伤日军4万多人，粉碎了日本"三个月灭亡中国"的迷梦；忻口保卫战抗敌20多天，共毙伤日军2万余人，是抗战初期华北战场上规模最大、战斗最激烈、持续时间最久、战绩最显著的会战；台儿庄战役历时半月有余，国民党军队歼灭日军1万余人，沉重地打击了日本侵略者的嚣张气焰；武汉会战中，国民政府先后调集约130个师共100余万兵力利用大别山、鄱阳湖和长江两岸地区有利地形，节节抵抗，大大消耗了日军的有生力量，是抗日战争防御阶段规模最大的一次战役。

正面战场是这一阶段抗战的主战场，国民党军队作为抗日的主力，作战是积极的，广大官兵激于民族义愤和高度的爱国主义情怀，在优势装备的敌人进攻面前，表现了英勇奋战、不怕牺牲的精神，与侵略者进行了殊死的搏斗。在北平南苑的战斗中，第二十九军副军长佟麟阁、第一三二师师长赵登禹先后阵亡。在淞沪会战中，第八十八师五二四团团副谢晋元率孤军据守四行仓库（金城、中南、大陆、盐业四家银行共同出资建设的仓库），被上海市民誉为"八百壮士"。这一阶段的正面战场中国军队虽然损失了100多万人，丢掉近1/4的国土，但也使日军损失兵力约70万人，使其财力、物力均遭到较大消耗，彻底打破了日本"速战速决"的战略计划，奠定了中国持久抗战的基本格局，对相持阶段的到来起了极其重要的作用。同时，鼓舞了民心士气，促进了全国的团结进步，并支援了敌后战场的抗日游击战争，扩大了中国抗战的影响，争得了国际上的同情和支持。毛泽东曾给予高度评价："从一九三七年七月七日卢沟桥事变到一九三八年十月武汉失守这一个时期内，国民党政府的对日作战是比较努力的。""这样就比较顺利地形成了全国军民抗日战争的高潮,一时出现了生气蓬勃的新气象"①。

但是,综观战场的战势,除台儿庄战役取得局部胜利以外,其他战役几乎都是以退却、失败而告终。其失败的主要原因是:客观上敌强我弱,敌我力量悬殊。战争的胜负不仅是军事力量的较量,而且也是国力的较量。日本当时是一个工业相当发达的军国主义国家,因此在军事装备和军事训练方面都占优势;而中国是一个经济落后的农业大国,军事装备与军事训练都很陈旧落后,无法适应陆、海、空联合作战的需要。这一阶段国民党的抗战也暴露出相当严重的问题,最核心的是执行一条片面地依靠政府和军队的抗战路线,不敢放手动员人民群众。他们害怕人民群众动员起来会危及自身的统治地位,其抗战的主要目的在于维护自身的统治。他们既想利用人民抗战,又害怕人民的力量在抗战中壮大;既不能不对人民的合理要求作出某些让步,又顽固坚持专制独裁的政治制度。正是因为这种片面抗战路线,国民党统治区抗日力量的发展受到极大制约。在战略战术上,没有采取积极防御的方针,而是实行单纯的阵地防御战,以致在短时间内丧失了大批国土。

二、战略相持阶段的正面战场

1938年10月广州、武汉失守,中国人民抗日战争进入相持阶段。

日本"速战速决"的战略计划破产后,对国民政府开始采取"诱降为主、打击为辅"的方针。1938年11月3日,日本首相近卫文麿发表了《东亚新秩序》,声明"不以国民政府为对手",开始在"合作""提携""互助"等名义下展开政治诱降和分化瓦解工作。随后,日本军事战略也作出相应调整,决定立足于长期战争,扶植汉奸政权,企图"以华制华";把军事进攻的重点移向敌后战场,加紧消灭后方抗日力量,拼命掠夺资源,企图"以战养战"。由此,国民党抗战压力大大减轻,在限制共产党及其领导的人民军队问题上逐步积极起来,1939年1月召开的国民

---

① 《毛泽东选集》第3卷,人民出版社1991年版,第1037页。

党五届五中全会，在继续坚持持久抗战立场的同时，确定了"限共、防共、溶共"的基本方针。这标志着国民党由片面抗战逐步转变为消极抗战。

日军在对国民政府进行政治诱降的同时，为了巩固占领区，对国民党军队发动过若干次进攻性打击。这一时期，正面战场经历了南昌会战、桂南会战、随枣会战、枣宜会战、长沙会战、中条山会战、浙赣会战、入缅作战、鄂西会战、常德会战、豫湘桂战役、湘西会战等主要战役。国民党军队仍钳制了日军不少兵力，保持着相对稳定的战线，也曾取得过局部的胜利，坚持了抗战，起到了战略配合的作用，大体上保住了西南、西北大后方地区。1939 年 12 月，在桂南会战中，以第五军为主力的国民党军队曾攻克昆仑关，消灭日军 4000 多人；1940 年 5 月，在枣宜会战中，第三十三集团军总司令张自忠在激战中殉国。

1941 年是世界风云急剧变化的一年。1941 年 6 月 22 日，德国法西斯向苏联发动大规模的侵略战争。苏联军民奋起进行卫国战争。12 月 8 日，日本海军联合舰队偷袭美国在太平洋的主要海军基地珍珠港，发动对英、美等国在太平洋属地的进攻。同日，英、美对日本宣战，太平洋战争爆发。12 月 9 日，中国国民政府正式对日本宣战，同时对德、意宣战。苏德战争和太平洋战争的爆发，使第二次世界大战的形势发生深刻变化，也对中国抗战产生了重大影响。

苏德战争和太平洋战争爆发后，东西方反法西斯战场连成一片。在欧洲、亚洲、非洲、美洲和太平洋、大西洋、印度洋的广阔地域里，有 61 个国家和地区先后卷入战争。1942 年 1 月 1 日，以中、美、英、苏四国为首的 26 个参加对德、意、日轴心国作战的国家（通称同盟国），在美国华盛顿签署《联合国家宣言》，郑重表示：签字国保证使用全部军事和经济资源，共同对抗德、意、日法西斯的侵略；各国保证不同敌国单独缔结停战协定或和约。这就标志着国际反法西斯统一战线的正式形成。

1942 年初，中国战区成立，蒋介石任最高统帅。为配合英、美打击日军，国民党政府命令各战区发起攻击。第九战区司令长官薛岳在总结前两次长沙会战经验教训的基础上，发起第三次长沙会战，连续挫败日军的进攻，日军死伤 5 万余人。同年 2 月，中国远征军入缅甸对日作战。中国远征军英勇作战，在东吁保卫战中，歼灭日军 5000 多人。中国陆军第二〇〇师师长戴安澜在缅北殉国。中国远征军还在 1942 年 4 月解救了被日军围困的英军 7000 多人，受到了国际上的称赞。

但是，这个阶段国民党对抗战在全局上逐渐趋向消极，基本上实行保守的收缩战略，以便保存实力；同时又抽出相当多的兵力用来限制、打击共产党及其领导的八路军、新四军，制造了多次的反共"摩擦"事件。整个正面战场缺少像样的战略出击。特别是抗战后期，正面战场消极抗战日趋严重，致使战役结果更加糟糕，其地位和作用大大下降。

1944 年 4 月至 1945 年 1 月，日本发动打通中国大陆交通线的作战（史称豫湘桂战役），国民党军队遭到大溃败，损失 50 多万兵力，丢失拥有 146 座大小城市、6000 万人口的 20 多万平方公里的国土。豫湘桂大溃败成为大后方人心变动的重要转折点，越来越多的人对国民党统治集团失去了信任。

三、国民参政会与中国民主政团同盟的成立

国民参政会是抗日战争初期由国民政府成立，包括国民党、共产党和其他抗日党派和无党派人士代表在内的全国最高咨询机关，是第二次国共合作的产物，也是抗日民族统一战线的重要政治舞台。

从 1938 年 7 月成立到 1948 年 3 月解散，国民参政会经历了初期、中期、后期三个阶段。国民参政会初期，由于国共两党和其他党派与无党派人士的努力，国民参政会对团结全国人民、发扬抗日民主、推动全民抗战起了积极的作用。在国民参政会的号召下，全国人民同仇敌忾共赴国难，表现出了与穷凶极恶侵略者血战到底，直至取得最后胜利的无畏气概。中期，国民党转向消极抗日、积极反共，利用国民参政会混淆社会视听，制造反共摩擦，中国共产党同国民党顽固势力进行了针锋相对的斗争，团结争取了广大中间势力，使抗日民族统一战线的主张，得到更加广泛的支持和拥护，使国共合作团结抗战的大局，没有因为国民党顽固势力的梗阻而遭到彻底破坏。后期，国民党反动派阴谋发动内战，国民参政会亦成为其

推行反共政策、鼓励内战、粉饰独裁的御用工具。

国民参政会的设立,是国民党在民主政治方面的一个进步。在形式上,它容纳了包括国民党、共产党在内的各抗日党派的代表,为各党派提供了一个阐述各自政见的、公开的、合法的讲坛。在内容上,一方面各在野党派有了参政议政的机会,以积极、热情、诚挚、友好的态度与作为执政党的国民党坐在一起共商抗日救国大计;另一方面,国民参政会提出并通过了一些促进民治的提案。

尽管国民党称国民参政会是"反映民意决定国家大政方针之代表机关",但只要稍加分析,即可看到国民参政会与"民意机关"相去甚远。首先,它由国民党组织,国民党占了大多数席位,最高时达84%;其次,参政员均由国民党中央遴选,不能完全代表全国人民的意志;最后,参政会职权有限,其决议对政府没有多少约束力。因此,这样的组织并不是一个具有议会性质的"民意机关",只能是一个"咨询机关"。

1941年1月,国民党顽固派制造皖南事变,加紧对中国共产党及其领导的人民军队的压迫;同时对一些不同意国民党某些政策的民主党派和爱国人士也横加迫害。国民党当局的所作所为,激起了坚持抗日的民主党派和民主人士的不满,使他们认识到必须把抗日爱国力量团结起来,同国民党进行有效的斗争,才能保持团结抗日的局面,争取抗日战争的最后胜利。"中国民主政团同盟"① 就是在这种形势下诞生的。

1941年3月,中国民主政团同盟在重庆秘密召开成立会,通过纲领和简章,选举了中央领导机关。黄炎培任中央常委会主席(不久,黄辞职,由张澜接任),左舜生任总书记。9月,梁漱溟等人在香港创办《光明日报》。10月,该报发表中国民主政团同盟成立宣言和对时局的主张纲领,宣言强调加强团结、抗战到底、反对妥协、实践民生、结束党治、革

---

① 中国民主政团同盟由第三党(当时的正式名称为"中华民族解放行动委员会")、中国青年党、国家社会党和中华职业教育社、乡村建设派、全国各界救国联合会等三党三派联合组成。这些党派中大多是在20世纪二三十年代成立。主要发起人有黄炎培、梁漱溟、左舜生、张君劢、章伯钧、张澜、罗隆基、李璜、丘哲、林可玑、江问渔、冷遹、杨赓陶等。

新内政。不久,该盟在香港出版《光明报》,在重庆出版《民宪》杂志,并在昆明、成都和桂林等主要城市开设办事处。

中国民主政团同盟的成立及其提出的政治主张,反映了抗日战争进入困难时期国内政治形势的变化,全国人民和爱国抗日人士进一步看清了国民党中破坏团结抗日的逆流,开始加强自己团结和斗争的力量,这对捍卫团结抗日的局面具有重要的意义。

四、国民党统治的腐败和国统区抗日民主运动的高涨

相持阶段到来后,国民党政府没有继续利用民气、民意和各政治集团的团结加紧备战,反而加强统制经济,大量将财富集中在官僚资本手里,造成政府腐败,民心涣散。

在抗战期间,国民党政府对经济的统制和国民党官僚资本对中国经济的垄断和控制是同步进行的。国民党统治集团中以蒋介石、宋子文、孔祥熙和陈果夫、陈立夫为代表的四大家族打着"抗日"的招牌,利用职权,肆意掠夺人民的财富,大发国难财。

在金融方面,国民党政府下令将四大家族控制的中央银行、中国银行、交通银行、中国农民银行改组成"四行联合办事总处",作为政府的最高金融组织,从而使其垄断了全国的金融。据统计,抗战头四年,四大家族所属银行平均每年存款占全国银行存款总数的80%~90%。四大银行和中央信托局、邮政储金汇业局所控制的外汇和黄金到1945年6月占全国总数的75%。

在工业方面,四大家族利用资源委员会、工矿调查委员会、兵工署等政府机构排挤民营企业,发展官营企业。1940年,官营企业资本已占全国总资本的50%,这一比例在1942年增加到70%以上。四大家族对工业的垄断,使许多民营工厂破产、停产、减产,民族工业深受打击。

在商业方面,四大家族利用贸易委员会、专卖事业管理局等政府机构对农矿品的出口实行统购统销,对食盐、蔗糖、烟酒、茶叶、火柴等日用必需品实行专卖制,对工业产品、原料、燃料实行管制,从中谋利。

在农业方面,1940年,国民党政府成立全国粮食管理局,按官价征

购粮食；1941年实行田赋征实政策，不断增加征收额度，此后还实行粮食借征制度——实际上是无偿占有。

国民党政府还大规模地增发纸币以弥补财政赤字，导致通货恶性膨胀。纸币发行量从1937年战争全面爆发时的19亿法币，猛增至1941年底的158.1亿法币，到1945年抗战胜利时，法币发行量超过了1万亿。恶性通货膨胀降低了行政效率，损害了军队士气，破坏了平民生活。这使大部分中国人与国民政府离心离德，尤其是中产阶级和知识分子，他们激烈地谴责政府的不负责任和管理失措。

国民党统治区"政府官员腐败，法律任其滥用，人们生活日益悲惨绝望。尽管国贫民困，一小撮贪污腐化分子却愈益富有，愈益奢华。这种腐败现象，加上其他许多反动的政治因素，已使民气士气低落，几至于殆尽。"①

国民党的腐败统治，不仅造成国内各阶层的不满，也导致抗战中后期对日战争能力的下降。这激起了广大人民的极大愤慨。工人罢工、农民暴动的事件相继发生，各阶层人民反抗剥削压迫、要求民主自由的斗争日益高涨。

中共和各民主党派反映人民意愿，要求国民党政府结束党治、实施宪政。1939年9月，毛泽东、秦邦宪等参政员在第一届国民参政会上提交《我们对于过去参政会工作和目前时局的意见》，要求政府推行战时民主，惩治对民众和青年的非法压迫行为，切实保障人民有言论、出版、集会、结社和武装抗战之权利，加强抗战党派之精诚团结。各民主党派人士，如章伯钧、王造时等也分别提出议案，要求政府开放民主、实行宪政等。

自1939年10月起，民主人士张澜、沈钧儒等人发起，在重庆先后召开了4次宪政问题座谈会，讨论民主的进程和实现的可能。中共参政员董必武、秦邦宪出席并参加了领导工作。第四次座谈会决定成立宪政促进会，选举黄炎培等85人为筹备委员。同时，重庆30多个妇女团体发起妇女宪政座谈会，青年代表25人发起青年宪政座谈会。成都、桂林等地也

---

① ［美］费正清编：《剑桥中华民国史》下卷，刘敬坤等译，中国社会科学文献出版社1994年版，第687页。

先后组织了宪政座谈会和宪政促进会。

但是，国民党政府多次以战争紧急、条件受限为由推迟国民大会的召开，不同意实行宪政民主。1944年1月，董必武在宪政问题座谈会上的发言指出，民主是讨论宪政的先决条件，民生更是今天动员人民参加抗战、加强团结的先决条件。没有民主，没有言论、出版、集会、结社的自由，就不能实现人民总动员，也不能认真地由人民研究宪法草案（宪草），宪草也就不可能实现。3月，中共中央给各中央局、中央分局并各区党委发出《关于宪政问题的指示》，决定共产党参加此种宪政运动，以期吸引一切可能的民主分子于自己周围，达到战胜日本与建立民主国家之目的。除中共代表已参加重庆方面国民党召集的宪政协进会会议外，延安亦已举行宪政座谈会。各根据地亦可于适当时机举行有多数党外人士参加的座谈会，借以团结这些党外人士于真正民主主义的目标之下。

同年5月，中国民主政团同盟发表《对目前时局的看法与主张》，批评国民党排斥异己、拖延训政、拒绝民主的态度。在成都，张澜等发起组织的"民主宪政促进会"，要求切实施行约法，尊重人民的自由权利，刷新政治。工商界代表也公开呼吁实行政治民主，生产自由，取消统制政策。此外，经国民党内民主派李济深、柳亚子等倡议，在广西成立了"抗战动员宣传工作委员会"和"桂林文化界抗战工作协会"，主张立刻动员民众，坚决抵抗，痛斥抗战中的失败主义者。

1944年9月，中共参政员林伯渠在国民参政会上提出废除国民党一党专政、召开各党派会议、成立民主联合政府的主张，得到各民主党派、无党派民主人士和社会各界的热烈响应。国民党统治区的民主运动由此朝着明确的政治目标发展，出现了新的高涨。

第三节　共产党领导的敌后战场和解放区的发展壮大

一、持久战战略方针和统一战线中独立自主原则的制定

抗日战争是一场弱国对强国的战争。这场战争的基本走势将会怎样？

中国应当坚持什么样的战略方针才能战胜敌人？

当时，国内舆论在抗战进程和前途问题上一度盛行"亡国论"和"速胜论"两种观点。早在全民族抗战爆发前，国内就有所谓"中国武器不如人，战必败"的"亡国论"。全民族抗战爆发后，由于日军的大举进攻，国民党军队在军事上的严重失利，一些亲日妥协派又散布"战必大败，和未必大乱""再战必亡"的论调，一部分人产生了悲观失望情绪。另一部分人却存在盲目乐观情绪，先是幻想国际干涉，企图依靠外援迅速取得胜利，而在台儿庄战役胜利后，更产生了盲目乐观的"速胜论"，认为徐州会战是"准决战"，是敌人的最后挣扎，对抗日战争的长期性、艰巨性缺乏思想准备。

以毛泽东为代表的中国共产党人对抗日战争的持久性有着深入的思考。早在1936年7月，毛泽东在同美国记者埃德加·斯诺的谈话中，就明确提出了坚持持久战的各项方针。全民族抗战初期，面对国民党正面战场的失利，毛泽东坚持认为真正的最后胜负要在持久战中解决。1937年7月，朱德在《实行对日作战》一文中指出："抗战将是一个持久的、艰苦的抗战，这就需要我们动员与集中全国一切人力、智力、财力与物力，全力以赴。因此，动员民众、武装民众，给民众以充分的救国抗日的自由，这是争取胜利的最必要的条件。"① 洛川会议以后，张闻天、周恩来、刘少奇、彭德怀等也发表文章和讲话，论述抗战的持久性，实行持久战和争取抗战胜利的条件和方法等。

1938年五六月间，毛泽东在总结全民族抗战以来10个月的经验教训的基础上，集中全党智慧，在延安抗日战争研究会上发表了《论持久战》的长篇演讲，全面分析了中日战争所处的时代和中日双方的基本特点，驳斥了"亡国论"和"速胜论"，论证了中国抗战为什么是持久战、怎样进行持久战和最后胜利为什么属于中国等基本问题，系统阐明了持久抗战的战略方针和争取抗战胜利的正确道路。

第一，毛泽东科学分析了中日战争所处的时代特点和战争性质，指

---

① 中共中央文献研究室编：《朱德年谱》，人民出版社1986年版，第167页。

出:"中日战争不是任何别的战争,乃是半殖民地半封建的中国和帝国主义的日本之间在二十世纪三十年代进行的一个决死的战争。全部问题的根据就在这里。"① 毛泽东进一步分析了中日双方互相矛盾着的四个基本特点:敌强我弱,敌小我大,敌退步我进步,敌寡助我多助。日本是一个帝国主义强国,其军力、经济力和政治组织力强,但其国小,人力、物力、财力不足,加之战争的非正义性、野蛮性,必然失道寡助。中国是半殖民地半封建的弱国,但处于进步时代,有共产党及其军队这一进步因素的代表,加之地大物博、人多兵多,和战争的正义性,必然得到全民的支持和国际上的援助。所有这些特点,"规定了和规定着战争的持久性和最后胜利属于中国而不属于日本"②。这就有力地驳斥了只看到有利方面而不承认敌强我弱基本事实方面的"速胜论"和只看到敌强我弱的不利方面而看不到有利方面的"亡国论",指明了中国抗战是持久战的特点和必将取得最后胜利的光明前途。

第二,毛泽东科学预测了抗日战争的发展进程,认为持久战的主要特征在于抗日战争的长期性,并具体表现在三个阶段之中:第一阶段是敌之战略进攻,我之战略防御阶段;第二阶段是敌之战略保守,我之准备反攻阶段;第三阶段是我之战略反攻,敌之战略退却阶段。其中第二阶段即战略相持阶段是整个战争的过渡阶段,也将是最困难时期,然而它却是转变敌强我弱力量对比的枢纽。只要坚持持久抗战,坚持抗日民族统一战线,中国就能获得转弱为强的力量。

第三,毛泽东深刻揭示了抗战时期必须正确处理的战争与政治之间的关系,进一步阐述了持久抗战必须坚持人民战争的抗战路线。毛泽东指出,抗日战争是全民族的战争,它的胜利离不开战争的政治目的——驱逐日本帝国主义,建立自由平等的新中国,离不开坚持抗战和坚持抗日民族统一战线的总方针,离不开全国军民的动员。争取抗战胜利的最基本条件,是全军全民的广大的政治动员。"兵民是胜利之本","战争的伟力之

---

① 《毛泽东选集》第 2 卷,人民出版社 1991 年版,第 447 页。
② 《毛泽东选集》第 2 卷,人民出版社 1991 年版,第 450 页。

最深厚的根源,存在于民众之中"①,动员了全国的老百姓,就造成了陷敌于灭顶之灾的汪洋大海,造成了弥补武器等缺陷的补救条件,造成了克服一切战争困难的前提。

第四,毛泽东提出了持久战的具体作战方针与指导原则,认为战争的本质是"保存自己,消灭敌人",这是一切战争行动的根据。中国抗战在战略上是内线的持久的防御战,在战役战斗上则必须实行外线的速决的进攻战。在作战形式上,要根据战争发展的不同阶段,正确运用运动战、游击战和阵地战三种形式。就全国抗战来说,战略防御和战略反攻两个阶段是以运动战为主,以游击战和阵地战为辅;而战略相持阶段则以游击战为主,以运动战和阵地战为辅。中国共产党领导的敌后游击战争,是大规模的外线的独立作战,具有极重要的战略地位。在战略防御阶段和战略相持阶段,八路军、新四军和其他人民武装执行的持久战的基本方针,就是实行"基本的是游击战,但不放松有利条件下的运动战"②。

《论持久战》科学论证了抗日战争的发展规律,以无可辩驳的逻辑力量阐明了争取抗战胜利的正确道路,批驳了对于抗战的各种错误认识,回答了人民对于抗战的种种疑虑,使人们对战争的发展进程和前途有了清晰的理解,极大地增强了中国军民争取抗战胜利的信心和决心,不仅是中国共产党指导抗日战争的纲领性文献,同时对全国抗战的战略指导也产生了影响。

如前所述,抗日民族统一战线具有广泛的民族性和极大的复杂性。鉴于抗日民族统一战线建立后党内出现了右倾投降倾向,党中央汲取历史的经验教训,在抗战初期就明确提出了必须反对阶级投降主义,在统一战线中坚持独立自主原则,即既统一又独立,对国民党采取又团结又斗争,以斗争求团结的方针;保持党在思想上、政治上和组织上的独立性,放手发动群众,实行全面抗战路线;坚持党对人民军队的绝对领导,冲破国民党的限制和束缚,努力发展人民的武装力量。坚持统一战线中的独立自主原

---

① 《毛泽东选集》第2卷,人民出版社1991年版,第477、511页。
② 《毛泽东选集》第3卷,人民出版社1991年版,第984页。

则，实质上就是力争中国共产党对抗日战争的领导权。这是把抗战引向胜利的中心一环。

1937年11月底，中国驻共产国际代表王明回国。他根据共产国际和苏联领导人关于中国抗战应该依靠国民党的指示精神，提出了一系列右倾错误观点，主要是：政治上过分强调统一战线中的联合，否认抗日民族统一战线中的独立自主原则，主张"一切经过统一战线""一切服从统一战线"，把共产党和人民军队的活动限制在国民党允许的范围内；军事上对党领导的游击战争的作用认识不足，不重视开展敌后抗日根据地的斗争；对蒋介石的抗战积极性估计过高，对其反共立场估计不足。王明的右倾错误干扰了全面抗战路线的贯彻执行。但在毛泽东等的抵制下，中共中央坚决实行统一战线中的独立自主原则，因而使其错误影响限制在局部范围内，并较快地加以克服。

1938年3月，中共中央派任弼时到苏联，如实向共产国际说明中国抗战情况、国共两党关系和中国共产党所采取的路线和政策。8月，中共驻共产国际代表王稼祥回到延安，并在9月召开的中央政治局会议上传达了共产国际的指示和共产国际执行委员会总书记季米特洛夫的意见：中共一年来建立了抗日民族统一战线，政治路线是正确的，中共在复杂的环境和困难的条件下真正运用了马列主义；中共中央领导机关中要以毛泽东为首解决统一领导问题，领导机关要有亲密团结的空气。① 共产国际的指示和这次政治局会议，进一步统一了中央领导层在重大政治、组织原则方面的认识，维护了以毛泽东为核心的中央领导层的团结一致和统一领导，从而为坚持党的全面抗战路线、纠正抗战初期以王明为代表的右倾错误创造了有利条件。

1938年9月29日至11月6日，中共中央在延安召开扩大的六届六中全会。毛泽东在会上作了《论新阶段》的政治报告和会议总结，许多同志作了报告或发言。会议完全赞同毛泽东对15个月来抗战经验的总结和

---

① 中共中央文献研究室编：《毛泽东年谱（1893—1949）》中卷，人民出版社、中央文献出版社1993年版，第90页。

对当前抗战形势的科学分析，重申全党应把主要工作放在战区和敌后，独立自主地放手组织人民抗日武装斗争的方针。会议要求全党认真地负起领导抗日战争的重大历史责任，要不断巩固和扩大抗日民族统一战线，用长期合作来支持长期战争；同时，要坚持统一战线中的独立自主原则。

会议强调国共长期合作抗日，巩固和扩大抗日民族统一战线的重要性。批判了党内在统一战线问题上的关门主义和投降主义的偏向，着重批判了"一切经过统一战线""一切服从统一战线"的错误主张，确定了"统一战线中的独立自主，既统一，又独立"的方针。为了从理论上说明这一方针，毛泽东提出了民族斗争和阶级斗争一致性的原理。其基本思想是：在抗日战争时期，由于民族敌人深入国土，民族矛盾成为主要矛盾，国内阶级矛盾降到了次要地位，但阶级矛盾仍然存在，并没有减少或消灭。所以，抗日的民族斗争是第一位的、最紧迫的任务，但是，如果没有属于阶级斗争范畴的民主、民生问题的适当解决，就不能实行广泛的人民动员，以战胜日本帝国主义。进行抗日与解决民主、民生问题互为条件，不能分离。否认阶级斗争的存在是错误的，但"在民族斗争中，阶级斗争是以民族斗争的形式出现的"；"一方面，阶级的政治经济要求在一定的历史时期内以不破裂合作为条件；又一方面，一切阶级斗争的要求都应以民族斗争的需要（为着抗日）为出发点。"[①] 中国共产党正是根据民族斗争和阶级斗争一致性的原理，制定了领导抗日战争的基本路线和各项具体政策。

会议号召加强党的自身建设，进一步认识自己、加强自己、团结自己，以便领导抗日战争达到胜利。会议提出了"马克思主义的中国化"的重大命题和重大任务，号召全党加强学习，研究马克思主义，研究中华民族的历史，研究当前运动的特点及其发展规律。会议强调了加强党的团结统一，扩大党内民主，认真执行民主集中制原则的重要意义。

中共六届六中全会具有重大历史意义。它正确分析了抗日战争的形势，规定了党在新阶段的任务，为实现党对抗日战争的领导进行了全面的

---

① 《毛泽东选集》第 2 卷，人民出版社 1991 年版，第 539 页。

规划。它自觉坚持马克思主义中国化的思想原则，基本克服了党内以王明为代表的右倾错误，批准了以毛泽东为首的中央政治局的路线，进一步确定了毛泽东在全党的领导地位，统一了全党的步调，推动了党的各项工作的迅速发展。

二、敌后战场的开辟和抗日游击战争的战略地位

全民族抗战开始后，在日军的大举进攻下，国民党军队节节后退，许多地方的国民党政权随之瓦解，有的地方政权名存实亡。在此情况下，中国共产党领导的八路军、新四军在全面抗战路线指引下，根据洛川会议作出的开辟敌后战场的重要战略决策，开赴抗日前线，挺进敌后。

八路军刚开赴抗日前线时，主要是在战役上直接配合国民党军队作战，同时以少数兵力进行发动群众和组织群众武装的工作。1937年9月25日，八路军第一一五师主力在晋东北平型关附近伏击日军，歼敌1000余人，击毁汽车100多辆，并缴获大量武器和军用物资，取得了全民族抗战以来中国军队的第一次大胜利，粉碎了日军不可战胜的神话。接着，八路军又配合国民党军队进行忻口战役。第一一五师独立团向晋西北和察南等地的日军展开进攻，八路军一二○师在日军右翼及后方进行战斗。10月18日，一二○师一部在雁门关以南地区伏击日军汽车约500辆，歼敌500余人，使进攻忻口的日军与大同、张家口的联系一度中断，粮食、弹药、油料等供应中断。10月19日，一二九师一部夜袭阳明堡机场，毁敌机24架，歼灭日军百余人，随后又在长生口等战斗中歼敌千余人。11月4日，一一五师在广阳镇设伏歼敌千余人。八路军上述作战的胜利，牵制和消耗了日军的兵力，有效配合了国民党军的忻口战役和太原保卫战。

1937年11月8日太原失守后，中国共产党领导的八路军、新四军及其他人民武装，深入敌后，开展抗日游击战争，建立抗日民主根据地，开辟敌后战场。八路军在敌后实行战略展开，分兵发动群众、武装群众，开展独立自主的敌后游击战争，收复被日军占领的大片国土，整顿社会秩序，恢复和发展共产党组织，建立抗日民主政权，开辟抗日根据地。1938年1月10日，敌后第一个由中国共产党领导的抗日民主政权——晋察冀

边区临时行政委员会在冀西阜平成立。新四军也挺进大江南北，开赴苏南、皖南、皖中等地区，创建华中敌后抗日根据地。

从1937年9月到1938年10月，八路军、新四军同日、伪作战1600余次，毙伤俘敌5.4万人，八路军发展到15.6万人，新四军发展到2.5万人，先后创建了晋察冀、晋西北和大青山、冀鲁豫、晋西南、山东、苏南、皖中等抗日根据地，包括游击区在内的敌后抗日根据地总人口达到5000万以上。

在这一时期，包括山西、河北、山东等省在内的华北地区党组织，遵照中共中央及华北局的指示，在八路军的帮助下，发动群众，组织抗日武装，广泛深入地开展了抗日游击战争，有效地支援了正面战场国民党军的作战，有力地配合了八路军主力部队在华北的战略展开和抗日根据地的创建。

在八路军、新四军挺进敌后的同时，战斗在白山黑水之间的东北抗日联军，在极其艰苦的条件下，广泛开展游击战争，团结汉、满、朝鲜族的抗日军民给日、伪以沉重打击，从而扰乱了敌人后方，有力配合了全国的抗日斗争。

以延安为中心的陕甘宁边区是中共中央所在地，是人民抗战的政治指导中心，是八路军、新四军和其他人民抗日武装以及敌后战场的战略总后方。中共中央十分重视边区的巩固和发展，建立了抗日民主政权，实行了一系列民主改革，边区各项事业得到健康发展。

广大的敌后战场的开辟和敌后游击战争的开展，以及抗日民主根据地的建立，有力配合了国民党军队在正面战场的作战，直接给日本侵略者以有力打击，而且迫使日军将原先用于进攻的大量兵力转用于防守其占领区，对阻止日军的进攻，稳定全国战局，使抗战由战略防御阶段转入战略相持阶段，起了重要的作用。

1938年5月，毛泽东在《抗日游击战争的战略地位》一文中，系统地论述了抗日游击战争的战略地位问题。不久，又在《论持久战》《战争和战略问题》中作了进一步论述。

毛泽东指出，游击战争的战略问题的提出和发生有着深刻的历史背景，这是由中日双方的特点决定的。中国是一个大而弱的国家，这个大而弱的国家被另一个小而强的国家所攻击，不适宜进行大规模的正规战，但是，中国有广阔的空间，众多的兵源，适宜进行游击战争。"保存自己消灭敌人的原则，是一切军事原则的根据。"① 如果不从战争的实际出发，只是在正面战场打正规战，就既不能消灭强大的敌人，又不能分兵发动群众，不仅不能在游击战争中壮大自己，反而会使自己遭到伤亡损失。只有把正规军和运动战变为分散使用的游击军和游击战，在敌后开展独立自主的游击战争，才能有效地发展自己，坚持持久战，最后消灭敌人。

毛泽东论述了抗日游击战争的六个具体战略问题，即：（一）主动地、灵活地、有计划地执行防御战中的进攻战，持久战中的速决战和内线作战中的外线作战；（二）和正规战争相配合；（三）建立根据地；（四）战略防御和战略进攻；（五）向运动战发展；（六）正确的指挥关系。并认为"这六项，是全部抗日游击战争的战略纲领，是达到保存和发展自己，消灭和驱逐敌人，配合正规战争，争取最后胜利的必要途径。"② 毛泽东指出："战争的长期性，随之也是残酷性，规定了游击战争不能不做许多异乎寻常的事情，于是根据地的问题、向运动战发展的问题等也发生了。于是中国抗日的游击战争，就从战术范围跑了出来向战略敲门，要求把游击战争的问题放在战略的观点上加以考察。"③ 这样又广大又持久的游击战争，在整个人类的战争史中，都是颇为新鲜的事情，"这件事是同时代进步到二十世纪的三四十年代一事分不开的，是同共产党和红军的存在分不开的，这乃是问题的焦点所在。"④ 因此，就整个抗日战争来说，正规战争是最后解决战争命运的关键，但同时必须认识到游击战争在抗日战争过程中的战略地位。

在抗日战争中，游击战的战略作用有两个方面：一是辅助正规战，一是把自己也变为运动战。至于就游击战在中国抗日战争中的空前广大和空

---

① 《毛泽东选集》第 2 卷，人民出版社 1991 年版，第 407 页。
② 《毛泽东选集》第 2 卷，人民出版社 1991 年版，第 407 页。
③ 《毛泽东选集》第 2 卷，人民出版社 1991 年版，第 405 页。
④ 《毛泽东选集》第 2 卷，人民出版社 1991 年版，第 405 页。

前持久的意义来说，它的战略地位就更加不能被轻视了。因此，在中国抗日战争中，游击战本身，不只有战术问题，还有它的特殊的战略问题。

在抗日战争的三个阶段中，运动战和游击战的地位也是不同的。在战略防御阶段，运动战是主要的，游击战和阵地战是辅助的；在战略相持阶段，游击战将上升到主要地位，而运动战和阵地战对其予以辅助；在战略反攻阶段，运动战再上升为主要形式，而辅之以阵地战和游击战。当然，在战略反攻阶段的运动战，已不全是由原来的正规军负担，而是由原来的游击军从游击战提高到运动战去负担一部分，也许是相当重要的一部分。"从三个阶段来看，中国抗日战争中的游击战，决不是可有可无的。它将在人类战争史上演出空前伟大的一幕。"① 毛泽东指出：游击战争没有正规战争那样迅速的成效和显赫的名声，但是，在长期和残酷的战争中，游击战争将表现其很大的威力，实在是非同小可的事业。正规军分散作游击战，集合起来又可作运动战，八路军就是这样做的。八路军的方针是："基本的是游击战，但不放松有利条件下的运动战。"② 抗日战争的历史证明，这一方针是完全正确的。

中国共产党不仅直接领导了敌后战场的开辟和抗日民主根据地的建立，而且在抗日战争战略方针制定、全面抗战路线贯彻、抗日民族统一战线巩固扩大上发挥了至关重要的作用。中国共产党不愧为中国人民抗日战争的中流砥柱。

三、坚持抗战、民主、团结的斗争

相持阶段到来后，中国共产党从抗战全局出发，明确指出：整个抗战时期，民族矛盾始终是第一位的，各阶级的利益必须服从全民族的利益。1939年7月7日，中共中央为纪念全国抗战两周年发表对时局宣言，明确提出"坚持抗战到底——反对中途妥协！""巩固国内团结——反对内

----

① 《毛泽东选集》第2卷，人民出版社1991年版，第499页。
② 《毛泽东选集》第3卷，人民出版社1991年版，第984页。

第三节　共产党领导的敌后战场和解放区的发展壮大

部分裂！""力求全国进步——反对向后倒退！"① 三大口号，坚决揭露汪精卫集团的叛国投降活动，继续争取蒋介石集团合作抗日，坚持巩固并扩大了抗日民族统一战线，驾驭了整个局势的发展。

在日军将敌后抗日根据地作为军事进攻主要对象的情况下，中国共产党领导人民抗日力量肩负起抗击日军的主要责任。敌后战场日益成为抗日战争的主战场。

八路军从1938年冬开始由山区向平原地区挺进，放手发动群众，广泛深入开展群众性的抗日游击战争，不断消灭敌人的有生力量，巩固和扩大了晋察冀、晋冀豫、冀鲁豫、晋西北、山东等抗日根据地。1940年8月，八路军总部对华北日军发动了一次大规模的以破袭敌人交通线为目标的进攻战役。参战部队共105个团约20万人，史称"百团大战"。这次战役共作战1824次，毙伤日、伪军2.5万人，俘虏1.8万人，破坏铁路470公里、公路1500公里，摧毁大量敌碉堡和据点，缴获大批枪炮和军用物资，沉重打击了敌军，激发了全国人民的抗战激情，进一步提高了共产党和八路军的威望。

与此同时，新四军各部贯彻中共中央"发展华中"的战略方针，利用山地、平原、河湖港汊开展游击战，建立了皖东、豫皖苏、皖东北、豫鄂、苏北等抗日根据地，扩大了苏南和皖中等根据地，沟通了华北与华中抗日根据地的联系。在华南，党领导的抗日武装创建和发展东江、琼崖等抗日根据地，开展抗日游击战争。

到1940年底，共产党领导的军队由抗战开始时的5万余人发展到50万人，此外还有大量地方武装和民兵。抗日根据地发展到跨华北、华中、华南的广大地区，加上陕甘宁边区共17块近1亿人口。共产党领导的敌后抗战大量牵制和消灭敌军，在全民族抗战中发挥着日益重要的作用，逐步成为中国抗战的重心。

在沦陷区城市和交通要道，共产党的地下组织实行隐蔽精干、长期埋

---

① 中共中央文献研究室、中央档案馆编：《建党以来重要文献选编（一九二一——一九四九）》第16册，中央文献出版社2011年版，第440页。

伏、积蓄力量、以待时机的方针,彻底转变工作方式,深入群众,以隐蔽方式开展抗日宣传教育和统一战线工作,领导人民进行多种形式的抗日斗争,牵制敌人兵力,打击日伪统治,支持和配合了敌后游击战争和抗日根据地的建立和巩固。

在国民党统治区,中国共产党的抗日民族统一战线工作取得新的进展。1939年1月,中共中央南方局在重庆成立。周恩来、董必武等领导南方局,在统一战线、党的建设、宣传文化、群众工作等方面,进行了大量艰苦而卓有成效的工作。南方局特别重视争取和团结中间势力,同民主党派、无党派人士、国民党民主派、地方实力派、著名知识分子等广泛接触,共商国是,使他们了解共产党的主张,并逐步取得他们的信任,巩固和扩大了抗日民族统一战线,推动了国民党统治区抗日民主运动的发展。南方局在开展国际统一战线工作方面也取得很大成绩,争取了国际社会对中国团结抗战的同情和支持,扩大了中国共产党的国际影响。

中国共产党在西北国民党统治区的地方组织,积极领导和推动西北地区抗日救亡群众运动,开展广泛的统一战线工作,利用西北地区特殊的地理条件,沟通党与国际友人、海外华侨和共产国际的关系,支持和配合了陕甘宁边区建设和全国抗战。

中国共产党坚持团结反对分裂、坚持进步反对倒退,同国民党顽固派的反共活动进行了坚决斗争。

1939年冬至1940年春,国民党顽固派发动第一次反共高潮。国民党军队侵犯陕甘宁边区,并在山西、河北等地武装进攻共产党领导的军队和根据地。人民军队予以坚决有力还击,维护了陕甘宁边区的统一和稳定,巩固和发展了敌后抗日根据地。不久,国民党顽固派制造了震惊中外的皖南事变。

1941年1月,皖南新四军军部所属部队9000余人向北转移途中,遭到国民党军队8万余人的围攻,除约2000人突围外,一部被打散,大部牺牲或被捕,军长叶挺在与国民党军进行战场谈判时被扣押,副军长项英遇害。事变发生后,蒋介石竟然污蔑新四军"叛变",宣布取消该军番号,将军长叶挺交军事法庭审判。皖南事变的发生,使国民党顽固派发动

第三节　共产党领导的敌后战场和解放区的发展壮大

的第二次反共高潮达到顶点。

面对国民党顽固派的倒行逆施，中国共产党采取军事上严守自卫、政治上坚决反击的方针。毛泽东以中共中央革命军事委员会名义发表谈话，揭露国民党顽固派破坏抗战、实行反共的阴谋，提出惩办祸首、释放叶挺、废除国民党一党专政、实行民主政治等12条解决办法。周恩来在重庆向国民党当局提出严正抗议，并在《新华日报》上亲笔题词："为江南死国难者致哀""千古奇冤，江南一叶，同室操戈，相煎何急？"有力揭露和声讨了国民党顽固派的反动行径。中共中央军委宣布重建新四军军部，任命陈毅为代军长，刘少奇为政治委员。

共产党的正义斗争和自卫立场得到了广大人民和民主党派及国际舆论的同情和支持。国民党民主人士致书蒋介石，要求国民党当局"撤销剿共部署，解决联共方案，发展各种抗日实力，保障各种抗日党派"①。海外华侨纷纷发表宣言、通电，反对国民党实行反共政策和制造摩擦。国际上，一切进步舆论都同情共产党，反对国民党的反共政策，英美舆论也对蒋介石表示不满。国民党顽固派陷于极端孤立的境地，被迫在3月召开的国民参政会上"保证"，"以后决无'剿共'的军事"。至此，国民党顽固派发动的第二次反共高潮被打退。

为了正确开展对顽固派的斗争，坚持、巩固和扩大抗日民族统一战线，1940年3月、12月，毛泽东先后撰写了《目前抗日统一战线中的策略问题》和《论政策》等文件，全面阐述了党在抗日民族统一战线中的策略总方针和基本政策。

毛泽东指出，在整个抗日时期，中国共产党的抗日民族统一战线政策是决不会变更的，因为抗日民族统一战线的巩固与扩大，是争取抗战胜利的基本条件。"现在的抗日民族统一战线政策，既不是一切联合否认斗争，又不是一切斗争否认联合，而是综合联合和斗争两方面的政策。"②二者的辩证关系在于："斗争是团结的手段，团结是斗争的目的。以斗争

---

① 中央档案馆编：《皖南事变》，中共中央党校出版社1982年版，第255页。
② 《毛泽东选集》第2卷，人民出版社1991年版，第763页。

求团结则团结存,以退让求团结则团结亡。"① 共产党的一切政策,都必须考虑到巩固和扩大抗日民族统一战线;要在正确的阶级分析基础上,建立对国内各阶级相互关系的基本政策。这个基本政策是:发展进步势力,争取中间势力,孤立顽固势力。

发展进步势力,就是要放手发动工人、农民和城市小资产阶级参加抗日斗争,放手扩大八路军、新四军及其他人民武装力量,广泛地创立抗日民主根据地,发展共产党的组织到全国。进步势力是中国革命的基本力量,是抗日民族统一战线的支柱。发展进步势力,是一切革命工作的基础,是有效地争取中间势力和孤立顽固势力的基本条件,是这个政策中三个环节中的基本一环。

争取中间势力,主要是争取中等资产阶级、开明绅士和地方实力派。争取中间势力的主要条件是:(一)共产党有充足的力量;(二)尊重他们的利益;(三)对顽固派作坚决的斗争,并能一步步地取得胜利。争取中间势力,是抗日民族统一战线中极其重要而又复杂的任务。中间势力往往可以成为进步势力同顽固势力作斗争时决定胜负的因素,因此必须对他们采取十分慎重的态度和恰当的政策。

孤立顽固势力,主要是孤立抗战阵营内部的大地主大资产阶级,其代表是国民党蒋介石集团。他们是当权的统治者,在抗战时期采取合作抗日和摧残进步势力的两面政策。共产党要以革命的两面政策对付他们,既要坚持团结抗日,争取他们继续留在统一战线内,又要同他们的反共言行在思想上、政治上直至军事上进行坚决的斗争。在同顽固派的斗争时,必须采取"利用矛盾,争取多数,反对少数,各个击破"和"有理、有利、有节"的策略原则。

中共中央制定的巩固和扩大抗日民族统一战线的方针政策,正确处理了民族斗争和阶级斗争的关系,把争取民族解放斗争和争取人民民主斗争有机联系起来,在反对日本侵略的民族解放战争中,放手发展人民革命力量,力争抗战的胜利成为人民的胜利。党的抗日民族统一战线策略和政策

---

① 《毛泽东选集》第 2 卷,人民出版社 1991 年版,第 745 页。

的贯彻执行，广泛团结了一切可以团结的力量，最大限度地孤立了极少数顽固派，巩固和扩大了抗日民族统一战线，使全国团结抗战的局面得以坚持和发展。

四、敌后军民的艰苦抗战和抗日根据地的各项建设

相持阶段到来后，日本侵略者将共产党领导的抗日根据地和人民武装作为主要进攻对象，企图在一定期限内通过反复的"扫荡""清乡"加以消灭。他们在华北、华中等地大规模推行以"总力战"方针为指导的"治安强化运动"和"清乡运动"，将华北划分为"治安区"（即沦陷区）、"准治安区"（即游击区）和"未治安区"（即抗日根据地）。对沦陷区，普遍加强汉奸伪组织的力量，强化基层的保甲制度，扩大警察特务组织，镇压一切抗日活动；大肆掠夺、控制和禁运经济物资，加紧对中国人民的征敛搜刮；进行思想文化上的麻醉欺骗，等等。对游击区，主要采取"蚕食"手段，修筑公路网、碉堡群、封锁沟墙，隔断游击区和抗日根据地的联系，并随着军事的推进，逐步扶持日伪组织，推行在沦陷区的一套做法。对抗日根据地，则以军事"扫荡"为主，实行"烧光、杀光、抢光"的"三光"政策，疯狂抢夺人民群众的粮食、牲畜，烧毁房屋，使用毒气和细菌武器，制造无人区。

从 1941 年到 1942 年，日军在华北连续 5 次推行"治安强化运动"，对华北抗日根据地进行"扫荡"，企图摧毁根据地军民的生存条件；在华中，日军与汪精卫的伪军相配合，进行军事、政治、经济、思想等方面的"清乡"，妄图摧毁长江下游一带共产党和新四军等抗日力量，实行完全的殖民地化。

由于日军的残酷进攻，战斗频繁、部队伤亡严重，加上华北地区连年的自然灾害，共产党领导的抗日根据地出现了严重的困难局面：到 1942 年，八路军、新四军由 50 万人减为 40 万人；主要产粮区的华北平原地区相继由根据地变成游击区；一些抗日民主政权被摧毁，根据地面积缩小，总人口从 1 亿减到 5000 万；根据地的生产遭到严重破坏，财政经济情况极端困难，有些地方的抗日军民几乎没有衣穿、没有菜吃。

面对严重困难,中国共产党领导敌后军民同日本侵略者进行了殊死的搏斗。1941年底中共中央、中央军委先后发出关于抗日根据地工作和军事建设的指示,规定新形势下对敌斗争的方针是更广泛地开展群众性的人民游击战争。据此,各部队相继进行精简整编,实行主力兵团地方化,并抽调大批精干人员充实到区、县,加强人民武装建设;根据地的青壮年男女在自愿和不脱产的原则下,组织成民兵、抗日人民自卫军,进一步发展完善主力军、地方军和人民武装三位一体的人民战争的军事体制。在这一体制下,主力兵团随时执行跨地域的作战任务,地方兵团在一定区域内担任分散的游击战任务,民兵、自卫军以广泛的游击战打击敌人,保卫家乡。主力军、地方军和人民武装各有分工、相互配合,形成强大的战斗力量,抗日游击战争广泛地开展起来。

在反"扫荡"斗争实践中,敌后军民创造了许多有效的歼敌方式。华中军民利用河湖港汊广泛开展水上游击战;华北军民创造了地道战、地雷战、麻雀战等多种作战形式,进行人民战争,有效地歼灭敌人。1942年5月1日,日军在华北方面军司令官冈村宁次亲自指挥下,出动5万余人、700多辆汽车和大量坦克、飞机,开始对冀中抗日根据地进行"拉网"式的大"扫荡"。日军在占领区修筑碉堡1753个、铁路和公路8300多公里,挖封锁沟、筑封锁墙4186公里,把冀中抗日根据地分割成2670个小块。日军的这次大规模"扫荡",给冀中的抗日部队、地方干部和人民群众造成惨重的伤亡。中共冀中党组织领导抗日军民坚壁清野,利用四通八达的地道网,顽强地同敌人展开反"扫荡"的斗争。历经两个多月的艰苦斗争,共作战270多次,毙伤日、伪军1万余人,保存了主力和地方武装的大部,粉碎了日军消灭冀中抗日领导机关和主力部队的企图。冈村宁次不得不承认"肃清八路非短期间所能奏效"。

在游击区,敌后军民开展了激烈的反"蚕食"斗争,采取"敌进我进"的方针,实行广泛的群众斗争和军事斗争相结合的原则,组织联防线,即正规军、地方游击队、民兵三位一体、密切配合,乘敌军立足未稳之际,给予坚决打击,斩断敌人"蚕食"的嘴,使其"蚕食"的阴谋不能得逞。1941年5月上旬,冀南军民7万余人展开5昼夜大破袭,一举切断敌人的主要交通运输线。7月中旬至8月底，冀中军民乘"青纱帐"时期，破坏公路、铁路150多公里，攻克敌据点、碉堡多处。山东八路军提出"翻边战术"，即敌人打到我这里来，我打到敌人那里去，有效地打击了敌人。

针对敌人在沦陷区实行的"清乡"政策，敌后军民创造了派遣武装工作队（简称武工队）这一抗日游击战争的新形式，深入敌后之敌后，把敌占区变成游击区以至游击根据地，使敌人的"治安区"不得安宁，粉碎其掠夺物资、征兵南下的计划。

1941年至1942年间，中国共产党领导的人民军队共作战4.2万次，毙伤俘敌军33万余人，缴获武器近10万件。这一胜利，粉碎了日军的"扫荡""蚕食""清乡"的政策，进一步壮大了人民武装力量。敌后抗战牵制、消灭了大量敌军，成为中国坚持长期抗战的最重要的因素，也是对世界反法西斯战争的重要支持。

在敌后军民对敌斗争中，涌现出了大量的抗日将领和英雄群体：东北抗日联军第一路军总指挥杨靖宇作战牺牲后，被残暴的敌人割头剖腹，其肠胃里竟全是枯草、树皮和棉絮，令敌人震惊。东北抗日联军第三军军长赵尚志在战斗中负伤被俘，英勇牺牲；八路军副参谋长左权在八路军总部遭到敌人合围的紧急情况下，不顾个人安危指挥部队突围，不幸中弹牺牲；新四军第四师师长兼淮北军区司令员彭雪枫在战斗中壮烈牺牲。八路军战士马宝玉、胡德林、胡福才、宋学义、葛振林在强敌进攻面前，为掩护党政领导机关和群众转移，主动将敌人吸引到悬崖绝壁，据险抵抗，毙伤敌90余人，最后毅然跳崖，被誉为"狼牙山五壮士"。东北抗日联军第五军冷云等八位女战士在掩护大部队突围时弹尽粮绝，誓死不做俘虏，毅然投入牡丹江支流乌斯浑河之中，史称"八女投江"。新四军第三师第七旅第十九团第四连82名官兵，在淮北刘老庄战斗中，浴血奋战，连续打退日伪军5次进攻，毙伤日伪军近百人，终因寡不敌众，弹尽粮绝，全部壮烈殉国，连部通信员在火线入党申请书中写道："在党最需要的时候，我将把自己的生命献给党和人民，绝不给我们党丢脸，绝不给中华民族丢脸！"战后，第七旅重新组建第四连，并命名该连为"刘老庄连"。

所有这些，都表现出了中华儿女不畏强暴、反抗侵略的伟大民族精神和高尚民族气节，充分证明中国共产党及其领导的八路军、新四军是全民族抗日战争的中流砥柱。

中国共产党创建并领导的抗日根据地是全面贯彻和实现共产党全面抗战路线的坚强阵地。为了克服敌后抗战的严重困难，中国共产党采取多项有力措施，进一步加强抗日根据地的建设。

1941年4月，中共中央政治局批准《陕甘宁边区施政纲领》，5月1日由中共陕甘宁中央局颁布。纲领规定了政治、经济、军事、文化教育等方面的基本纲领，规定了保障人权、保持政府廉洁，土地、工商业、文化教育和民族等方面的原则和政策，全面体现了党的新民主主义建设的基本方针，对抗日根据地的各项建设起了巨大指导作用。纲领要求把陕甘宁边区建设成为军民一致、军政团结、政治民主、经济上有办法的对全国有示范作用的先进地区。

民主政治建设是抗日根据地的根本建设。中国共产党提出，根据地政权是抗日民主政权，是共产党领导的抗日民族统一战线性质的政权，是一切赞成抗日又赞成民主的人们的政权，是几个革命阶级联合起来对汉奸和反动派的民主专政。抗日民主政权在工作人员分配上实行"三三制"原则，即共产党员、非党的左派进步分子和中间派各占三分之一，以容纳各方面的代表人士，团结抗日的各阶级、阶层。边区（省）、县参议会既是民意机关，也是立法机关；边区、县、乡村抗日民主政府是行政机关；边区高等法院和县法院是司法机关。边区各级政府实行新民主主义的施政方针，保障各抗日阶级的人权、财权和民主自由权利，厉行廉洁政治。抗日民主政权普遍采取民主集中制，各级政权机构的领导人经过人民选举产生。抗日民主政权实行各民族平等团结、共同抗日的基本政策，在少数民族聚居地区试行民族区域自治。

经济建设是根据地各项建设的基础。从1939年冬起，各根据地相继实行减租减息政策，一般将原租额减少25%，规定年利息率一般为10%，其他杂租、劳役和各种形式的高利贷一律取缔。减租减息政策的实施，有利于减轻农民所受的封建剥削，提高他们的抗日和生产积极性；同时交租交息，以利于联合地主阶级抗日。为了发展农业生产，边区各级政府动员农民开垦荒地，兴修水利；组织劳动互助，提高劳动生产率；帮助农民改良耕作技术，推广优良品种。为克服根据地面临的严重困难局面，毛泽东提出了"发展生产，保障供给"的经济和财政工作的总方针，并号召根据地军民"自己动手，丰衣足食"。1942年，党领导根据地军民开展了轰轰烈烈的大生产运动，对于克服严重的物质生活困难发挥了决定性的作用。

根据地的文化建设和干部教育有声有色。全民族抗战开始后，大批知识青年奔赴延安。中共中央及时作出大量吸收知识分子的决定，把发展抗日的革命文化运动提上议事日程。延安兴办了一大批干部学校和专门学校，各根据地还创办了大量的中、小学校，吸收农民子女入学。哲学社会科学和自然科学也受到重视，延安自然科学研究院于1940年8月创办。抗日文化运动和革命文艺活动蓬勃开展。

中国共产党还在军队中开展拥政爱民运动，在人民群众中开展拥军优属活动，进一步密切了军民关系、军政关系；采纳开明士绅李鼎铭先生的建议，厉行精兵简政，以减轻人民负担；统一根据地领导，协调对敌斗争步伐，等等。

新民主主义政策的实施，使抗日根据地各项建设事业得到发展，奠定了坚持长期抗战、克服严重困难的坚实基础。根据地政治民主、政府廉洁、民族团结、经济发展，使中国人民看到了新的希望。

五、整风运动与马克思主义中国化的推进

全民族抗战爆发后，中国共产党的组织得到很大发展。广大新党员有很强的抗日精神和革命斗志，但他们绝大多数出身于农民和其他小资产阶级，身上存在着各种非无产阶级思想。老党员也需要进一步提高自己，以适应新形势新任务的要求。1935年遵义会议后，党的政治路线已经走上马克思主义的正确轨道，但尚未从思想上对曾经给党的事业带来严重危害的主观主义特别是教条主义进行认真的清理。因此，这就有必要集中精力开展一场普遍的马克思主义教育运动，总结和吸取历史上的经验教训，提

高全党的思想理论水平，增强全党的凝聚力和战斗力。为此，一场以延安为中心的全党范围的整风运动开始了。

1941年5月，毛泽东作了《改造我们的学习》的报告；中共中央召开政治局扩大会议，党的高级干部开始学习和研究党的历史，总结党的历史经验。1942年2月，毛泽东先后作《整顿党的作风》和《反对党八股》的讲演，整风运动在全党范围普遍展开。5月，中共中央召开延安文艺座谈会，毛泽东发表讲话并作总结，阐明了革命文艺为人民服务首先是为工农兵服务的根本方向，系统地回答了文艺运动中很多有争论的问题，强调党的文艺工作者必须从根本上解决立场、态度问题。会后，文艺界进行了认真的整风学习。

整风运动的内容是反对主观主义以整顿学风、反对宗派主义以整顿党风、反对党八股以整顿文风。其中，反对主观主义以整顿学风是整风运动的中心内容和最主要任务。党的历史上反复出现的"左"、右倾错误，从思想根源上来说都是主观主义。主观主义的实质是理论脱离实际，颠倒了认识与实践的关系，是实际工作中的唯心主义。主观主义在当时的主要表现形式是教条主义和经验主义，尤其是教条主义。要克服主观主义，就必须以科学的态度来对待马克思主义，发扬理论联系实际的马克思主义学风，一切从实际出发，实事求是。宗派主义是主观主义在组织关系上的一种表现，它妨碍党内的统一和团结，也妨碍党团结全国人民的事业。党八股是主观主义和宗派主义的宣传工具和必然的表现形式，它不能表现革命精神，只能窒息革命精神。因此，反对宗派主义和党八股，消除主观主义在组织上和文风上的表现，也是整风运动的主要任务。

整风运动贯彻"惩前毖后，治病救人"的方针，着重提高思想认识，团结同志，而不是对犯错误的同志进行组织处理。整风的方法步骤是：认真阅读文件，联系个人思想和工作，自我反省，开展批评与自我批评，提高认识，总结经验，逐步取得思想认识上的一致，增强党性，改进工作。

从1943年9月起，党的高级干部进一步讨论和总结党的历史经验。

在全党整风的基础上，1945年4月，中共六届七中全会通过《关于党的若干历史问题的决议》，整风运动胜利结束。

整风运动是一次全党范围的马克思主义教育运动,也是一次伟大的思想解放运动。它坚持马克思主义同中国实际相结合的正确方向,破除了党内把马克思主义教条化、把共产国际决议和苏联经验神圣化的错误倾向,对于全党特别是党的高级干部确立一切从实际出发、理论联系实际、实事求是的思想路线,不断推进马克思主义中国化,具有极其重大和深远的意义。通过整风运动,全党实现了在以毛泽东为核心的党中央领导下的新的团结和统一,为夺取抗日战争的胜利和新民主主义革命在全国的胜利奠定了重要的思想政治基础。整风运动是加强无产阶级政党建设、增强党的凝聚力和战斗力的一次成功实践和伟大创举。

抗日战争时期复杂多变的国际国内形势,使中国共产党面临着许多重大的理论问题和实践问题。对这些重大问题的回答和解决,极大地推进了马克思主义中国化的进程。

早在1938年10月、11月召开的中共扩大的六届六中全会上,毛泽东就明确提出了"马克思主义的中国化"这个重大命题。他强调:"离开中国特点来谈马克思主义,只是抽象的空洞的马克思主义。因此,马克思主义的中国化,使之在其每一表现中带着中国的特性,即是说,按照中国的特点去应用它,成为全党亟待了解并亟须解决的问题。"[①] 他大声疾呼:"洋八股必须废止,空洞抽象的调头必须少唱,教条主义必须休息,而代之以新鲜活泼的、为中国老百姓所喜闻乐见的中国作风和中国气派。"[②] 为了推进马克思主义中国化事业,毛泽东向全党提出了普遍地深入地学习马克思列宁主义理论,学习我们的历史遗产并给以批判的总结,调查研究当前运动的特点及其规律的任务。后来,中国共产党在驳斥国民党顽固派鼓吹"共产主义不适合中国国情"等论调时,又明确指出:"中国共产党人是中华民族最优秀的子孙",他们"必将继续根据自己的国情,灵活地运用和发挥马克思列宁主义","使得马克思列宁主义这一革命科学更进

---

① 中央文献研究室、中央档案馆编:《建党以来重要文献选编(一九二一——一九四九)》第15册,中央文献出版社2011年版,第651页。
② 《毛泽东选集》第2卷,人民出版社1991年版,第534页。

一步地和中国革命实践、中国历史、中国文化深相结合起来"①。

为了驳斥国民党顽固派的反共宣传，向全党和全国人民阐明共产党对于中国革命及其前途的全部见解，回答中国向何处去这个重大问题，为了将中国革命的独创性经验马克思主义化，更好地指导抗日战争和中国革命，毛泽东进行了大量的理论研究工作，于 1939 年底至 1940 年初，先后发表了《〈共产党人〉发刊词》《中国革命和中国共产党》《新民主主义论》等著作，完整地阐述了新民主主义理论。

毛泽东分析了近代以来中国半殖民地半封建社会的性质、主要特征和主要矛盾，揭示了中国革命发生和发展的根本原因。在此基础上，他阐明了中国共产党领导的整个革命运动，是包括民主主义革命和社会主义革命两个阶段在内的全部革命运动。而 1919 年五四运动以后的中国民主革命，已经不是资产阶级领导的民主主义革命，而是无产阶级领导的人民大众的反帝反封建的新民主主义革命。区别新旧民主主义革命性质的根本标志是无产阶级领导权问题。新民主主义革命的前途是社会主义。

毛泽东阐明了中国共产党在新民主主义革命阶段的基本纲领，即：政治上，反对帝国主义和封建主义的压迫，建立一个以无产阶级为领导的、以工农联盟为基础的各革命阶级联合专政的民主共和国。经济上，没收操纵国计民生的大银行、大工业、大商业，建立国营经济；没收地主土地归农民所有，并引导个体农民发展合作经济；允许民族资本主义经济的发展和富农经济的存在。文化上，废除封建买办文化，发展无产阶级领导的人民大众的反帝反封建的文化，即民族的科学的大众的文化。

毛泽东总结中国共产党成立以来的历史经验，指出统一战线、武装斗争、党的建设，这是中国共产党在中国革命中战胜敌人的三个主要法宝。统一战线和武装斗争，是战胜敌人的两个基本武器。统一战线，是实行武装斗争的统一战线。而党的组织，则是掌握统一战线和武装斗争这两个武器以实行对敌冲锋陷阵的英勇战士。

---

① 中共中央文献研究室、中央档案馆编：《建党以来重要文献选编（一九二一——一九四九）》第 20 册，中央文献出版社 2011 年版，第 318-319 页。

以毛泽东为代表的中国共产党人创立的新民主主义理论，是马克思列宁主义基本原理同中国革命具体实际相结合的伟大成果。它使全党和全国人民对中国新民主主义革命的性质、内容、领导权和发展前途等有了明确而完整的认识，对中国革命的胜利发展具有巨大的指导作用。新民主主义理论的系统阐述，标志着毛泽东思想得到多方面展开而达到成熟。

1945年4月23日至6月11日，中国共产党第七次全国代表大会在延安召开。大会的一个历史性贡献，就是确立毛泽东思想为党的指导思想并写入党章。七大党章明确规定："中国共产党，以马克思列宁主义的理论与中国革命的实践之统一的思想——毛泽东思想，作为自己一切工作的指针，反对任何教条主义的或经验主义的偏向。"①

刘少奇在关于修改党章的报告中对毛泽东思想作了比较系统的阐述，他指出，"毛泽东思想，就是马克思列宁主义的理论与中国革命的实践之统一的思想，就是中国的共产主义，中国的马克思主义。""毛泽东思想，就是马克思主义在目前时代的殖民地、半殖民地、半封建国家民族民主革命中的继续发展，就是马克思主义民族化的优秀典型。"② 他从九个方面概括了毛泽东思想的主要内容：关于现代世界情况和中国国情的科学分析，关于新民主主义的理论与政策，关于解放农民的理论和政策，关于革命统一战线的理论与政策，关于革命战争的理论与政策，关于革命根据地的理论与政策，关于建设新民主主义共和国的理论与政策，关于党的建设的理论与政策，关于文化的理论与政策等。强调"这些理论与政策，完全是马克思主义的，又完全是中国的。""毛泽东思想，从他的宇宙观以至他的工作作风，乃是发展着与完善着的中国化的马克思主义，乃是中国人民完整的革命建国理论。"③ 毛泽东思想在全党指导地位的确立，标志着马克思主义中国化事业进入一个新的发展阶段。

中共七大的另一个重要贡献是，制定了党在新形势下的政治路线，即

---

① 中共中央文献研究室、中央档案馆编：《建党以来重要文献选编（一九二一——一九四九）》第22册，中央文献出版社2011年版，第533页。
② 《刘少奇选集》上卷，人民出版社1981年版，第333页。
③ 《刘少奇选集》上卷，人民出版社1981年版，第333页。

"放手发动群众，壮大人民力量，在我党的领导下，打败日本侵略者，解放全国人民，建立一个新民主主义的中国"[①]。为了建立新中国，当时重要而迫切的任务是建立民主联合政府。大会拟定了建立联合政府的具体步骤，对新民主主义国家在政治、经济、文化方面的纲领和外交政策的基本原则作了说明。

中共七大总结了党的建设历史经验，把党在长期奋斗中形成的优良传统概括为三大作风，即理论和实践相结合的作风，和人民群众紧密地联系在一起的作风，自我批评的作风；强调三大作风是共产党人区别于其他任何政党的显著标志。

中共七大选举产生了新的中央委员会。随即举行的七届一中全会选举产生了中央政治局，选举毛泽东、朱德、刘少奇、周恩来、任弼时为中央书记处书记，选举毛泽东为中央委员会主席兼中央政治局主席、中央书记处主席。

中共七大是中国共产党在民主革命时期召开的一次极其重要的全国代表大会，为争取抗日战争的胜利和新民主主义革命在全国的胜利奠定了思想、政治和组织基础。

第四节 沦陷区人民、台港澳同胞和海外华人华侨的抗日斗争

一、沦陷区人民的抗日斗争

九一八事变后，日本帝国主义者按照灭亡中国的既定计划，凭借其强大的军事优势侵占了包括东北全境、华北大部和华中、华东、华南、西南部分区域在内的大片中国领土，并在其占领区实行野蛮残暴的殖民统治。日本侵略者的暴力统治、经济掠夺、扶植伪政权、奴化教育和欺骗宣传，激起了沦陷区人民对日伪统治的强烈反抗。他们"虽身陷水深火热之

---

① 《毛泽东选集》第3卷，人民出版社1991年版，第1101页。

中"，但"仍群起抗敌，奋斗不懈"，以强烈的爱国主义精神和大无畏的民族气概开展了多种形式的抗日斗争，成为中华民族抗日战争的重要组成部分。

沦陷区人民的抗日斗争，首先必须直面日本帝国主义者军事占领的残酷环境。武装反抗也就因此成为沦陷区人民反抗日本侵略、实现民族解放的常见方式。东北沦陷后，许多痛恨国民党政府不抵抗政策的东北军爱国官兵和不甘心作亡国奴的工人、农民、学生、商人、知识分子、地方官吏、乡绅以及绿林豪杰纷纷举起抗日义旗，奋起抗战。各民族、各阶层人民积极响应中国共产党"抗日则生，不抗日则死，抗日救国"的号召，自觉追随中国共产党，积极参加中国共产党领导的东北抗日游击队、东北人民革命军和东北抗日联军，在极其艰苦的环境条件下进行了长达十四年的武装抗日斗争，成为东北抗日斗争的中流砥柱。东北沦陷区人民英勇顽强的武装反抗斗争，歼灭和牵制了大量侵华日军。在华北、华东、华中、华南和西南沦陷区，各民族、各阶层人民和抗日将士一起，或者自发行动起来，或者在中国共产党的组织领导下，组成察哈尔民众抗日同盟军，蒙古族抗日义勇军，冀中、渤海地区回民支队，苏鲁人民抗日义勇总队，华南人民抗日游击队，广西融县抗日挺进队等一大批抗日武装，开展广泛的抗日游击战争，打击和消灭日本侵略者，冀东人民还于1938年发动了震惊全国的抗日武装大起义。一些沦陷区的人民通过武装反抗斗争逐步建立抗日民主政权和抗日根据地，并在中国共产党的领导下逐步将沦陷区变为解放区，为全国抗日战争的胜利作出了重要贡献。

在政治和经济上反对日本侵略者的殖民统治和经济掠夺，是沦陷区人民抗日斗争的重要方式。在日伪政权重点统治的大中城市、交通要道和日伪统治力量相对薄弱的农村地区，沦陷区人民自发行动起来，或组织以"抗日救国会""抗日救亡团""血魂团"等为名称的各种秘密抗日团体，在政治上开展包括反对日本扶植的傀儡政权、拒绝出任日伪政权公职、刺杀汉奸、教育转化伪军和伪政府公职人员、利用日伪矛盾开展清毒运动、和平请愿"合法"斗争等抗日活动。著名爱国人士、曾任上海沪江大学校长的刘湛恩因严词拒绝出任伪政府教育部部长遭日伪暴徒狙击殉难。王亚樵率领的"铁血锄奸团"在东北、山东、上海、南京等地展开令日伪汉奸胆寒的攻击暗杀行动。上海、南京、苏州等城市利用日伪相互争夺鸦片公卖权的机会掀起清毒运动等都在沦陷区产生了重大的政治影响。在经济上，沦陷区人民主要针对日本侵略者"以战养战"的罪恶图谋，采取罢工、怠工、破坏敌人的设施与物资，要求增加工资、津贴、改善待遇，反对克扣工资、年赏、花红，反对横征暴敛和抗捐税、抗差役等方式，尽最大可能阻止日本侵略者对沦陷区经济资源敲骨吸髓式的掠夺。以上海为例，仅1939年就发生工人和职员反抗剥削和压榨、要求改善生活的斗争147次，参加者分别来自造船、纺织、印刷、筑路、邮政、电车等行业共约20万人次。

为抗日根据地筹集物资、输送人员、搜集情报，进行抗日救亡宣传、鼓舞同胞抗日斗志，也是沦陷区人民抗日斗争的重要方式。沦陷区人民组织"抗敌后援会""民先队"等秘密团体，冒着生命危险，克服重重困难为抗日根据地筹集物资，并通过建立秘密联络点和地下交通线为抗日根据地输送紧缺物资、急需人员和有价值的情报。北平、上海、武汉、广州等沦陷城市的许多爱国工人、医生、护士、教师、知识青年、难民和文艺工作者突破日伪封锁线，奔赴晋绥、晋察冀、晋冀豫、华中、东江等抗日根据地支援抗战。

日伪政权大力推行"中日亲善""共荣共存"的奴化教育和丑化中国共产党的欺骗性宣传。沦陷区的文化、教育界爱国人士，怀着文化、教育救国的理想，秘密出版抗日报刊，发放抗日传单，组织阅读抗日书刊活动，撰写抗日救国文章，演出抗战戏剧，进行广泛深入的抗日救亡宣传，促进民族意识觉醒，揭批伪政权的反动和卖国本质。这些抗日宣传，极大地激发和鼓舞了沦陷区同胞的抗日斗志。

二、台湾同胞和香港、澳门同胞的抗日斗争

台湾人民具有反抗外来侵略的爱国主义光荣传统。甲午战败，台湾被割让给日本。台湾人民"誓不臣倭"，在日本军事攻台和殖民统治建立之初，先后开展黑旗军抗日、宜兰起义、苗栗起义、西来庵起义、雾社起义

等英勇悲壮的拒日保台和武装抗日斗争。日本发动全面侵华战争后，把台湾视为进攻中国大陆的后援基地，实行战时体制，强化殖民统治，全面加强对台湾社会的控制和抗日运动的镇压。但日本殖民者的高压政策并没有消弭台湾人民抗日斗争的坚强意志。他们有的留在台湾岛内继续坚持抗日斗争，有的冲破日本殖民当局的重重封锁，奔赴祖国大陆参加抗战。在长达半个世纪的抗日斗争中，共有65万台湾同胞献出了宝贵生命，充分体现了台湾人民的民族意识和爱国情怀。

全民族抗战时期台湾人民的抗日斗争主要有三种方式：

一是以起义暴动和游击战争等方式反抗日本殖民者的高压政策，延续台湾岛内人民长期的抗日斗争。1938年3月台湾工党领袖高斐领导数千名矿工发动宜兰暴动，后退入阿里山开展抗日游击战争。1939年3月和10月，被征调前往大陆战场的农民和壮丁不甘沦为日本侵华工具而在高雄兵站和基隆兵站发动反战暴动等，都是这一时期台湾岛内人民抗日斗争的著名事件。

二是抗拒日本殖民者强制推行的奴化和殖民同化政策，坚持中华民族的传统文化，进行文化抗日斗争。全面侵华战争开始后，日本殖民当局以"将作为中华民族的台湾人同化于日本"为其根本方针，相继在台湾推行"皇民化运动""创氏改名运动""皇民奉公运动"等一系列奴化和殖民同化政策，企图割裂台湾同胞与中华文化的血脉联系。台湾人民对此进行了坚决抵制和巧妙反抗。台湾民族运动先驱林献堂终身不说日语，不穿木屐，不参拜日本神社，树起了一面台湾人民文化抗日斗争的旗帜。日本殖民者的"创氏改名运动"也受到台湾人民的冷落。据统计，在1940年日本殖民者强迫台湾人民改用日本姓名后的前两年，更改日本姓名的人数不到台湾人口总数的2%，即使被迫改名，也通常使用汉姓拆分法，如将张姓改为"弓长"，将雷姓改为"雨田"等。秘密创办中文社团、报刊，创作小说并在台湾人民中积极传播，也是台湾人民文化抗日斗争的方式之一。

三是回到祖国大陆参加抗日斗争。许多爱国台湾同胞回到祖国大陆参加抗日战争。许多被日本殖民当局征调到大陆战场的台湾同胞也寻机起义，加入抗日民族统一战线的行列。据不完全统计，全国抗战时期回到祖国大陆参加抗战的台湾同胞达5万余人。他们或者奔赴解放区，参加八路军和新四军对日作战；或者在国民政府和军队中从事抗战工作；或者在大陆组织台湾民族革命总同盟、台湾青年革命党、台湾革命同盟会等抗日团体，宣传抗日，发动和领导台湾同胞的抗日斗争；在东南沿海，还活跃着一支由李友邦领导的台湾义勇总队和台湾少年团，从事着对敌作战、生产报国、宣慰军民、宣传抗战等广泛的抗日斗争。

香港、澳门人民也同样具有反抗外来侵略的爱国主义光荣传统。太平洋战争爆发前，尚未沦陷的香港既是祖国获得海外援助的重要中转站，也是许多不能在内地立足的文化界知名人士和爱国民主人士继续从事抗日斗争的暂时栖居地。香港人民以极大的民族感情支援和参加祖国内地的抗日斗争，首先是建立抗日救亡团体，开展抗日救亡活动。如香港惠阳青年会、香港工人筹赈联合会、香港学生赈济会等，广泛开展抗日宣传，进行募捐筹款，救济受难同胞，全力支持和帮助转运内地急需的抗战物资。其中由30多个工会组织组成的香港工人筹赈联合会，和有600多所大中小学学生参加的香港学生赈济会，实现了香港工人和学生的抗日大团结。其次，积极组织回到祖国内地参加抗日救亡斗争。香港惠阳青年会成立回乡救亡工作团，分批回广东开展抗日救亡活动；香港学生赈济会也先后组织了多个回国服务团，在内地开展抗日宣传、战地救护，协助国民政府和中共地方组织开展抗日救亡工作。宋庆龄领导的保卫中国同盟得到了香港同胞的全力支持。

太平洋战争爆发，香港沦陷后，香港人民身陷水深火热之中。他们一方面在广东人民抗日游击总队港九大队的帮助和支持下，以武装反抗的方式英勇抗击日本侵略者；同时克服各种困难，想方设法支持港九大队的抗日活动，他们还积极参与营救被困港九地区的文化界知名人士和爱国民主人士，使柳亚子、邹韬奋、茅盾等一大批抗日爱国人士得以免遭日本侵略者毒手。

抗日战争期间，澳门人民也利用澳门"中立"的特殊环境和地位，大力开展抗日救亡斗争。卢沟桥事变后，澳门工商界和上层知名人士与祖国内地抗日斗争相呼应，发起成立了澳门各界救灾会，开展抗日宣传、募捐等抗日活动。随即由学术界、音乐界、体育界和戏剧界 50 多个社团组成的澳门四界救灾会宣布成立，并于 1938 年 10 月成立回国服务团，先后有 11 个队 160 多名团员回到内地，在广东各地开展抗日救国工作。香港沦陷后，澳门人民更是利用未被日本占领的"孤岛"环境，为抗日救亡担当了更大责任。

抗日战争期间，台湾同胞和香港、澳门同胞的抗日斗争鼓舞了中华民族战胜日本侵略者的信心，有力地配合和支持了全国的抗日战争。

三、海外华人华侨对祖国抗战的支援

在中华民族面临危亡的生死关头，广大华侨毅然奋起，与祖国人民同仇敌忾，共赴国难，全力支援和参加祖国抗战。

华侨对祖国抗战的支持，首先是开展声势浩大的抗日救亡运动。九一八事变后，面对日本帝国主义这一中华民族的共同敌人，广大华侨在世界各地积极声援祖国抗日救亡运动，成立了以全欧华侨抗日救国联合会、南洋各属华侨筹赈祖国难民总会、旅美华侨统一义捐救国总会三大侨团为代表的各种华侨抗日救亡团体近 4000 个。这些华侨抗日救亡团体创办《救国时报》《华侨日报》《世界日报》《南洋商报》《华侨商报》等抗日救亡报刊，大量报道祖国抗战动态，鼓舞海内外炎黄子孙的抗日士气，坚定海外华侨对祖国抗战必胜的信心；同时成立抗日文艺团体，创作抗战题材文艺作品，向侨居地人民揭露日本帝国主义的暴行，引导世界各国人民认清中国抗日的真相；还利用与当地社会联系紧密的便利条件，广泛争取侨居国各阶层人士、进步团体和社会名流对祖国抗战的同情和支持，开展国际援华制日活动。华侨抗日救亡团体通过上述活动将广大华侨凝聚在抗日救国的旗帜下，成为海外华侨抗日救亡运动的领导者和组织者，对祖国抗战产生了积极而深远的影响。

广大华侨抗日救亡团体发表严正声明强烈抗议日本发动侵华战争，主张"实现国共及其他一切反日各党派合作"，揭批汪精卫卖国投降，谴责国民党政府制造皖南事变等反共分裂事件。这些在很大程度上壮大了抗日

民主救亡运动的声势，打击了投降派，对维护中华民族团结抗日的良好局面也产生了积极影响。

华侨对祖国抗战的支援，还表现在经济上慷慨捐献，以财力和物力支援祖国抗战。抗日战争时期，广大华侨为支援祖国抗战而毁家纾难，他们捐款、捐物的范围之广、规模之大、数量之巨、事迹之感人，在华侨爱国运动史上可以说绝无仅有。华侨捐款、捐物的形式多种多样，捐款形式有常月捐、节日献金、航空救国捐、购买公债等十几种，捐物则包括捐献飞机、汽车、服装、药品、大米等抗战急需物资。据当时的国民政府财政部统计，从九一八事变开始到抗战胜利的 14 年中，华侨为祖国抗战捐款总额为法币 13.2 亿多元。而在抗战的头三年，广大华侨曾捐献飞机 217 架、救护汽车 1000 多辆、坦克 23 辆。捐款、捐物的阶层十分广泛，其中既有陈嘉庚、司徒美堂等富商巨贾和社会名流，也有普通的工农大众、甚至乞丐、舞女、妓女、囚犯等，上迄两鬓斑白的老人，下至刚刚懂事的孩童都积极参加捐款。广大华侨还在居住地开展抵制日货与不为侵略者服务，不供给侵略者物品的"不合作运动"，在一定程度上打击了日本经济，支援了祖国抗战。

回到祖国直接参加抗战，是华侨支援祖国抗战的又一重要方式。抗战时期，许多华侨青年获悉国内急需战机驾驶员、汽车驾驶员、医疗服务人员等人力资源，便响应抗日侨团领袖的号召，脱下西装革履，离开温馨的家庭，漂洋过海，回到战火纷飞的祖国，穿上戎装，加入抗日救国的行列。据广东省侨务委员会 1946 年的统计，抗战时期回国参加抗战的粤籍华侨就有 4 万多人。华侨以人力支援祖国抗战，以大批南洋华侨机工回国到滇缅公路抢运急需战略物资、美洲华侨青年参加祖国空军杀敌和参加回乡服务团工作最为突出。滇缅公路曾经是抗战时期中国对外的"生命线"，由于日军封锁与轰炸，该公路成为"死亡线"。为了抢运抗战物资，就必须打通滇缅公路这条"死亡线"。许多优秀南洋华侨青年接受征募，先后有 3200 多人冒着生命危险，用鲜血和生命保卫了滇缅公路的畅通，运输各种抗战物资 45 万吨，有 1000 多名爱国南侨青年在滇缅公路上为此献出了宝贵的生命。一些华侨回国直接参加抗战，加入空军，驾机打击日本空中强盗。美国华侨创办了美洲华侨航空学校、旅美中华航空学校等一批航空学校，为祖国抗战培养了一批空勤人才。抗战时期仅从美国回国服务的华侨飞行员就有200人左右，广东空军从队长到飞行员几乎全是华侨。在美国陈纳德将军率领的飞虎队中也有不少华侨飞行员。华侨飞行员技术精湛，作战勇猛，给予日本空军沉重打击，在1937年8月的南京句容空战中还取得了6∶0的空前大捷。海外华侨还组织了一大批回乡服务团，他们救护伤员、慰劳抗战军民、从事战地采访和用自己的技术从事军工建设等，以实际行动很好地支援了祖国抗战。

第五节 抗日战争的胜利

一、全民族抗日战争的伟大胜利

毛泽东在中共七大上作政治报告时曾预料："日本也许在明年就倒下去"。然而，日本法西斯溃败的速度，比这位战略家预料的还要快得多。早在1944年，中国共产党领导的敌后解放区军民便开始了对日军的局部反攻，缩小沦陷区、光复大片国土的同时，有力地牵制了日军对正面战场的作战。据不完全统计，1944年解放区军民在局部反攻中作战1.1万余次，歼敌20万人；至1945年春，解放区数量已发展至19个，面积有95万平方公里，人口近1亿人；人民军队发展至91万余人，民兵220万人。与此同时，国民党正面战场也组织进行了豫西鄂北战役和湘西战役，基本将敌人逼退到铁路沿线和一些主要公路线，日军所占据的大多数中心城市和交通要道都处在中国军队的包围之中，这为以后展开对日寇的全面大反攻创造了有利条件。

随着侵略战争时间的延长，日本深陷中国战场的泥沼之中，军国主义发动的不义之战使日本的国力不堪重负，人民生活必需品极度匮乏，日本民众从苦难和死亡中激发起来的厌战、反战情绪空前高涨，国内社会矛盾日益激化。以共产党、工会团体为代表的社会各界力量以各种不同的形式反对日本当局的军国主义侵略政策，组织进行了大量的反战活动。国内和平运动的发展和对外军事战争的失利不断加剧着日本军国主义的统治危机，1944年7月，东条内阁垮台；次年2月，近卫内阁给日本天皇的奏折充满了悲观情绪："战败虽属遗憾，但已无可避免"，认为战事若再继续下去，国内很可能爆发共产革命，因此希望能早日结束战争以维护国体。与此同时，日本的民间上层人士开始与瑞士、瑞典等中立国驻东京的外交使节接触，进行"停战协议"的试探性活动，从其国内形势来看日本投降已经只是时间问题。

1945年，世界反法西斯力量在欧洲战场和亚太地区不断取得胜利，为中国抗日战争的最后胜利提供了有利的外部条件。5月8日，德国法西斯在苏联红军和美英盟军的东西夹击下，宣布无条件投降。欧洲战事的结束，使日本法西斯陷入空前孤立的境地。6月，美军攻占冲绳岛，日军伤亡惨重，日本本土的门户由此大开，成为加速日本全面崩溃的催化剂。7月26日，中、美、英三国联合发表《波茨坦公告》，敦促日本停止抵抗、无条件投降。在日本政府声明拒绝投降、继续负隅顽抗的情形下，美国于8月6日和9日分别向日本广岛和长崎投下两颗原子弹；8月9日，苏联军队发起远东战役，从西、北、东三面进入中国东北，对日本关东军发起全面进攻。

为适应抗战局势的新变化新发展，1945年8月9日，毛泽东发表《对日寇的最后一战》讲演，号召全国人民加强团结，为夺取最后的胜利而斗争。根据延安总部的指示和命令，各抗日根据地军民围绕敌人占据的城市和铁路两侧组成了十几个前线部队，在长城内外、大江南北的广大领土上，对日、伪军发起全面反攻。在1945年8月9日至年底的全面反攻和歼灭拒降之敌的作战中，解放区军民共歼灭日军1.37万人、伪军38.5万余人，收复县以上城市250多座。

1945年8月14日，日本政府照会中、美、苏、英四国政府，表示接受《波茨坦公告》；8月15日，日本裕仁天皇通过广播发布《终战诏书》，宣布无条件投降。9月2日，日本无条件投降签字仪式在停泊于日本东京湾的美国战列舰"密苏里"号上举行。投降书的签署，正式宣告日本军国主义的彻底失败和世界反法西斯战争的最后胜利。9月3日，成为中国人民抗日战争胜利纪念日。此后，驻海外的日军陆续向盟国投降。中国战区的投降仪式于9月9日在南京中央军校大礼堂举行，日本中国派遣军总司令冈村宁次在投降书上签字，交出随身佩刀，表示侵华日军正式向中国缴械投降。至此，中国人民经过14年艰苦卓绝的浴血奋战，终于打败了穷凶极恶的日本军国主义侵略者，赢得了近代以来中国反抗外敌入侵的第一次完全胜利。

中国抗日战争的胜利，是20世纪人类历史上的重大事件，极大地推动了中华民族的发展和人类文明事业的进步。中国人民在抗日战争中付出了巨大的民族牺牲，在战争中伤亡的军民总数达3500万人以上。中华民族以血肉之躯筑起保家卫国的新的长城，为世界反法西斯战争作出了不可磨灭的历史贡献。

二、中国抗日战争在世界反法西斯战争中的地位

毛泽东在谈到中国的抗日战争时曾指出："伟大的中国抗战，不但是中国的事，东方的事，也是世界的事"，"我们的敌人是世界性的敌人，中国的抗战是世界性的抗战。"[①] 与中国人民历次单独反抗外来侵略战争不同，这次抗日战争是在世界反法西斯战争中进行的，因而它不仅在中华民族抗击外来侵略战争史上留下了浓墨重彩的一笔，而且在世界反法西斯战争史上书写了光辉灿烂的篇章。

第一，中国战场是世界反法西斯战争的重要组成部分。第二次世界大战前，在欧洲和亚洲出现了一股法西斯狂潮，先后形成了以德、意、日为中心的法西斯阵营，试图重新瓜分世界，夺取世界霸权。三个法西斯国家中，日本从1931年九一八事变起第一个发动了侵略中国的法西斯战争，直到1945年8月战败投降。中国人民经过长达14年艰苦卓绝的斗争，先是进行局部抗战，继而进行全民族抗战，终于取得中国近代以来反侵略斗争的第一次伟大胜利。中国战场也就成了世界反法西斯战争中抗战开始最早、结束时间最晚、持续时间最长、做出牺牲最大的反法西斯战场。

---

① 《毛泽东文集》第2卷，人民出版社1993年版，第145、146页。

第二，中国战场是抗击日本法西斯的亚洲战场中的主战场。日本在亚洲发动的侵略战争的主要目的是占领中国，因而中国也就成了亚洲反法西斯战争的主战场。从 1931 年九一八事变到 1945 年 8 月日本投降，中国战场牵制、消耗并歼灭了日本大量的兵力，有力地支援了苏、美、英等国的作战，为反法西斯战争的最后胜利创造了有利的战略条件。在整个抗战期间，中国军队共毙伤俘日军 150 余万人，占日军在第二次世界大战中伤亡总数的 70%以上；日本战败后，向中国投降的日军共 128 万余人，超过在东南亚及太平洋各岛的日军总和，占当时日军海外投降总兵力的 50%以上。中国人民抗日战争对日本侵略者的彻底覆灭起到了决定性作用。

第三，中国人民的持久抗战，打破了日本企图通过占领中国达到占领亚洲乃至整个世界的狂妄野心，不仅遏制了日本的"北进"计划，迟滞了日本的"南进"步伐，而且大大减轻了其他战场的压力，制约和打乱了日本法西斯和德意法西斯战略配合的企图，有力地支援了苏联卫国战争和美英盟军对日作战，配合了欧洲战场和太平洋战场的战略行动，为盟国军队完成战略转折和实施战略反攻创造了有利条件。中国作为亚洲太平洋地区盟军对日作战的重要后方基地，还为盟国提供了大量战略物资和军事情报。中国军队进入缅甸作战，不仅打击了日军，还给予了盟军实际支援。为此，美国总统罗斯福曾说："我们也忘不了中国人民在七年多的长时间里怎样顶住了日本人的野蛮进攻和在亚洲大陆广大地区牵制住大量敌军。"①

第四，中国推动了世界反法西斯联盟的建立，积极参与战后国际秩序的重建。世界反法西斯战争的胜利，有赖于各国人民的相互支持。1941 年 12 月，太平洋战争爆发的当天，中国政府就向苏、美、英三国提交了采取共同行动的建议书，主动加强与同盟国的战略协调，促成国际反法西斯统一战线的正式建立。战争后期，中国参与联合国的创建，成为联合国安全理事会五个常任理事国之一，为彻底打败法西斯、为战后国际秩序的建立发挥了重要作用。

---

① 《罗斯福选集》，关在汉编译，商务印书馆 1982 年版，第 480 页。

总之，中国是全世界参加反法西斯战争的五个大国之一，是在亚洲大陆抗击日本侵略者的主要国家。正因为中国战场在世界反法西斯战争中的重要地位与作用，二战一结束，在重新定位世界格局时，中国就由一个落后挨打、任人宰割的弱国一跃而成为与美、苏、英、法并驾齐驱的联合国五大常任理事国之一的重要国家。

三、抗日战争胜利的原因及伟大意义

抗日战争前的中国与日本，无论是政治、经济还是军事实力都相差极为悬殊，但最终却是以中国的胜利和日本的失败而宣告结束这场反法西斯战争的。抗日战争之所以是以中国人民的胜利、日本帝国主义的失败而告终，有其各方面的深刻原因。

第一，以爱国主义为核心的伟大民族精神是中国人民抗日战争胜利的决定因素。一般来说，战争的胜负取决于双方实力的对比，但中国抗日战争的胜利却是在实力相差悬殊的情况下取得的，这在很大程度上归功于爱国主义精神的伟大胜利。日本妄图吞灭中国的野心刺激了中华民族的觉醒，在爱国主义的精神感召下，全国各族人民，无论政党、阶层，不分东西南北，都空前地团结在一起共同对外，为抗日战争的胜利提供了强大的精神支柱。

第二，广泛的抗日民族统一战线是取得抗战胜利的政治基础。在国破家亡的危难关头，国共两党毅然捐弃前嫌，选择携手合作、共赴国难。事实证明，这成为抗日战争取得最终胜利的重要组织保障。在最广泛的抗日民族统一战线旗帜下，亿万民众团结起来，与祖国同呼吸、共命运，共同谱写了一曲同仇敌忾、共赴国难、万众一心、百折不挠的民族壮歌。

第三，中国共产党的中流砥柱作用是中国人民抗日战争胜利的关键。中国共产党的全面抗战路线和持久抗战战略是引领抗日战争取得最后胜利的正确路线和战略保障。在中日力量对比悬殊情况下，只有广泛发动人民群众参加抗战，只有做好长期持久抗战的准备才能最终战胜强大敌人。为此，中国共产党人一方面批评国民党的片面抗战路线，一方面深入社会，广泛发动人民群众，不断积蓄力量，坚持长期的游击战。正是中国共产党

坚持的全面抗战路线和持久抗战战略，才使得中国共产党领导的敌后战场成了抗战中后期的中流砥柱，为坚持抗战取得最后胜利作出了重大贡献。

第四，世界反法西斯力量的友好合作是打败日本军队的外部保证。抗日战争期间，中国同世界上一切反法西斯力量建立和发展关系，共同反对日本侵略者。为了战胜法西斯的共同目标，不同政治制度和类型的国家求同存异，结成同盟，形成了空前广泛的世界反法西斯统一战线。中国的抗日战争也得到了许多珍爱和平的国家政府和人民、组织团体的同情与援助，这为夺取抗日战争的胜利营造了良好的国际环境、创造了有利的外部条件。

"中国人民抗日战争和世界反法西斯战争，是正义和邪恶、光明和黑暗、进步和反动的大决战。"[1] 中国人民抗日战争彻底打败了日本军国主义侵略者，捍卫了中华民族五千多年发展的文明成果，捍卫了人类和平事业，铸就了战争史上的奇观、中华民族的壮举，开辟了中华民族伟大复兴的光明前景，开启了古老中国凤凰涅槃、浴火重生的新征程，具有深远的历史意义。

第一，抗日战争是 1840 年鸦片战争以来中华民族反抗外敌入侵第一次取得彻底胜利的民族解放战争，是中华民族由衰败到振兴的转折点。抗日战争胜利前，中国屡遭西方列强侵略，被迫签订了一系列丧权辱国的不平等条约，损失了大片国土和各种主权。抗日战争的胜利，改变了中国自近代以来饱受帝国主义列强欺凌的屈辱地区，中国初步废除了各国通过不平等条约攫取的许多特权；被日本强占 50 年的台湾、澎湖列岛等地，重新回到祖国怀抱。

第二，抗日战争的胜利大大增强了中国人民的自尊心和自信心，促进了中国人民的大觉醒和大团结，使中国人民在精神上、组织上的进步达到了空前的高度。中国人民为世界反法西斯战争的胜利承担了巨大的牺牲，作出了不可磨灭的贡献。中国人民不畏强暴、浴血奋战的革命斗争精神赢

---

[1] 习近平：《在纪念中国人民抗日战争暨世界反法西斯战争胜利 70 周年大会上的讲话》，《人民日报》2015 年 9 月 4 日。

得世界人民的尊敬。艰苦卓绝的抗日战争还催生出了伟大的中华民族抗战精神，这一宝贵精神财富成为近代以来中华民族勇于反抗外侮、救亡图存斗争的生动写照。抗日战争的伟大胜利是中国由百年衰落走向民族复兴的历史枢纽。

第三，抗日战争的艰苦条件及其错综复杂的外部环境也砥砺了中国共产党人，促使中国共产党日益发展壮大成为一个全国性的、成熟的、能够经受任何严峻考验的马克思主义政党，并成为民族解放事业的中流砥柱，也为此后新中国的诞生和中华民族的伟大复兴提供了坚强的领导核心。

第四，抗日战争的胜利从根本上改变了战前世界政治格局，大大提高了中国的国际地位。抗日战争的胜利还推动了世界民族解放运动的发展，削弱了国际帝国主义的力量，对战后世界政治格局的形成也产生了深远的影响。战争胜利后，中华民族的国际威望和国际地位空前提升，在赢得了世界人民广泛尊敬的同时，也为民族复兴创造了有利的国际环境。

思考题

1. 日本帝国主义对中国的侵略，给中华民族带来了怎样的深重灾难？
2. 怎样正确评价正面战场和敌后战场在抗日战争中的地位和作用？
3. 为什么说中国共产党是中国人民抗日战争的中流砥柱？
4. 中国人民抗日战争胜利的原因和意义是什么？中国人民抗日战争为世界反法西斯战争作出了怎样的重大贡献？

第八章 中国两种命运的决战

抗日战争胜利后,中国的政治局势依然复杂,面临着两种命运的抉择。中国共产党力争中国走向和平、民主、自由、富强的光明前途。但是,国民党统治集团企图依靠美国政府的支持,在中国继续维持国民党一党专政的独裁统治。为了中国的和平民主,中国共产党领导人民群众与国民党统治集团进行了复杂、曲折而激烈的斗争,最终取得了新民主主义革命的彻底胜利。

第一节 抗战胜利后围绕建国问题的斗争

一、抗战胜利后的局势和各党派的主张

抗日战争胜利后,中国人民渴望在和平的环境下休养生息,重建家园。中国共产党从人民的根本愿望出发,提出了和平、民主、团结的方针,为建设新中国而努力。

从总体来说,战后的国际国内形势对中国人民实现建设新中国的目标是有利的。在国际上,经过第二次世界大战,德、意、日三个法西斯国家被打败,英、法等国受到削弱,资本主义的总体实力有所下降,世界反动势力难以集中起来干涉中国革命。苏联作为第一个社会主义国家,在卫国战争中经受住了严峻考验,成为世界反法西斯战争的主力,对于世界各国人民的和平解放事业是巨大的鼓舞。在东欧和东南欧的罗马尼亚、捷克斯洛伐克、波兰、匈牙利、阿尔巴尼亚、保加利亚、南斯拉夫和亚洲的越南北部、朝鲜半岛北部,经过本国人民的英勇战斗并在苏联的帮助下,先后成立了人民民主政府,成为战后世界政治格局中一支强大的力量。它们与苏联站在一起,极大地改变了世界力量的对比。

在国内,经过抗战,中国人民得到锻炼,政治觉悟程度和组织程度空前提高。抗日战争胜利时,中国共产党领导下的解放区已经拥有1亿人

口、120万军队和220万民兵；中共党员人数增加到120万以上。中国共产党在思想上更加统一，政治上更为成熟。中国共产党提出的建立一个独立自由民主统一的新中国的主张，在全国得到广泛响应。

前途是光明的，道路是曲折的。中国社会进步的道路上仍然是障碍重重。战后，美国成为世界帝国主义头等强国，其经济实力急剧增长，到1944年，美国的钢产量已达8100万吨，其工业生产总额约占资本主义世界工业生产总额的60%，集中了"全世界资本总额的四分之三和工业能力的三分之二"[①]。美国统治集团看到，老的殖民主义统治已面临末日，要把中国变为它的附庸国，不得不采取比较隐蔽的形式继续推行其殖民主义政策。如果它采取实行大规模的军事干涉，帮助国民党消灭共产党的政策，就必然会遭到中国人民、美国人民和全世界人民的强烈反对，以至深陷泥潭而不能自拔。于是，美国一方面要求国民党政府实行某种程度的改革，推动国民党同共产党进行谈判，迫使共产党交出武器，使中国在蒋介石的领导下实现"统一"；一方面又从经济、军事等方面大力援助国民党政府，帮助其稳固政权，以建立一个统一的亲美政权。美国以为这样做就可以不战而控制中国。这是中国人民争取和平民主的严重障碍。

强大的社会主义国家苏联的存在和它同美帝国主义的斗争，对美国在中国的行动起着限制作用，这对中国人民实际上是一种援助。苏联军队进入东北后，一方面是把一些大城市交给国民党，同时也以不干涉中国人民自治的态度，对中国共产党在东北力量的发展给予了一定的帮助。同时，苏联红军还多次阻止国民党军队经海路登陆大连、葫芦岛和营口。这些措施对中国共产党领导的军队挺进东北也有积极作用。与此同时，苏联政府同国民党政府在国家关系上联系更加密切。在日本接受投降的同一天，即8月14日，苏联政府同国民党政府签订了《中苏友好同盟条约》。

以蒋介石为首的国民党统治集团在战后集中力量抢夺抗战胜利果实，

[①] ［美］戴维·霍罗威茨：《美国冷战时期的外交政策》，上海人民出版社1974年版，第54页。

企图凭借其军事优势通过发动内战来消灭共产党及其领导的人民军队和解放区政权。但是，全国人民迫切要求和平建设自己的家园，发动内战是不得人心的。同时，蒋介石的精锐部队在抗战期间大多退到西南和西北地区，运送这些部队到内战前线一时有不少困难。国际上美国、苏联等都表示希望中国能够实现和平建国。因此，蒋介石在积极准备内战的同时，又表示愿意同中共进行和平谈判，企图诱使中共交出军队。蒋介石本人后来曾说过，战后，他的方针是，或者以和平谈判方式迫使中共"放弃武力，改走合法的道路"，或者通过"放手动员作战"的办法来消灭中共武装。他认为，"这两条道路，任取其一，都足以解决中共问题。"① 蒋介石先选择了第一条路，1945年8月中下旬，他三次电邀毛泽东到重庆谈判。

对于蒋介石的企图，中共中央是有清醒认识的。中国共产党的方针是：一方面要坚决反对内战，并对蒋介石可能发动的全面内战切实做好相应的准备，"有了准备，就能恰当地应付各种复杂的局面。"② 另一方面是尽一切可能争取和平，并以审慎而积极的态度来对待重庆谈判，以革命的两手对付反革命两手。毛泽东强调指出，我们的方针是建立在自己力量的基点上的，即积极争取国际援助，但不依赖外援，而是依靠自力更生。

战后的形势和争取和平民主的斗争，使中国民主党派这一中间政治力量空前地活跃起来，原有的民主党派召开会议、整顿组织，新的民主党派纷纷成立。中国各民主党派的政纲不尽相同，但都主张爱国、反对卖国，主张民主、反对独裁，为和平民主而奔走呼号。他们中的一些人围绕建立什么国家、走什么道路等问题，纷纷提出自己的政治主张，希望在国共两党之间走第三条道路。他们认为，当时的形势是，国民党不能武力消灭共产党，共产党也不能用武力推翻国民党，这似乎为实行中间路线提供了千载一时的机会。因此，这些人提出，中国社会的发展，在政治上，必须实现英美式的民主政治，但不准地主官僚资本家操纵；在经济上，应当实行

---

① 蒋介石：《苏俄在中国》，台湾"中央"文物供应社1981年版，第156页。
② 《毛泽东选集》第4卷，人民出版社1991年版，第1134页。

改良的资本主义，但不容官僚买办资本横行；实行的方法则是走和平的改良的道路。

实际上，战后的中国面临的是两种命运、两种前途的斗争，客观形势决定了没有中间路线的余地。持有中间路线的人一接触到实际斗争，特别是在内战爆发后，就只能在靠近共产党或靠近国民党中选择道路，而没有其他道路可走。

二、共产党争取和平民主、准备自卫战争的方针

抗日战争胜利后，中国共产党根据对国内外形势的科学判断提出了正确的指导方针和斗争策略。从日本投降到全面内战爆发的这段过渡时期内，党的基本方针是争取和平民主，准备自卫战争。但随着国际国内形势的发展变化，在不同情况下基本方针的侧重点有所不同。

1945年8月13日，毛泽东在延安干部会议上作了题为《抗日战争胜利后的时局和我们的方针》的讲演，毛泽东深刻地分析了战后中国政治的基本形势，阐述了党的斗争策略。毛泽东说，从整个形势看来，抗日战争的阶段过去了，新的情况和任务是国内斗争。蒋介石说要"建国"，今后就是建什么国的斗争。是建立一个无产阶级领导的人民大众的新民主主义的国家，还是建立一个大地主大资产阶级专政的半殖民地半封建的国家？这将是一场很复杂的斗争。目前这个斗争表现为蒋介石要篡夺抗战胜利果实和我们反对他们篡夺的斗争。

8月23日，中共中央政治局扩大会议进一步讨论了党在新的环境下所采取的方针和对策。毛泽东在会上作了长篇发言，对中国的政治前景作了预测，指出："现在我国在全国范围内可能成立资产阶级领导的而有无产阶级参加的政府。中国如果成立联合政府，可能有几种形式。其中一种就是现在的独裁加若干民主，并将存在相当长的时期。对于这种形式的联合政府，我们还是要参加进去，进去是给蒋介石'洗脸'，而不是'砍头'。走这个弯路将使我们党在各方面达到更成熟，中国人民更觉悟，然后建立新民主主义的中国。"毛泽东说，"准备以中央委员会名义发表一个宣言，以和平、民主、团结的新姿态出现。""我们党提出的和平、民

主、团结三大口号是有现实基础的,能得到国内外的广大同情。"①

8月25日,中共中央发表《对目前时局的宣言》,公开提出了"和平、民主、团结"的口号。《宣言》指出,新的和平建设时期开始了,在这新的历史时期中,我全民族面前的重大任务是:巩固国内团结,保证国内和平,实现民主,改善民主,以便在和平民主团结的基础上,实现全国的统一,建设独立自由与富强的新中国。中国共产党在坚持和平民主、准备自卫战争的方针的基础上根据时局变化及时调整斗争策略,为人民革命斗争指明了方向。

根据中国革命力量在华北、华中、华南的发展态势和东北地区的复杂情况,1945年9月19日,中共中央发出《目前任务和战略部署》的党内指示,提出了"向北发展,向南防御"的战略方针。实施这一战略方针的核心是控制东北。为此,中共中央从山东军区、新四军和晋冀鲁豫、晋察冀、晋绥等军区与延安总部,先后派出2万名干部和11万人的部队迅速开往东北。同时,及时将分散于南方的兵力集中到江北,避免被各个击破的危险,加强了华东、华北各解放区的力量。

三、重庆谈判和政治协商会议

为争取和平局面的出现,中共中央决定毛泽东赴重庆谈判。1945年8月26日,中共中央发出关于同国民党进行和平谈判的党内通知,全面阐述了既要认真进行和平谈判,力争实现和平局面,又对敢于来犯之敌坚决实行武装自卫的基本方针。8月28日,毛泽东和周恩来、王若飞到达重庆与国民党当局进行谈判。毛泽东不顾个人安危,亲赴重庆,在国内外引起重大反响。中外记者纷纷发出专电,报道毛泽东抵渝的消息,称颂毛泽东的气魄与胆略,赞扬中国共产党谋求和平、民主、团结的诚意。

重庆谈判从8月29日开始,10月10日结束。在此期间,毛泽东就和平建国、国共两党关系等重大问题直接同蒋介石进行多次商谈。具体谈判主要在中共代表周恩来、王若飞和国民党政府代表王世杰、张群、张治

---

① 《毛泽东文集》第4卷,人民出版社1996年版,第7、8、6页。

中、邵力子之间进行。

谈判期间,毛泽东、周恩来同各界人士进行了广泛的接触与会晤,为争取团结各方面的和平民主力量作了大量工作。毛泽东和周恩来多次拜会宋庆龄,对她信守孙中山先生联俄联共扶助农工的三大政策,反对蒋介石的独裁统治,与中国共产党长期合作的革命精神,表示了由衷的敬意。毛泽东会见了冯玉祥、谭平山、柳亚子、张伯苓等,几度与中国民主同盟领导人张澜、沈钧儒、黄炎培等进行会谈,向他们介绍了和平建国的基本方针与国共两党谈判的方案,听取他们对召开各党派和无党派人士的政治会议主张的建议和意见,得到了民盟的支持与帮助。毛泽东和周恩来还会晤了郭沫若、章伯钧、罗隆基、章乃器、章士钊等著名的爱国民主人士和社会贤达,增强了彼此的友谊与合作。中共代表还会见了工商、文化、妇女、新闻等各界代表人物,听取并交流对谈判的意见。

经过艰苦的努力,10月10日,国共双方代表签订了《政府与中共代表会谈纪要》(简称双十协定)。这是重庆谈判取得的主要成果。尽管在解放区政权问题、国民大会问题上没有达成协议,中共领导的军队整编问题实际上也没有解决;但是,在中国共产党积极耐心争取和全国和平民主力量的压力下,国民党当局终于作出了一些承诺,接受了"和平建国的基本方针",承认了中国共产党的地位,承认了各党派的会议。通过谈判,中共关于和平建设新中国的政治主张被全国人民所了解,这就有力地推动了全国的和平民主运动的发展,也使中国共产党在政治上占居主动地位。

1945年10月,中国民主同盟、第三党、三民主义同志联合会、工业协会、中国人民反内战同盟等十几个团体和二十多家杂志社,纷纷发表宣言、评论,呼吁和平、制止内战,要求撤退美军,迅速召开政治协商会议。11月19日,重庆各界代表郭沫若、沈钧儒、黄炎培等500余人,举行了"陪都各界反内战联合会"成立大会,号召国统区人民反对国民党的内战政策,反对美国干涉中国内政,并倡议在全国各地分别成立反内战联合会,制止内战,奠定国内永久和平。这一号召迅速在各大城市的人民中间获得响应。11月下旬,昆明学生举行反内战集会,3万余学生总罢课。12月1日，国民党派武装暴徒镇压学生，致使4名师生死亡，数十人受伤，酿成震惊全国的"一二·一惨案"。重庆、上海等地陆续爆发声援昆明学生的活动，形成"反对内战、争取民主"的大规模的爱国民主运动。

1946年1月10日，国共双方签订了停战协定。同一天，政治协商会议在重庆开幕。

出席政治协商会议的代表共38人，其中国民党代表8人，共产党代表7人，民主同盟代表9人，青年党代表5人，社会贤达代表9人。这些代表按政治分野大致可分为左中右三种力量。共产党代表无产阶级和人民大众的利益，是左派力量的代表，主张废除国民党一党专政，建立新民主主义国家。国民党及其追随者青年党是右派，代表大资产阶级大地主阶级的政治主张。中间派基本上是民盟，代表民族资产阶级和上层小资产阶级的利益。中国共产党为使会议取得成功，采取的方针是：争取团结中间派，揭露和孤立国民党右派，力争达成有利于人民的协议。因此，共产党代表和民盟代表约定，政协期间，双方携手合作，互相支持，共同斗争。

政协会议分两种形式举行，一是召开全体会议，二是召开分组会议。根据会议的主题，会议分为五个组，即改组政府组、施政纲领组、军事组、国民大会组和宪法草案组，每组均有各方代表参加。无论大会还是分组讨论，都有过激烈争论。

政治协商会议期间，没有参加会议的中国民主建国会、中国民主促进会、三民主义同志联合会等民主党派，纷纷向会议提出意见书或建议书，要求国民党立即结束一党专政，切实保障人民的民主权利。政治协商会议历时22天，经过几十次大小会议的激烈争论，于1月31日闭幕。会议通过了政府组织案、国民大会案、和平建国纲领、军事问题案和宪法草案案五项协议。政府组织案确定改组国民党的一党专政的政府，各民主党派和无党派民主人士可以参加政府；规定改组后的国民政府委员会为最高国务机关，不但有对方针、大计的决策权，并有对高级官员的任免权。国民大会案规定增加足够数量的新代表，宪法之通过须3/4的代表同意。和平建国纲领规定全国团结一致，建设统一自由民主的新中国，实行政治民主化、军队国家化和党派平等合法,用政治方法解决政治纠纷,以保持国家之和平发展。军事问题案规定依民主政治实行军队制度的改革,实行军党分立,军民分治,全国军队进行整编。宪法草案案确立了国会制、内阁制、省自治的原则。

重庆政治协商会议的成功召开,是抗战胜利后中国政治生活中一件具有重大影响的事件。在很长一段时间内,政协协议成了许多人衡量是非的重要尺度:谁坚持政协路线,就深得人心;谁破坏政协协议,就不得人心。政协协议的通过,是中国共产党同各民主党派、民主人士亲密合作,并同国民党中坚持民主进步的人士共同努力的结果。由此,中国共产党提出的各党派进行政治协商、制定共同纲领、民主管理国家的政治主张,更加深入人心,这有利于中国人民革命力量的进一步组织和发动。

对于政协的成功,中国共产党给予高度评价,并决心严格地遵守和忠实地履行各项协议。政协会议刚结束,中共中央即于2月1日向党内发布《关于目前形势和任务的指示》。指示认为,政协"决议的成立及其实施,国民党一党独裁制度即开始破坏,在全国范围内开始了国家民主化。这就将巩固国内和平,使我们党及我党所创立的军队和解放区走上合法化。这是中国民主革命一次伟大的胜利。从此中国即走上了和平民主建设的新阶段。""中国革命的主要斗争形式,目前已由武装斗争转变到非武装的群众的与议会的斗争,国内问题由政治方式来解决。党的全部工作,必须适应这一新形势。"指示同时也指出:"中国民主化的道路,依然是曲折的、长期的","练兵、减租与生产是目前解放区三件中心工作。此外,我们还要准备将全党的工作转变到非武装的群众的与议会的斗争中去,用心去学习与组织合法斗争及上层统一战线与下层统一战线工作的配合,把党的工作推进到全国范围去"①。

在政协会议闭幕前后,国民党内一批顽固分子要求监察院弹劾国民党出席政协会议的代表,并骂他们出卖了国民党,投降了共产党。蒋介石则

---

① 中共中央文献研究室、中央档案馆编:《建党以来重要文献选编(一九二一——一九四九)》第23册,中央文献出版社2011年版,第104-107页。

说：" 我对宪草也不满意，但事已至此，无法推翻原案，只有姑且通过，将来再说。"①

2月10日，国民党特务捣毁陪都各界庆祝政协成功大会会场，打伤大会主席李公朴、郭沫若和许多群众，制造了"较场口血案"。在此前后，国民党在重庆和全国其他一些地方策动反苏反共游行，国民党特务、暴徒乘机捣毁在重庆的中共《新华日报》和民盟《民主报》营业部，殴打两报工作人员。对于这些蓄意破坏政协协议的事件，中共和民盟等民主党派曾多次提出抗议，国民党当局却置若罔闻。

3月1日至17日，国民党召开六届二中全会。蒋介石在会上公开提出，对政协决议"应就其荦荦大端，妥善补救"。此话虽隐晦曲折，意思却十分明确，蒋介石要对政协协议进行"修改"。全会的决议强调要对政协关于宪法草案进行五点"修正"，实际上是全盘否定和根本推翻政协协议。3月20日至4月2日，国民党又在重庆召开一手包办的四届二次国民参政会，企图使其六届二中全会推翻政协协议的阴谋进一步公开化和合法化。中国共产党的参政员拒绝参加这次大会。

政协会议的成功，曾使和平民主的曙光在阴云密布的中国上空显现。蒋介石撕毁协议的行为却给期盼和平民主的人们泼了一盆冷水，国共两党一度存在的和谐气氛也不复存在。3月18日，中共中央发出《关于坚决反对国民党反动派破坏政协决议给各地的指示》，明确指出："在反动派如此嚣张，蒋介石如此阴谋百出的情形下，和平、民主是完全没有保障的。最近时期一切事实证明，蒋介石反苏、反共、反民主的反动方针，一时不会改变的，只有经过严重斗争，使其知难而退，才有作某些较有利于民主的妥协之可能。""我们反对分裂，反对内战，但我们不怕分裂，不怕内战，我们在精神上必须有这种准备，才能使我们在一切问题上，立于主动地位。"② 严峻的现实迫使中国共产党采取强硬

---

① 转引自梁漱溟《我参加国共和谈的经过》，中国社会科学院近代史研究所中华民国史研究室编：《中华民国史资料丛稿》增刊第6辑，中华书局1980年版。
② 中共中央文献研究室、中央档案馆编：《建党以来重要文献选编（一九二一——一九四九）》第23册，中央文献出版社2011年版，第157—158页。

的态度，准备更严重的斗争。

第二节 解放战争的胜利发展

一、国民党挑起全面内战和共产党打退国民党进攻的方针

对于政治协商会议的协议和停战协定，国民党统治集团并不想真正去落实，而是以谈判为掩护，争取调兵遣将的时间，其根本意图还是通过战争消灭共产党领导的人民武装。在充分准备之后，1946年6月26日，国民党军队大举围攻中原解放区，接着，又向苏皖、山东、晋冀鲁豫、晋察冀、晋绥等解放区展开全面进攻。全面内战由此爆发。

蒋介石之所以敢违背广大人民的意愿，悍然发动全面内战，主要是由于他自恃在军队数量、装备和战争资源等方面都明显地超过中国共产党领导的人民军队和解放区。此时，国民党军总兵力达430万人，其中正规军200万人，特种兵、海空军和后方机关、军事学校约156万人，非正规军74万人。而中国共产党的人民武装总兵力只有约127万人，其中野战军只有61万人。双方总兵力之比是3.4∶1。

从军事装备看，国民党军队更是占据绝对优势。国民党政府接受了侵华日军和伪军的大批武器装备，又得到美国政府的巨大军事和经济援助。国民党军队有45个师是用美式装备起来的，占其正规军的25%；还有相当数量的坦克、作战飞机和海军舰艇。所以，蒋介石对他的部下说："我们军队的长处是什么呢？就是我们有特种兵以及空军和海军，而共产党没有这些兵种。"[①] 国民党政府控制的经济力量也是共产党无法比拟的。国民党政府控制着全国76%的土地和71%的人口，控制着全国几乎所有的大城市和绝大部分铁路交通线，拥有几乎全部近代工业和比较雄厚的人力物力资源，军火工业有相当规模。解放区的土地面积约230万平方公里，只有全国土地的24%；人口约1.36亿，占全国人口的29%，除哈尔滨外

---

① 《蒋总统集》，台湾"国防研究院"印行，第1558页。

没有一个大城市，基本上处于经济比较落后的农村，近代工业少，经济上主要依靠农业和手工业生产，交通运输只能靠肩挑、背扛、大车拉、小车推。而且解放区是被国民党军分割包围的，内部的封建势力尚未肃清，后方还不很巩固。

战争是敌对双方实力的竞赛，而国共双方相比，力量悬殊。正如当时共产党人常说：我们只有"小米加步枪"，国民党有的是"飞机加大炮"。正因为如此，蒋介石才敢冒天下之大不韪而挑起全面内战。当然，还有一个因素支撑着蒋介石的胆量，那就是美国政府的援助。据统计，仅1946年上半年，美国就向国民党政府提供了价值13.5亿美元的各种物资。美国总统杜鲁门承认，美国在抗战胜利后给予蒋介石政府的物资援助，是抗战胜利前美国援华物资的两倍。从日本投降到1946年6月，美国用军舰、飞机运送了国民党军队14个军共41个师，另外8个交通警察总队，共计54万余人到进攻解放区的前线。美国共装备国民党军45个师，为国民党训练陆军、海军、空军、特务、交通警察、参谋、军医、军需等军事人员15万人。1946年3月，美国组织了庞大的军事顾问团，渗入国民党部队进行控制，直接协助和指挥国民党军队打内战。美国政府以9万人的海军陆战队在中国登陆，占驻上海、青岛、天津、北平、秦皇岛等重要城市，并在华北为国民党军保护交通线。

凭借军事上、经济上的优势，又有美国的援助，蒋介石踌躇满志，决定采取速战速决的战略方针，企图在三个月至六个月内消灭中共部队。参谋总长陈诚则公开扬言："也许三个月，至多五个月，便能整个解决"①中共领导的军队。

面对国共双方悬殊的力量对比和严峻复杂的国际形势，敢不敢用革命战争来反对反革命战争？怎样才能打败国民党的军事进攻？这是中国共产党必须回答的两个带根本性的问题。

1946年7月20日，中共中央发出的《以自卫战争粉碎蒋介石的进攻》的党内指示明确指出："蒋介石虽有美国援助，但是人心不顺，士气

---

① 陈诚1946年10月17日对记者的谈话，《中央日报》1946年10月18日。

不高,经济困难。我们虽无外国援助,但是人心归向,士气高涨,经济亦有办法。因此,我们是能够战胜蒋介石的。全党对此应当有充分的信心。"① 中国共产党确定的战略方针是,以自卫战争粉碎国民党反动派的进攻,以期恢复国内和平。

中共中央清醒地估计了国内外形势,坚定认为,我们不但必须打败蒋介石,而且能够打败他。我们必须打败蒋介石,是因为蒋介石发动的战争,是一个在美帝国主义指挥下的反对中华民族独立和中国人民解放的反革命的战争。在这种时候,如果我们表示软弱,表示退让,不敢坚决地起来用革命战争反对反革命战争,中国就将变成黑暗世界,我们民族的前途就将被断送。我们能够打败蒋介石,是因为蒋介石的军事优势和美国的援助只是暂时起作用的因素,而战争的正义性和非正义性,人心的向背,则是经常起作用的因素。在这方面,人民解放军占着明显的优势。蒋介石所发动的是反人民反革命性质的战争,必然会遭到包括国统区在内的全国人民的反对;中国共产党领导的人民解放军所进行的战争具有爱国的正义的革命的性质,必然获得全国人民的拥护。

1946 年 8 月,毛泽东在同美国记者安娜·路易斯·斯特朗的谈话中,提出了"一切反动派都是纸老虎"的著名论点,为中国人民阐明了这样一个根本的战略思想,即革命者必须在战略上、在全体上藐视敌人,敢于同他们斗争,敢于夺取胜利。毛泽东指出:"一切反动派都是纸老虎。看起来,反动派的样子是可怕的,但是实际上并没有什么了不起的力量。从长远的观点看问题,真正强大的力量不是属于反动派,而是属于人民。"②

在中国革命的转折关头,以毛泽东为核心的党中央对于国际国内形势,对于反动派的本质,对于中国革命的前途所作的科学分析,从理论上武装了中国共产党人和中国的革命者,极大地增强了解放区军民敢打必胜的信念。

在坚定信念的基础上,中共中央进一步明确了打退国民党进攻的各项

---

① 《毛泽东选集》第 4 卷,人民出版社 1991 年版,第 1187 页。
② 《毛泽东选集》第 4 卷,人民出版社 1991 年版,第 1195 页。

方针政策。

在政治方面，确定了放手发动群众，团结一切可以团结的力量，建立最广泛的民族民主统一战线，彻底孤立国民党反动集团的方针。"在农村中，一方面应坚定地解决土地问题，紧紧依靠雇农、贫农，团结中农；另方面在进行解决土地问题时，应将一般富农、中小地主分子和汉奸、豪绅、恶霸分子，加以区别。对待汉奸、豪绅、恶霸要放严些，对待富农、中小地主要放宽些。""在城市中，除团结工人阶级、小资产阶级和一切进步分子外，应注意团结一切中间分子，孤立反动派。在国民党军队中，应争取一切可能反对内战的人，孤立好战分子。"①

在经济方面，强调必须一切依靠自力更生，作持久打算。为应付长期战争，解放区应有计划地发展生产和整理财政，坚决实行发展经济、保障供给、统一领导、分散经营、军民兼顾、公私兼顾等方针。在财政供应上，必须使自卫战争的物质需要得到满足，同时又必须使人民负担较前减轻，使解放区人民虽然处在战争环境，而其生活仍能有所改善。同时，必须提倡节约，要十分节省地使用我们的人力资源和物质资源，力戒浪费。

在军事上，确定了"集中优势兵力，各个歼灭敌人"的原则，即以歼灭敌人的有生力量为主要目标，不以保守或夺取城市和地方为主要目标的作战原则。在作战形式上，一般的是运动战，将抗日战争时期以分散兵力打游击战为主，改为以集中兵力打运动战为主，以分散兵力打游击战为辅。

中共中央制定的上述方针政策，在实践中日臻完善，正确地解决了怎样才能打败国民党军事进攻的问题。在这些方针指引下，解放区军民给来犯之国民党军以沉重打击，在自卫战争中不断地赢得胜利。

二、人民解放军由战略防御转入战略进攻

蒋介石挑起全面内战后，采取了向解放区实行全面进攻的方针，企图用速战速决的办法，一举消灭人民军队。国民党军队的主要战略意图是：

---

① 《毛泽东选集》第 4 卷，人民出版社 1991 年版，第 1187—1188 页。

沿主要铁路干线,由南向北进攻,夺取并控制各解放区的城市和交通线,歼灭人民军队主力;或将黄河以南的人民军队逐步压迫至黄河以北,然后聚歼于华北地区。

面对国民党反动派气势汹汹的进攻,中国共产党确定的战略方针是,以自卫战争粉碎国民党反动派的进攻,以期恢复国内和平。根据各战略区的地理位置,当时对山东、华中、晋冀鲁豫战场统称为南线,对晋察冀、晋绥战场统称为北线。在南线首先在内线打几个胜仗,然后以晋冀鲁豫、山东、华中三支野战军进击津浦路徐州—浦口段及其两侧广大地区,寻歼国民党军队有生力量。在北线以晋察冀、晋绥两军区部队于半年左右夺取三路(同蒲路、平汉路北段和正太路)四城(保定、石家庄、太原、大同)。根据全面内战爆发后战场形势的变化,中共中央对外线出击的战略计划作了重大调整,决定"先在内线打几个胜仗再转至外线"①。后来,内线作战时间一再延长,外线作战时间一再推迟,于是在解放战争中形成了历时一年的战略内线作战阶段,即战略防御阶段。

国民党军队向解放区发动全面进攻 8 个月之后,美式装备的国民党军被小米加步枪的人民解放军歼灭了 71 万人。经过补充,到 1947 年春,国民党军总兵力为 394 万人,比战争开始时的 430 万人下降了 8.4%。国民党军兵力不足同战线太长的矛盾更加尖锐起来,被迫放弃全面进攻,而采取重点进攻的方针。从 1947 年 3 月起,国民党集中了进攻解放区总兵力的 43%,即 94 个旅,重点进攻山东、陕北两个解放区,而在其他几个战场上的国民党军则集中兵力守备战略要点和主要交通线。

与国民党军损兵折将相反,中国共产党领导的部队在 8 个月的作战中不断壮大,总兵力已经发展到 168 万人,比 1946 年 6 月全面内战爆发时的 127 万人增长了 32.2%。由于缴获了大量美式武器装备,部队的武器装备有了较大改善,炮兵建设初具规模。部队积累了打运动战、歼灭战的经验,士气高涨,战斗力增强。同时加强了中国共产党对军队的绝对领导。

---

① 《从延安到北京——解放战争重大战役军事文献和研究文章专题选集》,中央文献出版社 1993 年版,第 103 页。

各部队相继恢复了党委制，这对于加强党的领导，保证部队军事、政治和后勤工作的完成都具有十分重要的意义。

针对国民党军的重点进攻，中共中央决定继续坚持集中兵力、各个歼灭敌人的原则，执行积极防御的战略方针，集中兵力在内线作战，逐批歼灭进犯之国民党军。1947年3月初，国民党军调集了34个旅25万余人的兵力，大举进攻陕甘宁解放区。

中共中央反复分析形势后认为，进攻陕北的国民党军数倍于解放军，晋冀鲁豫野战军出击平汉线和在晋西南的作战尚未展开，使在陕北担任正面防御的部队处于十分不利的地位。人民解放军如死守延安，势必要在敌我力量悬殊的态势下举行决战，不利于保存实力和长期坚持陕北斗争。从全局和长远利益考虑，中共中央决定主动放弃延安，依靠陕北优越的群众条件和有利地形，与敌周旋，寻机歼敌，牵制胡宗南集团于陕北战场。中共中央决定：毛泽东、周恩来、任弼时等留在陕北，主持中共中央和人民解放军总部的工作；刘少奇、朱德、董必武组成中央工作委员会，以刘少奇为书记，前往晋西北或其他适当地点，进行中央委托的工作。随后，4月11日，中共中央又决定由叶剑英、杨尚昆等率中央机关大部分工作人员到山西，临时组成中央后方工作委员会，统筹后方工作。

在中共中央撤离延安后的一个半月时间内，彭德怀、习仲勋指挥西北野战部队在青化砭、羊马河、蟠龙镇地区三战三捷，共歼灭国民党军1.4万余人，粉碎了国民党当局企图摧毁中国共产党和人民解放军首脑机关、消灭西北解放军的狂妄计划。

从1947年3月18日撤离延安到1948年3月23日，中共中央转战陕北历时1年零5天，行程2000余里，在37个村庄住过。中共中央、中央军委在陕北，不仅拖住了胡宗南部主力，有力地支援了其他战场，而且指挥了全国的解放战争。

国民党军对山东解放区的重点进攻是从1947年3月下旬开始的。在国民党军发起重点进攻的一个月内，华东野战军在鲁南、鲁中地区实行高度机动回旋，以调动敌人，捕捉战机。经过泰蒙战役和孟良崮战役等一系列战役，给国民党军实力上、精神上以沉重打击。到7月底，国民党军对山东解放区的重点进攻被彻底粉碎。

中共中央抓住机遇，精心策划，在战争的第二个年头一开始就考虑人民解放战争变战略防御为战略进攻，将主力打到外线去，把战争引向国民党统治区，在国统区大量消灭敌人。

中共中央在适时地抓住战略进攻时机的同时，又正确地指明了战略进攻的方向，决定采取中央突破的方针，"大举出击，经略中原"，把我军战略进攻矛头直指大别山地区。解放军占据了大别山地区，就可以东慑南京、西逼武汉，这样，蒋介石必然会调动其进攻山东、陕北的部队回援，同解放军争夺这块战略要地，这就恰恰可以达到解放军预期的战略目的。为了实现千里跃进大别山，夺取中原的战略计划，中共中央作出了"三军配合、两翼牵制"的战略部署。三军配合是：以刘伯承、邓小平率领的晋冀鲁豫野战军主力四个纵队（刘邓大军），首先突破黄河天险，先在鲁西南寻歼国民党军，然后逐步向豫皖苏地区和大别山地区挺进；以陈赓、谢富治指挥的晋冀鲁豫野战军第四纵队、第三十八军和新组成的第九纵队（陈谢大军）挺进豫西，在豫、陕、鄂边实施战略展开协助刘邓大军经略中原；以陈毅、粟裕指挥的华东野战军六个纵队和特纵组成一个兵团（陈粟大军）在豫皖苏边区实施战略展开，配合刘邓大军南进。三路大军的任务是挺进中原，形成"品"字形阵势，互为犄角，机动歼敌。两翼牵制为：以彭德怀指挥的西北野战军出击榆林，调动进攻陕北的国民党军北上；以许世友、谭震林指挥的华东野战军四个纵队组成的东线兵团在胶东发动攻势，把进犯山东的国民党军引向渤海边。

按照中共中央的部署，1947年6月30日，刘邓大军四个纵队12万余人，强渡黄河，开进鲁西南，揭开了人民解放军战略进攻的序幕。随后，兵分三路在100多里宽的地面上向南疾进，经过20多天千里挺进，刘邓大军终于在8月末到达大别山，完成了一次无后方依托、长驱直入敌人战略纵深的进攻行动。刘邓大军挺进大别山后，克服极度疲劳、减员严重和缺少粮弹衣着等严重困难，一方面抢占中心地区，肃清民团，发动群众，开创根据地；另一方面在大别山北麓的商城、罗山地区牵制敌人。到1947年12月底，经过几个回合的艰苦斗争，刘邓大军初步完成了在大别山的战略展开。

为配合刘邓大军挺进大别山，1947年8月22日起，陈赓、谢富治等率领晋冀鲁豫野战军在晋南、豫北交界处南渡黄河，挺进豫西。陈毅、粟裕率领的华东野战军也在鲁南、鲁西和鲁中三个方向作战，在战略上调动、分散了国民党军，打乱了国民党军的进攻部署，有力地策应了刘邓大军的战略进攻。三军挺进中原，密切配合，经过四个月的艰苦斗争，机动作战，纵横驰骋，共歼国民党军19万余人，解放县城100余座，建立了拥有3000万人口的新的中原解放区，调动和吸引了国民党军南线全部兵力160个旅中约90个旅于自己周围，使整个战局迅速发生变化。长期以来人民军队在国内战争中处于战略防御地位的局面从此结束。

在三路大军进军中原的同时，内线各战场的人民解放军也适时转入反攻。在六个月的作战中，人民解放军共歼灭国民党军75万人，以锐不可当的气势，挫败了敌人的攻势，使敌人不得不由战略进攻转入全面防御，进而又退为分区防御。从此，战争主要已经不是在解放区内进行，人民解放军的主力已经打到国民党统治区域里去了。这一伟大胜利，标志中国革命战争已经达到一个新的历史转折点。

三、解放区的土地改革运动与农民的广泛发动

为了充分发动农民群众准备进行自卫战争，中共中央认为，应该满足广大农民群众获得土地的正当要求。1946年5月4日，中共中央发出了《关于清算减租及土地问题的指示》，即著名的《五四指示》。《五四指示》的基本精神，是放手发动和领导群众进行土地改革，通过各种适当的方式，使地主阶级剥削农民而占有的土地转移到农民的手中，实现耕者有其田。这是党的土地政策的一个重要转变，即将抗日战争时期的减租减息政策改变为通过清算减租等从地主手中得到土地的政策。当然，《五四指示》除规定"没收和分配大汉奸土地"外，并没有明确宣布改革土地制度，并不像土地革命战争时期那样直接没收地主一切土地分给无地少地的农民。可见，《五四指示》所主张的是一种有限度的土地改革，是从抗战时期的减租减息向彻底的土地改革转变的一个过渡性

政策。

《五四指示》下达后，各解放区的土地改革运动逐步地深入开展起来。到 1947 年初，约有 2/3 的解放区初步解决了土地问题，实现了"耕者有其田"。战争之伟力的最深厚根源存在于民众之中。得到了土地的广大农民会为保卫自己的斗争成果而全力支持革命战争，这使自卫战争的胜利获得了最重要的社会力量保证。

全面内战爆发后，迫切要求适合时宜的土地政策，以推动解放区更加普遍深入开展土地改革运动。1947 年 7 月至 9 月，中共中央工作委员会在河北省建屏县（今属平山县）西柏坡召开了全国土地会议。会议由中共中央工作委员会书记刘少奇主持。会议讨论通过了《中国土地法大纲（草案）》。10 月 10 日，中共中央正式颁布了《中国土地法大纲》。《大纲》明确规定："废除封建性及半封建性剥削的土地制度，实行耕者有其田的土地制度"；"废除一切地主的土地所有权"；"废除一切祠堂、庙宇、寺院、学校、机关及团体的土地所有权"；"废除一切乡村中在土地制度改革以前的（劳动人民所欠地主富农高利贷者的高利贷）债务"①。这四项"废除"改变了《五四指示》中对某些地主照顾过多的不彻底性。《中国土地法大纲》是中国共产党领导广大农民群众向封建剥削土地制度进行坚决斗争的伟大号角，对于推动解放区的土地改革运动开展发挥了巨大作用，并在国民党统治区产生了广泛的政治影响，动摇了国民党统治基础，瓦解了国民党军队。

为贯彻全国土地会议精神，各解放区从各级党政军机关抽调大批人员组成工作队深入农村开展工作，通过报纸、墙报等多种形式宣传《中国土地法大纲》，努力做到家喻户晓，以广泛发动群众。从 1947 年 10 月到 12 月，一个以土地改革为中心的群众运动很快在各解放区开展起来。在一些土地改革基础比较好的地区，主要采取"抽多补少、抽肥补瘦、抽近补远"的办法，以解决贫雇农土地不足的问题。在一些土地改革工作

---

① 中共中央文献研究室、中央档案馆编：《建党以来重要文献选编（一九二一——一九四九）》第 24 册，中央文献出版社 2011 年版，第 417 页。

比较薄弱或没有进行土改的地区,主要是没收地主、富农多余的土地、房屋、耕畜、农具,然后按人口平均分配。

《中国土地法大纲》的实施,猛烈地冲击着几千年来的封建土地制度,满足了广大贫下中农对土地的要求,激发了农民革命和生产的积极性,促进了解放区生产的发展,也改善了他们的生活。广大农民普遍掀起了参军参战热潮,并且积极参加民兵、出民工,支援前线。解放区翻身农民,是人民军队的重要源泉。

解放区广大农民群众的大力支援,是人民解放战争迅速取得胜利的一个可靠保证。《中国土地法大纲》的实施,不仅鼓舞了蒋管区人民的斗争,而且使主要由农民组成的国民党军队士气低落,军无斗志,从而动摇了国民党统治的基础。有一位美国记者当时曾形象地称土地改革"是国民党比什么都害怕的事,它知道这是共产党唯一的'秘密'武器——它比任何新式武器更有效的给当前的蒋政权以致命的打击。"①可以说,解放区的土改,是推翻国民党反动统治而夺取全国胜利的重要战线,是解放战争获取胜利、促进中国革命新高潮迅速到来的决定性因素之一。

但是,在急风暴雨式的群众运动中也产生了一些失误。在一些地方的土改运动中,发生了扩大打击面的"左"倾错误。中共中央密切关注土改运动的发展,并及时采取措施纠正了一些地方的"左"倾错误。1947年12月,中共中央重新发布了党在土地革命战争时期的两个文件:《怎样分析阶级》和《关于土地斗争中一些问题的决定》。中共中央指出,两个文件中关于"地主不分田,富农分坏田"等项政策是过"左"的错误政策,但关于阶级成分的规定(即两项文件的主要部分)则是基本上正确的,各地党委、政府、农会和土改工作团要根据具体情况,参考此项文件,提出关于阶级成分分析的明确意见;要求各地划定阶级成分时,应召集有经验与有正确观点的同志开会,经过正式讨论通过,并将有争论之点电告中央。各地认真贯彻中共中央的指示精神,及时纠正不同程度上的

---

① 白蒂格蓝思:《中共的土地改革》,《群众》第14卷第9期。

"左"倾错误,使土地改革运动在正确的轨道上前行。

四、夺取全国胜利纲领的制定和新民主主义政策的全面实施

人民解放军从战略防御转入战略进攻后,中共中央根据时局的发展,及时提出了夺取全国胜利的行动纲领。

1947年10月10日,由毛泽东起草、以中国人民解放军总部名义发表的《中国人民解放军宣言》正式公布。这个宣言第一次使用"中国人民解放军"的全称,第一次以宣言形式郑重地向中外宣布"打倒蒋介石,解放全中国"的口号。[①]

为了实现"打倒蒋介石,解放全中国"这一目标,进一步明确制定党的行动纲领,夺取人民解放战争的胜利,1947年12月25日至28日,中共中央在陕北米脂县杨家沟举行会议,即"十二月会议"。会议讨论并通过了毛泽东所作的《目前形势和我们的任务》书面报告。

在军事方面,报告总结人民革命战争特别是18个月以来解放战争的经验,提出了十大军事原则,其核心是打歼灭战,不断歼灭敌人的有生力量。十大军事原则的提出,使人民解放军的作战指导思想更加系统化、理论化,更能适应转入战略进攻后的作战需要。

在经济方面,报告明确提出新民主主义革命的三大经济纲领,即:没收封建阶级的土地归农民所有,没收垄断资本归新民主主义的国家所有,保护民族工商业。新民主主义国民经济的指导方针,必须是紧紧地追随着发展生产、繁荣经济、公私兼顾、劳资两利这个总目标。

在政治方面,报告重申《中国人民解放军宣言》中提出的党的最基本的政治纲领,即"联合工农兵学商各被压迫阶级、各人民团体、各民主党派、各少数民族、各地华侨和其他爱国分子,组成民族统一战线,打倒蒋介石独裁政府,成立民主联合政府。"报告指出,没有一个包括全民族绝大多数人口的最广泛的统一战线,革命的胜利是不可能的。

为贯彻十二月会议精神,中共中央着重解决新形势下关于土地改革、

[①]《毛泽东选集》第4卷,人民出版社1991年版,第1237页。

城市政策、工商业等具体政策和策略问题，克服了一度出现的"左"倾错误倾向，为顺利实现从乡村到城市的转变作了政策准备。

1948年4月1日，毛泽东在晋绥干部会议上的讲话中，完整提出了党的新民主主义革命总路线，即新民主主义革命是无产阶级领导的，人民大众的，反对帝国主义、封建主义和官僚资本主义的革命。毛泽东对前一阶段的土地改革和平分土地政策作了全面、系统的总结。他指出："依靠贫农，团结中农，有步骤地、有分别地消灭封建剥削制度，发展农业生产，这就是中国共产党在新民主主义的革命时期，在土地改革工作中的总路线和总政策。"① 正确政策的贯彻执行，保障了土地改革的顺利进行。

到1948年秋，在老解放区和半解放区，已在大约1亿人口的区域彻底解决了土地问题。土地改革的实施，不仅使中国的一部分地区从根本上消灭了封建土地所有制，改变了农村的生产关系和阶级关系，巩固和扩大了反帝反封建的统一战线，使蒋介石集团更加孤立，而且极大地解放和提高了生产力。

随着人民解放战争的节节胜利，许多城市被解放，制定和实施正确的城市政策逐步提上中共中央的议事日程。由于党在长时期里主要在农村工作，对于城市尤其新解放的大、中城市的情况并不熟悉，对于接收和管理城市并做好城市工作缺乏经验。这样，党在城市工作中就难免要犯这样或那样的错误。针对城市工作中出现的新问题，中共中央一方面及时了解新解放城市的情况，明确城市工作的指导思想，制定城市工作各方面的政策；另一方面，注意总结各地城市工作的经验，以典型推动一般，引导整个新区城市工作健康发展。为纠正一些地方在接管城市的过程中出现的"左"倾错误，1948年初，中共中央连续就城市工作中应注意的一些问题，向各地方、各部队发出指示。1月9日，针对解放军1947年秋攻克陕西省榆林高家堡时发生过违反政策、破坏纪律的行为这一现象，毛泽东在一份报告上批示，"我军到任何地方，原则上不许没收任何商店及向任

---

① 《毛泽东选集》第4卷，人民出版社1991年版，第1317页。

何商人捐款。"① 2月19日，中共中央工作委员会总结了收复石家庄的城市工作经验，包括部队入城秩序、物资处理、清理敌特、群众工作等的正反两方面的经验，发往各地并报告了中共中央。这是党对收复城市的工作所作的第一次系统的总结。4月8日，毛泽东为中共中央起草了《再克洛阳后给洛阳前线指挥部的电报》，就城市政策应注意的各点作出指示，其中包括清理国民党统治机构、没收官僚资本、禁止农民团体进城捉拿和斗争地主、工人的工资待遇、城市的粮食与燃料、清理国民党三青团员、禁止大吃大喝、委派懂政策的干部担任市委书记和市长等九个方面的问题。这些政策不但适用于洛阳，而且也基本上适用于一切新解放的城市，所以中央将这个电报同时发给了其他部队和其他地区的领导人。5月25日，中共中央的党内指示又强调，不要因为领导土地改革工作和农业生产工作，而忽视或放松对于城市工作的领导。我们现在已经有了许多大中小城市和广大的工矿交通企业，如果各有关领导机关忽视或放松这一方面的工作，我们就要犯错误。11月15日，中共中央作出《关于军事管制问题的指示》，就新收复城市实行军事管制的时间、应达到的目的和实施管制的办法作出了明确而具体的规定。11月28日，东北局领导成员、兼任沈阳特别市军事管制委员会主任的陈云总结接收沈阳经验，写出给中共中央东北局并转中共中央的报告，提出"各按系统，自上而下，原封不动，先接后分"的接收方法。中共中央向各中央局、分局、前委转发了接收沈阳的经验，认为这个经验是成功的，它保证了既快又稳地将城市完整地接收到人民手中。接收沈阳的经验的推广，对于其他地区城市接管工作的迅速、稳健的发展，起到了十分重要的作用。

在接管城市的过程中，中共中央要求在各级干部中要树立城市领导乡村的新观念，充分认识城市的地位和重要作用；真正认识到，如果我们不能把城市工作做好，使城市起领导乡村的作用，那就不可能使中国由农业国变为工业国，人民革命政权就不会巩固，中国人民就不可能做到彻底

---

① 中共中央文献研究室编：《毛泽东年谱（1893—1949）》下卷，中央文献出版社2002年版，第264页。

翻身。

恢复和发展生产是党的城市工作的总方针。但一些地方在城市解放后就盲目提出改善劳动条件、无限制提高工资，结果使企业无法扩大再生产，甚至无法继续再生产，造成严重混乱。为迅速克服这种错误，中共中央要求将发展生产、繁荣经济、公私兼顾、劳资两利的正确方针同片面的、狭隘的、实际上破坏工商业的、损害人民革命事业的所谓拥护工人福利的救济方针严格地加以区别。中共中央强调，只有恢复和发展生产，才能巩固从城市到全国范围的、无产阶级领导的以工农联盟为基础的人民民主专政的政权；生产发展了，才能真正改善城市的经济地位，工人的生活福利也就有了根本的保障。

在此期间，中共中央还就在接管城市的过程中遇到的各个方面的问题，包括如何接收官僚资本企业和保护民族工商业，如何处理劳资关系，如何保护学校和发展教育事业，如何对待国民党的政权机构和国民党各类人员，如何对待国民党的和私人的新闻机构，如何召开人民代表会议和依靠工人阶级及团结各方面人士，如何教育干部和战士遵守党的城市政策和入城纪律等，及时地分别作出了许多重要指示，形成了一系列正确的方针政策，为顺利实现从乡村到城市的战略转变提供了政策保障。

第三节　解放战争的第二条战线

一、国民党统治区爱国民主运动的高涨和第二条战线的形成

国民党统治集团违背广大人民的意愿，悍然发动全面内战，不仅在军事上没有达到预期目的，而且在政治和经济等方面都陷入严重危机之中。

为维护专制统治，稳定后方，国民党对国统区的反内战爱国民主运动进行了血腥镇压。1946年7月11日和15日，国民党特务先后在昆明暗杀了中国民主同盟中央委员、著名爱国民主人士李公朴和闻一多。8月18日，国民党特务又捣毁成都各界人士举行的李公朴、闻一多追悼会会场，并在会后打伤民主同盟主席张澜。在对人民群众进行暗杀与迫害的同时，

国民党又大肆玩弄政治骗局，违背政协决议，擅自决定于 1946 年 11 月 15 日至 12 月 25 日在南京召开了其一党包办的"国民大会"。对于国民党当局破坏政协协议的做法，中国共产党和一些民主党派提出严重抗议。蒋介石玩弄政治欺骗的目的，是为了孤立中国共产党和民主力量，其结果却完全相反，被孤立的不是共产党，也不是任何民主力量，而是国民党反动派自己，其政治危机进一步加深。

代表大地主大资产阶级利益的国民党政权具有残酷的掠夺性。抗战胜利后，国民党官僚资本控制了整个社会的经济命脉，使民族工商业日趋凋敝。国民党政府还通过兑换法币的形式掠夺原沦陷区人民的财富。日本投降时，25 元伪币实际等于 1 元法币，但是国民党政府所定的比率，却是 200 元伪币兑换 1 元法币，这是对原沦陷区人民的一番大洗劫，使很多人辛苦的积累迅速化为乌有。在商业方面，官僚资本所控制的商业机构及其直接经营的各种贸易公司，垄断了工业品和日用品的对内输入，垄断了一些生活必需品的购销。抗战胜利后，许多接收大员还乘接收之机，把一般民众的财物也指定为敌伪财产而据为己有。国民党日益腐败，引起广大人民的强烈不满和愤恨，反对国民党反动统治的呼声愈来愈高，国民党的统治处于风雨飘摇之中。由于发动全面内战，国民党军费开支庞大，财政赤字连年增长。1947 年，国民党政府财政总收入约 14 亿元，总支出为 43 亿元，财政赤字占总支出的近 70%。国民党政府为适应内战的急需，大量征兵。1946 年从全国各地征集新兵 60 万人，1947 年征兵 150 万人，还强征大量的民工。这些壮丁和民夫主要来自农村，这样，就大大减少了农村劳动力，破坏了农业生产，导致无数土地荒芜。国统区经济的严重危机，直接威胁到广大人民的生活。这就使原已痛苦不堪的广大人民更陷于水深火热之中。这时，不但劳动人民和公教人员无法生存，而且，连民族工商业也难以掌握自己的命运。随着工商业的倒闭和生产的下降，国统区失业人数剧增。国民党政权对外卖国、对内镇压、掠夺和发动内战的政策是中国人民灾难、贫穷的根源。严重的经济危机，使广大人民群众的生活无法再继续维持下去，他们被迫为了生存而斗争。

国民党政府为了发动内战，极力讨好美国，不惜以出卖国家主权为代价来换取美援,实施了一系列卖国政策。美国为了实现其独霸世界的野心,则企图把中国变成它的独占殖民地,积极支持国民党的独裁统治。大量的美国商品和资本流入中国,对中国的民族资本主义无疑是一个毁灭性的打击。驻华美军更是以"占领者"的姿态在中国大地上横行无忌。据不完全统计,从 1945 年 8 月至 1946 年 11 月,在上海、南京、北平、天津、青岛五座城市,美军暴行在 3800 起以上,被害死伤达 3300 多人。中国人民对此早已义愤填膺。1946 年 9 月,上海一名三轮车夫因索取应得的车费被美国水兵活活打死,激起全市人民公愤。上海人民团体联合会和一些民主党派的代表集会,决定响应美国 35 个城市的进步团体发起的"美军退出中国周"运动,举行"美军退出中国"宣传月,同时发起签名运动,并致电联合国和美国政府,要求美军撤退与不干涉中国内政。这一运动在北平、成都、重庆等大中城市得到有力响应。一个以反对美蒋为中心的人民运动在国民党统治区逐步兴起。

1946 年 12 月 24 日,两名驻华美军在北平东单操场强奸了北京大学先修班女学生沈崇。这一事件成为引发全国范围内抗议美军暴行运动的导火线。12 月 30 日,北平学生 5000 余人举行抗议美军暴行大游行,高喊:"抗议美军暴行!""美军退出中国!""美国立即改变对华政策!"等口号。运动爆发于北平,迅即扩展到全国。天津、上海、南京、杭州、武汉、青岛、重庆、台北等几十个大中城市的学生纷纷举行罢课和示威游行。参加斗争的学生达 50 万人。学生的抗暴斗争得到了社会各界的广泛同情和支持,很多群众纷纷加入抗暴斗争的行列之中。

随着国民党统治区政治经济危机的日益严重,国统区的教育危机也更加突出。青年学生受到空前严重的失学、失业威胁。处于苦闷中的青年学生奋起斗争,反对国民党反动派的饥饿政策和摧残文化教育的政策。1947 年 5 月初,上海、南京、北平等地学生在举行各种形式的"五四"纪念会的同时,提出了反内战、要和平、实行民主政治等要求,揭开了反饥饿、反内战运动的序幕。

国民党政府为了镇压日益高涨的人民运动,于 1947 年 5 月 18 日,发布了《维持社会秩序临时办法》,严禁 10 人以上的请愿和一切罢工、罢课、游行示威，并授权各地国民党反动政府，对于人民的爱国民主运动采取血腥镇压的所谓"必要措施"和"紧急处置"。就在国民党政府发布《维持社会秩序临时办法》的这一天，清华、北大、北洋（北平分部）三校"反饥饿、反内战"宣传队，遭到国民党军警的殴打，8位同学受伤，血洒西单牌楼，造成了"五一八惨案"。19日，上海14所大专学校7000多学生举行"反饥饿、反内战"大游行。20日，华北、京沪等地学生分别在北平和南京等地举行"反饥饿、反内战、反迫害"大游行，汇成了全国学生运动的高潮。5月20日是国民参政会四届三次大会开幕之日。当天上午，京、沪、苏、杭地区16所专科以上学校6000多学生为"挽救教育危机"在南京举行联合大游行。游行大队到达珠江路口时，遭到国民党军警的水龙喷射和木棍、皮带的围殴毒打。在这次惨案中，学生重伤19人，轻伤90多人，被捕20余人，这就是震惊中外的"五二〇血案"。

五二〇血案更加激起了国民党统治区学生的愤怒，他们继续以罢课游行等行动同国民党反动派进行斗争。国民党政府的暴行，激起了社会各阶层人民的强烈抗议。上海各界代表人士柳亚子等一致认为学生反饥饿反内战的行为"值得敬爱"，学生"请愿是一种公民基本权利"。民主同盟、民主促进会等党派和人民团体，分别以致函、捐款等方式，慰问学生。在广大群众的斗争和社会舆论的压力下，国民党政府不得不释放了被捕的学生。

学生运动的高涨，进一步推动了国民党统治区工人、农民、市民斗争的发展。据不完全统计，1947年，在上海、天津、武汉等主要工业城市，有120万工人参加反对内战、反对美帝国主义暴行的罢工和示威游行。1947年3月至7月，上海、南京和江苏、四川等省的30多个城市发生抢米风潮。国民党统治区许多地方的农民发生了抗粮、抗租和抗抓壮丁反抗运动。

"反饥饿、反内战"运动标志着在国民党统治区形成了反对国民党统治的第二条战线。学生爱国运动，与当时国统区的工人、农民、市民等各阶层人民反美反蒋的斗争，互相呼应，猛烈冲击着国民党反动统治，动摇了蒋家王朝的统治基础,对人民解放军的胜利进军,起了重要的配合作用,加速了革命的进程。毛泽东在《蒋介石政府已处在全民的包围中》一文明确指出:"中国境内已有了两条战线。蒋介石进犯军和人民解放军的战争,这是第一条战线。现在又出现了第二条战线,这就是伟大的正义的学生运动和蒋介石反动政府之间的尖锐斗争。"① 这表明,人民解放军的军事斗争和国民党统治区的人民运动相互结合,正推动着中国革命走向高潮。

此后,中国共产党领导的第二条战线的斗争不断有新的发展。1947年10月,杭州、南京、上海等城市的十余万学生掀起了"反对非法逮捕、反对特务、反对屠杀青年"的斗争浪潮。1948年初,上海、北平等地学生的反迫害斗争再次出现高潮。4月,华北学生开展"反对迫害、保卫学联"的斗争,形成声势浩大的四月风暴。五六月间,全国兴起反对美国扶持日本军国主义的爱国运动。以学生运动为先导、广大人民群众参加反对国民党统治的第二条战线的斗争高潮迭起,有力地配合与支持了人民解放战争的胜利发展。

二、各民主党派的历史性转变

在中国的政治生活中,民主党派和无党派民主人士是一支重要力量。在爱国民主运动浪潮中,各民主党派和无党派民主人士日益倾向于人民革命,积极参加反对国民党独裁统治的斗争,逐步走上接受中国共产党领导、参加人民革命的道路。

中国各民主党派的社会基础,主要是民族资产阶级、城市小资产阶级及其知识分子,和其他爱国民主分子。它们所联系和代表的不是单一的阶级,而是这些阶级、阶层的人们在反帝爱国和争取民主的共同要求基础上的联合,是阶级联盟性质的政党。这些民主党派在反对内战、要求和平,反对国民党专制独裁、要求实现民主政治,反对官僚资本操纵国计民生、要求保护民族工商业等基本方面,同中国共产党实行政治合作,共同向国

---

① 《毛泽东选集》第4卷,人民出版社1991年版,第1224-1225页。

民党统治集团进行有力的斗争，成为打击国民党反动统治的第二条战线的重要组成部分，有力地支持了人民革命战争的胜利发展。

由于民主党派不是单一阶级的政党，它们内部存在着不同的政治倾向，其自身也是在克服某些错误倾向的斗争中逐步地求得进步和发展。在反对国民党独裁统治的斗争中，民主党派中有些领袖人物和若干无党派民主人士代表民族资产阶级的想法，主张在中国实行"中间路线"，在国共两党的道路之外走"第三条道路"。实际上，他们所提倡的是资产阶级共和国的方案，仍然是旧民主主义的道路。这条所谓的中间道路在中国当时的历史条件下是根本行不通的。中国共产党在团结争取他们的同时，对他们的这种幻想和错误倾向进行了提醒和批评，使他们在参加人民革命的实践中受到锻炼和教育，并且不断进步。

最终使民主党派和民主人士放弃"第三条道路"幻想的，是国民党当局的政治迫害和倒行逆施。民主党派和民主人士积极参加爱国民主运动，反对国民党独裁统治，因而遭到国民党的仇视和残酷迫害。民主党派一批著名的领导人和积极活动的成员被殴打、监视，甚至遭到逮捕、杀害。继著名爱国民主人士李公朴、闻一多被害之后，民盟中央常委兼西北总支部主任委员杜斌丞，又于1947年10月7日在西安惨遭国民党反动派杀害。国民党公布伪造的《中共地下斗争路线纲领》，公然污蔑中国民主同盟、中国民主促进会、三民主义同志联合会等"受中共之命，而准备甘为中共之新的暴乱工具"。1947年10月27日，国民党当局宣布中国民主同盟为"非法团体"，明令对该组织及其成员的一切活动"严加取缔"。同年11月6日，民盟总部被迫在上海发表公告，"通告盟员自即日起一律停止政治活动，本盟总部同人即日起总辞职，总部亦即日解散"。民盟被宣布为"非法"，表明在国民党统治下任何和平运动、合法运动、改良运动的最后幻想都归于破灭。

民盟被宣布为非法团体后，它的一些组织和许多成员转入地下坚持斗争。1948年1月，民盟中央领导人沈钧儒、章伯钧、周新民等在香港召开民盟一届三中全会，严厉谴责蒋介石的迫害行为，宣布不接受被迫解散的任何决定，并恢复民盟总部。会议明确宣告，民盟"决不能够在是非曲直之间有中立的态度",指出独立的中间路线不符合中国的现实环境,是"行不通"的。会议认为,民盟必须站在人民的、民主的、革命的立场,为彻底推翻国民党统治集团、消灭封建土地所有制、驱逐美帝国主义出中国、实现人民的民主而奋斗。会议确认中国共产党"值得每个爱国的中国人赞佩",表示"今后要与他们携手合作"。这次会议,标志着民盟站到了新民主主义革命的立场上来。

与此同时,国民党内的民主派也在革命的立场上实现联合。1947年11月12日至1948年1月1日,中国国民党民主派第一次联合代表大会在香港举行。参加大会的有三民主义同志联合会、中国国民党民主促进会、民主革命同盟和其他国民党爱国民主人士的代表。会议选举产生中国国民党革命委员会(简称民革)中央执行委员会,推举宋庆龄为名誉主席,李济深为主席。民革在成立宣言中宣布:"脱离蒋介石劫持下的反动中央,集中党内忠于总理、忠于革命之同志,为实现革命的三民主义而奋斗"。它的行动纲领规定:"推翻蒋介石卖国独裁政权,实现中国的独立、民主与和平",坚持同共产党合作,与全国各民主党派、民主人士携手合作。

在此前后,中国民主建国会、中国民主促进会、中国农工民主党、九三学社、中国致公党、台湾民主自治同盟都明确表示了参加新民主主义革命的立场。它们的一些领导人,或由上海秘密到达香港,继续进行反蒋斗争,或继续在国民党统治区坚持斗争,积极参加民主运动。

各民主党派依据自身的经验,在中国共产党的帮助和推动下,在人民解放战争转入战略进攻并取得节节胜利的形势鼓舞下,赞同成立联合政府的主张,同意新民主主义纲领的基本原则,愿意接受中国共产党的领导,实现了政治上的历史性转变。这是中国革命即将胜利的一个重要标志,表明中国人民民主统一战线得到进一步巩固和加强,国民党的反动政权陷入众叛亲离、彻底孤立的境地。

三、共产党领导的多党合作格局的形成

1948年4月30日,中共中央发布了《纪念"五一"劳动节口号》,

号召巩固与扩大统一战线,为建立新中国而共同奋斗,并正式提出:"各民主党派、各人民团体、各社会贤达迅速召开政治协商会议,讨论并实现召集人民代表大会,成立民主联合政府。"① 这个号召得到各民主党派和社会各界的热烈响应。各民主党派负责人纷纷发表通电与声明,赞同中共中央关于召集新的政治协商会议,建立民主联合政府的主张。

应中共中央的邀请,从1948年8月起,各民主党派负责人、无党派民主人士,分别从香港、上海、北平和海外,陆续抵达中共中央统战部所在地河北省平山县和中共中央东北局所在地哈尔滨。在哈尔滨的民主人士章伯钧等提出,政治协商会议即等于临时人民代表会议,即可产生临时中央政府。这个意见为中共中央所接受。为响应中共中央"五一"号召,中共中央统战部同在平山县李家庄的民主人士符定一、吴晗、周建人等商讨,提出《关于召开新的政治协商会议诸问题》的文件草案,并报送中共中央。草案的主要内容包括新政协召集问题、新政协参加者、新政协时间、地点、新政协讨论事项等。1948年10月,中共中央将该文件草案发给中共东北局,请他们向在哈尔滨的民主人士沈钧儒、谭平山、章伯钧、蔡廷锴等7人征询意见,进行广泛的协商。随后,中共中央又征求在香港的各民主党派负责人李济深、何香凝、周新民、马叙伦等和无党派民主人士郭沫若等的意见。同时再次邀请尚在香港、上海的民主人士北上,参加政治协商会议。11月25日,中共中央与各民主党派人士最后就《关于召开新的政治协商会议诸问题》达成协议,新政协筹备会由中共及赞成中共"五一"口号的23个民主党派、人民团体和无党派民主人士的代表组成。

1949年1月22日,李济深、沈钧儒等民主党派的领导人和著名的无党派民主人士55人联合发表《对时局的意见》,一致认定中国共产党提出的关于召开政治协商会议、成立联合政府的主张,"符合于全国人民大众的要求",恳切表示"愿在中共领导下,献其绵薄,共策进行,以期中

---

① 中共中央文献研究室、中央档案馆编:《建党以来重要文献选编(一九二一——一九四九)》第25册,中央文献出版社2011年版,第283-284页。

国人民民主革命之迅速成功，独立、自由、和平、幸福的新中国之早日实现"。这表明，中国各民主党派和无党派民主人士自愿地接受了中国共产党的领导，决心走人民革命的道路，拥护建立人民民主的新中国。

北平解放后，各民主党派和无党派民主人士的代表人物先后从各地到达北平，参加新政协的筹备工作。他们中的绝大多数人，经过实践的教育，确认了中国共产党关于通过建立人民共和国、走向社会主义的政治主张的正确性，认识到只有接受中国共产党的领导，才能在中国政治生活中有效地发挥积极作用，才有光明前途。中国共产党与各民主党派和无党派民主人士合作格局的形成，为新中国创建伊始便一直实行的中国共产党领导的多党合作和政治协商制度奠定了基础。

第四节　新民主主义革命的胜利

一、人民解放军展开战略决战和南京国民政府的垮台

1948年秋季，全国解放战争进入第三个年头，形势正在发生着重大变化。从总体上看，中国的军事、政治和经济局势有利于共产党而不利于国民党统治集团。

国民党军队的正规军和非正规军在战争的第二年中被歼152万人。虽经不断补充，但其军队人数已由战争初期的430万人减少为365万人，能用于第一线的正规军仅有170万人，而且被人民解放军分别钳制在西北、东北、华北、华中和华东五个孤立的战场，难以机动。国民党的后方军队也受到人民解放军游击队的打击和钳制，士气低落、军心动摇、内部矛盾重重。庞大的军费开支，造成了国民党政府的财政入不敷出。为解决财政危机，蒋介石政府大量印刷纸币，致使通货膨胀、物价飞涨。1948年7月，上海米价每担已涨到4000万元法币，比1947年1月涨了650倍，比抗战前涨了400万倍。国统区日益缩小，税源减少，财政枯竭，国民党政府置人民的痛苦于不顾，继续加紧对人民的剥削和搜刮，导致了国统区经济的全面崩溃。国民党在政治上的危机日益严重，"行宪国大"后，内部

矛盾重重，分崩离析，怨声载道。

在国民党的统治急剧走下坡路的同时，中国共产党的影响力在迅速扩大，党所领导的人民解放军进一步壮大，总兵力由战争初期的127万人上升到280万人，部队的战斗力，特别是对城市的攻坚能力有了显著提高。在全国各个战场上，人民解放军节节胜利，基本掌握了主动权。解放区面积已扩展到235万平方公里，人口达1.68亿。约1亿人口的解放区进行了土改，获得了土地的广大农民努力生产，参军支前。晋察冀和晋冀鲁豫两大解放区已经连成一片，并建立了统一领导的华北局、华北军区和华北人民政府。国统区第二条战线形成，爱国民主力量不断壮大，人民民主统一战线进一步扩大。人民解放军发起战略决战的时机已经成熟。

1948年9月，华东野战军发动济南战役，揭开了战略决战的序幕。在毛泽东和中共中央军委的领导和指挥下，在人民群众的大力支援下，中国人民解放军先后发动了辽沈、淮海、平津三大战役。

辽沈战役自1948年9月12日至11月2日，历时52天，东北野战军主力70万人在林彪、罗荣桓领导下，以伤亡6.9万人的代价，歼灭国民党军队47.2万余人。辽沈战役其他各个战场的胜利，人民解放军共歼灭国民党军队100万人，使国民党军队的总兵力下降到290万人，人民解放军总兵力上升至310万人。至此，人民解放军不但在质量上而且在数量上也取得了优势。

淮海战役自1948年11月6日至1949年1月10日，历时66天。华东野战军、中原野战军以及地方武装共60万人，在由刘伯承、陈毅、邓小平、粟裕、谭震林组成总前委（邓小平为总前委书记）领导下，以伤亡13万余人的代价，歼灭和争取起义、投诚国民党军共55.5万余人，长江中、下游以北广大地区均获解放。人民解放军兵临长江北岸，国民党的政治经济中心南京、上海等地已处于人民解放军的直接威胁之下，国民党统治集团已陷入土崩瓦解状态。

平津战役从1948年11月29日至1949年1月31日，历时64天。入关作战的东北野战军、华北解放军主力与地方武装共100万余人，在由林彪、罗荣桓、聂荣臻组成的平津前线总前委领导下，以伤亡3.9万人的代价共歼灭和改编国民党军队 52 万人，解放了华北大部地区，并使华北、东北两大解放区完全连成一片。特别是北平的和平解放，具有深远的历史意义。

辽沈、淮海、平津三大战役，从 1948 年 9 月 12 日开始到 1949 年 1 月 31 日结束，历时 142 天，共争取起义、投诚、接受和平改编与歼灭国民党正规军 144 个师，非正规军 29 个师，合计共 154 万余人。国民党赖以维持其反动统治的主要军事力量基本上被消灭。三大战役的胜利，是毛泽东军事思想的胜利，奠定了中国共产党取得全国胜利的巩固基础。中国共产党在人民群众中进行了巨大的动员和组织工作，充分调动各方面的力量来支援这场伟大的战略决战。据统计，在三大战役中，动员民工累计达 880 万人次，人民群众出动支前的大小车辆 141 万辆，担架 36 万余付，牲畜 260 余万头，粮食 4.25 亿斤。① 广大人民群众的大力支持，有力地保证了战略决战的胜利，也体现了人心的向背，充分证明了人民解放军是正义之师，是人民的军队，也充分显示了人民战争的巨大威力。

三大战役后，国民党军队总兵力已下降至 204 万人，这些部队分散在从新疆到东南沿海的广大地区内，已无法组织有效的战略防御。国民党统治区的经济情况也更加恶化，财政枯竭，物价飞涨。1949 年 1 月 1 日，蒋介石在万般无奈中发表《新年文告》，表示愿与共产党"商讨停止战事，恢复和平的具体方法。"他同时又提出以保存所谓宪法、法统和军队为谈判条件，其真正的企图是，通过和谈，拖延和阻止人民解放军继续前进的步伐，而将残余部队全部撤至长江以南，组织长江防线，甚至"划江而治"，并在江南征集新兵，伺机卷土重来。

中国历史的发展进入一个关键时刻：是将革命进行到底，还是半途而废？1948 年 12 月 30 日，毛泽东为新华社写了题为《将革命进行到底》的新年献词，明确指出，必须"用革命的方法，坚决彻底干净全部地消灭一切反动势力"，"在全国范围内推翻国民党的反动统治，在全国范围

---

① 参见中共中央党史研究室著《中国共产党历史》第 1 卷（1921—1949）下册，中共党史出版社 2002 年版，第 794 页。

内建立无产阶级领导的以工农联盟为主体的人民民主专政的共和国"[1]。1949年1月14日，毛泽东以中共中央主席的名义发表《关于时局的声明》，尖锐地指出：蒋介石的和平建议是"虚伪的"，他所提出的和谈条件，"是继续战争的条件，不是和平的条件"。声明指出："虽然中国人民解放军具有充足的力量和充足的理由，确有把握，在不要很久的时间之内，全部地消灭国民党反动政府的残余军事力量；但是，为了迅速结束战争，实现真正的和平，减少人民的痛苦，中国共产党愿意和南京国民党反动政府及其他任何国民党地方政府和军事集团，在下列条件的基础之上进行和平谈判。这些条件是：（一）惩办战争罪犯；（二）废除伪宪法；（三）废除伪法统；（四）依据民主原则改编一切反动军队；（五）没收官僚资本；（六）改革土地制度；（七）废除卖国条约；（八）召开没有反动分子参加的政治协商会议，成立民主联合政府，接收南京国民党反动政府及其所属各级政府的一切权力。"[2] 声明要求中国人民解放军全体指战员，在国民党反动政府接受并实现真正的民主的和平以前，丝毫也不应该松懈自己的战斗努力。对于任何敢于反抗的反动派，必须坚决、彻底、干净、全部地消灭之。这一声明，表达了全国人民的意愿，获得各民主党派的拥护，这一声明更是强有力地揭露了蒋介石"求和"的虚伪面目。

1949年4月1日，双方代表团在北平开始谈判。4月20日，南京国民党政府拒绝在《国内和平协议》上签字。人民解放军于4月21日晚发起渡江作战，胜利渡江，国民党军队的长江防线彻底崩溃。国民党企图"划江而治"以阻止中国革命前进的计划终于破产。4月23日，胜利渡江的人民解放军进占国民党政府所在地南京，宣告了延续22年的国民党反动统治的覆灭。

随后，人民解放军第一、第二、第三、第四野战军所部各路大军继续向中南、西北、西南各省举行胜利的大进军，分别以战斗方式或和平方式，迅速解决残余敌人，解放广大国土。国民党蒋介石集团逃到了中

---

[1] 《毛泽东选集》第4卷，人民出版社1991年版，第1375页。
[2] 《毛泽东选集》第4卷，人民出版社1991年版，第1389页。

国台湾省。

二、共产党建立新中国的政治主张和基本方针

为了适应革命形势迅速发展的需要，1948年9月召开的中共中央政治局会议对于如何建立一个新中国问题进行了讨论，在政治、经济、文化、外交等方面提出了许多重要的指导思想。毛泽东在会上深刻论述了建立无产阶级领导的以工农联盟为基础的人民民主专政等问题。他指出："我们政权的阶级性是这样：无产阶级领导的，以工农联盟为基础，但不是仅仅工农，还有资产阶级民主分子参加的人民民主专政。""我们是人民民主专政，各级政府都要加上'人民'二字，各种政权机关都要加上'人民'二字，如法院叫人民法院，军队叫人民解放军，以示和蒋介石政权不同。我们有广大的统一战线，我们政权的任务是打倒帝国主义、封建主义和官僚资本主义，要打倒它们，就要打倒它们的国家，建立人民民主专政的国家。"毛泽东还指出：要"建立民主集中制的各级人民代表会议制度"，"我们采用民主集中制，而不采用资产阶级议会制"，"在中国采取民主集中制是很合适的"，"不必搞资产阶级的议会制和三权鼎立"①。

1949年3月5日至13日，中共七届二中全会在河北省平山县西柏坡举行。全会批准了由中国共产党发起的关于召开新的政治协商会议和成立民主联合政府的建议。全会决定实现党的工作重心由乡村向城市的转变。毛泽东指出："从一九二七年到现在，我们的工作重点是在乡村，在乡村聚集力量，用乡村包围城市，然后取得城市。采取这样一种工作方式的时期现在已经完结。从现在起，开始了由城市到乡村并由城市领导乡村的时期。党的工作重心由乡村移到了城市。"② 毛泽东强调，必须用极大的努力去学会管理城市和建设城市。管理和建设城市的中心任务和关键问题是恢复发展工业生产。

全会研究了新民主主义的经济形态和政策，指出，社会主义性质的国

---

① 《毛泽东文集》第5卷，人民出版社1996年版，第135-136页。
② 《毛泽东选集》第4卷，人民出版社1991年版，第1426-1427页。

营经济，半社会主义性质的合作经济，私人资本主义经济，个体经济，加上国家和私人合作的国家资本主义经济，这些就是人民共和国的几种主要的经济成分，这些就构成新民主主义的经济形态。对内的节制资本和对外的统制贸易，是新中国的经济斗争中的两个基本政策；限制和反限制，将是新民主主义国家内部阶级斗争的主要形式。

全会指出，革命在全国胜利并解决了土地问题以后，中国还存在着两种基本的矛盾：国内是工人阶级和资产阶级的矛盾，国外是中国和帝国主义国家的矛盾。因此，工人阶级领导的国家政权不是可以削弱，而是必须强化。全会强调，在政治上，要实行无产阶级领导的以工农联盟为基础的人民民主专政。

会上，毛泽东再次告诫全党，因为胜利，党内的骄傲情绪，以功臣自居的情绪，停顿起来不求进步的情绪，贪图享乐不愿再过艰苦生活的情绪，可能生长。毛泽东指出："夺取全国胜利，这只是万里长征走完了第一步。""中国的革命是伟大的，但革命以后的路程更长，工作更伟大，更艰苦。这一点现在就必须向党内讲明白，务必使同志们继续地保持谦虚、谨慎、不骄、不躁的作风，务必使同志们继续地保持艰苦奋斗的作风。""我们不但善于破坏一个旧世界，我们还将善于建设一个新世界。"① 全会根据毛泽东的提议，做出了禁止给党的领导者祝寿，不以党的领导者的名字作地名，不送礼，少敬酒，少拍掌，不把中国同志同马恩列斯平列六条规定。

中共七届二中全会，是中国共产党在其领导的新民主主义革命即将取得全国性胜利的历史转折关头召开的一次会议，具有重要的历史意义。全会为党的工作重心从农村转向城市，从战争转向生产建设，将中国由农业国转变为工业国，由新民主主义社会逐渐转变为社会主义社会，做了政治、思想、理论和方针政策等多方面的充分准备。全会描绘了建设新中国的宏伟蓝图，对于全党在新的形势下，达到高度的团结统一，并进一步加强党的思想作风建设，都具有巨大的指导作用。

---

① 《毛泽东选集》第 4 卷，人民出版社 1991 年版，第 1438—1439 页。

1949年6月30日，毛泽东为纪念中国共产党成立28周年发表了《论人民民主专政》一文。毛泽东在文章中阐明了即将成立的中华人民共和国的性质，各阶级在国家政权中的地位，新中国内政外交政策和国家的前途等基本问题，公开提出了人民民主专政这一科学概念。

毛泽东深刻总结了中国人民已经取得的主要的和基本的经验，这就是：在国内，唤起民众，在工人阶级领导之下，结成国内的统一战线；在国外，联合世界上平等待我的民族和人民，共同奋斗，结成国际的统一战线。"集中到一点，就是工人阶级（经过共产党）领导的以工农联盟为基础的人民民主专政"。① 毛泽东指出，我们现在的任务是要强化人民的国家机器，借以巩固国防和保护人民利益。"人民民主专政的国家，必须有步骤地解决国家工业化的问题"，使中国"稳步地由农业国进到工业国，由新民主主义社会进到社会主义社会和共产主义社会，消灭阶级和实现大同。"②

毛泽东在文章的最后特别强调，全党要加强学习。"严重的经济建设任务摆在我们面前。我们熟习的东西有些快要闲起来了，我们不熟习的东西正在强迫我们去做。这就是困难。""我们必须克服困难，我们必须学会自己不懂的东西。我们必须向一切内行的人们（不管什么人）学经济工作。拜他们做老师，恭恭敬敬地学，老老实实地学。不懂就是不懂，不要装懂。不要摆官僚架子。钻进去，几个月，一年两年，三年五年，总可以学会的。""我们完全可以依靠人民民主专政这个武器，团结全国除了反动派以外的一切人，稳步地走到目的地。"③

毛泽东提出的人民民主专政的理论，丰富与发展了马克思列宁主义的国家学说，为中华人民共和国的建立奠定了理论和政策的基础。

三、中国人民政治协商会议第一届全体会议和《共同纲领》

1949年1月北平和平解放后，各民主党派和无党派民主人士的代表人物先后从各地到达北平，参加新政协的筹备工作。在此前后，在中国共

---

① 《毛泽东选集》第4卷，人民出版社1991年版，第1480页。
② 《毛泽东选集》第4卷，人民出版社1991年版，第1477、1476页。
③ 《毛泽东选集》第4卷，人民出版社1991年版，第1480-1481页。

产党的领导下，各人民团体纷纷建立和扩大，有些过去被分割在解放区和国统区的团体也迅速统一起来。1848年8月，全国第六次劳动大会在哈尔滨举行。大会号召全国工人阶级紧密团结全国人民，积极支援人民解放军，迅速实现推翻国民党反动统治、建立新中国的历史任务。1949年3月，中华全国学生第十四次代表大会在北平举行，正式组成中华全国学生联合会。3月至4月，全国妇女代表大会第一次大会在北平举行，成立了中华全国民主妇女联合会。4月，中国新民主主义青年团第一届全国代表大会在北平召开，选出了青年团中央委员会。5月，全国青年代表大会第一次会议在北平举行，成立了中华全国民主青年联合总会。同时，全国文学艺术工作者、自然科学工作者、社会科学工作者、教育工作者、新闻工作者的代表也举行会议，分别成立了全国性组织的筹备委员会。这些群众团体的成立和展开会议，是人民民主统一战线扩大和巩固的体现，也是新政协筹备的重要工作。

1949年6月15日至19日，新政协筹备会第一次全体会议在北平中南海勤政殿召开，出席会议的有中国共产党、各民主党派、各人民团体、各界民主人士、国内少数民族、海外华侨等23个单位，134人参加。会议由毛泽东、李济深、沈钧儒等人主持。会议一致通过《新政协筹备会组织条例》。9月17日，在北平召开了新政治协商会议筹备会第二次全体会议，审议并基本通过新政协各项文件草案，并决定将新的政治协商会议改名为中国人民政治协商会议。

1949年9月21日，中国人民政治协商会议第一届全体会议在北平中南海怀仁堂隆重开幕。参加这次会议的有各民主党派、团体、无党派民主人士和特邀代表662人。中共中央主席、新政协筹备委员会主任毛泽东主持会议并致开幕词。他说："诸位代表先生们，我们有一个共同的感觉，这就是我们的工作将写在人类的历史上，它将表明：占人类总数四分之一的中国人从此站立起来了。"①

---

① 中共中央文献研究室编，金冲及主编：《毛泽东传1893—1949》，中央文献出版社1996年版，第943页。

9月27日，人民政协全体会议一致通过了四项决议案：（一）中华人民共和国的国都定于北平，改名为北京；（二）中华人民共和国的纪年采用公元；（三）在中华人民共和国的国歌正式制定以前，以《义勇军进行曲》为国歌；（四）中华人民共和国的国旗为五星红旗，象征共产党领导下的中国革命人民大团结。

会议经过充分的民主协商，于27日和29日先后通过了具有临时宪法性质的《中国人民政治协商会议共同纲领》和《中华人民共和国中央人民政府组织法》《关于选举中国人民政协全国委员会和中央人民政府委员会的规定》等具有划时代意义的重要文件。

《中国人民政治协商会议共同纲领》（简称《共同纲领》）以毛泽东在中共七届二中全会上的报告和《论人民民主专政》为政治基础，规定了中华人民共和国是工人阶级领导的、以工农联盟为基础的、团结各民主阶级和各民族的人民民主专政的国家；国家政权属于人民，人民行使国家政权的机关为各级人民代表大会和各级人民政府，各级人民代表大会由人民用普选方法产生；国家最高政权机关是全国人民代表大会，在全国人民代表大会闭会期间，中央人民政府为行使国家政权的最高机关；各级政权机关一律实行民主集中制。

《共同纲领》规定，中华人民共和国境内各民族一律平等，各少数民族聚居的地区，应实行民族区域自治。中华人民共和国要成为各民族友爱合作的大家庭。

《共同纲领》规定，在经济工作中，以公私兼顾、劳资两利、城乡互助、内外交流的政策，达到发展生产、繁荣经济之目的。国家应调剂国营经济、个体经济、私人资本主义经济，使各种社会经济成分在国有经济领导之下，分工合作，各得其所，以促进整个社会经济的发展。

《共同纲领》规定，新中国外交工作的原则，是"保障本国独立、自由和领土主权的完整，维护国际的持久和平和各国人民间的友好合作，反对帝国主义的侵略政策和战争政策"。

《中国人民政治协商会议组织法》规定了人民政协是全国人民民主统一战线的组织形式，在全国人民代表大会召开以后，仍将作为各民主党派、各人民团体的协商机关而长期存在。

9月30日，人民政协全体会议进行了两项选举：（一）选举毛泽东为中央人民政府主席，朱德、刘少奇、宋庆龄、李济深、张澜、高岗为副主席，周恩来、陈毅等56人为委员，组成中央人民政府委员会。（二）选举产生了以毛泽东为主席的、由180人组成的第一届中国人民政治协商会议全国委员会。

中国人民政治协商会议是全中国各族人民空前大团结的盛会。它的胜利召开，是中国共产党领导的中国革命统一战线的伟大胜利，是旧中国灭亡和新中国诞生的里程碑。

四、新民主主义革命胜利的意义和基本经验

中国人民政治协商会议第一届全体会议的召开和中华人民共和国中央人民政府的产生，标志着中国共产党领导的新民主主义革命在全国范围的基本胜利，具有深远的历史意义。

这一胜利，使中华民族的历史发生了翻天覆地的巨大变化。帝国主义、殖民主义势力奴役中国各族人民的历史从此结束。中华民族一洗近百年来蒙受的屈辱，开始以崭新的姿态自立于世界民族之林。

这一胜利，使封建主义、官僚资本主义统治的历史从此结束，中国人民在政治上翻了身，第一次成为新国家、新社会的主人。

这一胜利，结束了旧中国一盘散沙的局面，使军阀割据、战乱频仍、匪患不断的历史从此结束，国家基本统一，民族团结，社会政治局面趋向稳定，各族人民开始过上安居乐业的生活。

这一胜利，从根本上改变了中国社会的发展方向，为实现由新民主主义到社会主义的转变，建立社会主义制度奠定了基础；为中国摆脱贫穷落后的面貌，实现国家繁荣富强和人民共同富裕，创造了必要的前提。

中国新民主主义革命的胜利，也是具有世界意义的伟大胜利，是继俄国十月社会主义革命和世界反法西斯战争胜利之后世界历史中最重大的事件。这一胜利，冲破了帝国主义的东方战线，极大地改变了世界政治力量的对比，既有力地推动了世界被压迫民族和被压迫人民争取解放的斗争，

极大地增强了他们反帝斗争的胜利信心，也有力地推动了维护国际和平事业的斗争，极大地增强了世界和平力量。

中国新民主主义革命的胜利，是在马克思列宁主义指导下取得的。中国共产党创造性地运用马克思主义基本原理，把它同中国革命具体实际结合起来，形成了毛泽东思想，找到了夺取中国革命胜利的正确道路。这对于马克思列宁主义的发展是一个重大的贡献。

中国新民主主义革命的胜利，是在中国共产党的领导下取得的。中国共产党是中国工人阶级的先锋队，同时是中国人民和中华民族的先锋队，是全心全意为人民服务的马克思主义政党。在领导人民革命的过程中，中国共产党善于把握客观情况的变化和总结人民群众的实践经验，坚持实事求是的思想路线，坚定不移地走自己的路，积累了丰富经验。毛泽东指出："统一战线，武装斗争，党的建设，是中国共产党在中国革命中战胜敌人的三个法宝，三个主要的法宝。"①

建立广泛的统一战线是坚持和发展革命事业的政治基础。统一战线，是弱小的革命力量战胜强大的反动力量的法宝。统一战线中存在两个联盟：一个是劳动者的联盟，主要是工人、农民和城市小资产阶级的联盟，这是最基本的、最重要的联盟；一个是劳动者与非劳动者的联盟，主要是劳动者与民族资产阶级的联盟，有时也包括与一部分大资产阶级的暂时的联盟，这是辅助的、同时也是重要的联盟。巩固和扩大统一战线的关键，是坚持工人阶级及其政党的领导权，并采取灵活的策略原则，以保障中国革命能够最大限度地孤立和打击主要的敌人，最广泛地团结一切可能团结的同盟者，保证革命在全国范围的历史性胜利。

中国新民主主义革命的特点和优点，是以武装的革命反对武装的反革命。在半殖民地半封建的中国，没有民主制度，反动统治势力总是凭借强大的武力对人民实行独裁统治。这种条件决定了中国革命只能以长期的武装斗争为主要形式。同时，中国是一个以农业经济为主的大国，政治经济

---

① 《毛泽东选集》第 2 卷，人民出版社 1991 年版，第 606 页。

发展不平衡，帝国主义势力之间的争夺造成中国反动统治集团之间的分裂和战争。这就使得革命武装能够在反动统治薄弱的农村不断积蓄和发展自身的力量，逐步扩大斗争的阵地。这些特点，也决定了中国的革命武装斗争，只能是无产阶级领导的以农民为主体的革命战争，中国革命的根本内容首先是领导农民进行土地革命。为了坚持和发展中国革命，必须建立一支在工人阶级政党绝对领导下的、具有严格纪律的、同人民群众保持密切联系的新型人民军队。这支军队必须实行一系列具有中国特点的人民战争的战略战术。

中国共产党是保证中国革命胜利的最先进的领导力量。中国共产党是马克思列宁主义与中国工人运动相结合的产物，工人阶级的成长壮大是建党的根本条件。但是，在中国的社会条件下，绝大多数党员来自农民和其他劳动者，还有来自非劳动者阶层的革命分子。同时，党又长期处在农村革命根据地的环境中，党的建设是一项极其艰巨的任务。根据这些特点，中国共产党把自身建设作为一项伟大工程，高度重视党的思想建设、组织建设和作风建设，成功地解决了保持党的工人阶级先锋队性质，建设一个马克思主义政党的根本问题。党的建设密切地联系着党的政治路线来进行，注重在端正思想路线的基础上，制定和贯彻执行党的正确的政治路线。通过经常性的马克思主义的思想教育加强党的思想建设，解决思想上入党的问题。党在长期奋斗中培育和形成了理论联系实际、和人民群众紧密联系在一起、批评与自我批评的优良作风，并把这三大作风作为区别于其他任何政党的显著标志，坚持以优良作风推进党的政治任务的完成。经过革命斗争的锤炼，党的组织不断发展壮大，从一个开始只有50多名党员的党，到1949年9月已经成为一个拥有448万余名党员的全国范围内的群众性的马克思主义政党。中国共产党是中国最广大人民根本利益的忠实代表，党的先进性和坚强的领导，是中国新民主主义革命胜利的根本保证。

中国新民主主义革命的胜利，是无数革命先烈和革命先辈流血牺牲、英勇奋斗的结果。从中国共产党成立到新中国诞生前夕，为革命牺牲的共产党员和革命志士达2100万人。其中，可以查到姓名的革命英烈，就有

370 多万人。先烈英名，彪炳史册；先烈精神，光耀千秋。

思考题

1. 抗日战争胜利后，中国共产党为争取和平、民主做出了哪些努力？
2. 中国各民主党派是如何实现历史性转变的？
3. 中国共产党领导的新民主主义革命为什么能取得胜利？

下编 | 社会主义革命

第九章 新民主主义向社会主义的转变

1949年10月中华人民共和国的成立，标志着中国新民主主义革命取得了基本胜利。新中国成立初期，面临着战争尚未结束，国民经济严重困难，以美国为首的西方资本主义阵营对新中国实行孤立和封锁政策等一系列严峻考验。面对这种考验，中国共产党领导全国人民在三年时间内，集中力量完成民主革命的遗留任务，领导进行巩固和捍卫新生人民政权的斗争，并进行恢复国民经济、争取国家财政经济状况基本好转的工作，同时也适时地开始进行某些带有社会主义革命性质的工作，开启了由新民主主义向社会主义转变的历史进程。

第一节 中华人民共和国的成立和革命转变的开始

一、新中国的成立开启了中国历史新纪元

1949年10月1日，中华人民共和国中央人民政府委员会在中南海勤政殿举行第一次会议，宣布就职。会议一致决议：接受《中国人民政治协商会议共同纲领》为施政纲领，推选林伯渠为中央人民政府委员会秘书长，任命周恩来为中央人民政府政务院总理兼外交部部长，毛泽东为中央人民政府人民革命军事委员会主席，朱德为人民解放军总司令，沈钧儒为中央人民政府最高人民法院院长，罗荣桓为中央人民政府最高人民检察署检察长，并责成他们从速组成各政府机关，执行政府各项工作。会议同时决议：向国际社会宣布，本政府为代表中华人民共和国全体人民的唯一合法政府。凡愿遵守平等、互利和相互尊重领土主权等原则任何外国政府，本政府均愿与之建立外交关系。

当天下午3时，北京30万人聚集于天安门前举行庆祝中华人民共和国中央人民政府成立典礼，史称"开国大典"。毛泽东主席在天安门城楼上宣告了中华人民共和国中央人民政府的成立，并在军乐团高奏《义勇

军进行曲》声中按动电钮升起了新中国的第一面五星红旗。之后，举行了盛大的阅兵式。傍晚，群众游行开始，一队队工人、农民、学生、市民高举红旗，欢呼人民共和国的诞生。当天，全国已经解放的各大城市都举行了热烈的庆祝活动。

开国大典之后，中央人民政府的机构组建和人事安排工作加紧进行。中共中央决定，以 1948 年 9 月成立于石家庄的华北人民政府，作为组建中央人民政府的班底，同时从各大区抽调干部来充实和加强中央政府。10 月 19 日，中央人民政府委员会第三次会议通过政务院所辖委、部负责人名单。21 日，周恩来总理主持召开政务院第一次会议，宣布政务院成立。政务院作为国家最高行政机关，下设政治法律、财政经济、文化教育和人民监察四个委员会和内务、外交、财政、文化、教育等 30 个工作部门。

中央人民政府的组成，一方面体现着工人阶级（通过中国共产党）在新的国家政权中的领导地位，共产党员在政府领导成员中占着优势；另一方面体现着统一战线性质，各民主党派和无党派民主人士占有相当大的比例。中央人民政府委员会 6 位副主席中，共产党员 3 人，民主党派和无党派民主人士 3 人；中央人民政府委员会 56 名委员中，共产党员 29 人，民主党派和无党派民主人士 27 人。政务院 4 位副总理中，共产党员 2 人，民主党派和无党派民主人士 2 人；15 位政务委员中，共产党员 6 人，民主党派和无党派民主人士 9 人。政务院所辖 4 个委员会和 30 个部、会、院、署、行等机构中，担任正职的共产党员 20 人，民主党派和无党派民主人士 14 人。中央人民政府的组成，反映了中国共产党在长期革命斗争中，团结各民主党派、无党派民主人士一道反对帝国主义和国民党独裁统治，共同创建新中国的实际进程，体现了中国共产党领导的多党合作和政治协商的新政权特征和优势。

中华人民共和国的成立，开启了中国历史的新纪元，宣告了一个新时代的来临。

第一，中国近代以来无数仁人志士为之奋斗的民族独立、人民解放的基本历史任务胜利完成，帝国主义列强压迫中国、奴役中国人民的历史从此结束，中华民族一洗百年来蒙受的屈辱，开始以崭新的姿态自立于世界民族之林，开始了为实现国家繁荣富强、人民共同富裕的基本任务而奋斗的新征程。

第二，工人阶级领导的、以工农联盟为基础的人民民主专政政权建立起来，这是中国历史上从未有过的新型政权。它从根本上结束了本国封建主义、官僚资本主义的统治，长期以来受尽压迫和欺凌的广大中国人民在政治上翻了身，第一次成为新社会、新国家的主人。

第三，军阀割据、战乱频仍、匪患不断的中国历史从此结束，国家迅速实现和巩固了除台湾等岛屿以外的全国范围的统一，实现和巩固了全国各族人民的大团结，实现和巩固了全国工人、农民、知识分子和其他社会各阶层人民的大团结，各族各阶层人民开始过上安居乐业的生活，从而为建设一个独立、统一、民主、富强的新中国注入了强大的民族凝聚力和提供了必需的社会安定环境。

第四，为实现由新民主主义向社会主义的过渡，并在社会主义道路上实现中华民族的伟大复兴，创造了政治前提。中国共产党从成立的那一天起，便以在中国实现社会主义和共产主义为奋斗目标。新民主主义革命胜利后，适时推动新民主主义向社会主义转变是中国共产党的既定任务。伴随新民主主义政权在全国范围的建立和中国共产党领导地位的巩固，新中国朝向社会主义方向和国家现代化目标迈进便具备了必需的前提。

"一唱雄鸡天下白"。中华人民共和国的成立，标志着半殖民地半封建社会的结束和新民主主义社会在全国范围内的建立。经历了近代以来100多年苦难斗争的中国人民，终于迎来中华民族浴火重生的曙光；他们成了国家、社会和自己命运的主人，满怀豪情开始了实现国家富强、民族振兴、人民幸福的伟大征程。

二、新中国成立初期的国际环境和国内状况

中华人民共和国宣告成立之际，中国革命取得伟大胜利是形势发展的主流。同时，新生的人民政权面临着错综复杂的国际环境和国内形势。

从国际环境看，第二次世界大战结束后，各种国际政治势力之间的力量对比发生了重大变化，美国和苏联成为世界两大强国，分别代表资本主

义和社会主义两大阵营。一方面，以苏联为代表的世界社会主义力量显著增长，亚洲、非洲等地区的民族解放运动蓬勃兴起。苏联和东欧人民民主国家最早承认新中国，为新中国的建设和发展创造了有利的国际环境。另一方面，美国为夺取世界控制权对苏联实行遏制政策，并在防止共产主义势力扩张的旗号下，以各种手段企图扼杀世界各地的民族解放运动、和平民主运动和社会主义运动。同时，继续与中国人民为敌，企图在政治上孤立、经济上封锁、军事上威胁新中国。新中国在国际斗争和对外交往中面临着严峻的考验。

从国内状况看，政治和军事方面当时的突出问题是，人民解放战争虽已取得决定性胜利，但还没有完全结束。国民党还有上百万军队控制着华南、西南等大片地区和一部分沿海岛屿，准备与人民解放军作持久战，等待他们所期盼的"第三次世界大战"的爆发；在新解放地区，各级人民政权尚未完全建立，国民党撤离时遗留的大批溃败的武装力量或有计划地组织的政治土匪，准备以游击战与新政权对抗，图谋"东山再起"。经济方面，新中国继承的是一个十分落后的千疮百孔的烂摊子，生产萎缩，交通梗阻，物价飞涨，民生凋敝，给国民经济的恢复带来极大的困难。另外，在拥有三亿以上人口的新解放区还没有实行土地改革，封建半封建的土地所有制还严重地束缚着农业生产力的发展。这些情况表明，中国革命虽然取得基本胜利，但还有相当一部分民主革命任务没有完成。这些任务不完成，中国人民革命的胜利就不能巩固，社会生产力就不能得到解放，国家工业化和民族富强的目标就不可能实现。

三、共产党全国执政地位的确立及其主要任务

中华人民共和国的成立，标志着中国共产党历史地位的根本性变化，开始由一个领导人民为夺取全国政权而奋斗的党，变为领导人民掌握全国政权、进行社会主义革命和建设，并长期执政的党。中国共产党在全国范围执政的地位，使它更有利于凝聚和调集全国力量，巩固民族独立和人民解放的成果，解放并发展社会生产力，以造福于各族人民，造福于整个中华民族。同时，这种历史地位的变化，也给中国共产党带来了许多新的考

验。一方面，繁重的恢复和发展国民经济的任务摆在面前，要求全党上下尽快增长领导经济建设和治理国家的本领。另一方面，在进入城市、执政全国的新的历史条件下，党如何继续保持同人民群众的血肉联系，继续保持谦虚、谨慎、不骄、不躁和艰苦奋斗的优良作风，不被权力、地位和资产阶级的捧场所腐蚀。

面对上述世情、国情、党情，中国共产党于 1950 年 6 月在北京举行七届三中全会。全会的中心议题是确定党在国民经济恢复时期的主要任务，和为此必须进行的各项工作和应采取的战略策略方针。全会的主要议程是讨论毛泽东提交的《为争取国家财政经济状况的基本好转而斗争》的书面报告。报告提出了用大约三年时间争取国家财政经济状况根本好转的任务。报告强调："要获得财政经济情况的根本好转，需要三个条件，即：（一）土地改革的完成；（二）现有工商业的合理调整；（三）国家机构所需经费的大量节减。"① 报告指出，为此，全党和全国人民必须一致团结起来，做好八项工作，主要是：有步骤有秩序地进行土地改革；调整税收，酌情减轻民负，在统筹兼顾的方针下合理调整工商业；人民解放军谨慎地进行复员工作，对行政系统进行整编；有步骤地谨慎地对旧有文教事业进行改革，争取一切爱国知识分子为人民服务；认真做好失业救济工作；认真团结各界民主人士，开好各界人民代表会议；坚决肃清一切反革命分子；全党进行一次大规模的整风。

为了保证党的中心任务的顺利完成，七届三中全会着重讨论和确定了党在现阶段所应采取的战略策略方针。由于民主革命胜利之后的社会经济改组和战争带来的工商业的破坏，失业的工人、手工业者和知识分子增多；大部分新解放的农村还没有来得及进行土地改革却又要交公粮，导致农民负担沉重；投机资本的活动使党内一部分人误以为资产阶级已经成为革命对象，加之生产经营中的困难，民族资产阶级惶惶不可终日。七届三中全会充分注意到上述情况，要求全党认真做好统一战线工作。毛泽东在讲话中告诫全党"不要四面出击"。他指出："四面出击，全国紧张，很

---

① 《毛泽东文集》第 6 卷，人民出版社 1999 年版，第 70 页。

不好。我们绝不可树敌太多,必须在一个方面有所让步,有所缓和,集中力量向另一方面进攻。"并提出当时总的方针,"就是肃清国民党残余、特务、土匪,推翻地主阶级,解放台湾、西藏,跟帝国主义斗争到底。为了孤立和打击当前的敌人,就要把人民中间不满意我们的人变成拥护我们。"① 这就必须解决工人的失业问题,在农村实行土地改革,帮助小手工业者寻找生活出路,团结和使用知识分子,调整和改善同民族资产阶级的关系,这样,帝国主义、地主阶级、国民党反动派及其残余就在我国人民中间孤立了。"不要四面出击"方针,体现了中国共产党历来"打击主要敌人,争取最大多数同盟者"的战略策略。

中共七届三中全会是中国共产党在新中国建立后召开的第一次中央全会,它对于统一全党思想,团结一切可以团结的社会力量,争取国家财政经济状况的根本好转,进而实现国民经济的全面恢复和发展,具有重要意义。

第二节 完成民主革命的遗留任务 巩固新生政权

一、祖国大陆的统一和各级人民政权的建立

中华人民共和国成立之际,人民解放战争尚未结束。在华南、西南和东南沿海岛屿,还麇集着一百多万国民党军队。依据敌我双方的军力对比和战争发展态势,以毛泽东为主席的中央人民政府人民革命军事委员会,确定了人民解放军实行大迂回、大穿插、大包围的作战方针,以全歼国民党残余军事力量。

根据中央军委的统一部署,人民解放军于1949年秋冬之季展开对依然盘踞大陆的国民党军队的围歼战。在华中、华南战场,第四野战军先后发起湖南衡(阳)宝(庆)战役、广东战役、广西战役,歼灭白崇禧集团、余汉谋集团,解放湖南、广东、广西。在华东战场,第三野战军发起

---

① 《毛泽东文集》第6卷,人民出版社1999年版,第75、74页。

漳厦战役，解放厦门和漳州、泉州等闽南地区。在西南战场，第二野战军会同第一野战军歼灭胡宗南集团，解放四川、云南、贵州全部地区。在解放全国大陆的战斗结束后，1950年4月16日，第四野战军发起大规模渡海战役，强渡琼州海峡。5月1日，海南全岛解放。之后，人民解放军又于5月中旬解放长江口外的舟山岛及其附近岛屿。从5月下旬到8月初，经过两个多月作战，全部解放了位于珠江口外香港、澳门之间的万山群岛。

截至1950年10月，人民解放战争基本结束。中国人民解放军经过一年的紧张艰苦作战，共歼灭国民党正规军128万人，使整个人民解放战争中歼灭国民党军队的人数达到807万人。

西藏是中国大陆最后解放的一个省区，1951年5月，中央人民政府同西藏地方政府达成关于和平解放西藏办法的17条协议，人民解放军随后进驻拉萨，实现了除台湾、澎湖、金门、马祖等岛屿以及香港、澳门之外的中国大陆的统一。

香港和澳门自古以来就是中国的领土，但由于殖民主义的长期统治，情况复杂，需要慎重对待。中共中央确定了"暂时维持现状"和"长期打算，充分利用"的政策。此后，新中国积极利用港澳尤其是香港的特有地位，发展海外关系和对外贸易。

随着人民解放军的胜利进军，新解放区的各级人民政权也逐步建立起来。从建政过程上看，根据《中国人民政治协商会议共同纲领》的相关规定，一般都经历了三个阶段：首先，在摧毁国民党政权的基础上，自上而下地建立临时过渡性政权——军事管制委员会，以接管一切公共机关，建立革命秩序，组织恢复生产，避免或减缓新旧政权交替、社会剧烈变动可能出现的社会动荡和破坏。军事管制委员会实际上是非常时期地方人民政权的一种特殊形式；在实施军事管制制度的同时，也通过自上而下的委任方式建立了各级人民政府，并根据各地的实际情况，逐步实现权力由军事管制委员会向人民政府的转移。其次，在社会环境初步安定、当地群众已经有了相当的组织程度和觉悟程度、其他条件也许可的情况下，军管会帮助召集各界人民代表会议，作为人民参政议政的初级形式。经过一段时间的参政实践后，各界人民代表会议逐步代行地方人民代表大会的职权，结束军管，选举地方人民政府。最后，待各方面条件成熟时，召开普选的人民代表大会，实现正常的民主建政程序。

从政权结构和行政层级上看，新中国建立初期，主要由中央、大行政区、省（直辖市）、县、区、乡构成。大行政区的设置是基于新中国成立之际的客观现实。中国幅员辽阔，沿海地区和内陆地区的经济文化发展极不平衡，人民解放战争的独特发展样式又带来了老解放区与新解放区之间在政治上、军事上的巨大差异。为保证中央政令的统一和有力贯彻执行，同时照顾地方特点，大行政区便成为特定历史背景下兼顾中央集权与地方分权的制度安排。1949年12月，中央人民政府委员会第四次会议，任命高岗为东北人民政府委员会主席，饶漱石、林彪、彭德怀、刘伯承、傅作义分别为华东、中南、西北、西南、绥远军政委员会主席。1952年11月，考虑到国民经济恢复任务完成后，国家将进入有计划的经济建设时期，中央决定调整政府体系，减少政权层次。为此，各大行政区人民政府委员会（或军政委员会）一律改为行政委员会，不再是一级政府机构，只是代表中央人民政府在各地区进行领导并对地方政府进行监督的机关。1954年6月，适应计划经济对进一步加强中央集中统一领导的需要，中央人民政府作出撤销大区一级行政机构的决定，废除大行政区建制。

新解放区的建政工作还包括系统改造基层政权。这是铲除国民党统治根基的一项重要工作，它主要包括废除国民党统治时期在广大城乡实行的保甲制度；以街道办事处作为市辖区和不设区的市政府的派出机关，并在其下建立群众自治性质的组织——居民委员会；在农村，以乡为最基层的政权，由乡农民协会会员大会或农民代表会议选举产生乡人民政府。由此，国家政权组织有效地深入城乡基层社会，这是新中国政权建设的一大特点，也是中国社会政治结构的一次重大变革。

二、抗美援朝战争的胜利

正当中国人民集中力量恢复国民经济、重建国家与社会之际，1950年6月25日，朝鲜内战爆发。南北朝鲜的分裂，本是第二次世界大战结

第二节　完成民主革命的遗留任务　巩固新生政权

束时美苏两国军队以北纬 38 度线为界分别接受日军投降的结果，南北朝鲜统一是朝鲜半岛人民的内政。在美苏冷战的背景下，美国对朝鲜半岛的事态迅速作出反应，6 月 27 日即决定出动军队援助韩国，同时派遣其海军第七舰队进入台湾海峡，以阻挠中国共产党和中国政府解放台湾既定部署的实施。7 月上旬，美国操纵联合国安理会通过决议，组成以美军为首、先后有 16 国军队参加的武装干涉朝鲜内战的"联合国军"，任命麦克阿瑟为总司令。9 月 15 日，美军 7 万余人在仁川港登陆，切断了位于朝鲜南部洛东江边的朝鲜人民军主力的退路。10 月 7 日，美军无视中国政府的多次警告，在开城地区越过三八线，大举北进。与此同时，美国飞机入侵中国东北边境进行轰炸和扫射，造成中国财产损失和人员伤亡，把战火烧到了新生的中华人民共和国国土之上。美国强行干涉朝鲜内政并蓄意扩大朝鲜战争的行为，迫使中国政府不得不考虑如何应对这场不期而遇的战争。

中国共产党和中国政府从一开始就对美国武装干涉朝鲜内战保持着高度的警惕，并为加强东北边防、准备应付突发事件而迅速组建了东北边防军。10 月 1 日，金日成代表朝鲜党和政府向中国党和政府提出出兵援助的请求。此时的中国百废待兴，困难很多，解放战争刚刚结束，经济恢复才开始，新生的人民政权尚不稳固，军队的武器装备还相当落后，但中共中央经过多次会议反复讨论，多方面权衡利弊得失，作出了抗美援朝、保家卫国的重大决策，果敢承担起保卫和平的历史使命。10 月 8 日，毛泽东以中国人民革命军事委员会主席的名义发布命令，将东北边防军改为中国人民志愿军，任命彭德怀为志愿军司令员兼政治委员。10 月 19 日，中国人民志愿军首批部队雄赳赳、气昂昂，跨过中朝边界的鸭绿江，拉开了抗美援朝战争的序幕。10 月 25 日，志愿军打响了出国作战的第一次战役，粉碎了"联合国军"占领整个朝鲜的企图，初步稳定了朝鲜战局。在入朝作战的第二次战役中，志愿军和朝鲜人民军收复平壤，迫使"联合国军"退到三八线以南，基本上扭转了朝鲜战局。1950 年 12 月底至 1951 年 1 月上旬，志愿军和朝鲜人民军乘胜发起第三次战役，一举突破敌人在三八线的设防，将战线向南推进 80~110 公里，占领了汉城（今首尔），迫使"联合国军"后撤至北纬37度线附近。1951年1月下旬，"联合国军"乘志愿军连续作战、补给困难之际，集结兵力23万余人发起全线反攻。中朝军队采取坚守防御、战役反击和运动防御等多种作战方式，在予敌以大量杀伤后，主动撤离汉城，至4月下旬，终于制止了敌人的进攻，将战线稳定在三八线附近。为夺取战争主动权，中朝军队于4月下旬发起第五次战役。这是朝鲜战争期间规模最大的一次战役，交战双方的兵力都在百万左右，展开了持续50天的激烈战斗。此后，战线稳定在三八线附近地区。

从1951年7月开始，交战双方就设立军事分界线、交换战俘等问题举行停战谈判，朝鲜战争转入边打边谈阶段。在持续两年的打打谈谈中，美国为了迫使朝中方面在谈判中让步，将其全部陆军的三分之一、空军的五分之一和海军的近半数投入朝鲜战场，但中朝军队针锋相对，以打促谈，使这种军事压力没能奏效，美国不得不下决心结束战争。1953年7月27日，《朝鲜停战协定》在板门店签字，以美国为首的"联合国军"在这场实力对比极其悬殊的较量中，最终被推回到战争的起点——三八线，以至于时任"联合国军"总司令的克拉克后来承认，他是美国历史上第一个在没有取得胜利的停战协定上签字的司令官。

中国人民志愿军在两年零九个月的抗美援朝战争中，共毙、伤、俘敌71万余人，自身作战减员36.6万余人。

在中国人民志愿军入朝作战的同时，中国国内发动了一场大规模的抗美援朝运动。1950年10月26日，中国人民保卫世界和平反对美国侵略委员会成立，统一领导全国的抗美援朝运动。人民群众以订立爱国公约、踊跃参军参战、捐献飞机大炮、优待烈属军属、奔赴前线慰问、加紧生产军需物品、厉行节约的实际行动来支援朝鲜前线，不仅为抗美援朝战争的胜利提供了坚实的基础和巨大的人力支持、物质保障，也有力地促进了国内经济建设的恢复和国防建设的加强。据统计，在整个战争期间，全国人民支持朝鲜前线的捐款可折合战斗机3710架。

抗美援朝战争，是保卫和平、反抗侵略的正义之战。中国人民志愿军的力量源泉及其获得胜利的根本原因，是伟大的抗美援朝斗争的正义性。

志愿军将士以劣势装备进行殊死搏斗，在他们中涌现出杨根思、黄继光、邱少云等30多位英雄功臣和近6000个功臣集体。他们无愧于"最可爱的人"的光荣称号。抗美援朝战争，打出了新中国的国威和人民军队军威，创造了以弱胜强的范例；弘扬和光大了中国共产党和人民军队的革命精神，锻造出伟大的抗美援朝精神①；也为世界和平与人类进步事业作出了巨大贡献。正如中国人民志愿军总司令彭德怀所言："它雄辩地证明：西方侵略者几百年来只要在东方一个海岸上架起几尊大炮就可霸占一个国家的时代是一去不复返了"；"一个觉醒了的、敢于为祖国光荣、独立和安全而奋起战斗的民族是不可战胜的。"②

三、土地制度的改革和镇压反革命

废除封建半封建的土地占有制度是新民主主义革命的基本任务。在新中国成立时，还有约三分之二的新解放和待解放地区没有进行土地改革。1950年6月，中央人民政府委员会通过和颁布了经中共七届三中全会讨论并经全国政协一届二次会议审查和修改的《中华人民共和国土地改革法》，依据土地改革法，从1950年冬到1953年春，新解放区有步骤地将封建半封建的土地所有制改变为农民的土地所有制。

根据历史经验和新的形势，中国共产党确定了更加稳妥的土地改革政策和方法，使土地改革显示出新的意义。就土改的基本目的而言，中国共产党面临的主要任务已经由夺取人民革命战争的胜利转变为恢复和发展国民经济，党的各项工作必须服务于这个中心任务，因而土地制度的改革不仅是彻底完成民主革命的需要，更是为了解放农村生产力，发展农业生产，为新中国的工业化开辟道路。就土改的具体政策来说，适应新形势下

---

① 抗美援朝精神是：祖国和人民利益高于一切、为了祖国和民族的尊严而奋不顾身的爱国主义精神，英勇顽强、舍生忘死的革命英雄主义精神，不畏艰难困苦、始终保持高昂士气的革命乐观主义精神，为完成祖国和人民赋予的使命、慷慨奉献自己一切的革命忠诚精神，为了人类和平与正义事业而奋斗的国际主义精神。
② 中共中央文献研究室编：《建国以来重要文献选编》第4册，中央文献出版社1993年版，第379页。

的需要和可能，执行了一些新规定：对富农，由过去允许征收其多余的土地财产改为保存富农经济，即富农自耕和雇人耕种的土地及其他财产不得侵犯，富农出租的小量土地一般亦予以保留不动，唯半地主式富农出租大量土地，超过其自耕和雇人耕种的土地数量者，征收其出租的土地；对地主，由过去没收其一切财产改为只没收地主的土地、耕畜、农具、多余的粮食及其在农村中多余的房屋，其他财产（如货币、衣物、金银首饰等）不予没收；对小土地出租者，提高了保留土地数量的标准，即人均所有土地数量不超过当地人均土地数量的200%者均不动，特殊情况下超过此标准者也可酌情予以照顾。实行这些政策，在政治上有利于中立富农、稳定民族资产阶级、减少社会震荡和土改的阻力，在经济上有利于农业生产以至整个国民经济的恢复和发展。

为了加强对土地改革运动的领导，中央人民政府成立了以刘少奇为主任的土地改革委员会，负责指导全国的土改工作。党和政府采取各种形式在群众中广泛宣传《土地改革法》，解释土地改革的政策。为了保证《土地改革法》的正确实施，从中央到地方都组织经过训练的土改工作队深入农村。为了不耽误农时，各地的土地改革工作一般在冬春农闲时节进行，大体上经历了发动群众、划分阶级、没收和分配土地财产等几个阶段。土地改革不仅是农村的大变革，也牵扯到全社会与农村有着各种各样联系的人们。党和政府组织民主党派成员和知识分子等，分期分批去农村参观或参加土地改革，这既有利于消除社会各界的疑虑，也有利于及时发现和纠正工作中的偏差。至1952年底，除新疆、西藏等少数民族地区之外，中国大陆的土地改革基本完成，全国有3亿多无地少地的农民（包括老解放区农民在内）无偿获得了约7亿亩土地。

在有3500万人口的少数民族地区，由于经济政治状况和社会历史条件都有许多不同于汉族地区的特点，土地关系中存在着复杂的民族和宗教因素，党和政府决定分别不同情况，用更长的时间、更缓和的政策、更适合各民族特点的办法来完成包括土地改革在内的民主改革。与汉族地区社会经济结构相仿的蒙古族、壮族、回族等少数民族地区较早进行了土地改革，处于封建农奴制甚至奴隶制阶段的其他少数民族地区直到1955年春才实行了以土地改革为中心的民主改革。鉴于西藏地区的情况更为特殊，中央政府原本决定其在第二个五年计划期间仍可以不进行民主改革，以等待各种民主改革条件的成熟，后因 1959 年西藏上层统治集团发动武装叛乱，中央政府在平叛的同时决定在西藏地区进行民主改革。1960 年 10 月，西藏地区民主改革基本完成。

土地改革摧毁了中国封建制度的根基，消灭了地主阶级，使获得土地等基本生产资料的农民摆脱了封建的人身束缚，极大地解放了农村生产力；与此同时，中国共产党依靠在土地改革中形成的以贫雇农为主体的阶级队伍，完成了对旧的乡村基层政权的改造，为新中国走向富强文明奠定了深厚的群众基础。

镇压一切反革命活动，严厉制裁继续为恶的反革命分子，是巩固新生的革命政权必不可少的重要措施，也是《共同纲领》明文规定的。

朝鲜战争爆发后，一部分作为国民党军事残余的匪特与一部分作为国民党政权基础的基层恶霸势力，以为国民党"反攻大陆"的时机已到，重新活跃起来。他们以推翻人民民主政权为目的，到处散布谣言，进行各种破坏和捣乱活动，甚至组织暴乱，袭击基层人民政府，暗杀政府工作人员。为了巩固新生政权，稳定社会秩序，保证各项改革和建设事业的顺利进行，中共中央于 1950 年 10 月 10 日发出《关于镇压反革命活动的指示》，要求各级党委纠正一度存在的对反革命分子"宽大无边"的偏向，全面贯彻"镇压与宽大相结合"的政策。全国范围内随之大张旗鼓地开始了镇压反革命的群众运动。

这次运动的打击重点，是土匪、特务、恶霸、反动党团骨干及反动会道门头子。1951 年 2 月，《中华人民共和国惩治反革命条例》颁布，为镇反运动提供了法律依据和统一的量刑标准。至同年 10 月，绝大多数地区完成了对反革命案犯的清查处理工作，全国规模的群众性镇反运动基本结束，少数地区的扫尾工作到 1953 年秋也全部完成。

历时三年的镇压反革命运动，是新中国建立之初为巩固新生人民政权进行的一场斗争，共镇压和管制各种反革命分子约 300 万。由于当时的司法体制和审判程序难以健全，一些地方一度出现错捕、错杀等偏差，中央发现后及时进行了纠正。总的来看,镇压反革命运动基本上扫除了国民党遗留在大陆的残余政治势力,为人民政权的巩固、经济恢复和其他社会革故鼎新工作提供了保障。

四、其他各项民主改革的开展

中国共产党从执掌全国政权的时候起,就开始着手从整体上改造旧中国、推动中国社会的进步,除了着手土地制度等的改革,还开展了其他各项民主改革运动。

工矿交通企业的民主改革,是新中国成立初期新民主主义改革的一个重要方面。新中国在接收官僚资本企业之初,采取的是"不打烂旧的机构"和"维持原职原薪原制度"的政策,这些企业中原有的官僚管理机构和一些压迫工人的规章制度存留下来,企业中残存着的一些敌对政治势力和封建把头势力也没有处置,有些甚至伪装进步,窃据了基层劳动组织的领导权力。1951 年 11 月,中共中央发出《关于清理厂矿交通等企业中的反革命分子和在这些企业中开展民主改革的指示》,要求在 1952 年底以前,对各工矿交通企业(主要是国营工矿交通企业)残余的反革命势力和封建势力进行系统的清理,对不合理的管理制度进行必要和适当的民主改革。改革的主要内容包括:一是废除了旧的官僚管理机构,建立健全了工厂管理委员会和职工代表会议,吸收工人参加生产管理;二是废除了残存的包工制、把头制、搜身制等侮辱和压迫工人的管理制度,建立了新的劳动制度;三是通过思想教育消除工人内部因为行会帮派、地域观念所造成的隔阂,促进了工人内部和工人与管理人员、技术人员之间的相互谅解和团结。国营工矿交通企业的民主改革,是把官僚资本企业改造为社会主义企业的一个重要步骤,实质上是企业内部生产关系的进一步调整和完善。

改革旧有文教事业,也是新民主主义改革的重要内容。1949 年 12 月召开的新中国第一次全国教育工作会议确立了"以老解放区新教育经验为基础,吸收旧教育有用经验,借助苏联经验,建设新民主主义教育"的教育改革基本方针。各地人民政府和军管部门接管所有学校,取消国民党政府在各类学校中实施的训导制度,废除"党义""六法全书"等政治课程，增设马克思主义政治课，建立党、团、少先队、学生会和教职工组织等；根据1950年政务院有关规定，在全国范围内将20所接受外国津贴的高校改为公办或中国人自办且由政府补贴的私立院校，同时接收外资津贴中学544所、小学1133所，从外国列强势力手中收回教育主权。1951年10月1日，政务院公布《关于改革学制的决定》，确立了各级各类学校面向学龄人口、劳动人民、工农干部服务的途径，在实施正规学校教育的同时开展大规模扫盲和工农干部文化补习教育，规定了职业技术教育和业余教育的地位。对高等院校进行院系调整，基本方针是以培养工业建设人才和师资为重点，发展专门学院和专科学校，整顿和加强综合性大学，以适应有计划的经济建设和国家工业化对各类建设人才的需要。

与此同时，文化事业的改革也有序推进。1949年7月召开的第一次全国文学艺术工作者代表大会，确立了发展"人民文艺"的方向，即按照毛泽东《在延安文艺座谈会上的讲话》精神，以解放区的革命文艺作品为榜样，建设工农兵文艺。代表大会决议成立中华全国文学艺术界联合会，它采用团体会员制，所属各团体会员组织有作家、戏剧、电影、音乐、美术、舞蹈等协会。自此，文联成为组织和团结中国文艺工作者的最重要纽带。1950年9月召开的第一次全国出版会议，通过了《关于发展人民出版事业的基本方针的决议》，确立了为政治服务、为人民服务的方针。没收、接收原国民党政府经营的新闻出版机构及其他反动文化机构，或加以且暂停营业进行内部整顿和改造，或勒令停报停刊停业；对于民营的文化机构，则加强监管，要求出版物的内容尽可能与新民主主义社会相适应。1950年11月末到12月初召开的全国戏曲工作会议，要求改革旧剧，多表现被压迫阶级的故事。1951年4月，毛泽东为中国戏曲研究院题词"百花齐放，推陈出新"，成为新中国戏曲改革的基本方针。

知识分子的思想改造，在新民主主义改革中占有重要地位。从旧社会过来的知识分子绝大多数是爱国的，但由于刚从旧社会步入新社会，各种与新民主主义、马克思主义不相容的旧思想尤其是封建买办思想在知识分子中还有很大影响。许多人对新社会新事物、对共产党及其领导的革命不了解、不熟悉，迫切需要了解中国共产党，了解马克思主义，了解时事政策、了解新社会。按照党对知识分子团结、教育、改造的方针，各地先后举办军政大学、革命大学和各种短期训练班，组织知识分子学习时事政策文件，开设社会发展史、新民主主义论等课程；同时，组织他们参加或参观抗美援朝、土地改革、镇压反革命等群众运动，在社会实践中促进思想转变。从1951年秋到1952年秋，中国共产党又在全国范围内发动和领导了一场知识分子思想改造运动。这场运动从学习马克思主义、毛泽东思想入手，采取听报告、学文件、个人总结思想、开展批评与自我批评的方法，以肃清帝国主义、封建买办的思想影响、批判资产阶级思想、树立为人民服务的思想为基本内容。通过这场运动，知识分子进一步清除了帝国主义、封建买办阶级的思想影响，进一步站到人民的立场，并在清理资产阶级唯心主义观念、初步接受马克思主义世界观方面取得初步成绩。当然，这场运动中也存在思想批评是非界限不清、方法简单粗糙等问题。

婚姻制度的改革具有鲜明的反封建意义，也是新民主主义改革的重要内容。以夫权为中心、压迫妇女并剥夺男女婚姻自由的婚姻制度和婚俗陋习，是旧中国封建桎梏的一个集中表现。1950年4月，中央人民政府委员会第七次会议通过《中华人民共和国婚姻法》，为婚姻制度的改革提供了法律保障。《婚姻法》规定：废除包办强迫、男尊女卑、漠视子女利益的封建主义婚姻制度；实行男女婚姻自由、一夫一妻、男女权利平等、保护妇女和子女合法利益的新民主主义婚姻制度；禁止重婚、纳妾，禁止童养媳，禁止干涉寡妇婚姻自由，禁止任何人借婚姻关系问题索取财物，等等。以《婚姻法》的颁布和实施为契机，引发了中国社会沿袭几千年的婚姻习俗的深刻变化，不但有效地促进了婚姻关系家庭生活的改善和妇女的解放，成为中国社会进步的重要表现，而且也成为人民群众由切身利益和切身感受拥护新中国、拥护中国共产党的一个重要原因。

清除旧中国遗留下来的卖淫嫖娼、贩毒吸毒和设局赌博，在当时的中国也带有民主改革的性质，因为这些社会现象背后都有封建恶霸势力的操纵，它的打击对象如妓院老鸨、毒贩和赌头也大都属于封建恶霸势力。新中国成立后，中国共产党和政府很快就采取各种措施取缔卖淫嫖娼，从北京开始，在上海、天津、武汉、南京等大中城市先后查封了妓院，逮捕并依法惩处了一批作恶多端的妓院老板，对收容的妓女则集中起来进行教育改造，帮助她们治病，组织她们学习文化知识和生产技能，安排她们参加生产劳动，使之成为自食其力的劳动妇女，过正常人的生活。对于同黑社会势力有密切关联的制毒贩毒、设局赌博，党和政府通过宣传教育、行政命令和法律制裁等手段多方禁止。1950 年 2 月，政务院发布了关于严禁鸦片烟毒的命令，要求各级人民政府协同人民团体作广泛的禁烟禁毒宣传，设立由民政、公安部门和人民团体共同组织的禁烟禁毒委员会，限期收缴散存于民间的烟土毒品，对贩运制造和售卖烟土毒品者从严治罪，在禁止种植和吸食烟毒的同时为戒烟戒毒者提供医疗帮助。为了根绝烟毒，1952 年 4 月，中共中央发出《关于肃清毒品流行的指示》，要求在全国范围内有重点地大张旗鼓地发动一次群众性运动，集中彻底地解决贩毒、制毒问题。由于态度坚决措施得力，旧中国一直未能有效制止的贩毒吸毒基本绝迹。与此同时，人民政府对各种公开的赌博场所一律查封，对聚众赌博的赌头和屡教不改的赌棍严厉打击，对一般的赌博参与者进行教育和劝导，也基本解决了困扰中国社会多年的借赌谋利问题。经过三年左右的努力，新中国禁娼禁毒禁赌工作收到巨大成效，基本扫除了娼、毒、赌这些昔日中国屡禁不绝的社会顽疾，净化了社会环境和民众心灵。

此外，新中国成立初期，宗教界为摆脱帝国主义影响、维护中国宗教自主权利，而开展的"自治、自养、自传"的三自运动。戏曲界在"百花齐放，推陈出新"的方针下，以"改戏、改人、改制"为主要内容的戏曲改革运动等，也都是新民主主义改革的组成部分，也都在不同程度上促进着新社会新气象的形成。

五、独立自主的和平外交方针的确立

新中国是在反帝反封建的民主革命胜利的基础上建立起来的，这也就意味着中国从此彻底摆脱了帝国主义的压迫，终结了自鸦片战争以来延续了百余年的屈辱外交。作为一个主权完整的国家，新中国将在互相尊重主权和领土完整、平等、互利的基础上同各国建立新型的外交关系。

1949 年上半年，毛泽东先后提出了"另起炉灶""打扫干净屋子再请客"和"一边倒"的涉外方针。这是根据中国的历史和现实与当时的国际环境作出的重大决策。所谓"另起炉灶",即是对中华民国政府同各国建立的外交关系一律不予承认,外国政府派驻旧中国的外交人员也只作为普通侨民看待,以摆脱旧时代屈辱外交传统的束缚和影响。所谓"打扫干净屋子再请客",即是对旧中国政府同外国政府签订的一切条约和协定加以审查,以彻底清除帝国主义在旧中国获取的各种特权,然后在平等与互相尊重领土主权的基础上同各国建立新的外交关系。所谓"一边倒",即倒向苏联、倒向社会主义一边,同时"在平等、互利和互相尊重领土主权的基础之上和一切国家建立外交关系"①。

这是一项极为重要且富有时代特色的方针,因为苏联长期以来同情和支持中国共产党领导的民主革命,其中包括物质、人力等实际援助,更重要的是第二次世界大战结束后在美苏冷战和国共内战的交相作用下,首先是美国然后是美国带动西方主要资本主义国家同中国共产党处于程度不同的对立或敌视状态中。新中国成立后,要想迅速地与一些国家建立外交关系,获得国际承认,并有效地防止帝国主义可能的武装干涉,保障国家安全,就需要将同苏联的关系置于首位,首先取得苏联和苏联为首的东欧民主主义国家的支持与帮助。

中国共产党在新中国成立前夕提出的外交方针,经由《中国人民政治协商会议共同纲领》在法律上予以确认。《共同纲领》规定:"中华人民共和国外交政策的原则,为保障本国独立、自由和领土主权的完整,拥护国际的持久和平和各国人民间的友好合作,反对帝国主义的侵略政策和战争政策";"对于国民党政府与外国政府所订立的各项条约和协定,中华人民共和国中央人民政府应加以审查,按其内容,分别予以承认,或废除,或修改,或重订";"凡与国民党反动派断绝关系、并对中华人民共和国采取友好态度的外国政府,中华人民共和国中央人民政府可在平等、互利及互相尊重领土主权的基础上,与之谈判,建立外交关系"。

苏联是第一个承认新中国的国家。1950年2月两国签订《中苏友好

---

① 《毛泽东选集》第4卷,人民出版社1991年版,第1473页。

同盟互助条约》和有关协定，既解决了两国之间影响友好合作关系发展的一些历史遗留问题，维护了新中国的国家主权、国家安全和国家利益，又展现了中苏两国之间在平等、互利、互相尊重国家主权和领土完整的原则基础上的新型国家关系，为新中国赢得了一个强大的战略盟友和战略后方，也对新中国的建设事业起到了推动作用。继苏联之后，其他人民民主国家亦纷纷表示愿意同新中国建立外交关系。从1949年10月到翌年1月，新中国先后与苏联、保加利亚、罗马尼亚、匈牙利、朝鲜民主主义人民共和国、捷克斯洛伐克、波兰、蒙古、德意志民主共和国、阿尔巴尼亚和越南民主共和国11个国家建立了外交关系，从而迎来了新中国的第一次建交高潮。

中华人民共和国成立后不久，一些亚洲民族独立国家和西欧、北欧的资本主义国家也陆续表示愿与新中国建立外交关系。对于这些国家，中国政府一般是按照《共同纲领》规定的原则，先进行外交谈判后建立外交关系。这主要是因为其中有些国家，一方面表示愿意承认新中国，另一方面又不愿意彻底断绝与台湾国民党当局的外交关系。因此，中国政府坚持，这些国家必须以明确承诺断绝与台湾的外交关系、承认中华人民共和国政府是代表中国的唯一合法政府、支持恢复中华人民共和国在联合国的合法席位为前提，谈判建交日期和互换使节等具体问题。至1951年5月，新中国同亚洲的缅甸、印度、巴基斯坦、印度尼西亚四个民族独立国家，欧洲的瑞典、丹麦、瑞士、芬兰四个资本主义国家，建立了外交关系。这是新中国在平等、互利和互相尊重领土主权基础上积极建立和发展同各国外交关系的良好开端，对于打破美国等西方资本主义国家对新中国的孤立和封锁具有重要意义。

第三节　国民经济的恢复和社会主义改造的初步展开

一、没收官僚资本，建立社会主义国营经济

没收官僚资本归新民主主义国家所有，既是中国共产党早已确定的新

民主主义三大经济纲领之一，也是巩固新生的人民共和国和人民民主政权的重要条件。鉴于官僚资本企业虽然具有掠夺和压迫性质，但主要的社会功能是从事物质生产，其组织系统基本上是根据生产要求而设置的，其管理人员也与国民党军政机关的人员有根本区别，并且新生的人民政权还缺乏管理现代企业的人才和经验，党和政府决定对官僚资本企业的接收采取不同于对待国民党政权机关的作法，即不破坏企业原有的组织机构和生产系统，先由军管会原封不动地整体接管过来，"保持原职原薪原制度"，实行监督生产，待条件成熟时再根据需要和可能逐步实行民主改革和生产改革。

依据上述方针，人民解放军每解放一座城市，即由军管会派出代表，按照官僚资本企业原属系统，自上而下，整套接收。一般两三个月内即完成接收工作。按照《中国人民政治协商会议共同纲领》的规定，凡属有关国家经济命脉和足以操纵国民生计的事业，均应由国家统一经营；凡属国有的资源和企业，均为全体人民的公共财产，为人民共和国发展生产、繁荣经济的主要物质基础和整个社会经济的领导力量。截至1949年底，全国大陆上的官僚资本企业，已由人民政府接管，归人民的国家所有。

没收、接管的官僚资本企业主要有：国民党政府的国家银行系统"四行两局一库"（即中央银行、中国银行、交通银行、中国农民银行、中央信托局、邮政储金汇业局和合作金库）和省地地方银行系统共2400多家银行；国民党中央和政府控制的工业企业，孔祥熙、宋子文家族和其他官僚的"商办"企业和各省地官僚资本系统的企业等共2858个；国民党政府交通部、招商局等所属全部交通运输企业；国民党政府经营的十几家垄断性的贸易公司。①

由于官僚资本控制着全国的经济命脉，它一经收归人民共和国所有，国营经济便由此获得了在金融和现代工业、交通等领域的主导地位。1949年底，国营工业固定资产占全部工业固定资产的80.7%；拥有全国发电机容量的73%，煤炭产量的70%，钢产量的90%，生铁产量的60%，水

---

① 参见苏星《新中国经济史》，中共中央党校出版社1999年版，第75-76页。

泥产量的60%，纱锭的43%。至于金融和现代交通运输产业，国有经济更是占有绝对优势。

与此同时，人民政府通过废除帝国主义列强在中国的经济特权，收回海关管理权，实行对外贸易的国家统制，清理外资在华企业，强有力地维护了国家的主权、独立和经济利益。

与没收官僚资本、建立国营经济同时进行的、关系国民经济能否迅速恢复和新生政权能否巩固的另一项经济工作，就是打击投机资本、整顿经济秩序。

由于长期战乱的破坏等多方面原因，中国共产党从国民党手里接收的是一个千疮百孔的烂摊子，通货膨胀严重，物价波动剧烈；尚未完全结束的战争需要巨额军费开支，为稳定社会而安置旧军队旧政权和原有文教机构的大量人员又带来了沉重的经济负担，恢复生产和交通运输事业也需要大量的资金投入，加上全国大部分地区还来不及建立正规的税收制度和资金的分散管理，使中央政府的财政收入十分有限，国家财政经济困难重重。收不抵支的人民政府不得不暂时依靠过量发行货币来弥补财政赤字，而投机商人的疯狂活动，则进一步加剧了市场的混乱程度和物价上涨的幅度与速度，不仅影响社会秩序和国家的经济生活，而且危及人民民主政权的安全。面对这种极其困难的财政经济状况，党和政府领导了稳定物价和统一财经的重大斗争。

运用行政手段和经济杠杆遏制金融和物资投机，稳定物价，是中国共产党在新中国建立前后领导的整顿经济秩序的第一个战役。进城之初，金银投机者无视军管部门和人民政府关于禁止金条、银元、外币自由流通和买卖的法令，和人民币为唯一合法货币的规定，公开进行银元、外币的投机活动，拒用人民币。"解放军进得了上海，人民币进不了上海"之说，一定程度上反映着中国共产党面对的严峻金融形势。在此情况下，上海、武汉等重要城市以取缔金融投机场所、逮捕重要投机分子的行政手段取得了"银元之战"的胜利。稍后，针对投机商转而囤积粮食、棉纱、棉布和煤炭等生活必需品，哄抬物价，扰乱市场的情况，中央人民政府依靠国营经济的力量，在全国范围内大规模组织粮棉煤等日用品的调运，在各大城市集中抛售,达到了以经济措施打击囤积居奇、迅速平抑物价的效果。这场被称为"米棉之战"的经济战役彻底打击投机资本。1950年12月,全国各地的物价基本稳定下来,人民政府取得了对市场的主导权。毛泽东曾高度评价稳定物价的意义,认为它的意义"不下于淮海战役"。

统一财经是中国共产党整顿经济秩序的又一个重大举措。适应各解放区被分割包围和经济状况存在差异的状况,中共中央以往在财政上采取了"统一管理,分散经营"的办法,财政收支及其平衡基本上由各解放区自己负责。这种财政体制在新中国建立后表现出明显的不适应,因为中央财政担负着军政费、经济建设费、救济费等主要支出,而公粮和绝大部分税收又在地方政府掌握之中。收支脱节不仅不利于国家统筹安排有限的财力物力,更加大了财政收支缺口,迫使中央政府不得不依靠增发通货来应付必要的开支,从而成为物价波动的一个直接原因。为了从根本上稳定物价,必须实行全国财经工作的统一管理和统一领导,以实现国家的财政收支平衡和物资供求平衡。1950年3月,政务院通过了《关于统一国家财政经济工作的决定》,决定在全国范围内统一财政收支,统一物资调度,统一现金管理。统一全国财经工作对于平衡财政收支、遏制通货膨胀、稳定物价起到了决定性作用。

整顿经济秩序的工作表明,中国共产党不仅在军事上是有战斗力的,在政治上是成功的,而且在经济上也是有办法的。

二、工商业的合理调整和国家资本主义的初步实施

中华人民共和国成立之初,实行的是国营经济、合作社经济、个体经济、私人资本主义经济和国家资本主义经济五种经济成分并存的新民主主义经济。其中,私营工商业有技术、管理优势,在整个经济中占有较大的比重,对国民经济的影响较大。1950年前后,私营工商业的生产经营出现严重困难,一些工厂产品销售不畅,只得减少生产规模,甚至被迫关闭。这不仅不利于整个国家经济恢复,而且导致社会失业人员的增加和党与民族资产阶级关系的紧张。

《中国人民政治协商会议共同纲领》提出的中华人民共和国经济建设

的根本方针，其基本精神是公私兼顾，劳资两利，城乡互助，内外交流，以达到发展生产、繁荣经济的目的。鉴于当时的经济现状，按照《共同纲领》的要求，从1950年5月开始，中共中央和中央人民政府开始部署合理调整工商业的工作，主要包括调整公私关系、劳资关系和产销关系，重点是调整公私关系。

就公私关系的调整而言，其基本出发点是，既要保证国有经济的领导地位，又要保护一切有利于国计民生的资本主义工商业，同时反对一切有害于国计民生的投机倒把、牟取暴利行为。主要措施有：工业方面，扩大政府和国营企业对私营工业的加工订货和收购包销。到1951年，全国私营工业总产值中，加工订货、收购包销所占比重已由1949年的11.5%增加到27.3%。商业方面，着重调整公私商业的营业范围。国营商业把主要精力集中于批发上，适当收缩零售范围，所经营的品种主要是粮食、煤炭、布匹、食油、食盐、煤油等少数重要物资。在适当调整公私经营范围的同时，政府还依据成本与利润的比例，调整了不合理的地区差价、批零差价、季节差价等，使私营商业有利可图。金融方面，主要是调整贷款政策，降低存贷利率，增加对私营工商业的贷款。税收方面，主要是调整税负，减轻农业税，减少工商税的税种和税目，降低税率，改善征收办法等。

就劳资关系的调整而言，中央确定的基本原则是：必须确认工人阶级的民主权利；必须有利于发展生产；劳资间的纠纷问题，采用协商方式解决，协商不成，由政府仲裁。为了调整劳资关系，劳动部于1950年4月发出《关于在私营企业中设立劳资协商会议的指示》，要求各地根据劳资两利和民主原则，由劳资双方推举同等数量的代表组成劳资协商会议，解决企业中的劳资问题。在各级工会的积极推动下，私营企业普遍建立了劳资协商会议，一方面要求资方积极经营；另一方面要求工人努力生产，并承受降低工薪等暂时困难。通过劳资协商会议制度，私营企业内部形成了一种新型的劳资关系。

就产销关系的调整而言，主要是解决产销之间的不平衡问题，即私营工业盲目生产和城乡之间商业流通渠道不畅问题。为了调整产销关系，

1950年下半年，中央财经部门先后召开有公私代表共同参加的一系列全国性专业会议，如粮食加工、食盐运销、百货产销、煤炭产销、火柴工业、毛麻纺织业、卷烟业等，拟定各行业公私分工合作的原则及产销计划。对火柴、卷烟等供过于求的行业，根据以销定产的原则，实行限额生产；对橡胶、纺织等原料不足的行业，根据原料供应情况分配生产任务；同时，要求国有、合作社、私营商业采取多种方式努力推销产品，扩大城乡交流。

工商业的合理调整使私营经济很快摆脱了困境，工业产量增加，市场交易活跃。据上海、北京、天津、武汉、济南、广州、西安、重庆、无锡、张家口10个城市统计，1950年下半年私营工商业开业32674家，歇业7451家，两者相抵，净增25223家。从1950年秋季开始，各地市场转入活跃，交易额大幅回升。市场的活跃又刺激了私营工业的发展，1951年私营工业生产总值比1950年增长39%，私营商业销售额增长38.7%。上海资本家称1951年是私营工商业发展的"黄金年"。调整工商业，对1950年和1951年的国民经济迅速恢复起了重要作用。

在对私营工商业进行调整的过程中，加工订货、经销代销、统购包销、公私合营等形式的国家资本主义有了相当程度的发展。占全国私营工业总产值近1/3的棉纺织业，1950年国家向其加工订货部分占其生产能力的70%以上。1952年，私营工业产值的56%，已属于加工、订货、收购、包销部分。私营经济中不利于国计民生的部分被削弱以至淘汰。在调整过程中，国营经济的领导地位和国家调节国民经济的力量进一步加强。这些都在客观上为进一步对资本主义工商业进行系统的社会主义改造创造了有利条件。

三、"三反""五反"运动

在抗美援朝战争进行期间，中国国内工农业生产领域广泛开展了爱国增产运动。运动中暴露出各级党政机关内部存在着许多惊人的贪污、浪费现象和官僚主义问题。由此，1951年12月1日，中共中央作出《关于实行精兵简政、增产节约、反对贪污、反对浪费和反对官僚主义的决定》，要求分党政军三个系统成立各级增产节约检查委员会,由首长负责,亲自动手,采取自上而下和自下而上相结合的方法,检查贪污浪费等现象,开展斗争。1952年元旦,毛泽东在中央人民政府举行的团拜会上致祝词,号召全国人民和一切工作人员一致行动起来,大张旗鼓、雷厉风行地开展一场大规模的反对贪污、反对浪费、反对官僚主义的斗争。一场全国范围的群众性"三反"运动很快形成高潮。

"三反"运动是中国共产党在全国执政后不久为保持廉洁奉公、防止腐化变质而做出的努力,一般经过发动群众检举、集中力量"打老虎"(即追查大贪污犯)和定案处理三个阶段,整个运动于1952年10月结束,收到明显成效。据统计,全国县以上党政机关贪污千元以上者计10.8万人,为参加"三反"运动总人数的2.8%。其中,以中小贪污人员为绝大多数。贪污万元以上受到刑事处理的大贪污分子共10060人,其中被判无期徒刑的67人,死刑立即执行的42人,死刑缓期执行的9人。运动期间,影响最大的案件是先后担任天津地委主要领导的刘青山、张子善案。刘、张都是30年代初期入党,经历过土地革命战争、抗日战争和解放战争考验的领导干部,进城以后却利用职权,盗用公款171万元,进行倒买倒卖的非法经营活动,并且盘剥治河民工款22万元,从国家资财中贪污、挥霍3.7万元。1952年2月10日,河北省在保定召开对刘、张二人的公判大会,判决刘、张二人死刑。

通过"三反"运动,党和国家干部队伍中的贪污腐败分子被清除,更重要的是各级各类干部受到深刻教育和警示。当然,囿于当年的历史条件和经验,采取群众运动的方式开展"三反"也带来了一些偏差,这主要是在"打老虎"阶段,由于对情况的估计过于严重且政策界限不清,发生了斗争扩大化和逼供信问题。中共中央察觉后及时作了纠正。1952年4月,中央人民政府公布实施《中华人民共和国惩治贪污条例》,明确了有关贪污问题的处理方针、办法、步骤和批准权限等,使有关处理工作有了法律依据。这些相关法律条例的制定和人民法庭的建立,为新中国的法制建设奠定了基础。

1952年初,在"三反"运动紧锣密鼓展开之际,中共中央又决定在大中城市，发动反对资产阶级行贿、偷税漏税、盗骗国家财产、偷工减料、盗窃国家经济情报（通称"五毒"）的"五反"运动。"五反"运动缘于"三反"。在"三反"运动中清查出一些国家工作人员贪污、受贿、侵吞国家资财的问题，大多同社会上的不法资本家有关联。根据当时的检举、调查，私营工商业普遍存在偷税漏税问题，相当一部分工商户有不同程度的行贿行为，还有一些不法资本家在承建国家工程、完成加工订货任务中偷工减料，弄虚作假，以次充好。例如，在治淮水利工程中，承包商不顾工程质量，用旧料充新料，次料充好料，从中牟取暴利；在运往抗美援朝前线的军需物资里，不法厂商制造和贩卖的变质罐头食品、伪劣药品、带菌急救包，造成一些战士用后致病、致残甚至死亡。这不能不激起民众的义愤。"打退资产阶级的猖狂进攻"，一时成为舆论强音。

1952年1月，中共中央发出《关于首先在大中城市开展"五反"斗争的指示》，要求在全国一切城市，首先在大城市和中等城市，依靠工人阶级、团结守法的资本家和其他市民，对违法资本家展开坚决彻底的"五反"斗争。由于"五反"依然采用大规模群众运动的方式，来势迅猛，不少城市一度出现打击面过宽的情况，有的甚至采用"逼供信"，伤害了一部分愿意守法经营的工商业者，正常的经济生活也受到干扰。有鉴于此，同年3月，中共中央发出《关于在"五反"运动中对工商户分类处理的标准和办法》，其基本原则是："过去从宽，将来从严；多数从宽，少数从严；坦白从宽，抗拒从严；工业从宽，商业从严；普通商业从宽，投机商业从严。"文件规定：在"五反"目标下应将私营工商户划分为守法、基本守法、半守法、严重违法和完全违法五种类型，并要求把后两类工商户占工商户总数的比例严格控制在5%左右。全国范围的"五反"运动于1952年10月结束。根据华北、东北、华东、西北、中南五大区67个城市和西南全区的统计：参加"五反"运动的私营工商户共999707户，其中，守法户和基本守法户占总户数60%~75%，半守法半违法户占5%~30%，严重违法户占4%，完全违法户占1%。

"五反"运动有力地打击了不法资本家的"五毒"行为，在工商业者中普遍进行了一次守法经营教育。但是，"五反"运动也给社会经济生活带来冲击，出现了工商业萎缩、市场萧条、失业增加、劳资关系和公私关系紧张等状况，有鉴于此，党和政府采取措施，在新的基础上调整工商业，包括加大对私营工业的加工订货和产品收购力度，适当扩大商业批零差价和地区差价等。经过调整，资本主义工商业继续有所发展。1952年，私营工业总产值比1951年增长5%，1953年则比1952年增长20.5%。1953年，私营商业批发额比1952年增长16.4%，零售额增长144%。私营工商业继续发挥着有益于国计民生的积极作用。

四、农业生产互助合作运动的开展

新中国的土地改革运动激发出农民空前的生产积极性，长期停滞的农村经济开始活跃起来。但是，就中国农业生产力水平而言，依然是落后的、分散的、低下的，广大农民仍使用传统的手工工具，靠人畜耕种，靠天吃饭。从农村阶层的状况看，土改后较普遍地出现了中农化趋势，这对农业生产的恢复和发展是有利的。同时，也有一些农民上升为新富农，少数农民因生产和生活困难，不得不借高利贷，甚至典让、出卖土地，农村阶层分化现象开始出现。从上述情况出发，中国共产党十分重视在土地改革完成后的农村开展互助合作，以避免产生新的两极分化，推动农村生产力进一步发展。新中国成立前夕，中共七届二中全会决议和《共同纲领》便明确规定，在彻底实现了土地改革的地区，必须谨慎地、逐步地而又积极地引导个体农民按照自愿互利的原则，组织各种形式的劳动互助和生产合作，引导农业向着集体化方向发展。

土地改革完成后，农村的互助合作主要表现为生产领域的互助组和商业、金融领域的合作社。互助组包括临时的季节性的互助组和常年的农副业结合的互助组，其中，临时性的互助组是主要的。互助组并不改变土地和其他生产资料的个体所有，适应了当年农业生产力水平和农民的思想觉悟程度；中国民间早就存在各种各样的邻里之间的"变工互助"；民主革命时期，中国共产党在根据地倡导组织农业生产互助组，积累了丰富经验；此时，党和政府在贷款、农用物资、农副产品推销、技术指导等方面给予互助合作组织以奖励和优待，因而农民群众乐意接受，互助组发展很快。据 1950 年统计，全国有互助组 280 万个，参加的农户达 1150 万户，占农户总数近 11%。

供销与信用合作社也是广大农民所欢迎的合作组织。由于长期战争的影响，商业流通渠道遭受严重破坏，一方面农副产品难以找到销路，另一方面农民生产与生活所需要的工业品难以买到，供销合作恰恰适应了农村生产和生活的需要。1950 年 7 月，中华全国合作社联合总社成立，负责对供销合作工作予以组织、指导和推广。供销合作社由国家投入一部分资金支持，农民群众自愿集资入股组建，平股平权，成为联结城乡经济的重要纽带。许多地方的供销合作社附设信用部，兼办信贷业务，为农民购买耕畜、农具、肥料等农业生产资料提供资金帮助，农村信用合作社由此发展起来。到 1952 年底，全国已建立起 2271 个农村信用合作社，另有 1000 多个供销合作社附设信用部，还有数以万计的信用互助小组。这些信用合作组织，成为国家银行在农业信贷方面的助手，扶助了农业生产的发展。

1951 年 9 月，中共中央召开全国第一次农业互助合作会议。会议讨论通过了《中共中央关于农业生产互助合作的决议（草案）》。决议分析了农民在土地改革后的两种生产积极性——个体经营的积极性和劳动互助的积极性。认为在农村现实的经济条件下，不能忽视和粗暴地挫伤农民个体经济的积极性。同时，为了帮助农民克服个体经营中的困难，避免两极分化，为了发展生产，兴修水利，抵御自然灾害，采用农业机械和其他新技术，使国家得到更多的粮食和工业原料，必须提倡"组织起来"，发挥劳动互助的积极性。这种劳动互助是建立在个体经济基础上的，其发展前途是农业集体化。决议提出：根据已有的经验，农业生产互助合作主要有三种形式：季节性的互助组、常年互助组和以土地入股为特点的农业生产合作社。决议要求：根据生产发展的需要和可能，按照积极发展、稳步前进的方针和自愿互利的原则，采用典型示范、逐步推广的方法，引导个体农民走上互助合作的道路。在全国各地特别是新解放区和互助运动薄弱的地区，有领导地大量地发展临时性的季节性的劳动互助；在有初步互助运动基础的地区，必须有领导地逐步地推广有更多内容的常年互助组；在群众有比较丰富的互助经验并有比较坚强的领导骨干的地区，有重点地发展土地入股的农业生产合作社。此外，在农民完全同意并有机器条件的地方，可试办少数社会主义性质的集体农庄。

1951年12月15日，《中共中央关于农业生产互助合作的决议（草案）》正式印发各级党委试行，农业生产互助合作运动迅速在全国范围内展开。1951年底，参加互助组织的农民共2100.2万户，占农户总数的19.2%；到1952年底，发展到4542.3万户，占全国总农户的39.95%。其中，互助组由467.75万个发展到802.6万个；初级农业生产合作社由129个发展到3634个，参加农户57188户。此外，全国组织具有示范作用的高级农业生产合作社10个。不同形式的互助合作组织，适合当时农村生产力发展水平和农民愿望，促进了生产的发展。

五、国民经济的全面恢复和国民经济结构的深刻变化

从1949年10月到1952年底，中国共产党领导中国人民完成《共同纲领》提出的各项任务，全面开展新民主主义改革和建设，曾经遭到严重破坏的国民经济得到全面恢复，并且有了较大发展。

工农业产值和主要产品的产量至1952年均已超过历史最高水平（1937年全民族抗战爆发前）。新中国成立后，党和政府将农业生产的恢复作为整个国民经济恢复的基础，通过改革土地制度、组织生产互助、治理江河、兴修水利、推广农业生产技术、开展城乡交流等一系列措施，促进农业生产的恢复和发展。至1952年，农村经济基本恢复到历史最高水平，农业总产值比1949年增长48.4%，粮食、棉花、糖料等农产品产量超过历史最高水平，其中粮食产量从1949年的2263.6亿斤，增加到1952年的3278.4亿斤，增长44.8%，超过历史最高年产量1936年的9.3%。棉花总产量从1949年的888万担，增加到1952年的2608万担，增长193.7%，比历史最高年产量的1936年增长53.6%。

新中国成立之前，原本落后的工业生产由于战争破坏而雪上加霜，主要产品的产量产值较之历史最高水平大幅度下降。新中国建立后的三年间，工业总产值平均每年递增34.8%，主要工业产品的产量也大幅增长，到1952年底，钢产量达到134.9万吨，比1949年增加7.54倍，比历史

最高水平增加 46.3%；生铁产量比 1949 年增加 6.72 倍，比历史最高水平增加 7.2%；原油、水泥、电力、原煤等都超过历史最高产量。棉纱、棉布、食糖等主要轻工业产品产量也超过历史最高水平。平均来看，1952 年新中国工业生产超过旧中国历史最高水平 23%。

交通运输作为国民经济的动脉，属于恢复经济的重点。三年间，在财政经济状况极为困难的情况下，国家用于交通运输建设的投资共 17.7 亿元，占全部基本建设投资总额的 22.6%。1949 年底就基本恢复了原有的铁路网。1950 年 6 月，成（成都）渝（重庆）铁路开始动工修筑，至 1952 年 7 月建成通车。这条铁路早在清朝末年便酝酿兴建，然而从未开工，新中国成立后仅用两年时间便建成通车了。公路建设除修复原有公路外，还新建和改建了一些公路，通往"世界屋脊"的康藏公路修筑成功。到 1952 年，全国公路通车里程由新中国成立之初的 8.07 万公里增加到 12.67 万公里。

财政经济状况的根本好转是国民经济恢复的重要标志。三年间，国家财政总收入为 382.05 亿元，总支出为 366.56 亿元，结余 15.49 亿元，实现了财政收支完全平衡并略有节余的目标，保证了市场金融物价的稳定。

随着国家经济状况的好转，人民生活水平普遍得到提高。按 1957 年价格计算，抗战前的 1936 年全国职工（包括家属在内）平均消费额为 140 元左右，为旧中国历史最高水平，1952 年则增加到 189.5 元，增加 35% 左右。农民净货币收入由 1949 年的 68.5 亿元增加到 1952 年的 127.9 亿元，增加 86.7%。

在经济全面恢复的同时，国民经济结构发生了深刻变化，形成了包括国营经济、合作社经济、国家资本主义经济、个体经济、私人资本主义经济在内的五种经济成分并存的所有制结构。在五种经济成分中，社会主义国营经济处于主导和优先增长地位。在全国工业（不包括手工业）总产值中，国营工业产值平均每年递增 57%，所占比重 1952 年达到 52.8%。在全国社会商品批发总额中，国营商业所占比重 1952 年达到 60.5%。在国营经济快速增长的同时，合作社经济、私人资本主义经济、个体经济和国家资本主义经济均获得较大发展，促使原来非常落后的社会生产力水平整体上有了提高。与此同时，工业生产力在整个国民经济中的地位得到增强。在全国工农业总产值中，工业（包括手工业）总产值所占比重，由1949年的30%上升到1952年的43.1%。其中现代工业总产值的比重，由17%上升到27.7%。在工业总产值中，重工业产值的比重由1949年的26.4%上升到1952年的35.5%。这些深刻变化表明，我国国民经济的恢复，不仅有量的发展，更有质的变化和提高，为大规模国家工业化建设奠定了基础，也为整个国家从新民主主义向社会主义过渡创造了条件。

思考题

1. 如何理解新中国的成立开启了中国历史的新纪元？
2. 中国共产党如何领导人民完成国民经济恢复任务的？
3. 至1952年底，新中国的国民经济结构发生了哪些深刻变化？

第十章 社会主义革命的胜利和社会主义建设的开启

新中国成立后的头三年,中共中央和中央人民政府按照《中国人民政治协商会议共同纲领》的规定,全面推进新民主主义社会的各项建设。为实现由新民主主义革命向社会主义革命的转变,1953年,中国共产党提出了以基本完成国家社会主义工业化和对农业、对手工业、资本主义工商业的社会主义改造为主要内容的过渡时期总路线。为贯彻总路线,新中国开始制定和实施第一个国民经济发展五年计划,经济文化社会建设加速推进;开始进行民主政治建设,建立了社会主义基本政治制度;进行并完成了生产资料所有制的社会主义改造,建立了社会主义基本经济制度。

第一节 过渡时期总路线的提出和社会主义工业化的起步

一、中国社会由新民主主义向社会主义转变的历史必然性

以毛泽东为代表的中国共产党人一直坚信:"社会主义制度终究要代替资本主义制度,这是一个不以人们自己的意志为转移的客观规律。"[①]特别是在以美国为首的西方国家对中国进行经济上封锁、政治上包围、军事上威胁的条件下,苏联等社会主义国家帮助中国进行经济建设,这种难得的帮助对中国建立国民经济体系和工业体系起到了重要的作用。这是中国共产党带领人民选择社会主义制度,走社会主义道路的重要因素。

中国共产党从成立时起,就把在中国实现社会主义和共产主义确定为全党的奋斗目标。经过新中国成立以来三年的努力,国家经济、政治、思想文化、社会、外交等各方面都发生了重大的变化。中共中央认为,中国已经获得了有计划进行经济建设和开展对生产资料私有制社会主义改造的条

---

① 《毛泽东文集》第7卷,人民出版社1999年版,第315页。

件。毛泽东指出:"只有完成了由生产资料的私人所有制到社会主义所有制的过渡,才利于社会生产力的迅速向前发展,才利于在技术上起一个革命,把在我国绝大部分社会经济中使用简单的落后的工具农具去工作的情况,改变为使用各类机器直至最先进的机器去工作的情况,借以达到大规模地出产各种工业和农业产品,满足人民日益增长着的需要,提高人民的生活水平,确有把握地增强国防力量,反对帝国主义的侵略,以及最后地巩固人民政权,防止反革命复辟这些目的。"[1]为此,中共中央和中央人民政府决定把革命推向前进,在进行大规模的有计划经济建设的同时,实行由新民主主义革命向社会主义革命转变,建立社会主义的基本经济制度和政治制度。

新中国成立前夕,中共中央设想经过十年、十五年或二十年的新民主主义建设阶段,工业发展了,国营经济壮大了,就可以采取"严重的社会主义的步骤",一步实行资本主义工商业的国有化和个体农业的集体化。经过新中国成立后三年的实践,积累了社会主义改造的初步经验,以毛泽东为核心的中央领导集体逐步产生了新的认识。

1952年9月下旬,毛泽东在中央书记处会议上讲道:十年到十五年基本上完成社会主义,不是十年以后才过渡到社会主义。[2] 这就是说,中华人民共和国的成立标志着新民主主义革命阶段的基本结束和社会主义革命阶段的开始。新中国成立初期,虽然社会主义革命还不可能立即在一切方面着手施行,但在继续完成新民主主义革命遗留任务的同时,社会主义国营经济和向社会主义过渡的合作经济、国家资本主义经济已经产生,社会主义已成为中国社会经济生活中相对强大的因素。随着经济建设的发展,社会主义因素日益壮大,非社会主义因素不断被改造,中国社会就从新民主主义逐步过渡到社会主义。这样,新民主主义社会或新民主主义建设阶段,也就成了从新民主主义转变到社会主义的过渡时期。

旧中国是一个经济文化非常落后的半殖民地半封建的国家,资本主义经济发展先天不足。在这样弱小的基础上,通过一个时期的资本主义自身

---

[1] 《毛泽东文集》第6卷,人民出版社1999年版,第316页。
[2] 中共中央文献研究室编,逄先知、金冲及主编:《毛泽东传(1949—1976)》(上),中央文献出版社2003年版,第236页。

的发展,把中国建成一个发达的工业化国家,显然是不可能的。新中国成立后,国家逐步开展有计划大规模的经济建设,加快实行工业化,就要集中调配有限的财力、物力资源,保证重点工业建设,而私人资本主义经济生产的盲目性不能适应这一要求。人民政府认真贯彻中共七届二中全会确定的利用和限制私营工商业的方针,既利用其有利于国计民生的积极作用,又限制其不利于国计民生的消极作用。在限制与反限制的斗争中,在合理调整工商业的过程中,中国共产党和人民政府积累了利用和限制私营工商业的许多经验,创造出加工订货、经销代销、统购包销、公私合营等一系列从低级到高级的国家资本主义形式。这些本来主要是为了帮助私营工商业克服生产经营困难而采取的措施,实际上已成为对私人资本主义经济进行社会主义改造的最初步骤。

在广大农村,土地改革使农业生产摆脱了封建生产关系的束缚,农村生产力得到了解放。但是,土改后的农业经济仍然是小农经济性质,生产发展受到很大限制。许多农户无力扩大再生产,遇到自然灾害,更是没有抗御能力。国家的工业化要求粮食和农产品有较快的增长,而土改后农民个体经济扩大再生产的能力很有限。特别是土改后的农村开始出现了部分富裕农民兼并土地,有的农户陷入困境的现象。对这些问题的认识,也是中国共产党和人民群众选择社会主义道路的原因。

正是以上多方面的原因构成了历史的合力,中国共产党和亿万人民选择了社会主义道路和社会主义制度。

中国共产党在过渡时期的总路线是经过一段时间较充分酝酿提出的。1952年9月,毛泽东提出"十年到十五年基本上完成社会主义"的思想。10月,刘少奇到莫斯科参加苏共第十九次全国代表大会期间给斯大林写信,通报了中共中央关于对农业、手工业和资本主义工商业进行社会主义改造,使中国逐步过渡到社会主义的一些设想。① 经过几个月的酝酿,毛泽东等中央领导人关于向社会主义过渡的思想已经比较明确,同时感到要做进一步

---

① 中共中央文献研究室编:《刘少奇年谱(1898—1969)》下卷,中央文献出版社1996年版,第304页。

的调查研究听听地方和基层干部群众的意见。

1953年2月,毛泽东到河北、河南、湖北、安徽、江苏等省进行调查,认真听取各级干部和群众的意见。6月15日,毛泽东主持中央政治局会议,对党在过渡时期总路线作了系统阐述。他说:"从中华人民共和国成立,到社会主义改造基本完成,这是一个过渡时期。党在过渡时期的总路线和总任务,是要在十年到十五年或者更多一些时间内,基本完成国家社会主义工业化和对农业、对手工业、资本主义工商业的社会主义改造。"①

9月7日,毛泽东邀集民主党派和工商联负责人开会,向他们详细说明中国共产党在过渡时期对资本主义工商业进行社会主义改造的方针政策。9月8日,全国政协常委会举行第四十九次扩大会议,专题讨论过渡时期总路线和经济建设问题。周恩来作题为《过渡时期的总路线》的报告,强调中国共产党的政策是采取逐步的和平转变的办法,而不是在一天早晨突然宣布实行社会主义。"就是说采取逐步过渡的办法,做到'水到渠成'"②。随后,周恩来又分别在中央人民政府委员会会议、中国共产党第二次全国组织工作会议上传达和阐述过渡时期总路线。9月24日,全国政协在庆祝中华人民共和国成立四周年的口号中,向全国正式公布了过渡时期总路线。③由此可见,以毛泽东为代表的中央领导集体对党在过渡时期总路线的确定,是非常谨慎的,不仅经过了执政党内的充分讨论,也经过了中央人民政府和代行全国人民代表大会职权的全国政协的讨论和协商。

1953年12月,中共中央下发中央宣传部拟定的《为动员一切力量把我国建设成为一个伟大的社会主义国家而斗争——关于党在过渡时期总路线的学习和宣传提纲》,对总路线的内容作了详细的阐述。毛泽东在审定和修改这个提纲时,把总路线表述为:"从中华人民共和国成立,到社会主义改造基本完成,这是一个过渡时期。党在这个过渡时期的总路线和总任务,

---

① 中共中央文献研究室编,逄先知、金冲及主编:《毛泽东传(1949—1976)》(上),中央文献出版社2003年版,第245页。
② 《周恩来选集》(下),人民出版社1984年版,第106页。
③ 中国人民政治协商会议全国委员会:《庆祝中华人民共和国成立四周年的口号》,《人民日报》1953年9月25日。

是要在一个相当长的时期内,逐步实现国家的社会主义工业化,并逐步实现国家对农业、对手工业和对资本主义工商业的社会主义改造。这条总路线是照耀我们各项工作的灯塔,各项工作离开它,就要犯右倾或'左'倾的错误。"①1954年2月召开的中共七届四中全会正式批准了这条总路线。

二、社会主义改造和建设同时并举的过渡时期总路线

中国共产党在过渡时期总路线,是一条社会主义工业化与社会主义改造同时并举的总路线。当时被简称为"一化三改"的总路线,还被描述为"一体两翼"的总路线。"一体两翼",是指国家工业化处于主体地位;对农业、手工业和资本主义工商业的改造,处于两翼的和配合地位。主体和两翼之间彼此联系、互相促进和互相制约,体现了发展生产力和变革生产关系的有机统一,是一条社会主义建设和社会主义改造同时并举的总路线。但从当时党的工作指导思想来看,倾向于必须首先实现生产关系的变革,然后才能大大发展生产力,因而在对实践的指导上,更注意生产资料私有制的社会主义改造,强调过渡时期总路线的实质,"就是使生产资料的社会主义所有制成为我国国家和社会的唯一的经济基础"②。当时设想,完成过渡时期总任务大约需要三个五年计划即十五年时间,加上三年恢复时期,共十八年。

毛泽东和中共中央坚持把马克思主义基本原理同中国具体实际相结合,在革命实践中,总结中国经验和借鉴外国经验,逐步形成了带有中国特点的社会主义改造理论。这个理论比较系统地解决了在中国这样一个占世界人口近四分之一的经济文化落后的大国中建立社会主义制度的艰难任务,以独创性的思想、观点丰富和发展了马克思列宁主义。带有中国特点的社会主义革命理论的主要内容是:

第一,旧中国半殖民地半封建的社会性质决定了在中国实现社会主义必须分为两步走:第一步进行新民主主义革命,变半殖民地半封建社会为新民主主义社会;第二步进行社会主义革命,从新民主主义社会过渡到社会主

---

① 《毛泽东文集》第6卷,人民出版社1999年版,第316页。
② 《毛泽东文集》第6卷,人民出版社1999年版,第316页。

义社会。经过新民主主义到达社会主义,是中国革命的历史必由之路。

第二,中华人民共和国的成立,标志着新民主主义革命阶段的基本结束和社会主义革命阶段的开始。新民主主义革命在全国胜利并且解决了土地问题以后,国内的主要矛盾已经转为工人阶级和资产阶级之间、社会主义道路和资本主义道路之间的矛盾。因此,必须对农业、手工业和资本主义工商业进行社会主义改造。社会主义革命的目的是为了解放生产力。

第三,新民主主义革命在全国胜利后,在中国共产党的领导下,建立了工人阶级领导的工农联盟为基础的人民民主专政,建立了社会主义性质的国营经济,确立了马克思列宁主义、毛泽东思想的指导地位。这些政治上、经济上和思想上居于领导地位,具有决定意义的社会主义因素,是实现从新民主主义社会过渡到社会主义社会的基本保证。

第四,社会主义革命任务的完成,不是经过推翻现存的政权和建立新政权来实现的,而是由已经建立的、在中国共产党和工人阶级领导下的人民民主专政的国家政权从上而下地领导,并取得广大人民群众首先是工人和农民基本群众从下而上的直接支持,用和平的方法,逐步发展社会主义的成分和逐步改造非社会主义成分来实现的。在我国的条件下,用和平的方法,不但可以改造个体农业和手工业,而且可以改造资本主义工商业,对资产阶级实行和平赎买。这就需要和可能采取逐步过渡的步骤。

第五,社会主义改造和社会主义工业化同时并举。实现社会主义工业化,使我国由落后的农业国变为先进的工业国,既是国家独立和富强的当然要求和必要条件,也是对整个国民经济实行社会主义改造、建立社会主义社会的物质基础。实现对农业、手工业和资本主义工商业的社会主义改造,完成由生产资料的私有制到社会主义公有制的过渡,必然使生产力大大地获得解放;为实现社会主义工业化创造了社会条件。由于我国经济文化落后,实现社会主义工业化和社会主义改造都需要一个相当长的时间。

第六,社会主义改造要走适合中国特点的道路。对资本主义工商业,采取委托加工、计划订货、统购包销、委托经销代销、公私合营、全行业公私合营等一系列从低级到高级的国家资本主义的过渡形式。对个体农业,遵循自愿互利、典型示范和国家帮助的原则,采取从临时互助组和常年互助组,发展到初级农业生产合作社,再发展到高级农业生产合作社的过渡形式,对个体手工业,采取从手工业生产小组和手工业供销生产社,发展到手工业生产合作社的过渡形式。

第七,人民民主专政的国家政权,既需要建立在雄厚的国家工业化的物质基础上,也需要建立在稳固的社会主义的制度基础上,才能有效地发挥人民民主与对敌专政这两大基本职能。工人阶级同民族资产阶级的矛盾属于人民内部矛盾。工人阶级在工农联盟的基础上,继续保持同民族资产阶级的联盟,对它们实行团结、批评、教育的政策。这是中国共产党人在与马克思主义国家学说和阶级联盟问题上的伟大创造。

三、第一个五年计划的制定和有计划经济建设的开始

"为中国的独立、民主、和平、统一和富强而奋斗""稳步地变农业国为工业国"①,是中国人民政治协商会议共同纲领上规定的。实现国家现代化,是中国真正获得独立和走向富强的必然条件,也是一百多年来无数志士仁人梦寐以求、为之奋斗的理想。随着国民经济的恢复、土地改革的基本完成和抗美援朝战争局面的基本稳定,中国共产党开始领导人民进行真正意义上的现代化建设。

1951年2月,中共中央根据当时国民经济已经基本好转和其他方面工作的实际情况,决定自1953年起实施发展国民经济的第一个五年计划,并要求政务院立即着手进行编制计划的各项准备工作。中央财经委员即刻着手试编第一个五年计划,1952年7月形成"一五"计划轮廓草案。8月至9月,以周恩来为首席代表的中国政府代表团出访苏联,就五年计划轮廓草案同苏方交换意见,争取苏方援助。进入1953年后,"一五"计划一面编制并开始执行,一面继续讨论修改,直至1955年3月,中国共产党全国代表会议一致通过《关于中华人民共和国发展国民经济第一个五年计划草案的决议》,同年7月30日,第一届全国人民代表大会第二次会议一致通过《中华人民共和国发展国民经济的第

---

① 《中国人民政治协商会议共同纲领》,《人民日报》1949年9月30日。

一个五年计划》并颁布实施。

第一个五年计划的指导方针是:集中主要力量发展重工业,建立国家工业化和国防现代化的初步基础;相应地发展交通运输业、轻工业、农业和商业;相应地培养建设人才;有步骤地促进农业、手工业的合作化;继续进行对资本主义工商业的改造;保证国民经济中社会主义成分的比重稳步增长,同时正确地发挥个体农业、手工业和资本主义工商业的作用;经济建设的规模和速度,要根据中国的实际情况量力而行;坚持自力更生为主、争取外援为辅的方针;保证在发展生产的基础上逐步提高人民物质生活和文化生活的水平。

第一个五年计划规定以社会主义工业化为经济建设的中心任务,集中主要力量发展重工业;相应地发展农业、轻工业、运输邮电业、商业和文化教育等事业。其基本任务是:集中主要力量进行以苏联帮助中国设计的156个重点项目①为中心的、由限额以上②的694个建设单位组成的工业建设,建立中国的社会主义工业化的初步基础。计划规定发展部分集体所有制的农业生产合作社,并发展手工业生产合作社,建立对于农业和手工业的社会主义改造的初步基础;基本上把资本主义工商业纳入各种形式的国家资本主义的轨道,建立对于私营工商业的社会主义改造的基础。

根据上述指导方针和基本任务,五年内国家用于经济和文化建设的投资总额达766.4亿元,折合黄金7亿多两。③ 全国施工的限额以上的基建

---

① "156个重点项目",是指1950年到1955年期间,苏联答应帮助中国建设的一批工业项目。这些项目最后确定为154项,实际施工的为150项,包括国防工业44项,冶金工业20项,能源工业52项,机械工业24项,化学工业10项。
② "限额以上",是指全部投资等于或大于国家规定的限额。具体说来,钢铁工业和机器制造业的投资限额为1000万元,有色金属、化学等工业的投资限额为600万元,煤炭、石油等工业的投资限额为500万元,橡胶等工业的投资限额为400万元。限额以上的项目一般为国家重点建设项目,其设计任务书由中央审批。
③ 中共中央党史研究室:《中国共产党简史》,中共党史出版社2001年版,第112页。

项目921个。① 这些建设项目的完成,将大大提高中国工业的生产能力,使整个国民经济发展到一个新的水平。

第一个五年计划的制定和实施,标志着中国的工业化建设开始起步,全国范围内大规模的经济建设掀起了高潮。

为推进大规模经济建设的展开,毛泽东号召执政党全党要钻研社会主义工业化,钻社会主义改造,钻现代化的国防,并且开始要钻原子能。他强调:"适合这种新的情况钻进去,成为内行,这是我们的任务。所以必须对那些钻不进去的人、浮在皮面上的人进行教育,使他们都成为内行。"②

在"一五"计划期间,中国的工人阶级站在经济建设的最前列,发挥了主力军的作用,焕发了从未有过的生产积极性。中华全国总工会发出号召:要求全国广大职工进一步开展增产节约劳动竞赛,保证全面完成国家生产计划。鞍山钢铁公司的扩建工程是"一五"计划的重点工程,全国共有55个城市、199个企业从各方面支援鞍钢建设,鞍钢工人和技术人员创造了许多好的施工经验,实现了高速度发展,其标志性的三大工程:大型轧钢厂、无缝钢管厂、七号炼铁炉于1953年12月建成。鞍钢建设的高速度,振奋了全国建设者的信心。鞍钢技术革新能手王崇伦,努力钻研技术,发明和改进了"万能工具胎",生产效率不断提高,生产纪录不断刷新。国营青岛第六棉纺织厂女工郝建秀,创造了一套科学的细纱工作法,在"一五"期间得到了推广。煤矿工人马六孩和他的工友们创造了一套巷道快速掘进法,极大提高了劳动生产率。这些被誉为"走在时间前面的人"就是广大工人阶级的杰出代表。

中国历史上从未有过的社会主义工业化建设,为广大知识分子提供了施展才华的广阔天地。工程技术人员同工人日夜奋战在生产第一线。以李四光、华罗庚、钱三强、邓稼先等为代表的一批在海外卓有成就的科学家,毅然放弃国外优裕的工作环境和生活条件,先后回到祖国参加伟大的建设事

---

① 中共中央党史研究室著,胡绳主编:《中国共产党的七十年》,中共党史出版社1991年版,第337页。
② 《毛泽东文集》第6卷,人民出版社1999年版,第395页。

业。他们在科学技术领域发挥着重要作用。高等学校和各类专业技术学校的毕业生，无条件地服从国家分配，理工科大学生甚至提前一年毕业，奔赴工业建设的主战场。一批批地质工作者风餐露宿，跋山涉水，不辞辛苦地勘探地下宝藏，他们无愧为"国家建设的尖兵"。新的形势，新的任务，使学习知识、钻研技术在中国社会蔚然成风。

经过土地改革的农民对工业建设的支持，是中国初期工业化进程中不可忽视的重要方面。他们努力增加农业生产，积极交纳农业税和交售粮棉，向城市供应各种农副产品，保证城市居民和工矿区职工的生活需要。随着基本建设战线的不断扩大，大批青壮年农民被工矿、建筑企业吸收，离开生养他们的土地走进工人阶级队伍，直接投身于国家的工业建设。当时，为工业提供积累的一个重要来源，是工农业产品价格上的剪刀差，这也是中国几亿农民为国家工业化所做的历史贡献。

第二节　过渡时期政治、文化等领域的建设

一、《中华人民共和国宪法》的制定和人民民主政治建设

新中国成立后，根据中国人民政治协商会议共同纲领的规定，中共中央和中央人民政府积极推进中国的民主政治建设，当时的主要任务是两项：一是召开全国人民代表大会和地方各级人民代表大会，选举中央和地方的人民政府；二是制定和通过中华人民共和国宪法，以进一步健全国家的民主制度，更好地为建立社会主义经济基础服务。

在第一届全国人民代表大会召开之前，《中国人民政治协商会议共同纲领》一直起着临时宪法的作用，第一届中国人民政治协商会议全体会议代行全国人民代表大会的职权。这种与人民共和国初创时期状况相适应的国家政治体制，对于完成民主革命的遗留任务，维护民族独立和国家统一，稳定社会，保卫和巩固国家政权，促进国民经济迅速恢复和发展起到了至关重要的作用，但它毕竟是带有临时性和过渡性的体制。

1952年12月24日，全国政协常委会举行扩大的第四十三次会议，周

恩来受中共中央委托提议：依照《共同纲领》的规定，及时召开由人民用普选方法产生的全国人民代表大会和地方各级人民代表大会，并开始进行起草选举法和宪法草案等准备工作。1953年1月13日，中央人民政府委员会举行第二十次会议，作出《关于召开全国人民代表大会及地方各级人民代表大会的决议》，决定于1953年召开由人民用普选方法产生的乡、县、省（市）各级人民代表大会，并在此基础上接着召开全国人民代表大会；在这次全国人民代表大会上，将制定宪法，批准国家五年建设计划纲要和选举新的中央人民政府。

会后，相继成立了以毛泽东为主席的中华人民共和国宪法起草委员会，以周恩来为主席的中华人民共和国选举法起草委员会，以刘少奇为主席的中央选举委员会。

根据1953年2月通过的选举法，全国各地展开了紧张的准备工作。为搞好全国普选工作，1953年7月1日，在全国进行了第一次人口调查（普查）。登记选民为3.23亿，在21万余个基层选举单位，3.23亿选民共选出基层人民代表大会的代表566万余名。1954年六七月间，全国150个省辖市、2064个县、自治县和县一级的单位、14个中央直辖市的区，全部召开了人民代表大会。有些暂时不进行基层选举的少数民族地区的专区级、县级单位也召开了人民代表会议，以无记名投票的方法，分别选举了省、直辖市和自治区的人民代表大会代表共16680人。

1954年7月底到8月中旬，各省、直辖市和内蒙古自治区先后召开了人民代表大会。这些会议除了讨论中华人民共和国宪法草案、审查政府工作报告等议程之外，都分别选举了全国人民代表大会代表。西藏地方和昌都地区采取了代表会议的形式选出了全国人民代表大会代表。全国25个省、内蒙古自治区、西藏地方、昌都地区和14个直辖市共选出全国人民代表大会代表1136人。军队召开了军人代表大会，选出了全国人民代表大会代表60人。华侨事务委员会在所召开的有国外华侨代表参加的侨务扩大会议上，选出了全国人民代表大会代表30人，总计各地区和各单位所产生的全国人民代表大会代表共1226人。此外，台湾省应选全国人民代表大会代表，因该省尚待解放，名额暂缺。

全国人民代表大会的代表中有妇女代表147人,占代表总数的11.99%;少数民族代表除选举法规定的150人外,各省、市还选出27人,共占代表总数的14.44%。在全部代表名额中,各民族、各阶层都有与其地位相当的代表。1954年9月4日,《人民日报》报道,中华人民共和国第一届全国人民代表大会代表的选举工作,已全部完成。中央选举委员会的工作即告结束。①

与此同时,起草第一部《中华人民共和国宪法》的工作紧张有序地进行着。1953年12月,毛泽东向中共中央请假,带着宪法起草小组成员陈伯达、胡乔木、田家英等抵达杭州,"开始做一项为新中国法制建设奠定千秋基业的大事,起草中华人民共和国宪法。"②宪法起草工作进展得比较顺利。2月17日左右草案初稿就出来了,随后,在毛泽东主持下,起草小组通读通改一读稿至三读稿,为中共中央政治局会议进一步讨论修改宪法草案提供了一个比较成熟的稿本。③

1954年2月28日和3月1日,刘少奇在北京主持中共中央政治局扩大会议,讨论并通过了宪法草案初稿三读稿。会议决定由董必武、彭真、张际春三人,以董必武为主,根据中央政治局扩大会议讨论的意见,对三读稿进行研究和修改。④ 还聘请周鲠生和钱端升为法律顾问,叶圣陶和吕叔湘为语文顾问。3月9日,杭州宪法起草小组又提交了四读稿。3月,刘少奇主持召开中央政治局扩大会议,三次讨论四读稿,准备扩大范围讨论修改后,提交宪法起草委员会。

从1954年3月23日至6月11日,历时81天,除召开多次收集和交换

---

① 中央选举委员会:《关于中华人民共和国第一届全国人民代表大会代表选举工作完成的报告》(1954年9月3日中央选举委员会第五次会议通过),《人民日报》1954年9月4日。
② 中共中央文献研究室编,逄先知、金冲及主编:《毛泽东传(1949—1976)》(上),中央文献出版社2003年版,第316页。
③ 中共中央文献研究室编,逄先知、金冲及主编:《毛泽东传(1949—1976)》(上),中央文献出版社2003年版,第322页。
④ 中共中央文献研究室编:《刘少奇年谱(1998—1969)》下卷,中央文献出版社1996年版,第321页。

意见的非正式会议外,宪法起草委员会共召开七次正式会议,经过详细的周密的研究和讨论,通过了《中华人民共和国宪法(草案)》。在起草工作进行期间,中国人民政治协商会议全国委员会和各大行政区、各省、市的领导机关,各民主党派、各人民团体的地方组织和武装部队的领导机关,组织了各方面人士8000余人参加对《中华人民共和国宪法草案(初稿)》的讨论,在讨论中提出的修改意见共计5900余条,这些意见中有许多是合用的,对于起草工作给了重大的帮助。6月11日,宪法起草委员会第七次全体会议一致通过《中华人民共和国宪法草案(初稿)》,决定把这个草案提请中央人民政府委员会审查通过,并请在通过后予以公布,在全国人民中组织讨论,以便收集意见,再作修改,向第一届第一次全国人民代表大会提出关于宪法草案的报告。

1954年6月14日,中央人民政府委员会举行第三十次会议,毛泽东在会上说,这个宪法草案,是一部比较好的、比较完全的宪法草案。说它好,主要有两条:一条是总结了历史经验,一条是结合了原则性和灵活性。原则基本上是两个:民主原则和社会主义原则。他指出,我们的民主不是资产阶级的民主,而是人民民主,人民民主的原则贯穿在我们整个宪法中。宪法中规定,一定要完成社会主义改造,实现国家的社会主义工业化,这是原则性;但是,实行社会主义的原则,缺乏灵活性,就会行不通,要允许逐步去办。他说:一个团体要有一个章程,一个国家也要有一个章程,宪法就是一个总章程,是根本大法。用宪法这样一个根本大法的形式,把人民民主和社会主义原则固定下来,使全国人民有一条清楚的轨道,使全国人民感到有一条明确的和正确的道路可走,就可以提高全国人民的积极性。① 这次会议通过了宪法草案,并决议交付全国人民讨论。

全民讨论历时近三个月,许多地区听报告和参加讨论的人数都达到了当地成年人口的70%以上,有些城市和个别的专区达到了90%以上。与此同时,全国各省、市、县和部分乡还普遍召开了人民代表大会会议,以宪法草

---

① 中共中央文献研究室编:《毛泽东年谱(1949—1976)》第2卷,中央文献出版社2013年版,第251页。

案的讨论为会议主要内容之一。会后,各级人民代表们也都积极地参加了宪法草案的宣传活动。据统计,全国有 1.5 亿多人参加讨论,对宪法草案表示热烈拥护,同时也对宪法草案共提出了 1180420 条修改和补充的意见和问题。这些修改和补充的意见,已经先后汇交中华人民共和国宪法起草委员会①。

9月8日,毛泽东主持召开宪法起草委员会第八次会议,对宪法草案作最后一次讨论修改。14日,毛泽东主持召开中央人民政府委员会临时会议,对第二天即将提交全国人民代表大会讨论的宪法草案,作最后的审议。提交大会的宪法草案,就是在充分发展民主的基础上形成的。

1954年9月15日,第一届全国人民代表大会第一次会议在北京隆重开幕。在会上毛泽东作《为建设一个伟大的社会主义国家而奋斗》的开幕词。他提出"为了建设一个伟大的社会主义国家而奋斗"②的号召。刘少奇代表宪法起草委员会作《关于中华人民共和国宪法草案的报告》。大会审议通过了《中华人民共和国宪法》。这部宪法既是一百多年来中国人民的英勇斗争,包括中国共产党领导的新民主主义革命的历史经验的总结,也是中华人民共和国成立以来新的历史经验的总结。宪法规定:"中华人民共和国是工人阶级领导的、以工农联盟为基础的人民民主国家。""中华人民共和国的一切权力属于人民。人民行使权力的机关是全国人民代表大会和地方各级人民代表大会。""全国人民代表大会、地方各级人民代表大会和其他国家机关,一律实行民主集中制。"

人民代表大会的政治制度,是同新中国的根本性质相联系的。依照宪法规定,全国人民代表大会完全统一地行使最高国家权力,国家行政机关,从国务院到地方各级人民委员会,都由全国人民代表大会和地方各级人民代表大会产生,受它们的监督,并可由它们罢免。国家行政机关不能脱离人民代表大会或者违背人民代表大会的意志而进行活动。一切重大问题都应当经过人民代表大会讨论,并作出决定。全国

---

① 《宪法草案的全民讨论结束》,《人民日报》1954 年 9 月 11 日。
② 《毛泽东文集》第 6 卷,人民出版社 1999 年版,第 350 页。

性的重大问题,经过全国人民代表大会讨论和决定,在它闭会期间,经过它的常务委员会讨论和决定;地方性的重大问题经过地方人民代表大会讨论和决定。这种区别于西方国家"三权分立"的人民代表大会制,既有利于人民切实行使自己的权力,又便于人民经常参加国家的管理,有助于充分发挥人民群众参与管理国家政治事务和社会经济文化事务的积极性和创造性。

宪法规定:设立国家主席。中华人民共和国主席由全国人民代表大会选举。国家主席统率全国武装力量,担任国防委员会主席;同时担任最高国务会议主席。宪法明确宣告:"中华人民共和国公民在法律上一律平等。"并对公民享有的权利和应尽的义务作了相应的规定。

《中华人民共和国宪法》的正式颁布,标志着中华人民共和国的根本政治制度——人民代表大会制度从此建立起来了。中国这样一个有五千多年文明史、几亿人口的国家建立起人民当家作主的新型政治制度,在中国政治发展史乃至世界政治发展史上都是具有划时代意义的。①

周恩来代表中央人民政府作《政府工作报告》。他指出,从1953年起,中国开始了经济建设的第一个五年计划,"经济建设工作在整个国家生活中已经居于首要的地位"。他强调,"我们的目标是:使我国的国民经济沿着社会主义的道路得到有计划的迅速的发展,建设起强大的现代化的工业、现代化的农业、现代化的交通运输业和现代化的国防"。大会批准了《政府工作报告》。

1954年9月27日,全国人民代表大会依据宪法和有关组织法选举和决定了国家领导机构人员。毛泽东当选为中华人民共和国主席,朱德当选为中华人民共和国副主席。刘少奇当选为全国人民代表大会常务委员会委员长,宋庆龄等十三人当选为副委员长;彭真当选为秘书长。选举董必武为最高人民法院院长,张鼎丞为最高人民检察院检察长。根据中华人民共和

---

① 习近平:《在庆祝全国人民代表大会成立60周年大会上的讲话》,《人民日报》2014年9月6日。

国主席毛泽东的提名,大会通过决定以周恩来为国务院总理。① 28 日,根据周恩来的提名,大会决定任命陈云等十人为国务院副总理。

9月28日,大会圆满完成了它所担负的各项重大历史任务,胜利闭幕。这次大会的成功,是新中国民主政治建设的一个里程碑,《中华人民共和国宪法》和《中华人民共和国全国人民代表大会组织法》《中华人民共和国国务院组织法》,中华人民共和国人民法院、人民检察院、地方各级人民代表大会和地方各级人民委员会组织法的通过和实施,标志着共和国的民主政治建设达到了一个新阶段。

由于全国人民代表大会的召开,中国人民政治协商会议代行全国人民代表大会职权的任务已经结束。随着国家基本政治制度的确立,国家的政治体制也相应作了调整。《中华人民共和国宪法》确定了国务院即中央人民政府的体制,这就改变了原来中央人民政府委员会下辖政务院的两级政府的过渡状态。国务院作为最高国家行政机关,统一领导全国地方各级国家行政机关的工作。全国地方各级人民委员会作为国务院统一领导下的国家行政机关,都对本级人民代表大会和上级国家行政机关负责并报告工作;其所属各工作部门都受该级人民委员会的统一领导,并受上级人民委员会(直至国务院)主管部门领导。这种严格统一的行政领导关系,是建立严密有效的行政管理体系所必需的。根据宪法和国务院组织法的规定,国务院实行由总理主持国务院全体会议或常务会议讨论决定政府日常事务的制度;国务院各部、委实行最高行政首长负责管理本部门工作的制度。国家主席在其认为有必要的时候,有权召开最高国务会议,并将该会议对于国家重大事务的意见提交全国人大及其常委会、国务院或其他有关部门讨论并作出决定。上述领导关系的调整,总的来说有利于减少行政层次,提高行政效率,加强国家行政工作的集中统一领导。

根据宪法的原则和精神,在国家业已全面开展社会主义改造的情况下,工人阶级在工农联盟的基础上,仍需保持同民族资产阶级在经济上和政治

---

① 新华社:《全国人民代表大会第一次会议选举和决定国家领导工作人员》,《人民日报》1954年9月28日。

上的历史联盟关系,在工人阶级领导的国家政权中,仍需吸收一定数量的民主人士参加对国家事务的管理。在第一届全国人大常务委员会的 79 位常务委员当中,共产党员 40 人,党外人士 39 人;在 13 位人大常委会副委员长当中,共产党员 5 人,党外人士 8 人;在新组建的国务院 35 个部、委的部长、主任当中,共产党员 22 人,党外人士 13 人。这表明,一届人大召开后的中华人民共和国政府,仍是中国共产党领导下的多党合作的统一战线性质的政府。这不是取决于任何党派或个人的主观意志,而是由中国特定的历史条件与社会主义建设和改造的现实要求所决定的。

第一届全国人大一次会议闭幕后,全国政协第二届会议即开始进行筹备。1954 年 12 月,中国人民政治协商会议第二届全国委员会第一次会议在北京举行。参加会议的全国政协委员,由一届政协时的 180 名扩大到 559 名。其中,共产党员的比例占 26.8%,党外民主人士的比例达近 73%。周恩来在政治报告中根据《中国人民政治协商会议章程》总纲的规定,把政协的任务归纳为五点:(一)协商国际问题。(二)对全国人民代表大会代表和地方同级人民代表大会代表的候选人名单以及中国人民政治协商会议各级组织组成人员的人选进行协商。(三)协助国家机关,推动社会力量,解决社会生活中各阶级间相互关系问题,并联系人民群众,向国家有关机关反映群众的意见和提出建议。(四)协商和处理政协内部和党派团体之间的合作问题。(五)在自愿的基础上,学习马克思列宁主义和努力进行思想改造。《政协章程》总纲规定,中国人民政治协商会议的性质是"团结全国各民族、各民主阶级、各民主党派、各人民团体、国外华侨和其他爱国民主人士的人民民主统一战线的组织"。它的基本任务是在中国共产党领导下,继续通过各民主党派、各人民团体的团结,更广泛地团结全国各族人民,为贯彻宪法的实施,建设一个伟大的社会主义国家而奋斗。

会议推举毛泽东为第二届全国政协名誉主席,选举周恩来为全国政协主席、宋庆龄等 15 人为副主席。

全国政协二届一次会议,在人民政协发展史上有着特殊的意义。它解决了全国人民代表大会召开后人民政协的性质、地位、作用和任务的问题;解决了政协与人大、政府机关之间相互配合的关系问题;解决了加强统一战线、人民政协工作的必要性和重要性的问题,为长期坚持共产党领导的多党合作和政治协商制度,奠定了思想基础、政治基础和组织基础。

中国是由56个民族组成的统一的多民族国家。据1953年人口普查统计,各少数民族人口共计3500多万人,约占全国人口的6%。在长期的历史发展中,各民族在经济、政治、文化上建立了密切的联系,并逐步形成了以汉族为主体的各民族大杂居、小聚居的局面。这是中国在民族问题上经过长期发展所形成的重要特点。新中国成立初期,帝国主义国家在一些少数民族中进行阴谋活动,搞所谓"民族独立",企图分裂中国。中国共产党从中国的实际情况出发,把实行民族区域自治,作为解决国内民族问题的一项基本政策,也是国家的一项基本政治制度。

在中国共产党的领导下,各民族由平等联合进行革命到平等联合建立统一的人民共和国,具有历史发展的必然性。1947年5月在中国共产党领导下,内蒙古自治政府成立后,对实行民族区域自治积累了宝贵的经验。在筹建新中国的过程中,毛泽东、中共中央进一步确认,中国同苏联国情不同,不宜实行联邦制;单一制的国家结构形式符合中国的实际情况,在统一的国家内实行民族区域自治有利于民族平等原则的实现。《中国人民政治协商会议共同纲领》明确规定"各少数民族聚居的地区,应实行民族的区域自治,按照民族聚居的人口多少和区域大小,分别建立各种民族自治机关。"[①] 1952年8月,中央人民政府又批准实施政务院制定的《中华人民共和国民族区域自治实施纲要》。1954年第一届全国人民代表大会通过的《中华人民共和国宪法》规定"各少数民族聚居的地方实行区域自治。各民族自治地方都是中华人民共和国不可分离的部分。"

实行民族区域自治,就是在中央人民政府的领导下,遵照宪法的规定,以少数民族聚居地方为基础,按照民族聚居的人口多少和区域大小,分别建立不同级别的民族自治地区和自治机关,行使自治权利,由少数民族当家作主,管理本民族地方性的内部事务。1949年12月,内蒙古自治政府改名为内蒙古自治区人民政府。1955年10月,成立了新疆维吾尔自治区。到

---

① 《中国人民政治协商会议共同纲领》,《人民日报》1949年9月30日。

1956年9月，全国绝大部分少数民族聚居区，都实行了民族区域自治，共建立了两个自治区（省级），27个自治州，43个自治县。其后，1958年3月成立了广西僮族自治区（1965年改名为广西壮族自治区），10月成立了宁夏回族自治区，1965年9月成立了西藏自治区。五个省级民族自治区的先后成立，标志着中国民族区域自治制度的全面实施。

民族区域自治制度，是既有利于少数民族当家作主，又有利于维护国家统一的制度。实行民族区域自治，保障了各少数民族的权益，使他们能自主管理本民族内部事务，保证了各民族的平等地位，同时又保证了祖国统一和各民族的团结，充分发挥各民族参加国家政治生活和建设社会主义的积极性，促进社会主义事业的健康发展。

按照《共同纲领》第53条关于"各少数民族均有发展其语言文字、保持或改革其风俗习惯及宗教信仰的自由"①的规定，新中国实行宗教信仰自由政策，得到了信教群众的赞同。中央人民政府及各级政府（军政委员会）依照《共同纲领》的规定，制定具体法规比较妥善地处理了各项宗教事务。周恩来等通过与宗教界人士座谈、发表讲话等方式，中共中央主要媒体通过发表社论等形式，鼓励支持各宗教组织的爱国活动，特别是基督教和天主教割断与帝国主义势力的联系，进行的自治、自养、自传（"三自"）革新运动。各宗教组织也通过发表公开宣言、爱国公约等方式，表明拥护世界和平、反对帝国主义战争，热爱新中国、积极参加新中国建设的明确立场，如《中国基督教在新中国建设中努力的途径》《中国基督教各教会各团体代表联合宣言》等。1953年5月，中国伊斯兰教协会成立，6月，中国佛教协会成立，1954年8月，中国基督教三自爱国运动委员会成立，1957年4月，中国道教协会成立，1957年8月，中国天主教友爱国会成立。这些全国性宗教组织的成立，对团结信教群众参加各项爱国活动，参加国家建设发挥了一定作用。正如第一届全国政协宗教界首席代表、政协委员吴耀宗所说：在宗教信仰自由的政策下，在人民政府积极的领导与协助下，这些宗教都向着新生的道路前进。帝国主义利用宗教在我国进行侵略的时代是过去了；中国的宗

---

① 《中国人民政治协商会议共同纲领》，《人民日报》1949年9月30日。

教不再是帝国主义的工具,而是一个保卫和平的力量。①

二、发展科学教育和文化卫生事业

随着经济建设高潮的到来,一个文化建设的高潮也随之展开。中国共产党在过渡时期总路线提出之后,新中国在经济建设取得举世瞩目成就的同时,科学、教育和文化、卫生等项社会事业也以前所未有的速度和规模发展起来。

中共中央和中央人民政府十分重视科学技术在各项建设事业中的重要作用。新中国成立前后,人民政府对从旧社会过来的知识分子采取全部包下来的政策,使他们绝大多数继续从事原来的教育、文化、科学、技术等工作,以用其长。他们中许多优秀人才是克服重重困难留在大陆为新中国服务的,得到了人民政府的重视。

1949年10月19日,中央人民政府委员会第三次会议通过中国科学院院长、副院长人选,郭沫若为院长,陈伯达、李四光、陶孟和、竺可桢等为副院长。② 11月1日,新中国建立刚刚一个月,就在中央人民政府政务院下成立了中国最高学术研究机构——中国科学院。中国科学院制定了"人民科学"的总方针,以便有计划地利用近现代科学成就服务于国家的工业、农业、保健和国防建设,组织指导全国的科学研究,以提高中国的科学研究水平。中国科学院是在接收旧中国的"中央研究院""北平研究院"及其所属研究所的基础上组建起来的,首先吸收了一批在旧社会报国无门、为工作和生计所困的科学家,使他们有了从事科学研究的基础条件和施展抱负的机会,还有许多人是从国外冲破种种阻力回到祖国为人民利益工作的。从1949年8月到1955年11月,从海外归来的高级知识分子多达1536人,其中从美国回来的就有1000多人。李四光、华罗庚、钱学森、吴阶平、邓稼先、郭永怀、程开甲、吴仲华等是他们中的杰出代表。他们回国后,立即承担起

---

① 吴耀宗:《人民政协第一届全国委员会第四次会议上的发言》,《人民日报》1953年2月10日。
② 新华社:《政务院各部、会、院、署、行负责人员名单》,《人民日报》1949年10月20日。

国家的科研重任,成为各重要科研领域的开拓者和重大工程的组织者。国家根据科学研究为人民服务的方向,学术研究与实际需要密切配合的方针,培养与合理地分配科学人才,调整与充实科学研究机构。科研队伍的组织建设,为中国科学事业由近代落伍逐渐走向振兴打下了初步基础。

1954年第一届全国人民代表大会后,中国科学院的组织形式作了相应改变。中央决定成立学科性的学部,以便更好地团结全国科学家,领导并推进中国的科学事业。经过积极筹备,经国务院批准,1955年6月,中国科学院学部成立,并逐渐形成科学研究体系,为全面发展科学事业,制定科学长远规划奠定了基础。到1955年底,全国科学技术人员已达40多万人,1957年全国科学研究机构共有500多个,研究人员20000多人,比1952年增长两倍以上①。这支力量在经济恢复和第一个五年计划的建设中,起了积极作用。特别是在建设新的工业基地和消化、使用当时从苏联引进的技术和设备方面,做了大量卓有成效的工作。

1956年1月中共中央在北京召开了关于知识分子问题的会议,周恩来代表中共中央宣布:中国知识界的面貌已经发生了根本的变化。"他们中间的绝大部分已经成为国家工作人员,已经为社会主义服务,已经是工人阶级的一部分。在团结、教育、改造旧知识分子的同时,党又用了很大的力量来培养大量的新的知识分子,其中已经有相当数量的劳动阶级出身的知识分子。由于这一切,我国的知识界的面貌在过去六年来已经发生了根本的变化。"②这个估计和判断,奠定了社会主义时期中国共产党对知识分子的正确政策的基础。周恩来还代表中共中央强调:"向现代科学进军"。会后,国务院成立了科学规划委员会,在周恩来、陈毅、李富春、聂荣臻等组织领导下,有数百名著名科学家参加,历时数月,制定了《一九五六——一九六七年科学技术发展远景规划纲要》,并且采取一系列积极措施,把规划付诸实施。这样就初步提出了社会主义科学和文化建设的若干新方针。随后,以毛泽东为代表的中国共产党人又提出"百花齐放、百家争鸣"方针,规定

---

① 中华人民共和国国家统计局:《关于发展国民经济的第一个五年(1953年到1957年)计划执行结果的公报》(1959年4月13日),《人民日报》1959年4月14日。
② 《周恩来选集》(下),人民出版社1984年版,第162-163页。

了对知识分子和教育科学文化工作的正确政策,促进了科技事业的发展。五年内科学研究工作的发展成效,为中国迎头赶上世界最先进的科学技术水平准备了条件。

与此同时,教育事业得到迅速恢复与发展。新中国成立前,旧有文化教育极其落后,文盲占全国人口的90%,学龄儿童入学率仅有20%,高校毕业生只有21万多人,无法适应新社会的需要。新中国成立后,中共中央和中央人民政府非常重视教育事业。1949年12月,政务院教育部召开第一次全国教育工作会议,确定了逐步改革旧教育制度的方针、步骤,提出教育必须为国家建设服务、学校必须向工农开门的总方针。依法废除了国民党在学校中的反动政治教育,建立和加强了革命的政治教育。在高度重视国民教育的同时,国家规定所有高等学校、中等技术学校、师范学校和工农速成学校学生的学习生活费用均由国家供给,各中等学校对有困难的学生发放人民助学金并减免学费,使广大劳动人民及其子女享有受教育特别是高等教育的权利。国家还十分重视成人教育,在广大农村、工厂,采取冬学、识字班、学习小组和工厂、农民业余学校等形式,大力开展学习文化和扫盲运动。

为适应新中国大规模经济、文化建设的急需,改变院校分布不合理、院系设置脱离实际、招生少等状况,1950年全国高等教育会议提出进行院系调整,并在试点的基础上,在1951年下半年开始在全国进行有计划的学制改革和院系调整,并扩大招生数量。这次院系调整的方针是:"以培养工业建设人才和师资为重点,发展专门学院和专科学校,整顿和加强综合大学",以改变旧中国高等学校布局和系科设置不合理的状况。1952年至1953年,全国继续分期分批进行院系调整,对原来学科设置较为繁杂的综合大学,以文理科为主实行合并;将综合大学所属各工科院、系,独立出来成立专门学院;新建立航空、钢铁、矿冶、地质、石油、水利、农机等工业专门学院;同时,加强师范、农林、医药等院校,开始在全国初步形成学科、专业设置比较齐全的高等院校体系,原来高校布局不合理的状况有所改变。在院系调整的过程中,国家决定实行全国高等学校统一招生和毕业生统一分配,原有79所私立高等学校全部改为公办。

教育改革取得了显著成绩,但由于缺乏经验,实际工作中也出现一些缺点,如照搬苏联高等教育的模式。

1953年1月,政务院提出"整顿巩固、重点发展、提高质量、稳步前进"①的文教工作方针,强调教育工作的重点是高等教育,中心是培养人才,特别是培养高、中级人才,同时打好普通教育的基础,整顿巩固中小学,积极做好扫盲工作,注重提高教育质量,给学生以"德、智、体、美"②的全面教育。为调整高等院校布局,1955年经国务院批准,沿海地区的一些高等院校的系科、专业迁至内地组建新校,还有部分院校全部或部分迁至内地建校。

"一五"计划的五年内,教育事业有很大发展,高等学校共招生56万人,中等专业学校共招生112万人。从高等学校毕业的学生(不包括研究生)共27万人,从中等专业学校毕业的学生共84万人。五年内,普通中学共招生875万人,小学共招生8800万人。群众办学、业余文化学习、扫盲工作都有了很大的发展。③ 成人教育和职工教育的发展,提高了干部和工人的素质,为各行各业培养了一大批骨干,在新中国的不同岗位上发挥着重要作用。

这一时期,文艺工作取得长足进展。依照《共同纲领》的规定,中共中央和中央人民政府在文艺工作方面,继续提倡文艺为工农兵服务,为人民服务。1951年初,毛泽东为中国戏曲研究院题词,提出"百花齐放,推陈出新"这一繁荣戏曲事业的方针。1953年9月,中国文学艺术工作者第二次代表大会召开。会议强调,社会主义和现实主义,是过渡时期我国文艺创作和批评的基本准则。1954年1月,中共中央对文化部党组的报告作批示指出:文化工作的首要任务是积极地发展适合群众需要的新的文学艺术和电影的创作,同时对民间原有各种艺术和文化娱乐形式应广泛地、正确地加以发掘、利用、改革和发展。中央要求,各级党委宣传部和政府文化主管部门应抓紧对文艺创作(包括文学、戏剧、电影、美术、音乐等)的领导,引导作家按照为工农兵服务的政治方向和社会主义现实主义的创作原则前进,同时克

---

① 《政务院文化教育委员会召开会议制定今年文教工作计划》,《人民日报》1953年2月3日。
② 《周恩来选集》下卷,人民出版社1984年版,第129页。
③ 中华人民共和国国家统计局:《关于发展国民经济的第一个五年(1953年到1957年)计划执行结果的公报》(1959年4月13日),《人民日报》1959年4月14日。

服在领导创作上的简单行政方式和粗暴态度。这一时期,文学家、艺术家努力在自己的创作中表现新社会的主人工农兵的新面貌、新品质,使文学艺术同人民群众有了密切的联系,许多文艺作品深受人民群众的欢迎,出版、广播、电影、戏剧等文化艺术活动空前活跃,丰富了人民群众的文化生活。

在加强思想文化建设的同时,在思想文化领域还进行了对资产阶级唯心主义思想的批判。这个批判,是对五四运动以来有影响的胡适派资产阶级学术思想进行一番清理和批评。很快这场批判被扩展为哲学、历史学、教育学、政治学、心理学等诸多领域的对胡适唯心论思想的全面批判。这次批判,提出的问题是重大的,进行这样的工作也是必要的。结合实际的事例,开展批评和讨论,来学习如何掌握和运用马克思主义,是知识分子自我教育和自我改造的一种方法。

中国共产党领导下的新中国,还非常重视人民的身体健康,努力加强医疗卫生和体育工作。

新中国成立之初,中国共产党和各级人民政府面临的是一个人民疾病丛生、缺医少药的烂摊子。当时威胁人民生命和健康最主要的疾病是急、慢性传染病、寄生虫病和地方病。如:人间鼠疫波及20个省、自治区的549个县。据不完全统计,从1900年到1949年,死亡1028808人。霍乱、天花非常猖獗。血吸虫病流行的范围达200多万平方公里,患病人数在1100万人以上。黑热病53万人以上。丝虫病患病人数在3000万人以上。结核病患病率高达4‰,死亡率200/10万以上。麻风病患病人数不下50万。新中国成立前,中国人口的死亡率是25‰左右,婴儿死亡率在200‰左右,人口的平均寿命是35岁。[①]

中国共产党和人民政府从人民的利益出发,新中国成立伊始,就分别于1950年8月、1952年12月召开了两次全国卫生会议。正式提出了医疗卫生工作的四大原则:即面向工农兵、预防为主、团结中西医、卫生工作与群众运动相结合,以改变旧中国人民疾病丛生、缺医少药的状况。1952年12

---

① 黄树则、林士笑主编:《当代中国的卫生事业》,中国社会科学出版社1986年版,第2页。

月,国家成立爱国卫生运动委员会,由中央人民政府政务院总理周恩来担任主任。仅三年时间,卫生工作就发生了显著变化。主要体现在:城乡卫生医疗网初步建立起来;国家公职人员、大学生和工矿企业职工都享受到公费医疗和劳动保护;国家采取减免费用的办法,加强对严重危害农民健康的流行性疾病的治疗;许多严重传染病得到控制。如血吸虫病害的流行地区遍及长江中下游和长江以南的 12 个省、市,约有 1 亿人直接受到血吸虫病的威胁。其中,又以江苏、浙江、安徽、湖南、湖北、江西 6 省最为严重。这期间,中共中央和国务院非常重视人民的身体健康,毛泽东在最高国务会议上发出了"一定要消灭血吸虫病"的号召。国家派出专家和医务人员深入一线积极治疗血吸虫病患者,使危害人民健康多年的血吸虫病得到了控制。

第一个五年计划期间,广大劳动人民的健康水平有较大提高,爱国卫生运动取得了较大成绩。医疗预防网迅速扩大。1957 年已达到县县有医院,大量的乡都有诊所,"全国各种卫生事业机构中的床位张数比 1952 年增长了 73%。全国中、西医人数达到 55 万人。"[①]

在旧中国,长期遭受压迫的劳苦大众,得不到任何医疗卫生的保障,整个民族的身体状况非常差,中国人被西方人称为"东亚病夫"。中共中央和中央人民政府非常重视体育事业的发展。1949 年 10 月受中央人民政府委托,共青团(新民主主义青年团)中央发起组织召开中华全国体育总会筹备委员会(后统称"中华全国体育总会第一次代表大会"),1952 年 6 月,中华全国体育总会成立大会召开。中共中央主席、中央人民政府主席毛泽东为大会题词:"发展体育运动,增强人民体质",高度概括了新中国体育运动的性质和任务。[②] 1952 年 11 月,中央人民政府委员会决定成立中央人民政府体育运动委员会。1954 年国家体委向全国颁布了《准备劳动与卫国体育制度》等法规,推进体育运动的发展。

为了加强国际间体育交流,中国为加入各种国际体育组织进行了不懈的努力。中国体育代表团参加了 1952 年在芬兰赫尔辛基举行的第 15 届夏

---

① 中华人民共和国国家统计局:《关于发展国民经济的第一个五年(1953 年到 1957 年)计划执行结果的公报》(1959 年 4 月 13 日),《人民日报》1959 年 4 月 14 日。
② 新华社:《中华全国体育总会成立大会开幕》,《人民日报》1952 年 6 月 22 日。

季奥运会。1957年是中国体育史上值得记住的一年,这一年,中国举重运动员陈镜开打破举重世界纪录,游泳运动员戚烈云打破了100米蛙泳世界纪录,女子跳高运动员郑凤荣创造了1.77米的新的世界纪录等。

总之,这个时期是中国社会政治生活发生翻天覆地的变化、经济快速发展、人民生活水平显著提高、人民精神面貌积极向上的时期,是共和国历史上经济、政治、文化、社会、国防、人民生活发展最好的时期之一。

三、建设现代化人民军队

作为伟大的战略家,中央军委主席毛泽东在中国人民政治协商会议开幕式上郑重宣布:"我们将不但有一个强大的陆军,而且有一个强大的空军和一个强大的海军。"[1]新中国成立后,中国人民解放军的总任务是,保卫国家的独立和领土主权的完整、保卫人民的革命成果和一切合法权益。中央军委提出了军队建设的总方向和总目标是"为建设现代化正规化的国防军而奋斗",并开展了具体的建设工作。

根据中共中央的要求,中央军委于1953年12月7日至1954年1月26日,在北京召开了全国军事系统的高级干部会议。这次会议为军事建设确立的总方针和总任务是:"建设一支优良的现代化的革命军队,以保卫中国社会主义建设,防御帝国主义侵略。"[2]这次会议在人民解放军建军史上,具有划时代的意义,标志着人民解放军由长期战争状态下的发展建设转变为和平时期的建设和发展,是军队向更高阶段发展的里程碑。

中共中央和中央军委还从保卫国家安全、巩固国防、特别是从抗美援朝这场现代国际局部战争的复杂性、艰巨性出发,提出加快中国军队的现代化建设,建立适合应付各种复杂战争情况的现代化国防的任务。人民解放军在经历抗美援朝战争锤炼的过程中,逐步实现了由单一兵种到多军兵种合成军队的转变。

从1954年起,人民解放军对编制体制进行了系统的调整。1954年9

---

[1] 新华社:《中国人民政协第一届会议上毛主席开幕词》,《人民日报》1949年9月22日。
[2] 张爱萍主编:《中国人民解放军》,当代中国出版社1994年版,第152页。

月,中共中央政治局作出成立中国共产党中央军事委员会的决议,决定军事委员会由毛泽东、朱德、彭德怀、林彪、刘伯承、贺龙、陈毅、邓小平、罗荣桓、徐向前、聂荣臻、叶剑英等12人组成,毛泽东任主席,彭德怀主持军委日常工作。1955年6月,形成了人民解放军"八总部"的体制,即总参谋部、总政治部、总后勤部、总干部部、总财务部、总军械部、训练总监部、武装力量监察部。至1956年全国共设立13个大军区,①全军形成三级军区体制,即军区、省军区、军分区。人民解放军由单一步兵型军队向包括陆军、海军、空军、防空军、公安军(部队)和炮兵、装甲兵、工程兵、铁道兵、通信兵、防化兵等诸军兵种合成型军队转变。

从1954年2月到1955年底,全军实际精简整编。全军总员额减为350万人②。兵力比1952年减少了43.5%,陆军减少了54.8%。③

1954年8月,中共中央发布《关于民兵工作的指示》,强调"民兵制度必须保留,绝不能取消"。随后军委决定改进兵役工作,将民兵与预备役合二为一,即民兵就是预备役,民兵工作就是预备役工作。这一制度的初步实行,使民兵组织得到了加强,预备役工作也有了较大的改进。

1955年2月8日,第一届全国人大常委会第六次会议通过《中国人民解放军军官服役条例》,规定了解放军采用国际通用的军衔体制。1955年的军衔等级④是在中国传统军衔等级体系的基础上,参照了苏联等国的军衔制而设定的。1955年9月27日,中国人民解放军首次授衔授勋典礼在北京中南海怀仁堂隆重举行。中华人民共和国主席毛泽东在中南海怀仁堂将"授予中华人民共和国元帅军衔的命令状"授予朱德、彭德怀、林彪(缺席)、刘伯承(缺席)、贺龙、陈毅、罗荣桓、徐向前、聂荣臻、叶剑英(缺席)10

---

① 即:北京军区、沈阳军区、济南军区、南京军区、广州军区、武汉军区、昆明军区、成都军区、兰州军区、新疆军区、西藏军区、内蒙古军区、福州军区。
② 军事科学院军事历史研究部:《中国人民解放军的七十年》,军事科学出版社1997年版,第457页。
③ 张爱萍主编:《中国人民解放军》,当代中国出版社1994年版,第155页。
④ 军官军衔设置分5等15级:即大元帅(实际未授予)、元帅、大将、上将、中将、少将、大校、上校、中校、少校、大尉、上尉、中尉、少尉,后来又增加了准尉军衔。士兵军衔设置为上士、中士、下士、上等兵、列兵2等5级。

人。同日,国务院举行授予将官军衔的典礼,周恩来总理代表国务院授予粟裕、徐海东、黄克诚、陈赓、谭政、萧劲光、张云逸、罗瑞卿、王树声、许光达10人中国人民解放军大将军衔。同时还授予了在京的上将、中将、少将将官军衔。授予55人上将军衔,授予175人中将军衔,授予801人少将军衔。各大军区也先后举行了授衔典礼。

1955年7月,根据《中华人民共和国宪法》第103条的规定,第一届全国人民代表大会第二次会议通过《中华人民共和国兵役法》。这项法律规定中国人民解放军由志愿兵役制改为义务兵役制。这一制度的实行,使人民解放军有了可靠的常备兵源,积蓄了大量训练有素的后备兵员,既加强了军队建设,增强了国防力量,又有利于国家的经济建设。

这期间,人民解放军加强了军政训练。中央军委在1953年底至1954年初召开的全国军事系统党的高级干部会议强调军事训练工作是全军的工作中心。提出了军事训练方针和原则,以指导军事训练工作的展开。突出干部训练,着力提高干部指挥现代作战的能力。强调训练的正规化和制度化,1954年人民解放军总参谋部参照苏联军队的做法,统一规定了八种训练制度。为了提高诸兵种协同作战能力,1955年11月,由叶剑英任总导演,在辽东半岛举行陆、海、空军参加的方面军抗登陆演习。这是人民解放军历史上第一次大规模的诸兵种实兵合成演习,是20世纪50年代人民解放军军事训练高潮的重要标志。

为了尽快提高人民解放军的武器装备水平,实现武器装备的现代化,解放军一方面购买苏联武器装备,一方面着手建立自己的军事技术研究机构,抓紧兵工建设和武器装备生产。这期间,中国建成包括兵器、航空、船舶、电子等一批大中型军工骨干企业,初步形成了自己的国防工业体系。

1955年1月,中共中央书记处扩大会议在毛泽东的主持下,作出了发展中国原子能事业,研制核武器的战略决策。[①] 1956年3月,周恩来主持召

[①] 中共中央文献研究室编:《毛泽东年谱(1949—1976)》第2卷,人民出版社2013年版,第338页。另参见中共中央文献研究室编《周恩来年谱(1949—1976)》上卷,中央文献出版社1997年版,第441页;王焰主编《彭德怀年谱》,人民出版社1998年版,第587页。

开中央军委会议作出发展中国导弹事业的决策,决定由周恩来、聂荣臻、钱学森筹备组建导弹航空科学研究机构——航空工业委员会。[①] 中国国防建设的两大标志性工程开始启动。

四、开展执政条件下党的建设

新中国成立后,中国共产党所处的地位和环境发生了根本性的变化,面对这种变化提出的新问题和新挑战,中国共产党十分重视执政条件下党组织自身的建设。1949年11月,中共中央政治局通过了《关于在中央人民政府内组织中国共产党党委会的决定》《关于在中央人民政府内建立中国共产党党组的决定》,以保证中国共产党的执政地位,又不直接向国家机关或人民群众发号施令。同月,中共中央政治局又作出《关于成立中央及各级党的纪律委员会的决定》,这对中共自身的思想政治建设、组织建设、作风建设都有重大意义。

1950年,针对在全国革命胜利的形势下党内一部分人中滋长的以功臣自居的骄傲自满情绪和官僚主义、命令主义作风,中共中央在1950年5月发出《关于在全党全军开展整风运动的指示》等一系列关于党的建设的指示,在全党进行了一次着重整顿党的干部的整风学习活动。1951年3月28日至4月9日,中共中央召开第一次全国组织工作会议,决定对全党的基层组织进行一次普遍的整顿,在全体党员中进行一次关于共产党员必须具备的八项条件的教育,特别是关于社会主义、共产主义前途的教育。在这种教育的基础上,对每一个党员进行认真的审查和登记,对犯有严重错误的和不够党员条件的党员进行组织处理。整党从1951年下半年开始,分期分批进行,到1954年春基本结束。在总数为650余万的党员中共有41万人被开除出党或被劝告退党。同时,按照标准接收新党员282万人,新建17万个党支部。

加强党的建设和党的团结,是实现党在过渡时期总路线所规定的社会

[①] 中共中央文献研究室编:《周恩来年谱(1949—1976)》上卷,中央文献出版社1997年版,第557页。另参见王焰主编《彭德怀年谱》,人民出版社1998年版,第618页。

主义工业化和社会主义改造任务的基本条件。在中国共产党酝酿和提出过渡时期总路线的过程中，为了从组织上确保总路线的实施，中共中央于1953年9月16日至10月27日召开了第二次全国组织工作会议。会议明确规定党的组织工作在过渡时期的任务是：动员全党从组织上保证过渡时期总路线的贯彻执行，保证第一个五年计划的顺利实施；不断巩固和扩大党的组织，提高党的思想政治水平，提高党的战斗力。会议强调要把党的干部队伍建设作为党的建设的重点。随后，中国共产党加强了对党的干部的管理、审查和教育工作。

1953年，在中共中央提出过渡时期总路线的时候，党内发生了高岗、饶漱石进行分裂活动的严重事件。高岗原为中共中央东北局第一书记，饶漱石原为中共中央华东局第一书记，先后于1952年底和1953年初调到中央工作，分别任国家计划委员会主席和中共中央组织部长。1953年夏，在全国财经会议期间和会后，高岗利用执政党内高层在工作中的正常意见分歧，制造党内纠纷，破坏中央威信，特别是攻击中央领导核心中的刘少奇和周恩来，在一些高级干部中进行挑拨活动。饶漱石在全国组织工作会议上配合行动。1953年12月，中共中央政治局会议揭露了高岗、饶漱石的分裂活动。1954年2月，七届四中全会通过《关于增强党的团结的决议》。1955年3月，中国共产党全国代表会议通过《关于高岗、饶漱石反党联盟的决议》，决定开除高岗、饶漱石的党籍，撤销他们担任的一切职务。反对高岗、饶漱石分裂活动的斗争，是中国共产党在全国执政以后进行的一次党内斗争，使党员特别是党的高级干部受到教育，巩固了党的团结统一，为保证全党贯彻执行过渡时期总路线一致行动起到了作用。为了加强对执政党的党员特别是党的高级干部的监督，会议通过《关于成立党的中央和地方监察委员会的决议》，选出了以董必武为书记的中央监察委员会。

五、和平共处五项原则的提出和实施

为了维护国家主权和世界和平，争取一个有利的国际环境以利恢复经济和发展建设事业，新中国联合世界上一切爱好和平的国家和人民，反对美国的侵略和战争政策，在国际舞台上展开了积极的外交活动。

在加强同以苏联为首的社会主义和人民民主阵营的国家发展友好合作关系的同时,新中国十分重视同新兴的民族独立国家、特别是周边的民族独立国家建立和发展友好关系。

1953年底,印度政府派代表团到北京谈判关于中国西藏地方和印度的关系问题。12月31日,中国政府总理周恩来在接见印度谈判代表团时提出和平共处五项原则,即:"互相尊重领土主权、互不侵犯、互不干涉内政、平等互惠和和平共处的原则"。周恩来指出:"两个大国之间,特别是像中印这样两个接壤的大国之间,一定会有某些问题。只要根据这些原则,任何业已成熟的悬而未决的问题都可以拿出来谈。"①这是中国政府在比较完整意义上首次提出和平共处五项原则,并由此达成《中印关于中国西藏地方和印度之间的通商和交通协定》。在协定的序言中,明确写入双方同意基于上述和平共处五项原则,缔结本协定。协定中有关设立商务代理处、指定贸易市场、双方商人和香客往来过境等内容,是平等互利的;两国就此协定的有关换文,也规定废除印度继承的英帝国主义在西藏的特权,体现了互相尊重主权和领土完整的精神。这次中印谈判及所达成的协定,是运用和平共处五项原则解决国与国之间问题的第一个范例。

在第二次世界大战结束后兴起的非殖民化运动中,亚非拉民族独立解放事业蓬勃发展,新生的国家渴望建立平等的国际关系。中国、印度、缅甸顺应这一历史潮流,共同倡导了互相尊重主权和领土完整、互不侵犯、互不干涉内政、平等互利、和平共处五项原则。

1954年6月,周恩来总理利用日内瓦会议休会期间,先后访问了印度和缅甸,中印、中缅分别发表联合声明,确认这五项原则将在相互关系和各自国家同亚洲及世界其他国家的关系中适用。对于国家间不同意识形态问题,中缅两国总理联合声明作了客观的阐释:"各国人民都应该有选择他们的国家制度和生活方式的权利,不应受到其他国家的干涉。革命是不能输

---

① 中共中央文献研究室编:《周恩来年谱(1949—1976)》上卷,中央文献出版社1997年版,第342页。

出的,同时一个国家的人民所表现的共同意志也不应允许外来干涉。"①基于达成的相互理解,联合声明倡议将和平共处五项原则作为处理国际关系的准则。

和平共处五项原则的提出是国际关系史上的重大创举,为推动建立公正合理的新型国际关系作出了历史性贡献。② 这也表明中国确定了独立自主的和平外交路线。

新中国建立初期进行的抗美援朝战争和援越抗法斗争,显示出中华人民共和国已经成为维护亚洲和平和世界和平的重要力量。在此背景下,苏联政府1953年9月28日照会法国、英国、美国政府,提议召开有中华人民共和国参加的五大国外长会议,审查缓和国际紧张局势的措施。③ 1954年4月,日内瓦会议召开。除五大国和朝鲜之外,还有以"联合国军"的名义派兵参加朝鲜战争的国家。中国代表团以总理兼外长周恩来为首席代表,成员包括张闻天、王稼祥、李克农。中国政府对这次会议的方针是:积极参加,力求取得某种成果。在会议讨论朝鲜问题没有取得进展、面临破裂的关键时刻,周恩来发表了一篇简短而动人的讲话,并提出一个两句话的协议草案:"日内瓦与会国家达成协议,它们将继续努力,以期在建立统一、独立和民主的朝鲜国家的基础上达成和平解决朝鲜问题的协议。关于恢复适当谈判的时间和地点问题,将由有关国家另行确定。"整个会场明显地被中国代表周恩来合情合理的和解态度所感动。苏联、比利时、澳大利亚、加拿大等国代表表示同意周恩来的建议;当天担任会议主席的英国外交大臣艾登表示,中国的建议应当受到最认真的考虑,如果没有不同意见,他将宣布中国的建议成为双方的一致意见。但美国代表拒绝同意。这样,在日内瓦会议第一个回合的较量中,周恩来用原则坚定、策略灵活的高超外交艺术为新中国赢得了声誉。

---

① 《中缅两国总理联合声明》(1954年6月29日),韩念龙主编:《当代中国外交》,中国社会科学出版社1988年版,第404—405页。
② 习近平:《弘扬和平共处五项原则建设合作共赢美好世界——在和平共处五项原则发表60周年纪念大会上的讲话》,《人民日报》2014年6月29日。
③ 韩念龙主编:《当代中国外交》,中国社会科学出版社1988年版,第56页。

在印度支那问题上,法国政府发表了关于从印度支那三国撤出自己的军队和尊重三国的独立、主权和领土完整的声明。日内瓦会议实现了印度支那的停战,结束了法国在这个地区进行多年的殖民战争,阻止了美国企图立即对印度支那进行直接武装干涉的计划,这是印度支那三国人民争取独立的重要里程碑。中华人民共和国以世界有影响的大国身份参加日内瓦国际会议,实际上打破了以美国为首的西方国家不承认中华人民共和国是中国的唯一合法政府的政策。这次会议表明,中国人民为了祖国的安全、世界和平与人类进步事业,为通过谈判解决国际争端,作出了不懈的努力。

在日内瓦会议后转向缓和的国际形势下,和平共处五项原则逐渐成为不同国家间处理国际关系的共同准则。1955年4月,第一次亚非会议在印度尼西亚的万隆举行。亚非会议是由缅甸、锡兰(今斯里兰卡)、印度、印度尼西亚和巴基斯坦五国发起的,共有29个亚非国家参加。这是由当时几乎所有亚非民族独立国家参加而第一次没有西方国家参加的国际性会议。会议主要讨论保卫和平、争取民族独立、发展民族经济等共同关心的问题。这表明,战后亚非前殖民地半殖民地国家已完全有能力对国际问题独立地发表自己的见解和主张。中国政府高度重视这次会议,由国务院总理周恩来率中国代表团出席。

亚非国家虽然有共同的历史遭遇,但各国间也有错综复杂的矛盾分歧。由于帝国主义者不愿看到亚非会议的成功,在幕后进行了一系列的阴谋破坏活动,使会议初期出现纷争,偏离了预定议题。在这个关键时刻,中国代表团团长周恩来鲜明地提出"求同存异"方针,呼吁各国撇开分歧,为着反对殖民主义的共同利益而加强团结合作,推动会议健康进行并获得圆满成功。周恩来在万隆会议上强调:根据和平共处五项原则,社会制度不同的国家是可以实现和平共处的;在保证实施这些原则的基础上,国际争端没有理由不能够协调解决。在中国代表团和有关各国的协同努力下,亚非会议一致通过了《亚非会议最后公报》,公报包含了经济合作、文化合作、人权和自决、附属国人民问题和关于促进世界和平和合作等广泛内容。公报在《关于促进世界和平和合作的宣言》中提出了著名的"万隆会议十项原则":(一)尊重基本人权、尊重《联合国宪章》的宗旨和原则。(二)尊重一切国家的主权和领土完整。(三)承认一切种族平等,承认一切大小国家的平等。(四)不干预或干涉他国内政。(五)尊重每一国家按照《联合国宪章》单独地或集体地进行自卫的权利。(六)不使用集体防御的安排来为任何一个大国的特殊利益服务;任何国家不对其他国家施加压力。(七)不以侵略行为或侵略威胁或使用武力来侵犯任何国家的领土完整或政治独立。(八)按照《联合国宪章》,通过如谈判、调停、仲裁或司法解决等和平方法以及有关方面自己选择的任何其他和平方法来解决一切国际争端。(九)促进相互的利益和合作。(十)尊重正义和国际义务。这是和平共处五项原则的引申和发展。

亚非会议期间,周恩来多次重申中国政府关于台湾问题的立场。他指出在台湾问题上存在两个性质完全不同而又互相关联的问题:中国人民解放台湾,是行使自己的主权,实现领土的完整和国家的统一,是中国的内政问题;美国侵占台湾并干涉中国人民解放沿海岛屿,造成台湾地区的紧张局势,是中美之间的国际性问题。周恩来代表中国政府声明,中国人民不要同美国打仗,中国政府愿意同美国政府讨论缓和台湾地区紧张局势的问题。这个声明促成了中美两国1955年8月开始的大使级会谈。

这些卓有成效的外交活动,促进了国际紧张局势的缓和,扩大了中国在国际上的影响,加强了中国同世界的联系,为中国的和平建设和社会主义改造争取了较为有利的国际环境。

第三节　社会主义改造的基本完成和社会主义基本制度的确立

一、对个体农业、手工业的社会主义改造

1953年2月,中共中央把1951年12月以草案形式发给各级党委试行的《关于农业生产互助合作的决议》作了个别修改,以正式决议下达实行。1953年10月至11月,中共中央召开第三次农业互助合作会议后,中国农村互助合作的发展,由普遍发展互助组试办初级社的阶段,进入普遍发展初

级社试办高级社的阶段。12月16日，中共中央作出《关于发展农业生产合作社的决议》。决议强调：为着进一步提高农业生产力，党在农村中工作的最根本的任务，就是要善于用明白易懂而为农民所能够接受的道理和办法去教育和促进农民群众逐步联合组织起来，逐步实行农业的社会主义改造，使农业能够由落后的小规模生产的个体经济变为先进的大规模生产的合作经济，以便逐步克服工业和农业这两个经济部门发展不相适应的矛盾，并使农民能够逐步摆脱贫困的状况而取得共同富裕和普遍繁荣的生活。① 决议指出，"经过简单的共同劳动的临时互助组和在共同劳动的基础上实行某些分工分业而有某些少量公共财产的长年互助组，到实行土地入股、统一经营而有较多公共财产的农业生产合作社，到实行完全社会主义的集体农民公有制的更高级的农业生产合作社（也就是集体农庄）。""就是逐步对农业实现社会主义改造的道路。"②文件提出"积极领导，稳步前进"的方针，要求严格遵守自愿原则，采用说服教育、典型示范和国家援助的办法，既要反对放任自流；也要反对任何强迫命令和剥夺农民的行为。通过努力工作，到1954年底，全国范围内互助组增加到近1000万个，初级社发展到48万个。已成立的合作社80%以上都增产增收，受到广大贫苦农民的欢迎。但也有一些地区出现了急躁冒进的偏差。

1955年4月21日至5月6日，中共中央农村工作部召开第三次全国农村工作会议，会议在分析1955年春农村形势后，提出对农业生产合作社的总方针是，区别不同地区的情况，停止发展，全力巩固，秋后看情况再定；对数量大问题多，超过主观力量的，要适当收缩一部分；或者在巩固中继续发展。按照这个"停、缩、发"的方针，全国的农业生产合作社缩减2万个，巩固了65万个，使农业合作化稳步地向前发展。

1955年4月下旬，毛泽东离京到南方视察，所见所闻让毛泽东的认识发生了变化。回京后，毛泽东于5月5日约见中央农村工作部部长邓子恢。

---

① 《中共中央关于发展农业生产合作社的决议》，《中共中央文件选集》第14册，人民出版社2013年版，第443—444页。
② 《中共中央关于发展农业生产合作社的决议》，《中共中央文件选集》第14册，人民出版社2013年版，第444页。

9日,毛泽东约见李先念、邓子恢和农业部、粮食部负责人。17日,中央在杭州召集华东、中南地区和河北、北京、天津等十五个省市党委书记会议,讨论农业合作社发展工作。毛泽东要求新区各省发展合作社的数目都应比上年翻一番,下年度发展合作社的控制指标为35万个社。会议上,有省委书记谈到收缩合作社引起农村干部和群众很大不满,埋怨中央农村工作部压抑了下面办社的积极性。杭州会议后,毛泽东继续留在南方视察。6月14日,刘少奇主持中央政治局会议,批准农村工作部关于全国第三次农村工作会议的报告提出的下一年度农业合作社的发展到100万个的计划。7月11日,毛泽东约见邓子恢和有关方面负责人,重申合作社应该大发展的意见。

7月31日至8月1日,省、市、自治区党委书记会议在北京举行。毛泽东在会上作题为《关于农业合作化问题》的报告。报告对农业合作化运动的基本经验作了比较全面的总结,阐明了农业合作化的基本道路、基本方针、基本政策,并对农业合作化同农业机械化、社会改革同技术改革的关系作了比较全面的论述,是指导农业合作化的重要文献。报告强调国家工业化对商品粮和工业原料年年增长的需要,同农业主要农作物一般产量很低之间存在着尖锐矛盾,论述了合作化大发展的紧迫性,农业合作化的步骤应当和工业化的步骤相适应的方针,以及"必须先有合作化,然后才能使用大机器"的观点,认为无论是为满足工业化对商品粮和工业原料的需求,扩展工业化所需的国内销售市场,还是通过商品交换主要从农业方面积累工业化和农业技术改造的资金,都必须尽快实现农业合作化。毛泽东强调"农村中不久就将出现一个全国性的社会主义改造的高潮",为此,必须采取"全面规划,加强领导"的方针。① 报告不点名地错误指责由邓子恢主持的中共中央农村工作部犯了"右倾机会主义的错误,"致使农业合作化运动的进程陡然加速。

为了迎接新高潮,各省迅速行动起来,从各方面抽调大批干部分赴农村,充实办社的领导力量,检查敦促合作社的大发展。从6月到10月,全国

---

① 参见中共中央文献研究室编《毛泽东年谱(1949—1976)》第2卷,中央文献出版社2013年版,第409-411页。

就新建合作社64万个,使合作社总数接近130万个,仅4个月就基本实现了"翻一番"。

面对合作社急速发展的形势,中央决定将原拟召开的省市区党委书记和地委书记会议,改为召开扩大的七届六中全会,以便全面部署农业合作化的大发展。10月4日至11日,中共七届六中全会(扩大)根据毛泽东《关于农业合作化问题》的报告,通过《关于农业合作化问题的决议》,农业合作化运动形成了高速发展的势头,造成了过急、过快的后果。

1956年,中国农业合作化基本完成。"参加秋收分配的农业生产合作社的入社农户达到1.1亿多户,占全国农户总数的92%;集体经营的耕地面积达到15亿多亩,占全国耕地总面积的90%。到年底,入社农户又增加到约1.2亿户,占全国农户总数的96%。这些农业生产合作社中,高级社的入社农户达到1亿多户,占全国农户总数的88%。在没有受灾和受灾较轻的许多地区,同上年比较,约有80%的农业生产合作社在不同程度上增加了产量,约有75%的农户在不同程度上增加了收入。在灾情较重的地区,农业生产合作社在集体救灾和生产互助等方面也起了显著的作用。"[①]

在农业合作化逐步发展的同时,手工业合作化也开始全面推进。当时中国的手工业工人近1000万人,手工业在国民经济中,在供应城乡生产资料和生活资料方面占有重要地位。1953年11月20日至12月17日,中华全国合作社联合总社召开第三次全国手工业生产合作会议。会议指出,实现对手工业的社会主义改造,必须坚持"积极领导,稳步前进"的方针,从供销入手,实行生产改造。根据生产发展的需要和手工业劳动群众的觉悟程度,采取三种组织形式:一是手工业生产小组,二是手工业供销合作社,三是手工业生产合作社等组织形式;由小到大,由低级到高级,逐步进行。会后,手工业合作化有了比较快的发展。到1954年底,手工业合作组织发展到4.1万个,参加手工业合作组织的手工业者有113万人。

大规模经济建设开展后,国家对主要农产品和某些工业品实行统购统

---

① 中华人民共和国国家统计局:《关于1956年度国民经济计划执行结果的公报》(1957年8月1日),《人民日报》1957年8月2日。

销、统购包销,使手工业生产的原料供应遇到困难,个体手工业者困难尤大。针对这一情况,1954年12月至1955年1月召开第四次全国手工业生产合作会议,讨论了手工业同地方工业的发展、同农业和资本主义工商业的社会主义改造如何统筹兼顾合理安排等问题,确定1955年手工业社会主义改造工作的方针是:统筹兼顾、全面安排、积极领导、稳步前进。会议指出当年工作的中心任务是:把手工业主要行业的基本情况继续摸清楚,分别轻重缓急,按行业拟定供销和手工业劳动者的安排计划;整顿、巩固和提高现有社(组);在此基础上,从供销入手,适当发展新社(组)。5月16日,中共中央批准了这次会议的报告。

1955年下半年,农业合作化的猛烈发展也影响了手工业的合作化速度。1955年12月召开的第五次全国手工业生产合作会议,要求在两年内基本完成对手工业的社会主义改造。1956年,出现了整个行业、整个地区手工业合作化的浪潮。到年底全国手工业生产合作组织达到10万多个,人数达到500多万人,占手工业者总数的92%。[①] 基本上完成了对手工业的社会主义改造。同时,渔业、盐业、民间运输业中的个体经济和小商小贩的社会主义改造,也宣告完成。此外,还有一部分手工业者已经参加了农业生产合作社、国营和公私合营企业。由于手工业合作化的基本完成和国家对手工业的大力援助,1956年手工业的总产值比上年增加了约16%。

二、对资本主义工商业的社会主义改造

对资本主义工商业进行社会主义改造,是过渡时期总路线总体布局中的重要方面。对资本主义工商业的改造在1953年底以前,主要是实行初级形式国家资本主义阶段。1953年春,中共中央统战部部长李维汉率调查组去武汉、南京、上海等地,对资本主义工业中的公私关系问题进行了广泛的调查,并向中共中央和毛泽东写了调查报告。报告认为,国家资本主义是利用和限制工业资本主义的主要形式,是改造资本主义工业使它逐步过渡到

[①] 中华人民共和国国家统计局:《关于1956年度国民经济计划执行结果的公报》(1957年8月1日),《人民日报》1957年8月2日。

社会主义的主要形式,也是同资产阶级进行统一战线工作并改造资产阶级分子的主要环节。6月,中共中央政治局召开会议讨论和确定了经过国家资本主义改造资本主义工业的方针。随后,又决定对私营商业也采取国家资本主义的方针。这样,党对资本主义工商业的政策,就由利用、限制发展成为利用、限制、改造。9月,毛泽东在同民主党派和工商界部分代表谈话时阐述了对资本主义工商业改造的方针,他指出,经过国家资本主义完成对私营工商业社会主义改造,是较健全的方针和办法。国家资本主义是改造资本主义工商业和逐步完成社会主义过渡的必经之路。①

1953年10月,中共中央作出关于实行粮食的计划收购和计划供应的决议,即统购统销。实行粮食统购统销后,私营粮商不能自由经营粮食,只能成为国家的粮食代销店,私营加工厂也只能接受国家粮食部门的委托加工。这是对粮食行业的私营工商业实行了全行业的改造。随后,又实行油料的统购和食油的统销、棉花的统购和棉布的统购统销,这些都成为推动私营工商业社会主义改造的重要步骤。

1954年到1955年夏,对资本主义工商业的改造主要是实行个别企业的公私合营。1954年1月,中共中央批转中财委《关于1954年扩展公私合营工业计划会议的报告》和《关于有步骤地将有十个工人以上的资本主义工业基本上改造为公私合营企业的意见》。报告认为,对私营工业实行加工订货,企业利润采取"四马分肥"的方法,除国家所得税(30%)、企业公积金(30%)、工人福利(15%)以外,资方所得红利占四分之一(25%),企业基本上是为国计民生服务的。但这主要是国家同资本家在企业外部的合作,并不触及生产资料的资本家所有制,企业基本上仍由资本家管理,劳资矛盾、公私矛盾以及由此引起的其他矛盾,难以获得有效的处理。随即召开的扩展公私合营工业计划会议决定,1954年是有计划地扩展公私合营工业的第一年,应以"巩固阵地、重点扩展、作出榜样、加强准备"为工作方针。7月,中共中央下发了陈云起草的《关于加强市场管理和改造私营商业的指

---

① 中共中央文献研究室编:《毛泽东年谱(1949—1976)》第2卷,中央文献出版社2013年版,第159-160页。

示》,决定采取"一面前进,一面安排,前进一行,安排一行"的办法,有计划地取代和安排私营小批发商和私营零售商,把改造和安排结合起来,引导他们转向有利于国计民生的事业。9月,国务院第223次会议通过了《公私合营企业暂行条例》,使如何进行公私合营有了正式的法律依据。开始有计划地扩展把资本主义工商业纳入公私合营轨道的工作。

1954年12月至1955年1月,国务院召开扩展公私合营工业工作会议,根据中共中央和国务院的意见,会议确定了"统筹兼顾、归口安排、按行业改造"的方针。在扩展公私合营的方式上,要按行业做通盘规划,统一安排;分别情况或实行个别合营,或采取以大带小,以先进带落后的办法实行联营合并或公私合营。新中国成立初期曾对私商采取"排挤"或"代替"政策。党在过渡时期总路线提出后,国营商业扩大了对工商业的加工、订货和包销的范围,随之实行统购统销政策,整个市场关系发生变化。这样,一方面为国家对私营商业实行改造创造了前提,另一方面必不可免地使商业中的公私关系趋于紧张。经过1954年一年的改造,国营商业在全国商业企业批发贸易中,已基本上代替了私营批发商业。到1955年纯粹私商在社会商品零售总额中的比重,在32个大中城市占25%,在农村集镇剩18%。这表明,对私营商业包括城乡小商小贩的改造工作,向前推进了一大步。

在对资本主义工商业的改造的实践过程中,中国共产党和人民政府创造了委托加工、计划订货、统购包销、公私合营和全行业公私合营等一系列从低级到高级改造的形式,从大城市向中小城市发展,从主要行业向一般行业发展。公私合营企业由1953年的1036户增加到1954年的1746户,1955年又增加到3193户,其产值占全国私营工业总产值的49.62%。[1] 公私合营工业,劳动生产率增长快,表现出明显的优越性。

1955年秋到1956年,是资本主义工商业改造实行全行业公私合营阶段。1955年下半年,在一些大中城市出现了资本主义工商业全行业公私合

---

[1] 中共中央党研究室著、胡绳主编:《中国共产党的七十年》,中共党史出版社1991年版,第329页。

营的新情况。11月,全国工商联召开会议,发表《告全国工商界书》,号召工商业者积极接受社会主义改造。同月,中共中央政治局召开有各省、市、自治区代表参加的关于资本主义工商业社会主义改造的工作会议。会议讨论和通过了《关于资本主义工商业改造问题的决议(草案)》,决议指出,现在已经有了充分有利的条件和完全的必要,把资本主义工商业的社会主义改造推进到一个新的阶段,即从原来在私营企业中所实行的加工订货、经销代销和个别地实行公私合营的阶段,发展到在一切重要行业中分别在各地区实行全部或大部公私合营的阶段;要求用两年时间完成全行业公私合营。1956年初,在农业合作化运动快速发展的推动下,全国城镇普遍出现了全行业公私合营的高潮。

在这场历史性变革中,首都北京市走在了前面。1956年1月10日下午,北京市人民委员会召开资本主义工商业公私合营大会,宣布全市35个私营工业行业的3990家工厂(包括4人到9人的小工厂)和42个私营商业行业(包括饮食和服务性行业)的13973户,共17963户,全部被批准实行公私合营。北京市资本主义工商业实现了全行业公私合营。当晚,北京市的65000多名职工、资本家和他们的家属,在北京市劳动人民文化宫举行了庆祝全市资本主义工商业全部公私合营游园联欢大会。[①] 15日下午,北京市公私合营的工商业的工人、店员、资本家,手工业生产合作社的社员,郊区农民的代表,国营企业的职工代表,各学校教师、学生的代表,中国人民解放军士兵代表,科学、医务、文学、艺术工作者代表,工程技术人员代表,中央和北京市各机关、团体工作人员代表和首都文艺团体等共20多万人,在天安门广场与毛泽东等中共中央和中央人民政府领导人一起,庆祝北京市社会主义改造的伟大胜利。毛泽东主席在天安门主席台上接受了北京市在全国首先完成第一个五年计划期间社会主义改造任务的喜报。[②] 继北京之后,南京、天津、合肥、重庆、上海、保定、杭州、哈尔滨、太原、广州、西安等城市先后

[①] 新华社:《北京市资本主义工商业全部实行公私合营六万多职工和资本家举行庆祝游行和游园联欢大会》,《人民日报》1956年1月11日。

[②] 新华社:《北京市各界举行庆祝社会主义改造胜利联欢大会 毛泽东主席、刘少奇委员长、周恩来总理等出席大会》,《人民日报》1956年1月16日。

第三节 社会主义改造的基本完成和社会主义基本制度的确立

举行庆祝社会主义改造胜利大会或游行活动。至 1 月底,全国已经有 60 多个城市取得社会主义改造全面胜利,宣布先后进入社会主义社会。①

到 1956 年底,中国大陆的私营工商业已经基本上实现全行业公私合营,对资本主义工商业实行社会主义改造的任务基本完成。由私营转变为公私合营的工业企业约有 7 万户。这些企业的总产值约占原私营工业总产值的 99.6%,职工人数约占原私营企业职工总数的 99%。1956 年公私合营工业的总产值比上年增加了约 32%。②

中国共产党领导人民群众创造了在一段时期内让资本家继续从企业分得一部分红利和股息的赎买办法,来引导资本主义工商业向社会主义逐步过渡。马克思曾经设想社会主义革命有可能对资产阶级实行和平赎买。列宁在十月革命之后提出过进行这种和平赎买的政策和方案的轮廓。由于多方面的原因,列宁的方案没有能够很好实施。中国共产党在民主革命中同民族资产阶级建立联盟,在社会主义改造中继续保持联盟关系,再加上对资本主义工商业改造的方针政策步骤的正确性,使中国共产党在社会主义的历史上第一次实现了对资产阶级的和平赎买。

总之,在如此复杂和深刻的社会变革中,做到了国民经济的稳定增长和人民群众的广泛拥护,从而比较顺利地实现了社会主义的目标,这个事实说明,总的看来,党领导的社会主义改造是成功的。虽然,中国的社会主义改造在目标模式方面还是以苏联为榜样,但是在具体道路上带有中国自己的特色,从而用新的经验和思想丰富和发展了马克思主义的科学社会主义理论。

由于农业合作化高潮和随之而来的资本主义工商业全行业公私合营高潮的掀起,原定三个五年计划完成的对个体农业、手工业和资本主义工商业社会主义改造的任务不到四年就完成了,工作中出现过于急促和粗糙,发生

---

① 《全国已经有 60 多个城市取得社会主义改造全面胜利》,《人民日报》1956 年 2 月 1 日。
② 中华人民共和国国家统计局:《关于 1956 年度国民经济计划执行结果的公报》(1957 年 8 月 1 日),《人民日报》1957 年 8 月 2 日。

了若干缺点和偏差。主要是"一九五五年夏季以后,农业合作化以及对手工业和个体商业的改造要求过急,工作过粗,改变过快,形式也过于简单划一,以致在长期间遗留了一些问题。一九五六年资本主义工商业改造基本完成以后,对于一部分原工商业者的使用和处理也不很适当。"①

三、第一个五年计划的完成

中国第一个五年计划的经济建设,取得了重大的成就。1956年,全国工农业总产值达到1286.5亿元,超过了"一五"计划规定的1132.2亿元的指标。到1957年底,"一五"计划的各项指标大幅度地超额完成了。

"一五"计划的制定和实施,得到苏联政府的直接援助。在中国实行"一五"计划时期,苏联派来中国的技术专家有3000多人。中国派往苏联的留学生达7000多人,实习生5000人。② 这些情况,对于中国的初期工业化建设起了十分重要的作用。另一方面,中国坚持"以独立自主、自力更生为主,争取外援为辅"的方针,强调凡能自己解决的就不依赖外援。五年中,国家财政来自国外的贷款,只占财政总收入的2.7%;在苏联帮助设计和装备的项目中,有相当一部分设计工作量和机器设备是由中国自己担负的。

五年内,全国完成的基本建设投资总额达到550亿元,其中国家对经济和文化部门的基本建设投资总额达到493亿元,超过原定计划427.4亿元的15.3%。1956年一年的投资额达到140亿元,约占五年计划规定投资额的1/3,③加上企业和地方自筹资金,全国实际完成基本建设投资总额588亿元,施工限额以上的工矿建设项目921个,新增固定资产492亿元,相当

---

① 中国共产党中央委员会:《关于建国以来党的若干历史问题的决议》,人民出版社1981年版,第14页。
② 中共中央党史研究室著、胡绳主编:《中国共产党的七十年》,中共党史出版社1991年版,第306页。
③ 中华人民共和国国家统计局:《关于发展国民经济的第一个五年(1953年到1957年)计划执行结果的公报》(1959年4月13日),《人民日报》1959年4月14日。

1952年全国拥有的固定资产原值的1.9倍。① 中国过去没有的一些工业部门,包括飞机、汽车制造业、重型和精密机器制造业、国防工业、高级合金钢和有色金属冶炼业,从无到有地建设起来,增强了基础工业的实力。

1957年,全国工业总产值达到783.9亿元,超过原定计划21%,比1952年增长141%,平均每年增长19.2%。② 在工农业总产值中,工业总产值所占的比重从1952年的41.5%提高到1957年的56.5%。在工业总产值中,重工业的比重从1952年的35.5%提高到45%,主要工业产品的产量都有较大增长。1957年,钢产量为535万吨,比1952年增长296%;原煤产量为1.3亿吨,比1952年增长96%;发电量为193.4亿度,比1952年增长166%;棉布产量为50.6亿尺,比1952年增长32%;糖产量为86万吨,比1952年增长92%。③ "一五"期间工业生产所取得的成就,远远超过了旧中国的一百年;同世界其他国家工业起飞时期的增长进度相比,也名列前茅。1957年农业总产值达604亿元,比1952年增长25%。这期间全国物价基本稳定,国家财政除1956年有赤字外、其余各年都收支平衡,略有结余。人民生活显著改善。1957年,全国职工的平均工资比1952年增长42.8%,农民的收入增加近30%。1957年,全国居民平均消费水平达到102元,比1952年的76元提高1/3以上,其中,职工平均消费水平由148元提高到205元,农民由62元提高到79元。④

"一五"计划期间,人民的物质生活水平得到较快提高。城市居民安居乐业。1957年底,中国大陆职工人数已经达到2451万人,旧中国遗留下来的大批失业人员已经基本上得到了安置。1957年全国职工的平均工资达到637元,比1952年增长42.8%。国家为职工支付的劳动保险金、医药费、

---

① 中共中央党史研究室著、胡绳主编:《中国共产党的七十年》,中共党史出版社1991年版,第337页。
② 中华人民共和国国家统计局:《关于发展国民经济的第一个五年(1953年到1957年)计划执行结果的公报》(1959年4月13日),《人民日报》1959年4月14日。
③ 中共中央党史研究室著、胡绳主编:《中国共产党的七十年》,中共党史出版社1991年版,第337页。
④ 中共中央党史研究室著、胡绳主编:《中国共产党的七十年》,中共党史出版社1991年版,第338页。

福利费五年共达 103 亿元,国家投资新建的职工住宅面积 9454 万平方米。① 农民生活稳步提高。在农业生产发展的基础上,五亿多农民的生活得到了逐步的提高。1957 年全国农民的收入,比 1952 年增加近 30%。五年内农业税的征收额一直稳定在 1953 年的水平上,由于农业生产的增长,农民的负担相对地减轻了。同时,国家适当地提高了若干种农副产品的收购价格,使农民得到了利益。

中国在第一个五年计划期间取得的重大成就,是中国共产党领导全国各族人民在克服各种困难的情况下取得的。

四、社会主义基本制度的确立及其意义

如前所述,1954 年 9 月第一届全国人民代表大会的召开和《中华人民共和国宪法》的颁布实施,标志着中华人民共和国根本政治制度的确立。这项根本政治制度,充分保证人民当家作主,高度体现社会主义民主。由于全国人民代表大会的召开,中国人民政治协商会议代行全国人民代表大会职权的任务已经结束,成为团结全国各民族、各民主阶级、各民主党派、各人民团体、国外华侨和其他爱国民主人士的人民民主统一战线的组织,成为中国共产党领导的多党合作和政治协商制度的组织形式。团结和民主成为人民政协的两大主题,社会主义协商民主成为中国人民民主的重要形式。1954 年《宪法》规定"各少数民族聚居的地方实行区域自治。各民族自治地方都是中华人民共和国不可分离的部分。"民族区域自治制度被确立为国家的另一项重要政治制度。至此,中国社会主义基本政治制度已经基本建立。

1956 年,国家实现了对生产资料私有制的社会主义改造,农民和手工业者劳动群众个体所有的私有制,基本上转变成为劳动群众集体所有的公有制;资本主义私有制已基本上转变成为国家所有即全民所有的公有制。在中国国民经济中,全民所有制和劳动群众集体所有制这

---

① 中华人民共和国国家统计局:《关于发展国民经济的第一个五年(1953 年到 1957 年)计划执行结果的公报》(1959 年 4 月 13 日),《人民日报》1959 年 4 月 14 日。

两种形式的社会主义公有制经济,已经居于绝对统治地位。与生产资料公有制相适应的按劳分配制度也建立起来。这就是说,社会主义基本经济制度已经建立起来。

总之,人民民主专政的国体,根本政治制度人民代表大会制度的政体,共产党领导的多党合作和政治协商制度、民族区域自治制度等社会主义基本政治制度的建立和实施,以生产资料公有制和按劳分配为主体的社会主义基本经济制度的建立和实施,标志着社会主义基本制度已经在中国确立,中国社会实现了由新民主主义向社会主义的过渡,开始进入社会主义社会的初级阶段。

在一个长期是半殖民地半封建社会的六亿多人口的大国中比较顺利地实现了如此复杂、困难而深刻的社会变革,建立起社会主义基本制度,这的确是伟大的历史性胜利,具有重大而深远的意义。

第一,开创了一条适合中国情况和特点的社会主义改造的道路。这条道路实现国家工业化和生产资料私有制的社会主义改造并举。中国共产党在民主革命中同民族资产阶级建立联盟,在社会主义改造中继续保持联盟。这种历史背景加上现实的需要和可能,使中国共产党在社会主义的历史上第一次有效地实行了科学社会主义创始人马克思恩格斯对资产阶级实行和平赎买的设想。作为掌握全国政权的中国共产党领导人民群众创造了不由国家付出大笔赎金,而是在一段相当长的时期内让资本家继续从企业分得一部分红利和股息的赎买办法,还创造了一系列从低级到高级的改造形式,引导资本主义工商业向社会主义逐步过渡。在农业合作化中,遵循自愿互利、典型示范和国家帮助的原则,也创造了一系列由初级到高级的向社会主义过渡的形式。对于个体手工业的改造,也采取了类似的方法。由于这些创造,中国的社会主义改造在具体道路上形成了自己的特色,从而用新的经验和思想丰富和发展了马克思主义的科学社会主义理论。

第二,实现了中国历史上最深刻、最伟大的社会变革。在一个几亿人口的大国中比较顺利地实现了生产资料私有制的改造,在实现如此复杂、困难和深刻的社会变革同时,促进了工农业和整个国民经济的发展,这的确是伟大的历史性胜利。正如邓小平所说:"我国资本主义工商业社会主义改造的胜利完成,是我国和世界社会主义历史上最光辉的胜利之一。"①占全世界人口总数四分之一的中国进入社会主义,这也是人类社会发展史上的重大事件。社会主义制度的建立实现了人民当家作主。中国是有五千多年历史的文明古国,但人民当家作主,真正成为国家、社会和自己命运的主人,只是在新中国成立以后才成为事实,这是中国人民社会政治地位的根本变化。社会主义制度的建立实现了国家的高度统一和各民族的空前团结。中华民族彻底结束了旧中国一盘散沙的局面,封建式的割据局面在中国大地上也一去不复返了。五十六个民族同呼吸、共命运、心连心,形成了平等、团结、互助的民族关系。社会主义基本制度的建立,保证了中国开始进行真正意义上的全面建设。这包括经济、政治、文化、社会、国防等现代化建设,开始彻底改变百年来贫穷落后的面貌,神州大地出现万象更新的局面,全国各族人民开始为建设一个伟大的强国,实现中华民族的全面复兴而奋斗。

第三,社会主义基本制度的确立,成为新中国一切进步和发展的制度基础。1840年鸦片战争后,中国逐步成为半殖民地半封建社会。那个时代,为了挽救民族危亡、实现民族振兴,中国人民和无数仁人志士孜孜不倦寻找着适合国情的政治制度模式。辛亥革命之前,太平天国运动、洋务运动、戊戌变法、义和团运动、清末新政等都未能取得成功。辛亥革命之后,中国尝试过议会制、多党制、总统制等各种形式,各种政治势力及其代表人物纷纷登场,都没能找到正确答案,中国依然是山河破碎、积贫积弱,列强依然在中国横行霸道、攫取利益,中国人民依然生活在苦难和屈辱之中。中国共产党领导中国人民取得革命胜利后,选择什么样的政治制度?国家应该怎样治理?这是一个关系国家前途、人民命运的根本性问题。经过实践探索和理论思考,中国共产党人找到了答案。这就是把建立社会主义制度作为目标。新中国的诞生和社会主义制度的建立,为中国人民把这一目标付诸实践奠定了前提、创造

---

① 《邓小平文选》第2卷,人民出版社1994年版,第186页。

了条件。在中国实行社会主义制度,是中国人民在人类政治制度史上的伟大创造,是深刻总结近代以后中国政治生活惨痛教训得出的基本结论,是中国社会激越变革、激荡发展的历史结果,是中国人民翻身作主、掌握自己命运的必然选择。

总之,新民主主义革命的胜利,由新民主主义向社会主义转变的实现,社会主义基本制度的建立,为当代中国一切发展进步奠定了根本政治前提和制度基础,也使中华民族伟大复兴进入新的发展阶段。

思考题
1. 试述中国共产党过渡时期总路线的形成和主要内容。
2. 阐述中国社会主义基本政治制度的建立和意义。
3. 20 世纪 50 年代,中国为什么和怎样选择了社会主义?

结　束　语

一、革命为实现现代化创造了必要前提

综观中国革命的历史进程，孙中山领导的辛亥革命推翻了清王朝；中国共产党领导的新民主主义革命推翻了帝国主义、封建主义、官僚资本主义的统治；其后进行的社会主义革命，改造了生产资料的私有制，消灭了资产阶级。所有这些，都是不同阶段革命的直接目标，而不是革命的最终目的。那么，革命的目的究竟是什么呢？一句话，革命是为了解放被束缚的社会生产力，并创造新的条件发展生产力。也就是说，革命就其本身而言，不是目的，而是解放和发展生产力、实现现代化的手段、工具。

革命直接表现为对旧社会、旧秩序的破坏，但是，破坏绝不是革命的目的，革命是为了建设一个新社会，建立一种新秩序。孙中山就认为，革命是万不得已的事情，而且不能一直革下去；建设是革命的唯一目的，如果不存心建设，既不必破坏，更不必言革命。因此，中华民国南京临时政府成立后，孙中山以振兴实业为目标，设立实业部，先后颁布了一系列有利于工商业发展的政策和措施，以推动民族资本主义经济的发展，推进中国的近代化、工业化。正是在辛亥革命的推动下，20世纪一二十年代中国民族资本主义取得了长足的发展，被经济史学界称为中国民族资本主义发展的"黄金时代"。

在领导新民主主义革命的进程中，毛泽东更是反复强调：革命就是要解决近代中国社会的矛盾，冲破帝国主义和封建主义的压力，"解放中国人民的生产力，解放中国人民，使他们得到自由"[①]；"我们搞政治、军事仅仅是为着解放生产力"[②]。他还明确指出："我们共产党是要努力于中国的工业化。""老百姓拥护共产党，是因为我们代表了民族与人民的要求。但是，如果我们不能解决经济问题，如果我们不能建立新式工业，如果我们不能发展

[①]　《毛泽东文集》第3卷，人民出版社1996年版，第432页。
[②]　《毛泽东文集》第3卷，人民出版社1996年版，第109页。

生产力,老百姓就不一定拥护我们。"因此,他要求"所有的共产党员都应该学习经济工作"①。1927年以后,中国共产党在其领导的根据地、解放区,因地制宜、因时制宜地开展经济文化等各项建设,既恢复和发展生产力,促进经济社会发展,又积累了一定的治国理政经验,为在革命胜利后开展大规模的经济文化建设作了准备。

新中国成立后,中国各族人民在中国共产党领导下迅速医治战争创伤,恢复和发展国民经济的事实,充分证明了新民主主义革命的胜利对解放和发展社会生产力的巨大历史作用。

在进行社会主义革命、完成社会主义改造的过程中,毛泽东又多次强调:"社会主义革命的目的是为了解放生产力",三大改造"必然使生产力大大地获得解放。这样就为大大地发展工业和农业的生产创造了社会条件"②。"革命是为建设扫清道路",革命的目的"不在于建立一个新的政府、一个新的生产关系,而在于发展生产"③。对生产资料私有制的社会主义改造,进一步解放和发展了中国的社会生产力。正如中共中央《关于建国以来党的若干历史问题的决议》所指出的:"在一个几亿人口的大国中比较顺利地实现了如此复杂、困难和深刻的社会变革,促进了工农业和整个国民经济的发展,这的确是伟大的历史性胜利。"④

总之,在近代中国半殖民地半封建的社会历史条件下,只有首先进行反帝反封建的民族民主革命,才能解放被束缚的社会生产力;进而在此基础上,不失时机地进行社会主义革命,为实现国家的工业化、现代化,为实现国家富强、人民富裕创造前提、奠定基础。全部的中国革命历史证明:正是中国共产党领导的新民主主义革命的胜利成果——新中国的成立和社会主义革命的胜利果实——社会主义制度的建立,为当代中国的现代化建设,为中华民族阔步赶上时代发展潮流,奠定了根本政治前提、制度基础和坚实的实

---

① 《毛泽东文集》第3卷,人民出版社1996年版,第146-147页。
② 《毛泽东文集》第7卷,人民出版社1999年版,第1页。
③ 《毛泽东文集》第7卷,人民出版社1999年版,第182页。
④ 中国共产党中央委员会:《关于建国以来党的若干历史问题的决议》,人民出版社1981年版,第14页。

践基础。

二、铭记革命历史，总结革命经验，继承革命传统

历史虽然是过去发生的事情，但总会以这样那样的方式出现在当今人们的生活之中。一个没有历史记忆的民族和国家，是没有前途的。

近代以来的中国革命历史，波澜壮阔、蔚为壮观，使后人刻骨铭心、难以忘怀。读史需要情怀，学史折射境界。通过"中国革命史"这门课程的学习，同学们对这段历史有了比较完整的了解。但是，学习中国革命史，不仅仅是记住某个历史事件或历史人物，更重要的是从历史中汲取智慧、吸收营养，增加正能量。

一是要正确对待革命进程中的成功和失败，通过科学总结和认识正反两方面的历史经验，善于运用历史思维分析现状、认清趋势、把握未来。

中国共产党在新民主主义革命时期，所取得的成就与进步伟大辉煌，其所经历的困难与风险也世所罕见。但是，前途是光明的，道路是曲折的。无论遇到什么样的曲折，中国革命历史都总是按照自己的规律向前发展，没有任何力量能够阻挡其前进的车轮。这是一切正义事业发展的历史逻辑。中国革命事业之所以伟大，就在于经历世所罕见的艰难而不断取得成功。学习中国革命史特别是中国共产党领导中国革命的历史，不仅要充分认识中国共产党带领人民取得了光荣伟大的业绩，而且要充分认识她带领人民在应对各种困难和风险的考验中披荆斩棘、不断开辟胜利道路所展示出来的巨大勇气、巨大智慧和巨大力量。

二是要继承革命传统，弘扬革命精神。

实现中华民族伟大复兴的中国梦，必须弘扬中国精神。这就是以爱国主义为核心的民族精神和以改革创新为核心的时代精神。

在中国革命的各个历史发展时期，先辈们为争取民族独立、人民解放，为建立和建设一个新中国，前赴后继，英勇奋斗，孕育形成了代代相传的革命精神，这是中国革命留下的弥足珍贵的传家宝。这些革命精神反映民族品格，体现时代要求。一代又一代志士仁人为了追求民族独立和人民解放，不惜流血牺牲，靠的就是一种信仰，为的就是一个理想。尽管他们也知道，

自己追求的理想可能不会在自己手中实现,但他们坚信,一代又一代人持续努力,一代又一代人为此作出牺牲,崇高的理想一定能实现。他们不愧为中华民族的脊梁。

学习中国革命史,就要同弘扬民族精神和时代精神紧密结合起来,学习革命先辈为了理想和信念执著奋斗进取的革命精神,从中吸取营养剂、增加正能量,牢固树立中国特色社会主义共同信念和共产主义远大理想,做到任何时候任何情况下都坚持理想信念不动摇、革命意志不涣散、奋斗精神不懈怠,满怀信心地投身建设中国特色社会主义伟大事业。

三、在中国共产党的领导下,沿着中国特色社会主义道路,实现中华民族的伟大复兴

社会主义基本制度确立以后,如何在中国建设社会主义,是中国共产党面临的崭新课题。以毛泽东为代表的中国共产党人对适合中国情况的社会主义建设道路进行了艰苦探索。毛泽东以苏联的经验教训为鉴戒,提出要创造新的理论、写出新的著作,把马克思列宁主义基本原理同中国实际进行"第二次结合",找出在中国进行社会主义革命和建设的正确道路,提出了把中国建设成为一个强大的社会主义国家的战略思想。

在中国共产党领导下,中国各族人民意气风发投身于中国历史上从来不曾有过的热火朝天的社会主义建设。在不长的时间里,中国社会就发生了翻天覆地的变化,建立起了独立的比较完整的工业体系和国民经济体系,独立研制出了"两弹一星",成为在世界上有重要影响的大国,积累起在中国这样一个社会生产力水平十分落后的东方大国进行社会主义建设的重要经验。

但是,探索的道路是艰辛的、曲折的。在中国这样的社会历史条件下建设社会主义,世界上没有先例。毛泽东在社会主义建设道路的探索中走过弯路,他在晚年特别是在"文化大革命"中犯了严重错误。他的错误在于违反了他自己正确的东西,是一个伟大的革命家、伟大的马克思主义者所犯的错误。

"文化大革命"结束后,在面临中国向何处去的重大历史关头,以邓小

平为代表的中国共产党人解决了如何正确评价毛泽东同志和毛泽东思想的历史地位、根据新的实际和历史经验确立中国实现社会主义现代化的正确道路这两个相互联系的重大历史课题,作出了把党和国家的工作重点转移到以经济建设为中心的社会主义现代化建设上来、坚持四项基本原则、实行改革开放的历史性决策,实现了新中国成立以来中国共产党历史上具有深远意义的伟大转折。中国共产党团结带领中国人民进行改革开放新的伟大革命,极大激发广大人民群众的创造性,极大解放和发展社会生产力,极大增强社会发展活力,人民生活显著改善,综合国力显著增强,国际地位显著提高。这是中国共产党为中华民族作出的第三个伟大贡献。这一伟大历史贡献的意义在于,开辟了中国特色社会主义道路,形成了中国特色社会主义理论体系,确立了中国特色社会主义制度,使中国赶上了时代,实现了中国人民从站起来到富起来、强起来的伟大飞跃。

中国共产党领导中国人民取得的伟大胜利,使具有5000多年文明历史的中华民族全面迈向现代化,让中华文明在现代化进程中焕发出新的蓬勃生机;使具有500年历史的社会主义主张在世界上人口最多的国家成功开辟出具有高度现实性和可行性的正确道路,让科学社会主义在21世纪焕发出新的蓬勃生机;使具有60多年历史的新中国建设取得举世瞩目的成就,中国这个世界上最大的发展中国家在短短30多年里摆脱贫困并跃升为世界第二大经济体,彻底摆脱被开除球籍的危险,创造了人类社会发展史上惊天动地的发展奇迹,使中华民族焕发出新的蓬勃生机。

道路决定命运,中国特色社会主义不是从天上掉下来的。正如习近平总书记指出:"中国特色社会主义这条道路来之不易,它是在改革开放30多年的伟大实践中走出来的,是在中华人民共和国成立60多年的持续探索中走出来的,是在对近代以来170多年中华民族发展历程的深刻总结中走出来的,是在对中华民族5000多年悠久文明的传承中走出来的,具有深厚的历史渊源和广泛的现实基础。"①

现在,我们比历史上任何时期都更接近实现中华民族伟大复兴的目标,

---

① 习近平:《在对历史的深入思考中更好走向未来》,《人民日报》2013年6月27日。

比历史上任何时期都更有信心、更有能力实现这个目标。

抚今追昔,我们殷切希望当代大学生,勿忘昨天的苦难辉煌,无愧今天的使命担当,不负明天的伟大梦想,勇做走在时代前列的奋进者、开拓者、奉献者,以执着的信念、优良的品德、丰富的知识、过硬的本领,在中国共产党的领导下,在中国特色社会主义道路上,为实现中华民族伟大复兴的中国梦,前进!

阅 读 文 献

- 马克思:《中国革命和欧洲革命》,《马克思恩格斯文集》第 2 卷,人民出版社 2009 年版。

- 列宁:《中国的民主主义和民粹主义》,《列宁选集》第 2 卷,人民出版社 2012 年版。

- 孙中山:《〈民报〉发刊词》,《孙中山全集》第 1 卷,中华书局 2006 年版。

- 毛泽东:《星星之火,可以燎原》,《毛泽东选集》第 1 卷,人民出版社 1991 年版。

- 毛泽东:《中国革命的战略问题》,《毛泽东选集》第 1 卷,人民出版社 1991 年版。

- 毛泽东:《论持久战》,《毛泽东选集》第 2 卷,人民出版社 1991 年版。

- 毛泽东:《中国革命和中国共产党》,《毛泽东选集》第 2 卷,人民出版社 1991 年版。

- 毛泽东:《〈共产党人〉发刊词》,《毛泽东选集》第 2 卷,人民出版社 1991 年版。

- 毛泽东:《新民主主义论》,《毛泽东选集》第 2 卷,人民出版社 1991 年版。

- 毛泽东:《改造我们的学习》,《毛泽东选集》第 3 卷,人民出版社 1991 年版。

- 毛泽东:《论联合政府》,《毛泽东选集》第 3 卷,人民出版社 1991 年版。

- 毛泽东:《在中国共产党第七届中央委员会第二次全体会议上的报告》,《毛泽东选集》第 4 卷,人民出版社 1991 年版。

- 毛泽东:《论人民民主专政》,《毛泽东选集》第 4 卷,人民出版社 1991 年版。

- 毛泽东:《为争取国家财政经济状况的基本好转而斗争》,《毛泽东文集》第 6 卷,人民出版社 1999 年版。

- 毛泽东:《关于农业合作化问题》,《毛泽东文集》第 6 卷,人民出版社 1999 年版。

- 刘少奇:《论党》,《刘少奇选集》上卷,人民出版社 1981 年版。

■ 周恩来:《论统一战线》,《周恩来选集》上卷,人民出版社 1980 年版。

■ 朱德:《论解放区战场》,《朱德选集》,人民出版社 1983 年版。

■ 邓小平:《党与抗日民主政权》,《邓小平文选》第 1 卷,人民出版社 1994 年版。

■ 陈云:《统一财政经济工作》,《陈云文选》第 2 卷,人民出版社 1995 年版。

■ 江泽民:《在庆祝中国共产党成立八十周年大会上的讲话》,《江泽民文选》第 3 卷,人民出版社 2006 年版。

■ 胡锦涛:《在庆祝中国共产党成立 90 周年大会上的讲话》,《十七大以来重要文献选编》(下),中央文献出版社 2013 年版。

■ 习近平:《中国梦,复兴路》,《十八大以来重要文献选编》(上),中央文献出版社 2014 年版。

■ 习近平:《在纪念毛泽东同志诞辰一百二十周年座谈会上的讲话》,《十八大以来重要文献选编》(上),中央文献出版社 2014 年版。

■ 习近平:《在纪念中国人民抗日战争暨世界反法西斯战争胜利 70 周年大会上的讲话》,《十八大以来党的重要文献选编》(中),中央文献出版社 2016 年版。

■ 习近平:《在庆祝中国共产党成立 95 周年大会上的讲话》,人民出版社 2016 年版。

后 记

《中国革命史》是马克思主义理论研究和建设工程重点教材,是在教育部实施马克思主义理论研究和建设工程领导小组领导下组织编写的。在编写过程中,得到了教育部马克思主义理论研究和建设工程重点教材审议委员会的指导,得到了中宣部、中央党校、中央编译局、求是杂志社、中国社会科学院等有关部门和有关专家学者的支持。同时,广泛听取了高校教师和学生的意见建议。

本教材由首席专家王顺生主持编写,王炳林、陈述任副主编。王顺生撰写绪论、结束语,鲜于浩撰写第一章,欧阳军喜撰写第二章,赵铁锁撰写第三章,宋进撰写第四章,朱汉国撰写第五章,孙堂厚撰写第六章,丁俊萍撰写第七章第一节、第三节,郭文亮撰写第七章第二节、第四节、第五节,王炳林撰写第八章,杨凤城撰写第九章,陈述撰写第十章。马敏、沙健孙、邵维正、仝华等参加了学科专家审议并提出了修改意见。顾海良、李捷、马敏等作了出版前的审读。张大良、杨光、张东刚、刘贵芹、陈矛、刘向虹、杨华杰参与组织了教材审议。

2016 年 7 月 15 日

郑重声明

高等教育出版社依法对本书享有专有出版权。任何未经许可的复制、销售行为均违反《中华人民共和国著作权法》，其行为人将承担相应的民事责任和行政责任；构成犯罪的，将被依法追究刑事责任。为了维护市场秩序，保护读者的合法权益，避免读者误用盗版书造成不良后果，我社将配合行政执法部门和司法机关对违法犯罪的单位和个人进行严厉打击。社会各界人士如发现上述侵权行为，希望及时举报，我社将奖励举报有功人员。

反盗版举报电话　（010）58581999　58582371
反盗版举报邮箱　dd@hep.com.cn
通信地址　北京市西城区德外大街4号
　　　　　高等教育出版社法律事务部
邮政编码　100120

读者意见反馈

为收集对教材的意见建议，进一步完善教材编写并做好服务工作，读者可将对本教材的意见建议通过如下渠道反馈至我社。

咨询电话　400-810-0598
读者服务邮箱　gjdzfwb@pub.hep.cn
通信地址　北京市朝阳区惠新东街4号富盛大厦1座
　　　　　高等教育出版社总编辑办公室
邮政编码　100029